Inhaltsverzeichnis

Vorwort   6

Wirklichkeit wahrnehmen   7

Auf den Gesichtspunkt
kommt es an! 8
Gerüchte, Falschmeldungen,
„frisierte" Nachrichten 15
Vorurteile und Feindbilder 17
„Weil nicht sein kann, was nicht
sein darf" – Verdrängung der
Wirklichkeit 22
Werbung und Wirklichkeit 24
Vom Schein zur Wirklichkeit 27

Mir selbst begegnen   29

Wer bin ich? 30
Was ist mir wichtig? 34
   Mein Alltag, meine Mit-
   menschen – und ich 34
   Idole und Ideale 38
Erwachsene und Kinder 39
   Missverständnisse und Verständnis 39
   Das „Elternhaus" früher 44
Meine Zukunft 46

Gut leben statt viel haben   51

Bedürfnisse und Notwendigkeiten –
Was man zum Leben braucht 52
   Bedürfnisse und Erfüllungen 52
   Geld und Sicherheit 55
Kleine und große Freuden 58
   Kleine Freuden 58

Konsumgüter ....
Reisewünsche ....
   Eigentum und Lebensgenuss 62
Geht es auch anders? – Haben
und Sein................................. 64
Wenn es anders gehen muss – Neu-
orientierung von Wünschen und
Glücksvorstellungen 70
   Vom Planen und Sorgen 70
   Wenn das Schicksal anders entscheidet 71

Die Natur bewahren, die Technik nutzen   75

Mensch, Gesellschaft und Natur..... 76
   Wie Menschen über die Natur
   denken 76
   Wie Menschen die Natur erfahren 81
   Wie Menschen mit der Natur und
   mit sich umgehen sollten 84
Mensch, Gesellschaft und Technik... 89
   Was die Technik für die Menschen
   bedeutet 89
   Streit um die Technik 93
   Ein exemplarischer Streit: Kernenergie
   und/oder Sonnenenergie? 96
   Fallbeispiel Computertechnik 99

Gerecht sein und Gerechtigkeit fördern   103

Gerecht sein im Alltag 104
   Gerechtigkeit und Gleichheit in
   der Schule 104
   Freundschaft oder Gerechtigkeit? 108
Arm in einem reichen Land 110
Jedem das Gleiche? 114
Die „Fremden" – Gerechtigkeit
und Toleranz 121
Internationale (Un-)Gerechtigkeit 126
Einsatz für die Gerechtigkeit:
Solidarität 131
Ein Netz der Gerechtigkeit 137

3

Religionen kennen und achten — 139

Hinduismus 141
  Der Kreislauf des Daseins 141
  Ziele und Erlösungswege 142
  Die soziale Ordnung:
  Das Kastensystem 144
  Götterverehrung 145
  „Ātman" – Das Göttliche in allen
  Lebewesen 146
Buddhismus 148
  Eine Philosophie des „Kung-Fu" 148
  Siddhārta Gautama und seine
  Lehre 149
  Leben ohne Leidenschaften 151
  Selbsterlösung braucht keine
  Götter 152
  Harmonie zwischen Körper
  und Geist: Tai Chi 154
  Buddhistische Weisheit 155
Taoismus/Konfuzianismus 157
  Taoismus 157
  Konfuzianismus 159
Judentum 161
  Der Gott der Väter – Jüdischer
  Glaube und seine Geschichte 161
  Jüdischer Glaube im Alltag 163
  Basistexte „Judentum" 164
  Das verstreute Gottesvolk 167
  Verfolgung und Glaube 169
Christentum 171
  Praktizierter Glaube in der
  Gemeinschaft 171
  Jesus Christus als Gottes
  Versöhnung mit den Menschen 173
  Basistexte „Christentum" 175
  Streifzüge durch 2000 Jahre
  Christentum 176
  Traditionen und Bräuche –
  Ein kleines Lexikon 180
  Christliche Positionen heute 182
Islam 184
  Muslimische Schüler in
  deutschen Schulen 184
  Allah und sein Prophet 186
  Die „fünf Pfeiler" 188

  Bräuche im Leben der
  Gemeinschaft 190
  Die islamische Revolution im Iran 193
  Wissenschaft, Kultur und Kunst
  im Austausch 195
Berührungspunkte der Religionen
in der multikulturellen
Gesellschaft 198
  Verschiedene Religionen –
  gemeinsame Aktivitäten 253
  Die Ringparabel 201
  Das Gleichnis von den Blinden
  und dem Elefanten 203
  Toleranz in den Weltreligionen 204
  Die Verbreitung der Weltreligionen ... 206

Das Alter erleben, den Tod erfahren — 207

Lebensziel und Lebensbilanz 208
Das Alter – Segen oder Fluch? 211
Das Altsein als Verlusterlebnis 217
Menschen im Sterben 222
Umgang mit dem Tod 228
Formen des Abschieds 236

Arbeiten und schöpferisch sein — 239

Verschiedene Erfahrungen mit
Arbeit 240
Einstieg ins Arbeitsleben 242
Die Geschichte der Arbeit im
Wandel der Zeit 246
Arbeit als Sinnerfüllung –
Arbeit als Qual 253
  Vom Sinn der Arbeit 253
  Vom Fluch der Arbeit 259
Arbeit als Berufung –
Schaffensfreude und Kunst 262

INHALTSVERZEICHNIS

Partnerschaftlich leben ... 265

Freundschaft und Liebe 266
   Warum man Freunde braucht 266
   Junge Liebe 268
   Große Liebe – tausend Tränen 269
   „Alte" Liebe 273
Liebe, Sex und Zärtlichkeit 276
   Attraktiv für mich und andere 276
   Das „erste Mal" 279
   Auch in der Liebe muss man planen .. 281
   Was hat das noch mit Liebe zu tun? .. 282
Zusammenleben und auseinandergehen 285
   Formen des Zusammenlebens 285
   Trennung, Scheidung und Sorgerecht 288

Menschenrechte achten ... 291

Kinder haben Rechte! 292
Die Rechte der Kinder und die Wirklichkeit 296
„Die Menschenwürde ist unantastbar." 299
Menschenrechte und Grundrechte 303
Verletzte Rechte 308

Konflikte regeln ... 315

Aggression und Streit – Eskalation oder Schlichtung? 316
Konflikte lösen – Konflikte aushalten 321
   Konflikte im Alltag 321
   Konflikte in der Schule 325
Kriegerische Auseinandersetzungen 329
   Ein Rückblick ins 20. Jahrhundert 329
   Zwei Stimmen zum Krieg 332
   Massenvernichtungswaffen, Landminen, Waffenhandel 337
Gewalt überwinden – Frieden fördern 341

Das Gewissen bilden und verantwortlich entscheiden ... 343

Das Gewissen 344
   Am Ende entscheidet allein das Gewissen 345
   Gewissenhaft – gewissenlos? 350
   Was ist das Gewissen? 353
Schuld, Sühne und Strafe 360
   Was ist Schuld? Was ist Sühne? 360
   Was ist eine gerechte Strafe? 361
Was ist Verantwortung? 368

Textquellenverzeichnis   371
Bildquellenverzeichnis   376

 Das Buchsymbol steht für Querverweise auf thematisch verwandte Texte und Materialien in anderen Kapiteln des Buches, die – über das Angebot zu einem bestimmten Thema hinaus – im Kursverbund oder individuell einsetzbar sind. Diese Querverweise verstehen sich als Vorschläge. Bei näherer Beschäftigung mit dem Buch wird jeder Lehrer weitere Möglichkeiten entdecken, wie sich Texte und Materialien über Kapitelgrenzen hinweg miteinander verknüpfen lassen und sich gegenseitig ergänzen können.

Vorwort

Die Neuausgabe von *sehen – werten – handeln* für den Ethikunterricht verbindet zwei wesentliche Anliegen:
Sie setzt einerseits den Standard des fachlichen Gehalts der Erstausgabe fort und trägt andererseits der Notwendigkeit Rechnung, auch methodische und soziale Kompetenzen zu vermitteln, sodass zum Beispiel der Handlungsorientierung mehr Raum gegeben wird.

Für die Struktur des Bandes und die Gestaltung der Themeneinheiten haben sich daraus die folgenden Entscheidungen ergeben:

Die *Konzeption*, den Ethikunterricht der Klassen 7-10 mit *einem* Band abzudecken, wurde beibehalten. Die *Reihenfolge der Kapitel* ist dabei an die jahrgangsspezifischen Schwerpunkte der Lehrpläne angelehnt, die in den Klassen 7 und 8 das persönliche Umfeld, in den Klassen 9 und 10 das gesellschaftliche Umfeld stärker in den Vordergrund rücken.

Der einzelne *Text* und die ihm zugeordneten *Arbeitsanregungen* verstehen sich als Einheit, die eine Horizonterweiterung zum Ziel hat: von der textimmanenten Problemstellung über die Einbeziehung eigener Erfahrungen bis zur Ausleuchtung des Themenbereichs in experimentellen und handlungsorientierten Arbeitsangeboten. *Querverweise* erleichtern dabei das Auffinden weiterführender Aspekte in themenverwandten Kapiteln. Das methodische Repertoire umfasst sowohl die klassische Form der kognitiven Analyse als auch Anregungen zu *Arbeitsformen*, die das Unterrichtsgeschehen an außerschulische Lernorte verlagern und selbstentdeckendes Lernen ermöglichen. Inwieweit diese Ideen unter den Bedingungen eines Ethikkurses realisierbar sind (klassenübergreifender Unterricht, geringe Wochenstundenzahl) sollten Lehrer und Schüler miteinander beraten und entscheiden.

Der *grafischen Gestaltung* des Bandes lag die Überlegung zugrunde, Bilder nicht nur als dekorative Illustration zu verwenden, sondern sie in ihrem eigenen Aussagegehalt zum Thema „zu Wort kommen" zu lassen. Deshalb wurden in vielen Fällen Aufgabenstellungen zu den Bildern in die Arbeitsanregungen mit eingeschlossen. Besondere Aufmerksamkeit verdienen in diesem Zusammenhang die *Einleitungsseiten* zu den einzelnen Kapiteln: Sie ermöglichen eine weiträumige Annäherung an die jeweilige Thematik, indem sie zu Assoziationen einladen, sodass Interessenschwerpunkte ermittelt und Vorgehensweisen entwickelt werden können.

Die Autoren
München, Frühjahr 2002

Noch ein Hinweis

Die Verwendung der männlichen Form bei Bezeichnungen wie „Schüler", „Lehrer" o. Ä. schließt immer auch Schüler<u>innen</u> und Lehrer<u>innen</u> mit ein. Zur sprachlichen Vereinfachung wurden Doppel- und „Klammerformen" („Schüler und Schülerinnen", „Schüler/innen" oder Lehrer(innen)) auf ein Minimum reduziert. Sprachliche Ungetüme wie „Jede/r Schüler/in fragt seine(n)/ihre(n) Biologielehrer/in..." werden dadurch vermieden.

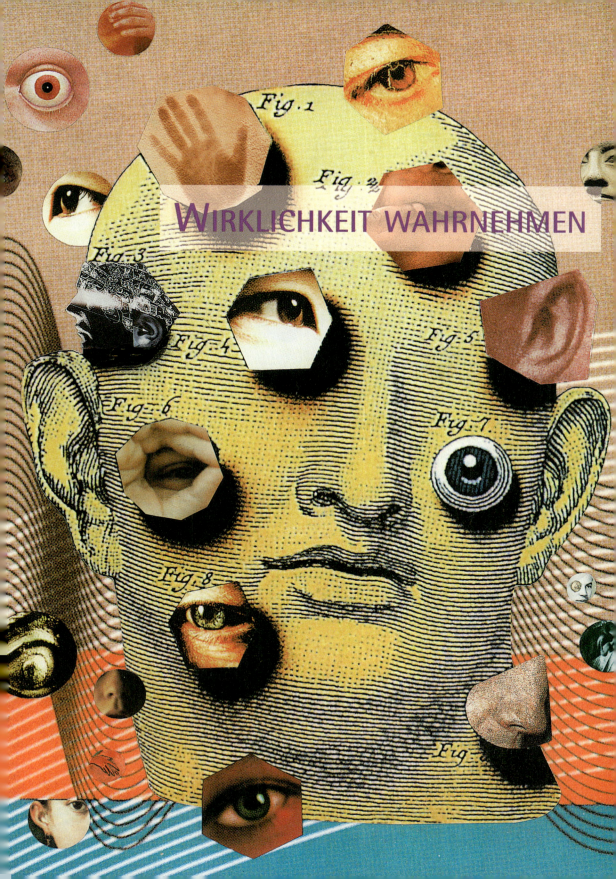

WIRKLICHKEIT WAHRNEHMEN

Auf den Gesichtspunkt kommt es an!

Irma E. Webber

So sieht's aus!

In einem Stall lebten vier Mäuse: Die Obermaus wohnte über der Decke, die Seitenmaus in der Seitenwand, die Vordermaus am Ausgang und die Hintermaus an der Rückwand des Stalles.

Manchmal hörte die Obermaus das Geräusch „Muh!" Sie schaute durch ein Loch in der Decke und stellte fest: „Dinge, die Muh sagen, sehen so aus": ①

Auch die Hintermaus hörte das Geräusch. Sie stellte fest: „Dinge, die Muh sagen, sehen so aus": ②

Und für die Vordermaus gab es keinen Zweifel: „Dinge, die Muh sagen, sehen so aus": ④

Die Seitenmaus kam zu dem Ergebnis: „Dinge, die Muh sagen, sehen so aus:" ③

Eines Tages hörten die vier Mäuse ein anderes Geräusch: „Miau!" Voller Schrecken rannten sie alle in den Lagerraum, wo die Katze nicht hineinkonnte. Dort gab es einen heftigen Streit zwischen den vier Mäusen, als sie sich gegenseitig klar machen wollten, wie eine Kuh aussieht: Jede Maus hatte eine andere Ansicht.

Während sie sich noch stritten, kam vom Fenster her wieder das Geräusch: „Miau!" Sie schauten hin und stellten fest: Eine Katze sieht so aus: ①

Dann aber drehte die Katze sich um, spazierte vor dem Fenster auf und ab: Jetzt sah sie für die Mäuse so aus: ②

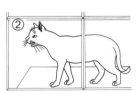

Und als sie sich wieder umdrehte, sahen die Mäuse die Katze von hinten: ③

Schließlich sprang die Katze von der Fensterbank auf die Erde. Jetzt bemerkten die Mäuse, dass eine Katze auch so aussehen kann: ④

Bevor die Mäuse darüber reden konnten, was sie bis jetzt beobachtet hatten, wälzte die Katze sich im Gras herum und sah nun so aus: ⑤

Da mussten alle Mäuse laut und lange lachen. Sie hatten jetzt begriffen, dass ein und dasselbe Ding ganz verschieden aussehen kann, je nachdem von welcher Seite aus man es betrachtet.

Christian Fürchtegott Gellert

Das Land der Hinkenden

Vorzeiten gab's ein kleines Land,
Worin man keinen Menschen fand,
Der nicht gestottert, wenn er red'te,
Nicht, wenn er ging, gehinket hätte;
Denn beides hielt man für galant.
Ein Fremder sah den Übelstand;
„Hier" dacht' er, „wird man dich im Geh'n bewundern müssen"
Und ging einher mit steifen Füßen.
Er ging, ein jeder sah ihn an,
Und alle lachten, die ihn sahn,
Und jeder blieb vor Lachen stehen
Und schrie: „Lehrt doch den Fremden gehen!"
Der Fremde hielt's für seine Pflicht
den Vorwurf von sich abzulehnen.
„Ihr", rief er, „hinkt; ich aber nicht:
Den Gang müsst ihr euch abgewöhnen."
Das Lärmen wird noch mehr vermehrt,
Da man den Fremden sprechen hört.
Er stammelt nicht; genug zur Schande!
Man spottet sein im ganzen Lande.

Gewohnheit macht den Fehler schön,
Den wir von Jugend auf gesehn.
Vergebens wird's ein Kluger wagen
Und, dass wir töricht sind, uns sagen.
Wir selber halten ihn dafür,
Bloß weil er klüger ist als wir.

1 Vergleicht die Geschichten „So sieht's aus!" und „Das Land der Hinkenden". Welchen Fehler machen die Mäuse anfangs? Wie verhalten sich die Hinkenden und die Stotterer einerseits und der Fremde andererseits? Welchen Fehler machen die Einheimischen und der Fremde? Worüber lachen schließlich die Mäuse? Was ist die gemeinsame Aussage der beiden Geschichten?

2 Versucht euch zu erinnern, wann es euch schon einmal ähnlich ergangen ist wie den Mäusen, den Hinkenden oder dem Fremden. Tragt die Beispiele zusammen und findet heraus, worin eure Täuschung bestand und wie sie zustande gekommen ist.

3 Habt ihr schon einmal ein Urteil über Dinge oder Menschen – Freunde oder Fremde – abgegeben und musstet es nachher ändern?
Habt ihr euch auch schon einmal der Mehrheitsmeinung angeschlossen, obwohl ihr nicht glaubtet, dass diese richtig war?

WIRKLICHKEIT WAHRNEHMEN

Volker Blumkowski: Immer Ärger mit dem Cartesianischen System (1997)

1 Beschreibe das Gemälde von Volker Blumkowski. Achte dabei besonders auf die verschiedenen Ebenen, die der Künstler in seinem Bild darstellt. Versuche zu erklären, in welchem Verhältnis die „Wirklichkeit", die künstlerisch gestaltete „Wirklichkeit" und die – von euch betrachtete – Wirklichkeit zueinander stehen.

2 Welchen „Ärger mit dem System" könnte der Künstler gemeint haben, als er seinem Bild diesen Titel gab? Diese Frage könnt ihr auch versuchen zu beantworten ohne zu wissen, was genau mit dem Begriff „cartesianisch" gemeint ist. Natürlich könnt ihr aber auch nachschlagen, was damit bezeichnet wird.

Wahrnehmung und Deutung der Wirklichkeit

Das von nachdenkenden Menschen empfundene Bedürfnis nach einer Deutung des eigenen menschlichen Daseins ist kein bloß theoretisches Bedürfnis. Je nach den Entscheidungen, die eine solche Deutung enthält, werden Aufgaben sichtbar oder verdeckt. Ob sich der Mensch als Geschöpf Gottes versteht oder als arrivierten[1] Affen, wird einen deutlichen Unterschied in seinem Verhalten zu wirklichen Tatsachen ausmachen, man wird in beiden Fällen auch in sich verschiedene Befehle hören.
Arnold Gehlen

René Magritte: Die Beschaffenheit des Menschen I (1933)

---
[1] arriviert: emporgekommen

1 Sammelt Darstellungen (Fotos, Karikaturen, Gemälde, Skulpturen, …) von einzelnen Menschen und von Gruppen und stellt sie zu Postern zusammen. Beschreibt, wie die dargestellten Menschen und – bei Gruppen – ihre Beziehungen untereinander von den Künstlern wahrgenommen und gedeutet werden.

2 Welche Darstellungen sprechen euch besonders an, welche Deutungen könnt ihr besonders gut nachvollziehen? Warum?

3 Versucht den Textausschnitt von Arnold Gehlen in eine einfachere Sprache zu übertragen. Diskutiert anschließend seine Aussagen über den Zusammenhang von „Wahrnehmung und Deutung der Wirklichkeit" und die Folgen für die Art und Weise des Handelns.

4 Entwerft die Zukunftspläne von zwei jungen Menschen: einem „Geschöpf Gottes" und einem „arrivierten Affen". Welche unterschiedlichen Einstellungen sind zu erwarten hinsichtlich Berufswahl, Familiengründung, Weltanschauung?

5 Sucht euch aus den Menschendarstellungen, die ihr gesammelt habt, jeweils eine aus und schreibt einen kurzen Text, in dem ihr die betreffende Person über sich, ihre Situation, ihr Selbstbild, ihre Erwartungen, Absichten und Vorsätze reden lasst.

Don DeLillo

Schieflage – Eine schadenfrohe Geschichte

Der Junge (Heinrich) ist vierzehn, oft ausweichend und launisch, zu anderen Zeiten beunruhigend willfährig. Ich habe so ein Gefühl, dass sein bereitwilliges Nachgeben gegenüber unseren Wünschen und Forderungen seine private Waffe des Vorwurfs ist […].

„Es wird heute Abend regnen."

„Es regnet jetzt schon", sagte ich.

„Im Radio hieß es heute Abend."

Ich fuhr ihn an seinem ersten Tag nach einer fiebrigen Halsentzündung in die Schule. […]

„Schau doch auf die Windschutzscheibe", sagte ich. „Ist das Regen oder nicht?"

„Ich erzähle dir ja nur, was sie gesagt haben."

„Nur weil es im Radio kam, brauchen wir nicht gleich unseren Glauben an die Offensichtlichkeit unserer Sinne außer Kraft zu setzen."

„Unserer Sinne? Unsere Sinne täuschen sich viel, viel öfter, als sie recht haben. Das ist in Labortests bewiesen worden. Weißt du denn nichts von all den Lehrsätzen, die besagen, dass nichts so ist, wie es scheint? Es gibt außerhalb unseres Denkens keine Vergangenheit, keine Gegenwart, keine Zukunft. Die so genannten Bewegungsgesetze sind ein riesiger Schwindel. Sogar der Schall kann das Bewusstsein täuschen. Nur weil man ein Geräusch nicht hört, bedeutet das noch nicht, dass es nicht da ist. Hunde können es hören. Andere Tiere auch. Und ich bin sicher, es gibt Geräusche, die auch Hunde nicht hören können. Aber sie existieren in der Luft, in Wellen. Vielleicht hören sie nie auf. Ganz, ganz hochfrequent. Von irgendwo kommen die doch her."

„Regnet es", sage ich, „oder regnet es nicht?"

„Das würde ich nicht gern entscheiden müssen."

„Was, wenn dir jemand eine Pistole an die Stirn hielte?"

„Wer, du?"

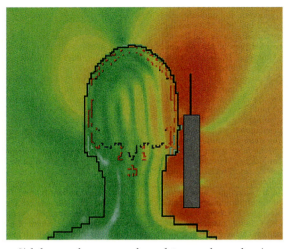

Sichtbar machen, was weder zu hören noch zu sehen ist: Dank der technischen Entwicklung lässt sich die elektromagnetische Abstrahlung eines Mobiltelefons auf dem Bildschirm des Computers darstellen.

„Irgendjemand. Ein Mann im Trenchcoat mit getönter Brille. Er hält dir die Pistole an die Stirn und sagt: Regnet es, oder regnet es nicht? Du brauchst nur die Wahrheit zu sagen und ich steck die Pistole weg und hau mit dem nächsten Flugzeug hier ab."

„Welche Wahrheit will er? Will er die Wahrheit von jemand, der sich mit Lichtgeschwindigkeit in einer anderen Galaxis bewegt? Will er die Wahrheit von jemand, der sich in der Umlaufbahn um einen Neutronenstern bewegt? Wenn diese Leute uns durch ein Teleskop sehen könnten, dann würden wir vielleicht aussehen, als ob wir dreiunddreißig Zentimeter groß wären, und vielleicht hätte es dann gestern geregnet statt heute."

„Er hält die Pistole an *deine* Stirn. Er will deine Wahrheit."

„Was nützt meine Wahrheit? Meine Wahrheit bedeutet nichts. Was ist, wenn dieser Typ mit der Pistole von einem Planeten aus einem ganz anderen Sonnensystem kommt? Was wir Regen nennen, das nennt er Seife. Was wir Äpfel nennen, das nennt er Regen. Was also soll ich ihm sagen?"

„Sein Name ist Frank R. Smalley und er kommt aus St. Louis."

„Er will wissen, ob es *jetzt* regnet, in dieser Minute?"

„Hier und jetzt. Genau."

„Gibt es so etwas wie jetzt? ‚Jetzt' kommt und geht so schnell, wie du es aussprichst. Wie kann ich sagen, dass es jetzt regnet, wenn dein so genanntes ‚jetzt' ‚dann' wird, sobald ich es ausspreche?"

„Du hast gesagt, es gäbe keine Vergangenheit, Gegenwart oder Zukunft."

„Nur in unseren Verben. Das ist die einzige Stelle, wo wir sie finden."

„Regen ist ein Substantiv. Ist hier, genau an dieser Stelle, innerhalb der nächsten zwei Minuten, in denen du beliebst auf die Frage zu antworten, Regen?"

„Wenn du über genau diese Stelle sprichst, während du in einem Fahrzeug sitzt, das sich ganz offensichtlich bewegt, dann meine ich, liegt hier der Haken der ganzen Diskussion."

„Jetzt antworte schon, Heinrich, okay?"

„Ich könnte allerhöchstens eine Vermutung aussprechen."

„Entweder regnet es, oder es regnet nicht", sagte ich.

„Genau. Genau das meine ich doch. Du müsstest eine Vermutung anstellen. Es kann so oder so sein."

„Aber du siehst doch, dass es regnet."

„Man sieht auch, wie sich die Sonne über den Himmel bewegt. Aber bewegt sich die Sonne über den Himmel oder dreht sich die Erde?"

„Ich kann diese Analogie nicht akzeptieren."

„Du bist so sicher, dass das Regen ist. Woher weißt du, dass es nicht Schwefelsäure von den Fabriken auf der anderen Flussseite ist? Woher weißt du, dass es nicht radioaktiver Niederschlag von einem Krieg in China ist? Du willst hier und jetzt eine Antwort. Kannst du beweisen, hier und jetzt, dass das Zeug Regen ist? Woher soll ich wissen, dass das, was du Regen nennst, wirklich Regen ist? Was ist überhaupt Regen?"

„Es ist das Zeug, das vom Himmel fällt und dich das macht, was man nass nennt."

„Ich bin nicht nass. Bist du nass?"

„Na schön", sagte ich. „Sehr gut."

„Nein, mal ernst, bist du nass?"

„Erstklassig", sagte ich zu ihm. „Ein Sieg für Ungewissheit, Willkürlichkeit und das Chaos. Eine Sternstunde der Wissenschaft."

„Sei ruhig ironisch."

„Die Sophisten und die Haarspalter erleben eine Sternstunde."

„Nur zu, sei nur ironisch, mir macht das nichts."

Paul Watzlawick

Die zerkratzten Windschutzscheiben

Gegen Ende der fünfziger Jahre brach in der Stadt Seattle eine merkwürdige Epidemie aus: Immer mehr Autobesitzer mussten feststellen, dass ihre Windschutzscheiben von kleinen pocken- oder kraterähnlichen Kratzern übersät waren. Das Phänomen nahm so rasch überhand, dass Präsident Eisenhower auf Wunsch Rosollinis, des Gouverneurs des Staates Washington, eine Gruppe von Sachverständigen des Bundeseichamtes zur Aufklärung des Rätsels nach Seattle entsandte. Laut Jackson, der den Verlauf der Untersuchung später zusammenfasste, fand diese Kommission sehr bald, dass unter den Einwohnern der Stadt zwei Theorien über die Windschutzscheiben im Umlauf waren.

Auf Grund der einen, der so genannten „Fallout"-Theorie, hatten kürzlich abgehaltene russische Atomtests die Atmosphäre verseucht, und der dadurch erzeugte radioaktive Niederschlag hatte sich in Seattles feuchtem Klima in einen glasätzenden Tau verwandelt. Die „Asphalttheoretiker" dagegen waren überzeugt, dass die langen Strecken frisch asphaltierter Autobahnen, die Gouverneur Rosollinis ehrgeiziges Straßenbauprogramm hervorgebracht hatte, wiederum unter dem Einfluss der sehr feuchten Atmosphäre Seattles, Säuretröpfchen gegen die bisher unversehrten Windschutzscheiben spritzten.

Statt diese beiden Theorien zu untersuchen, konzentrierten sich die Männer des Eichamts auf einen viel greifbareren Sachverhalt und fanden, dass in ganz Seattle keinerlei Zunahme an zerkratzten Autoscheiben festzustellen war.[1]

In Wahrheit war es vielmehr zu einem Massenphänomen gekommen: Als sich die Berichte über pockennarbige Windschutzscheiben häuften, untersuchten immer mehr Autofahrer ihre Wagen. Die meisten taten dies, indem sie sich von außen

---

[1] Die Quellenangabe in der Fußnote im Originaltext lautet wörtlich:
Jackson, Don D.: Play, Paradox and People: Identified Flying Objects: Medical Opinion and Review, Februar 1967, S. 116–25.

WIRKLICHKEIT WAHRNEHMEN

Volker Blumkowski: Je trouve que la réalité est très bien faite comme elle semble
(„Ich finde, die Realität ist gut gemacht, wie sie scheint") (1994)

über die Scheiben beugten und sie auf kürzeste Entfernung prüften, statt wie bisher von innen und unter dem normalen Winkel durch die Scheiben *durch*zusehen. In diesem ungewöhnlichen Blickwinkel hoben sich die Kratzer klar ab, die normalerweise und auf jeden Fall bei einem im Gebrauch stehenden Wagen vorhanden sind. Was sich also in Seattle ergeben hatte, war keine Epidemie beschädigter, sondern *angestarrter* Windschutzscheiben. Diese einfache Erklärung aber war so ernüchternd, dass die ganze Episode den typischen Verlauf vieler Aufsehen erregender Berichte nahm, die die Massenmedien zuerst als Sensation auftischen, deren unsensationelle Erklärung aber totgeschwiegen wird, was so zur Verewigung eines Zustands der Desinformation führt.

1 In der „schadenfrohen Geschichte" traut Heinrich der Wahrnehmung unserer Sinne nicht. Warum? Listet alle seine Einwände auf und diskutiert sie.

2 Versucht, je eine Definition der „Wahrheit" zu geben:
   – einmal aus der Sicht des Ich-Erzählers und
   – einmal aus der Sicht des Jungen (Heinrich).

3 Das Computerbild auf Seite 12 zeigt, wie wichtig es für uns ist, durch technische Geräte Informationen über die Wirklichkeit zu bekommen, die wir mit unseren Sinnen nicht erfassen können. Nennt weitere Beispiele für solche Einflussfaktoren in

unserer Lebenswelt. Beschreibt diese Faktoren genauer und diskutiert sie im Hinblick auf ihre Nützlichkeit oder Schädlichkeit für Menschen, Tiere, Pflanzen oder ökologische Zusammenhänge.

4 Prüft nach, ob ihr dieselbe Beobachtung bei Windschutzscheiben machen könnt. Wenn nicht, versucht zu erklären, welchen Grund dies haben könnte.

Gerüchte, Falschmeldungen, „frisierte" Nachrichten

Das Gerücht – Eine Gruppenübung

Sechs Mitschüler stellen sich als Spieler zur Verfügung, ein weiterer übernimmt die Spielleitung. Die übrigen beobachten den Spielverlauf. Dieser sollte möglichst auf Tonband aufgezeichnet werden.
Fünf der sechs Spieler werden gebeten, für kurze Zeit den Klassenraum zu verlassen. Der Spielleiter denkt sich einen kurzen Bericht aus – z.B. über ein Erlebnis in den letzten Ferien – und schreibt ihn in fünf bis zehn Sätzen nieder. Natürlich kann sich der Spielleiter auch eine kurze Zeitungsnotiz aussuchen.
Dann gibt der Spielleiter diesen Bericht mündlich an den ersten Spieler weiter. Dieser wird vorher darauf aufmerksam gemacht, dass er ihn im Gedächtnis behalten und möglichst genau an den zweiten Spieler weitergeben soll.
Der zweite Spieler wird hereingebeten. Er wird über seine Aufgabe informiert. Dann gibt der erste Spieler die Nachricht, so wie er sie im Gedächtnis behalten hat, an den zweiten Spieler weiter. Dasselbe wiederholt sich bei den folgenden Spielern. Der sechste und letzte Spieler notiert die Nachricht, die er vom fünften erhalten hat, und liest sie der Klasse vor. Daraufhin wird das Ergebnis mit der ursprünglichen Mitteilung verglichen.

Die Übung soll zeigen, wie aufmerksam wir zuhören und wie genau wir das Gehörte wiedergeben können.

1 Wie sehr unterscheidet sich der zuletzt notierte Text von der ursprünglichen Mitteilung? Was ist ausgelassen worden, was ist dazugekommen, was ist außerdem verändert worden?

2 Wie lassen sich die Veränderungen erklären? Schreibt die Gründe auf, die ihr herausfindet, und besprecht sie.

3 Welche Folgen können ungenau weitergegebene Nachrichten haben, gerade wenn sie Menschen betreffen?

4 Was ergibt sich aus den Erfahrungen, die ihr bei der Übung gemacht habt, für euer künftiges Verhalten bei der Aufnahme und Weitergabe von Informationen? Notiert dazu Stichworte und sprecht darüber.

Heinrich Böll

Die verlorene Ehre der Katharina Blum

Als er [Rechtsanwalt Dr. Hubert Blorna] Freitag früh gegen halb zehn mürrisch zum Frühstück erschien, hielt Trude ihm schon die ZEITUNG entgegen. Katharina auf der Titelseite. Riesenfoto, Riesenlettern. RÄUBERLIEBCHEN KATHARINA BLUM VERWEIGERT AUSSAGE ÜBER HERRENBESUCHE. *Der seit eineinhalb Jahren gesuchte Bandit und Mörder Ludwig Götten hätte gestern verhaftet werden können, hätte nicht seine Geliebte, die Hausangestellte Katharina Blum, seine Spuren verwischt und seine Flucht gedeckt. Die Polizei vermutet, dass die Blum schon seit längerer Zeit in die Verschwörung verwickelt ist. (Weiteres siehe auf der Rückseite unter dem Titel:* HERRENBESUCHE.)

Dort auf der Rückseite las er dann, dass die ZEITUNG aus seiner Äußerung, Katharina sei klug und kühl, „eiskalt und berechnend" gemacht hatte und aus seiner generellen Äußerung über Kriminalität, dass sie „durchaus eines Verbrechens fähig sei".

Der Pfarrer von Gemmelsbroich hatte ausgesagt: „Der traue ich alles zu. Der Vater war ein verkappter Kommunist und ihre Mutter, die ich aus Barmherzigkeit eine Zeit lang als Putzhilfe beschäftigte, hat Messwein gestohlen und in der Sakristei mit ihren Liebhabern Orgien gefeiert."

Die Blum erhielt seit zwei Jahren regelmäßig Herrenbesuch. War ihre Wohnung ein Konspirationszentrum, ein Bandentreff, ein Waffenumschlagplatz? Wie kam die erst siebenundzwanzigjährige Hausangestellte an eine Eigentumswohnung im Werte von schätzungsweise 110000 Mark? War sie an der Beute aus den Bankrauben beteiligt? Polizei ermittelt weiter. Staatsanwaltschaft arbeitet auf Hochtouren. Morgen mehr. DIE ZEITUNG BLEIBT WIE IMMER AM BALL! *Sämtliche Hintergrundinformationen in der morgigen Wochenendausgabe.* [...]

Unter der Überschrift: „Rentnerehepaar ist entsetzt, aber nicht überrascht" fand Blorna noch auf der letzten Seite eine rot angestrichene Spalte:

Der pensionierte Studiendirektor Dr. Berthold Hiepertz und Frau Erna Hiepertz zeigten sich entsetzt über die Aktivitäten der Blum, aber nicht „sonderlich überrascht". In Lemgo, wo eine Mitarbeiterin der ZEITUNG *sie bei ihrer verheirateten Tochter, die dort ein Sanatorium leitet, aufsuchte, äußerte der Altphilologe und Historiker Hiepertz, bei dem die Blum seit 3 Jahren arbeitet: „Eine in jeder Beziehung radikale Person, die uns geschickt getäuscht hat."*

(Hiepertz, mit dem Blorna später telefonierte, schwor, Folgendes gesagt zu haben: „Wenn Katharina radikal ist, dann ist sie radikal hilfsbereit, planvoll und intelligent – ich müsste mich schon sehr in ihr getäuscht haben und ich habe eine vierzigjährige Erfahrung als Pädagoge hinter mir und habe mich selten getäuscht.")

1 Bekanntlich leben wir im Medienzeitalter. Nachrichten und Informationen erhalten wir aus Presse, Funk, Fernsehen und aus dem Internet.
So vielfältig wie die Zeitungen, Zeitschriften und die „öffentlichen" und die „privaten" Sender sind auch die Aufmachungen der Informationen und Nachrichten. Gilt das auch für die Inhalte?

2 Besorgt euch unterschiedliche Tageszeitungen vom gleichen Tag (überregionale und regionale Zeitungen, unabhängige Zeitungen und solche mit einer erkennbaren politischen Ausrichtung, Massenblätter, ...). Wählt einige wichtige Ereignisse aus und stellt fest, wie und an welcher Stelle über dasselbe Ereignis berichtet wird. Notiert die Übereinstimmungen und die Unterschiede. Gibt es auch den Fall, dass die eine Zeitung über einen Vorgang berichtet und die andere nicht? Werden Berichte und Meinungsbeiträge deutlich auseinandergehalten?

3 Untersucht in gleicher Weise Rundfunk- oder Fernsehnachrichten.

4 Was ergibt sich aus euren Befunden für euer eigenes zukünftiges Verhalten im Umgang mit Medien? Wie werdet ihr euch über ein Ereignis eine eigene Meinung bilden? Wie werdet ihr anderen über dieses Ereignis berichten?

5 Diskutiert folgende Fragen:
 – Gibt es eine objektive Berichterstattung?
 – Unter welchen Bedingungen lässt sich sagen, dass eine Nachricht wahr ist?
 – Was ist eigentlich „Wahrheit"?

6 Lest unter Berücksichtigung der Überlegungen aus Frage 5 nochmals die „schadenfrohe Geschichte" über Heinrich. Versucht auch einmal, den Titel zu interpretieren.

Vorurteile und Feindbilder

Strich für Strich zeichnet der Karikaturist

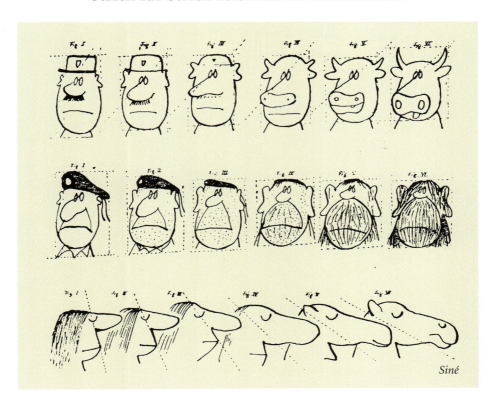

Siné

1 Was geschieht in den Bildfolgen auf Seite 17? Beschreibt die Vorgehensweise des Karikaturisten und die Absicht, die er verfolgt. Findet eine Überschrift für die Gesamtkarikatur und für jede einzelne Reihe.

2 Ihr kennt die Redensart „sich von jemandem ein Bild machen". Versucht nachzuvollziehen, was im Kopf vorgeht, wenn man sich ein Bild von einer oder einem anderen macht. Was ging im Kopf vor, als am Ende ein schönes Bild herauskam? Was war anders, als das Bild, das ihr euch machtet, hässlich oder ein böses Gesicht war?
Bei der Beantwortung dieser Frage geben euch die folgenden Aussprüche weitere Anregungen:

> Man sieht nur mit dem Herzen gut.
> Das Wesentliche ist für die Augen
> unsichtbar.
> *Antoine de Saint-Exupéry*

> Liebe macht blind.
> *Sprichwort*

> Gefallen macht schön.
> *Sprichwort*

Eine Seite aus einem Bilderbuch (1935 im „Stürmer"-Verlag erschienen), in dem schon Kinder gegen Juden aufgehetzt werden. – Auf dem Schild steht: „Einbahnstraße", „tempo tempo" und „Die Juden sind unser Unglück".

1 Dass die Darstellung der Juden aus dem Kinderbuch der 30er Jahre alles andere als objektiv, sondern hasserfüllt und verzerrend ist, habt ihr sicher schnell erkannt. Versucht genauer zu benennen, auf welche Weise versucht wurde, bei den Kindern, die das Bilderbuch betrachteten, eine negative Wirkung zu erzielen.

2 Fallen euch Beispiele aus der heutigen Zeit ein, bei denen mit ähnlichen – oder vielleicht auch geschickteren und verdeckteren – Mitteln versucht wird, Menschen für oder gegen eine bestimmte Sache oder gegen bestimmte Personen einzunehmen?

3 Das Bild „Jude am Fenster" ist zwar nicht als Selbstporträt bezeichnet, der Maler Felix Nussbaum gehörte aber zu den während des Nationalsozialismus verfolgten jüdischen Künstlern. 1935 ließ er sich schließlich in Belgien nieder, tauchte 1942 gemeinsam mit seiner Lebensgefährtin unter und musste sich in einer Mansarde versteckt halten. 1944 wurden sie entdeckt und nach Auschwitz deportiert.
Beschreibt genau, wie Felix Nussbaum den jüdischen Mann (sich selbst?!) wahrnimmt und darstellt.

4 Natürlich kann man die Abbildung auf Seite 18 aus der nationalsozialistischen Hetzschrift und das Gemälde des jüdischen Künstlers nicht einfach miteinander vergleichen. Lasst dennoch beide Bilder noch einmal auf euch wirken. Fasst in Worte, zu welchen unterschiedlichen Ergebnissen die verschiedene Wahrnehmung führt und welche Absichten sich mit ihr verbinden.

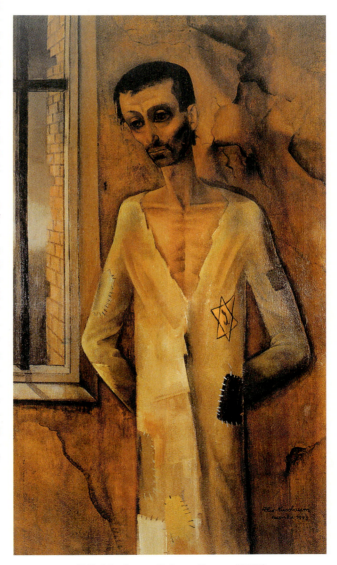

Felix Nussbaum: Jude am Fenster (1943)

Tahar Ben Jelloun

Papa, was ist ein Fremder? Gespräch mit meiner Tochter

Papa,
was ist Rassismus?

Rassismus ist ein ziemlich verbreitetes Verhalten, das es in jedem Land gibt und das in manchen Ländern leider so alltäglich geworden ist, dass es vielen schon gar nicht mehr auffällt. Dieses rassistische Verhalten besteht darin, anderen Menschen zu misstrauen, sie zu verachten und ungerecht zu behandeln, und zwar nicht, weil sie uns etwas Schlimmes angetan hätten, sondern einzig und allein, weil sie anders aussehen oder aus einer anderen Kultur stammen als wir.

Ist Rassismus denn normal?

Nein. Nur weil ein Verhalten weit verbreitet ist, ist es noch lange nicht normal oder richtig. Allerdings ist unser Misstrauen gegenüber Fremden so alt wie die Menschheit selbst. Dieses Misstrauen gibt es auf der ganzen Welt. Es betrifft alle.

Wenn es alle betrifft, dann ist ja jeder ein Rassist!

Nein, nur weil du einem Fremden misstraust, bist du noch kein Rassist. Dein anfängliches Misstrauen ist ganz natürlich, es ist ein Schutzinstinkt, denn du weißt ja noch nichts über die Absichten des anderen, vielleicht will er dich bestehlen oder zusammenschlagen, da bist du besser vorsichtig. Aber dieses Misstrauen wird sich meist in Vertrauen verwandeln, wenn du den anderen kennenlernst. Zum Rassisten wirst du erst, wenn du glaubst, dass der Fremde weniger wert ist als du und deshalb weniger gut behandelt werden sollte.

Glaubst du, ich könnte so werden?

Das hängt von deiner Erziehung ab. Von Natur aus ist kein Kind fremdenfeindlich, denn niemand wird als Rassist geboren. Und wenn deine Eltern, deine Familie oder deine Lehrer dir keine fremdenfeindlichen Ideen in den Kopf setzen, wirst du auch nicht fremdenfeindlich werden. Wenn man dir aber zum Beispiel einredete, dass weißhäutige Menschen schwarzhäutigen Menschen überlegen seien, und du diese Behauptung ernst nähmest, könnte das zur Folge haben, dass du Schwarze generell verachtest und schlecht behandelst. [...]

Dann ist ja jedes wilde Tier besser als der zivilisierte und erzogene Mensch!

Nun ja, das Tier hat keine vorgefassten Gefühle oder Meinungen über andere Tiere. Der Mensch hat im Gegensatz dazu Vorurteile. Er urteilt über andere, ohne sie zu kennen. Er glaubt, im Voraus wissen zu können, wie ein Fremder sich verhalten wird und wie viel er wert ist. Oft täuscht er sich und glaubt falsche Dinge über den anderen, die ihm dann Angst einjagen. [...]
Der Rassist behauptet, dass es einen grundsätzlichen Zusammenhang zwischen dem Aussehen eines Menschen und bestimmten Charaktereigenschaften und Verhaltensweisen gibt.

Nenn ein paar Beispiele.

Viele europäische und amerikanische Rassisten behaupten zum Beispiel, dass alle Schwarzen „kräftig, aber faul, verfressen und schmutzig" seien; Chinesen bezeichnen sie als „klein, egoistisch und grausam", Araber halten sie allgemein für „hinterhältig, aggressiv und betrügerisch", Türken „stinken" angeblich „nach Schweiß und Knoblauch", und alle Juden sollen „gerissen und geldgierig" sein, ja manche Rassisten schrecken nicht davor zurück, zu behaupten, dass Juden kleine Christenkinder ermorden, um die Diskriminierung und Verfolgung der Juden zu rechtfertigen … Es gibt zahllose Beispiele. Manche Schwarzen wiederum behaupten, die Weißen strömten einen seltsamen Geruch aus, manche Asiaten halten alle Schwarzen für Wilde und so weiter. Du solltest die feststehenden Ausdrücke aus deinem Wortschatz verbannen, die solche Klischees verbreiten, zum Beispiel Begriffe wie polnische Wirtschaft, Judenschule, orientalische Grausamkeit, gelbe Gefahr, levantinische Geschäftigkeit, getürkt und so weiter. Das sind gefährliche und dumme Sprüche, gegen die wir angehen müssen.

Karikatur von Jutta Bauer (1992)

Wie kann man dagegen angehen?

Zuerst muss man die Achtung vor den anderen lernen. Die Achtung ist wesentlich. Die Fremden fordern ja nicht, dass wir sie lieben, sondern dass wir ihre menschliche Würde achten. Jemanden achten bedeutet, sein Anderssein anzuerkennen und darauf Rücksicht zu nehmen. Das heißt auch zuhören lernen. Der Fremde fordert weder Liebe noch Freundschaft, sondern Achtung. Liebe und Freundschaft können später entstehen, wenn man sich besser kennen und schätzen gelernt hat. Zu Anfang aber solltest du dich vor vorschnellen Urteilen hüten. Anders gesagt: Meide jegliches Vorurteil. Denn vorgefertigte Meinungen über fremde Völker und Kulturen bilden die Grundlage von Rassismus, Ausländerfeindlichkeit und Fremdenhass. Lass mich dir weitere Beispiele für dumme Verallgemeinerungen dieser Art geben: Schotten sind geizig, Ostfriesen sind dämlich, Zigeuner stehlen, Asiaten sind heimtückisch und so weiter. Jede Verallgemeinerung ist dumm und führt in die Irre. Deshalb sollten wir nie sagen: „Araber sind dies oder jenes", „Franzosen sind so oder so …", und so weiter. Nur ein Rassist und Dummkopf zieht aus einem einzigen schlechten Erlebnis gleich allgemeine Schlussfolgerungen. Bestiehlt ihn ein Araber, dann schließt er daraus, dass alle Araber Diebe sind. Andere achten bedeutet, sich um gerechte Urteile zu bemühen.

Aber man kann doch Belgier- oder Ostfriesenwitze erzählen, ohne deshalb fremdenfeindlich zu sein!

Ja, aber wenn man sich über andere lustig macht, sollte man auch über sich selbst lachen können. Sonst hat man keinen Humor. Humor gibt uns Kraft.

1 Wie erläutert Tahar Ben Jelloun seiner Tochter den Zusammenhang zwischen Rassismus und Vorurteilen?

2 Nennt und kommentiert Beispiele für Vorurteile aus eurem eigenen Erfahrungsbereich.

3 Wie lassen sich Vorurteile abbauen? Welche Rolle spielt dabei z.B. die Erziehung? Sammelt Beispiele und besprecht sie.
Welche Möglichkeiten seht ihr, bei euch ganz persönlich oder in eurer engeren Umgebung Vorurteile abzubauen?

4 Fallen euch auch Beispiele für „gute Vorurteile" ein? Welche Probleme können sich bei solchen „guten Vorurteilen" ergeben?

5 Welcher Zusammenhang besteht zwischen dem, was und wie wir uns fühlen, und der Art und Weise, wie wir unsere Umgebung und unsere Wirklichkeit wahrnehmen?

„Weil nicht sein kann, was nicht sein darf" – Verdrängung der Wirklichkeit

Erich Fried

Die nicht an El Salvador[1] denken

Nichts kann herzergreifender sein
als unsere Menschen
die sich an ihre kleinen
Freuden und Hoffnungen klammern
an den nächsten Urlaub
den Wochenendausflug den Abend
im Theater und im
chinesischen Restaurant

zwischen den Sorgen
um die bessere Schule
für das jüngste Kind
und zwischen den Krankenbesuchen
zwischen Fernsehprogramm
und Seitensprüngen
zwischen Mitte des Lebens
und Altersheim

Nichts kann herzergreifender sein
auch nicht dass drüben
auf der anderen Seite der Welt
die Menschen verrecken
an Hunger und Mord den die Blindheit
unserer Menschen ermöglicht
die sich an kleine Freuden und Hoffnungen klammern
wie oft auch ich

---

[1] El Salvador: kleinste Republik Zentralamerikas an der Pazifikküste; erlangte in den 80er Jahren des letzten Jahrhunderts wegen eines Bürgerkriegs traurige Bekanntheit

Antoine de Saint-Exupéry

Der Kleine Prinz und der Säufer

Den nächsten Planeten bewohnte ein Säufer. Dieser Besuch war sehr kurz, aber er tauchte den kleinen Prinzen in eine tiefe Schwermut.
„Was machst du da?", fragte er den Säufer, den er stumm vor einer Reihe leerer und einer Reihe voller Flaschen sitzend antraf.
„Ich trinke", antwortete der Säufer mit düsterer Miene.
„Warum trinkst du?", fragte ihn der kleine Prinz.
„Um zu vergessen", antwortete der Säufer.
„Um was zu vergessen?", erkundigte sich der kleine Prinz, der ihn schon bedauerte.
„Um zu vergessen, dass ich mich schäme", gestand der Säufer und senkte den Kopf.
„Weshalb schämst du dich?", fragte der kleine Prinz, der den Wunsch hatte ihm zu helfen.
„Weil ich saufe!", endete der Säufer und verschloss sich endgültig in sein Schweigen. Und der kleine Prinz verschwand bestürzt.
Die großen Leute sind entschieden sehr, sehr wunderlich, sagte er zu sich auf seiner Reise.

1   Verdrängungen kommen sehr häufig vor. Fast jeder Mensch will bestimmte Dinge nicht wahrhaben, sie vergessen, so tun, als ob sie nie geschehen seien. Überlegt und schreibt – jede und jeder für sich – auf, welche Vorgänge, Handlungen oder Personen ihr möglicherweise verdrängt habt. Haben diese Verdrängungen Folgen gehabt?

2   Nach einem schweren Unglück reagiert der menschliche Körper häufig mit einem Schock auf das Ereignis. Wissenschaftler glauben, dass diese Reaktion z.B. schwere Schmerzen verdrängen soll. Überlegt euch, ob es noch andere Situationen gibt, in denen Verdrängung möglicherweise gut und wichtig sein kann.

3   „Herzergreifend" findet Erich Fried „unsere Menschen, die sich an ihre kleinen Freuden und Hoffnungen klammern". Beschreibt den Zusammenhang, in dem das Wort „herzergreifend" in den beiden ersten und im dritten Vers steht. Ersetzt den Begriff im ersten Vers und im dritten Vers durch jeweils ein anderes Wort und untersucht, wie die Aussage sich dadurch verändert.

4   Nehmt an, der kleine Prinz sei nach einiger Zeit noch einmal zu dem Säufer zurückgekommen, um mit ihm zu reden. Was würde er dem Säufer gerne klarmachen?

5   Nicht nur einzelne Personen, sondern auch ganze Gruppen haben ihre Verdrängungsmechanismen, die so genannte „kollektive Verdrängung". Könnt ihr euch erinnern, dass z.B. eure Klasse einen bestimmten Vorfall ausgeblendet oder vergessen hat?

6   Es gibt auch kollektive Verdrängungsvorgänge z.B. gegenüber der Geschichte. Im alten Rom kannte man die „Verbannung aus der Erinnerung": Bilder und Statuen hoch gestellter Personen, die verbrecherisch gehandelt hatten, wurden entfernt. Sucht ein Beispiel für kollektive Verdrängung bei uns und untersucht es genauer.

7   Können Verdrängungen zu falschen und unverantwortlichen Handlungsweisen führen? Diskutiert die Frage mit verteilten Rollen (Pro und Kontra Verdrängung) anhand eines konkreten Beispiels.

Werbung und Wirklichkeit

„Gefühl, an Inhalt reicher als an Worten,
Ist stolz auf seinen Wert und nicht auf Schmuck."
Shakespeare, Romeo und Julia

„Diamonds are a girl's best friend!"
Marilyn Monroe

HALTEN SIE'S WIE MARILYN MONROE: SETZEN SIE AUF DIE UNVERGÄNGLICHEN WERTE!
DIAMANTEN VON TERHOORN – DIE HALTEN EIN LEBEN LANG

FITMILK
Joghurt-Dessert

• reich an bekömmlichem Milcheiweiß
• mit einem hohen Anteil Vitamin B12
• ohne Konservierungsstoffe und ohne Speisegelatine schonend und natürlich hergestellt
• leistet einen wichtigen Beitrag zur Erhaltung Ihrer Leistungsfähigkeit

FITMILK
Joghurt-Dessert
Die ideale Zwischenmahlzeit für gesundheitsbewusste Genießer!

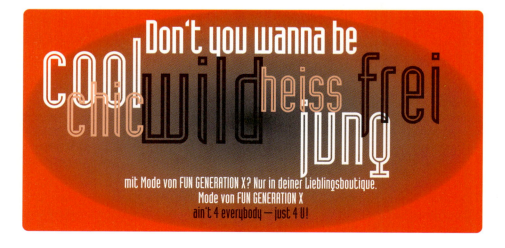

Don't you wanna be
cool chic wild heiss frei jung
mit Mode von FUN GENERATION X? Nur in deiner Lieblingsboutique.
Mode von FUN GENERATION X
ain't 4 everybody – just 4 U!

WIRKLICHKEIT WAHRNEHMEN

1 Vergleicht die drei (erfundenen) Werbeanzeigen miteinander. Worin unterscheidet sich die Art der „Werbebotschaft"? Wie nah oder entfernt ist der Text oder Slogan vom eigentlichen Produkt?

2 Sammelt echte Werbeanzeigen, z.B. für Mode, Süßigkeiten, Zigaretten oder Kaffee, Kosmetikartikel, Computer, elektronische Geräte oder auch Banken und Versicherungsgesellschaften. Sichtet euer Material nach den folgenden Gesichtspunkten:
– Welche Sachinformationen werden gegeben?
– Hat die Werbung noch etwas mit dem Produkt zu tun oder kann man erst auf den 2. Blick erkennen, wofür überhaupt geworben wird?
– Werden Gefühle angesprochen? Wenn ja, welche?
– Welche Erwartungen an das Produkt werden geweckt?

3 Vergleicht die Aussagen des Werbematerials mit Ergebnissen objektiver Produkttests und -untersuchungen, wie sie z.B. von der *Stiftung Warentest* oder von Verbraucherzentralen durchgeführt werden.

Werbung gehört zur freien Marktwirtschaft

Werbung und freie Marktwirtschaft gehören eng zusammen. Die Werbung wird zum Wegweiser zu der großen Zahl neu angebotener Güter und Dienstleistungen. Sie ist ein unentbehrliches Mittel der Kommunikation und Information in unserer modernen Gesellschaft.

Die Werbung ist sogar mehr als ein moderner Nachrichtendienst. Neue Güter ermöglichen neue Lebensformen. Sie verändern und erhöhen die Lebensqualität. Deshalb darf die Werbung sich nicht darauf beschränken, über die technischen Vorteile neuer Waren oder Geräte zu informieren. Sie muss den Zusammenhang zwischen den Produkten einerseits und dem persönlichen Glück und dem gesellschaftlichen Fortschritt andererseits herausstellen.

Werbung in der Wirtschaft wie in der Politik ist immer gut und angebracht, wenn diese Werbung der politischen oder wirtschaftlichen Nachfrage der Bürger ein angemessenes Angebot sichtbar und zugänglich macht. Eine gute Werbung wird im eigenen Interesse selbstkritisch sein, weil sie sich gegenüber der Konkurrenz behaupten und gegenüber dem Verbraucher glaubwürdig bleiben muss. Sie steht nicht im Dienst von Manipulation und Verführung, sondern ist ein notwendiger Bestandteil einer offenen, durchsichtigen und dynamischen, einer mündigen Gesellschaft.

nach Karl Schiller

Werbung ist gefährlich für Kinder

Fünf Besonderheiten machen die an Kinder gerichtete Werbung äußerst problematisch. *Erstens* sind Kinder wegen ihrer Unerfahrenheit leicht beeinflussbar und darum auch für Werbung besonders aufnahmefähig. Da sie *zweitens* als „Anfänger" erst wenig mit Werbung in Berührung gekommen sind, kann man Markensymbole leicht in ihre noch „jungfräulichen" Gehirne einpflanzen. *Drittens* können sie noch nicht durchschauen, dass der ganze Werbezauber nur inszeniert wird, damit sie sich alle diese Dinge wünschen, sie von ihren Eltern fordern und eines Tages selbst kaufen. Wenn es *viertens* mithilfe von Werbung gelingt, sie für die nächsten Jahrzehnte als markentreue Konsumenten zu gewinnen, ist das in kindliches Markenbewusstsein investierte Geld rentabel angelegt. Durch ihre Allgegenwart und ihre Verlockungen lässt Werbung *fünftens* die Fähigkeiten verkümmern, an immateriellen Werten Gefallen zu finden.

Ulrich Eicke

Sayonara!

Vor zwei Wochen kam ich aus Australien zurück, wo ich ein Jahr lang im Schüleraustausch war. Natürlich war es nicht ganz einfach, aber weil meine Freundin mir regelmäßig geschrieben hatte, kam ich schnell wieder in die Clique rein.

Dass ich aber wohl doch einiges verpasst hatte, bemerkte ich, als Mirko morgens in die Klasse kam und Jörg mit einem piepsigen „Sayonara" begrüßte, worauf die ganze Klasse zu lachen anfing. Was ich nicht verstand, denn so komisch war das ja nun auch nicht. Ich verstand erst recht nicht, dass dieses „Sayonara" plötzlich überall auftauchte, manchmal auch „Sayonara, Yokami". Ich traute mich nicht zu fragen, was es damit auf sich hatte, aber als kurze Zeit später das gleiche Spiel mit der „wunderbaren Reise in das Land der Eisträume" begann, klang das irgendwie nach Werbung. Seit vorgestern gehe ich abends also nicht aufs Klo oder aus dem Zimmer, wenn die Werbung im Fernsehen läuft, sondern verfolge sie gespannt. Manche Sachen ändern sich nie, z.B. die Werbung für Waschmittel oder Windeln, die sind stinklangweilig, – aber die „Sayonara"-Werbespots für einen japanischen Walkman sind wirklich klasse gemacht! Es gab überhaupt viele Spots, die richtig lustig waren, auch wenn ich noch nicht weiß, was es mit der „wunderbaren Reise in das Land der Eisträume" auf sich hat.

Als Mirko mich gestern in der Schule so frech angrinste, rief ich ihm ein kesses „Oooh, Yokami!" entgegen. Alle haben gelacht und jetzt fühle ich mich wieder richtig zu Hause!

1 Diskutiert den Werbung befürwortenden Text auf Seite 25 und den vor Werbung warnenden Text von Ulrich Eicke (Seite 25) und bezieht dabei eure eigenen Untersuchungen über die Werbung mit ein.

2 Es kommt immer wieder vor, dass Werbesprüche losgelöst von dem Produkt, für das sie stehen, Eingang in die Alltagssprache finden, so z.B. in den 40er Jahren der Slogan „… und er läuft und läuft und läuft!" für den Volkswagen.
Sammelt möglichst viele Beispiele aus der heutigen Zeit und versucht, daraus einen sinnvollen kurzen Song- oder sonstigen Text zusammenzusetzen.

3 Überlegt, welche Art von Werbung euch besonders interessiert oder gut bei euch ankommt und warum. Gestaltet dann eigene Werbevorlagen für Produkte, die ihr für nützlich oder wichtig haltet oder auf die ihr deshalb aufmerksam machen wollt.

4 Denkt euch zu dem Text „Sayonara!" einen zweiten Untertitel aus, also „Sayonara! – oder …". Darin soll die zentrale Aussage des Textes – vielleicht provokativ – zum Ausdruck kommen.

5 Unten seht ihr die Ergebnisse einer Umfrage zur Werbung im Fernsehen, durchgeführt von einer TV-Zeitschrift. Führt dieselbe Befragung in eurer Klasse – und vielleicht auch in anderen Klassen – durch. Deutet die Ergebnisse: Was sagen sie über den Stellenwert und die Akzeptanz der Werbung im Fernsehen aus?

74%
stört die Werbung im Fernsehen,
dennoch finden
27%
sie oft unterhaltsam

Lieber GEZ zahlen als Werbung
Sollten ARD und ZDF mehr Werbung zeigen
und dafür die Gebühr senken?

Ja 46%   **Nein 53%**

(Mehrfachnennungen bzw. Enthaltungen
waren möglich.)

Die vor der Werbung fliehen
Was machen Sie, wenn Werbung kommt?

umschalten
44%

aufs WC gehen
44%

zum Kühlschrank gehen
42%

unterhalten
27%

Werbung ansehen
25%

Vom Schein zur Wirklichkeit

Jostein Gaarder

Das Höhlengleichnis des Philosophen Plato

Platon erzählt ein Gleichnis [...]. Wir bezeichnen es als das *Höhlengleichnis*. Ich werde es mit meinen eigenen Worten erzählen.[1]
Stell dir Menschen vor, die in einer unterirdischen Höhle wohnen. Sie kehren dem Eingang die Rücken zu und sind am Hals und an den Füßen festgebunden, deshalb können sie nur die Höhlenwand ansehen. Hinter ihnen erhebt sich eine hohe Mauer und hinter dieser Mauer wiederum gehen menschenähnliche Gestalten vorbei, die verschiedene Figuren über den Mauerrand halten. Da hinter diesen Figuren ein Feuer brennt, werfen sie auf der Höhlenwand zitternde Schatten. Das einzige, was die Menschen in der Höhle sehen können, ist also dieses „Schattentheater". Sie sitzen seit ihrer Geburt hier und halten die Schatten folglich für das Einzige, was es gibt.
Stell dir nun vor, einer von diesen Höhlenbewohnern kann sich aus der Gefangenschaft befreien. Zuerst fragt er sich, woher die Schattenbilder an der Höhlenwand kommen. Schließlich kann er sich freikämpfen. Was glaubst du, passiert, wenn er sich zu den Figuren umdreht, die über die Mauer gehalten werden? Er ist natürlich zuerst vom scharfen Licht geblendet. Auch der Anblick der scharf umrissenen

---

[1] Der Ich-Erzähler heißt Alberto Knox. Für die Romanheldin Sofie ist er zunächst ein geheimnisvoller Philosoph, der ihr Briefe schreibt, ohne seinen Namen zu nennen. Das tut er erst, als Sofie darauf besteht. Er schickt ihr weiter Briefe und auch mal ein Video. Persönlich lernen sich die beiden erst sehr viel später kennen.

Figuren blendet ihn – er hat bisher ja nur ihre Schattenbilder gesehen. Wenn er über die Mauer steigen und am Feuer vorbei aus der Höhle ins Freie klettern könnte, dann würde er noch mehr geblendet werden. Aber nachdem er sich die Augen gerieben hätte, würde er auch sehen, wie schön alles ist. Zum ersten Mal würde er Farben und scharfe Konturen sehen. Er würde wirkliche Tiere und Blumen sehen – deren schlechte Nachahmungen die Figuren in der Höhle waren. Aber auch jetzt fragt er sich, woher die Tiere und Blumen kommen. Er sieht die Sonne am Himmel und begreift, dass die Sonne den Blumen und Tieren in der Natur Leben gibt, wie das Feuer in der Höhle dafür gesorgt hat, dass er die Schattenbilder sehen konnte.

René Magritte:
Der Verrat der Bilder (1928/29)

Jetzt könnte der glückliche Höhlenbewohner in die Natur hinauslaufen und sich über seine frisch gewonnene Freiheit freuen. Aber er denkt an alle, die noch unten in der Höhle sitzen. Deshalb geht er zurück. Sowie er wieder unten angekommen ist, versucht er den anderen Höhlenbewohnern klar zu machen, dass die Schattenbilder an der Höhlenwand nur zitternde Nachahmungen des Wirklichen sind. Aber niemand glaubt ihm. Sie zeigen auf die Höhlenwand und sagen, das, was sie da sähen, sei alles, was es gibt. Am Ende schlagen sie ihn tot.

1 Fertigt eine Skizze an, die das Höhlengleichnis und die wirklichen Verhältnisse verdeutlicht.

2 Stellt euch vor, der eine von diesen Höhlenbewohnern sei von einem anderen Menschen, der in die Höhle kam, befreit worden und dieser begleite ihn zunächst durch die Höhle hindurch und dann aus der Höhle hinaus.
Schreibt Dialoge, die die beiden geführt haben könnten,
– nachdem der Höhlenbewohner losgebunden worden ist und sich umdreht,
– als er das Feuer in der Höhle sieht,
– als er aus der Höhle heraustritt, die Blumen und die Tiere und schließlich die Sonne sieht.

3 Versucht in wenigen Worten auszudrücken, was uns Platon mit seinem Höhlengleichnis mitteilen will.

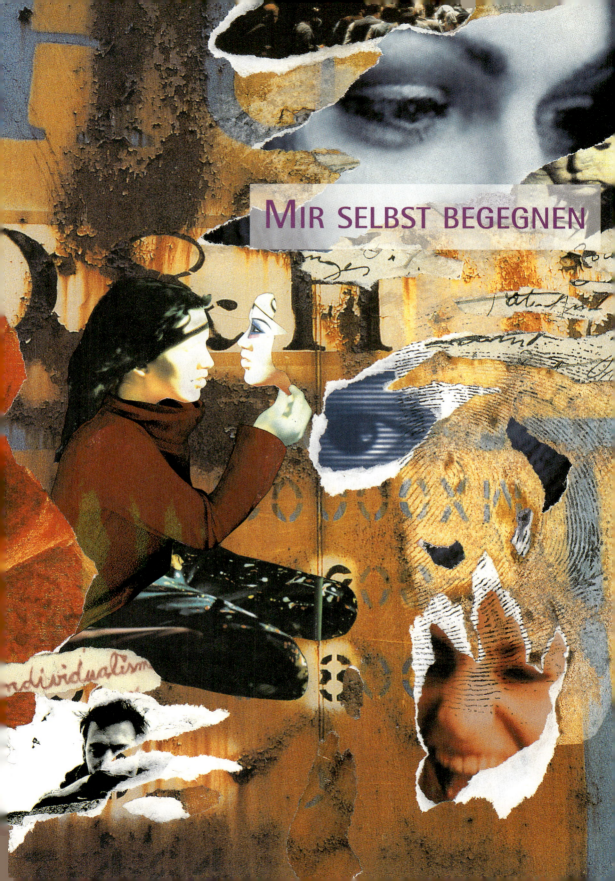

MIR SELBST BEGEGNEN

Wer bin ich?

Persönliche Angaben

Vorname/Name: _____

Straße/Hausnummer: _____

Postleitzahl/Wohnort: _____

Telefon/Fax/E-Mail-Adresse: _____

Geburtsdatum/Sternzeichen: _____

Lieblingsmusik: _____

Lieblingsbuch: _____

Lieblings . . . . : _____

Was ich mag/Was ich nicht mag: _____

Was ich gut kann: _____

Was ich weniger gut kann: _____

Meine Hobbys: _____

1 Übertragt den „Steckbrief" auf ein Blatt Papier und füllt ihn mit euren eigenen
Angaben aus. Gestaltet ihn und klebt ein Foto von euch auf, das euch gut gefällt.

Seid ihr in eurem Ethikkurs neu zusammengekommen? Dann verwendet den Steckbrief zum Aushängen im Klassenraum und zum gegenseitigen Kennenlernen.
Wenn ihr den Teil mit den persönlichen Angaben erst einmal nicht ausfüllt, könnt ihr
versuchen, mithilfe der übrigen Angaben zu erraten, wem von euch welcher Steckbrief gehört. (Blätter vorher gut mischen und auslegen!)

Ihr könnt mit dem Steckbrief aber auch testen, wie gut euch euer Freund/eure Freundin wirklich kennt: Tragt nur eure persönlichen Daten ein und gebt den Bogen weiter
an den Partner, der die übrigen Angaben für euch ergänzt.

2 Nutzt die Angaben eures eigenen Steckbriefs, um ein Bild eurer Persönlichkeit zu gestalten: Zeichnet auf ein Plakat einen großen Kreis und teilt ihn in verschiedene

30

"Tortenstücke" ein. Zeichnet in diese Segmente Symbole ein, z.B. für euer Lieblingsessen, eure Fähigkeiten und Vorlieben und für alle anderen Angaben zu dem, was ihr (nicht) mögt und könnt. Präsentiert und erklärt anschließend den anderen eure "abgerundete" Persönlichkeit.

3 Hebt den ausgefüllten Steckbrief auf und nehmt ihn euch nach einer gewissen Zeit (z.B. am Ende des Schuljahres) noch einmal vor.
– Welche Angaben würdet ihr jetzt ganz anders ausfüllen?
– Woran liegt es, dass sich einige Punkte sehr rasch verändern?

Christine Nöstlinger
Spiegel lügen nicht

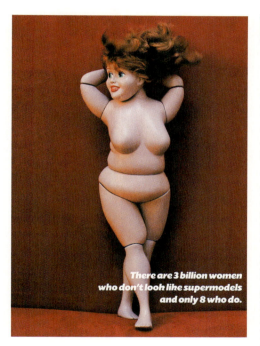

Bei der Kreuzung, bei der Straßenbahnhaltestelle, ist eine Passage. *Spiegel-Krachmann Luster * Lampen und Spiegel für den modernen Geschmack.* Anika geht in die Passage. Ganz nach hinten. Vorne stehen die Leute, die auf die Straßenbahn warten. Anika starrt in den Spiegel, Marke *Kristall Extra Modell Désirée.* Der Spiegel muss schief hängen, denn Anika schaut unheimlich dünn aus. Anika schaut sich an. Die schäbigen Ringellocken beiderseits des Mittelscheitels stehen wie ein Riesenschnurrbart ab. Die übrigen Haare hat der Wind zu zackigen Strähnen geklebt. Zwischen den Strähnen schauen Anikas Ohren hervor. Die Ohren sind groß und an den Rändern vom Wind rot gefärbt. Anikas Hose ist um zwei Fingerbreit zu kurz und um eine Handbreit zu eng. Die Absätze der Schuhe sind schief getreten. An einem Absatz hängt der Lederüberzug weg. Anikas Jacke war voriges Jahr modern. Jetzt tragen nur mehr die letzten Menschen so was. [...]
In einer Hosentasche sollten zwei Haarklammern sein. Weil die Hose um eine Handbreit zu eng ist, ist es schwer, bis zum Grund der Hosentasche zu greifen. Anika findet nur eine Haarklammer. Eine Haarklammer nützt nichts. Verändert den Schnurrbart nur einseitig. Anika zieht sich einen Seitenscheitel. Im Spiegel sieht Anika eine Frau, die hinter ihr steht. Die Frau beobachtet Anika und grinst dabei. Die Frau hat keinen Schnurrbart, die Frau hat einen guten Friseur. Anika steckt dem Spiegel, der Frau, die Zunge heraus. Die Frau dreht sich um. Wahrscheinlich grinst sie jetzt noch blöder. Der Schnurrbart, auf eine Seite zusammengeworfen, sträubt sich ratlos. Anika steckt ihn mit der Haarklammer am Kopf fest, kämmt Haare über die Klammern. Die Ohren mit den roten Rändern schauen schon wieder zwischen den Haaren hervor. Anika schüttelt den Kopf, schüttelt die

Haare, damit die Ohren in Deckung gehen. Anika zerrt die Hose die Hüften abwärts, bis zwischen den Schuhen und den Hosenbeinen kein Stückchen Socken mehr zu sehen ist.

Anika starrt Anika wütend an. Gestern Abend, im dreiteiligen Spiegelschrank betrachtet, war Anika hübsch. Ungeheuer hübsch sogar. Das war kein Irrtum. Sie hat genau hingesehen. Über zehn Minuten lang. Sie hat die Haare zur Seite gebürstet, hoch gesteckt, Mittelscheitel gekämmt, Haare ins Gesicht fallen lassen, immer war sie hübsch gewesen, ungeheuer hübsch. Kann man in zwanzig Stunden hässlich werden? Hat sich der dreiteilige Spiegelschrank geirrt?

1 Wenn ihr Anika auf der Straße begegnen würdet, könntet ihr sie sympathisch finden oder eher nicht? Entscheidet und begründet!

2 Wie kann es sein, dass Anika ihr Spiegelbild so unterschiedlich erlebt? Vielleicht habt ihr eine Erklärung aus eurer eigenen Erfahrung.

3 Erinnert euch an eine Situation, in der ihr euch selbst richtig gut leiden konntet, und an eine Situation, in der ihr euch selbst gar nicht mochtet. Beschreibt beide Situationen anonym in einem anschaulichen Text.
Tauscht eure Texte untereinander aus und lasst eure Mitschüler kommentieren: War das wirklich so schlimm? War das wirklich so gut? Ergeben sich gleiche Urteile oder unterschiedliche?

 Partnerschaftlich leben, „Muss ich [...] attraktiv sein?", S. 277

Sylvia Plath

Ich bin ich

13. November 1949

Ich habe mich entschlossen, ab heute wieder Tagebuch zu führen – da kann ich meine Gedanken und Meinungen hineinschreiben, wenn ich gerade Zeit habe. Auf irgendeine Weise muss ich den Überschwang meiner siebzehn Jahre bewahren und festhalten. Jeder Tag ist so kostbar, dass ich unendlich traurig werde bei dem Gedanken, dass mir diese Zeit mehr und mehr entschwindet, je älter ich werde. Jetzt, jetzt ist die ideale Zeit meines Lebens. [...]

Ich kenne mich selber immer noch nicht. Vielleicht werde ich mich nie kennen. Aber ich fühle mich frei – keine Verantwortung bindet mich, ich kann immer noch hinauf in mein Zimmer gehen, es gehört mir allein – meine Zeichnungen hängen an den Wänden ... Bilder sind über meine Kommode gepinnt. Das Zimmer passt zu mir – maßgemacht, nicht vollgestopft und ruhig ... Ich liebe die ruhigen Linien der Möbel, die Bücherschränke mit den Gedichtbänden und Märchenbüchern, aus der Kindheit geborgen.

Ich bin sehr glücklich im Moment, sitze am Schreibtisch und schaue hinüber zu den kahlen Bäumen rings um das Haus jenseits der Straße... Immer möchte ich Beobachter sein. Ich möchte, dass das Leben mich stark berührt, aber nie so blind macht, dass ich meinen Anteil am Dasein nicht mehr ironisch und humorvoll

Mir selbst begegnen

*René Magritte:
Verbotene Reproduktion (1937)*

*Tamara de Lempicka: Autoportrait
„Tamara im grünen Bugatti" (1925)*

betrachten und mich über mich selber lustig machen kann, wie ich es über andere tue. Ich habe Angst vor dem Älterwerden. Ich habe Angst vor dem Heiraten. Der Himmel bewahre mich davor, dreimal am Tag zu kochen – bewahre mich vor dem erbarmungslosen Käfig der Eintönigkeit und Routine. Ich möchte frei sein – frei, um Menschen kennenzulernen und ihre Geschichte – frei, um an verschiedenen Enden der Welt zu leben und auf diese Weise die Erfahrung zu machen, dass es andere Sitten und Normen gibt als die meinen. [...]
Vielleicht bin ich dazu *bestimmt*, eingeordnet und abgestempelt zu werden? Nein, dagegen wehre ich mich. Ich bin ich – ich bin mächtig – aber in welchem Maße? Ich bin ich.
Manchmal versuche ich mich an die Stelle eines anderen zu versetzen und bin erschrocken, wenn ich merke, dass mir das fast gelingt. Wie fürchterlich, jemand anderes als ich zu sein. Mein Egoismus ist schrecklich. Ich liebe mein Fleisch, mein Gesicht, meine Glieder mit überwältigender Hingabe. Ich weiß, dass ich „zu groß" bin und eine zu dicke Nase habe, trotzdem putze ich mich auf, posiere vor dem Spiegel und finde mich von Tag zu Tag hübscher ... Ich habe mir ein Bild von mir selbst geschaffen – idealistisch und schön. Ist nicht dieses Bild, frei von Makeln, das wahre Selbst – die wahre Vollendung? Ist es denn mein Fehler, wenn dieses Bild sich heimlich zwischen mich und den gnadenlosen Spiegel stellt? (Oh, eben überfliege ich, was ich gerade geschrieben habe – wie albern, wie übertrieben das klingt.) [...]
Mehr und mehr wird mir bewusst, welch eine gewaltige Rolle der Zufall in meinem Leben spielt ... Es wird der Tag kommen, wo ich mich schließlich stellen muss. In diesem Augenblick graut es mir vor den wichtigen Entscheidungen, die auf mich zukommen – welches College? Was für ein Beruf? Ich habe Angst. Ich bin unsicher. Was ist das Beste für mich? Was will ich? Ich weiß es nicht. Ich liebe die Freiheit. Einengung und Beschränkung sind mir zuwider. [...] Oh, ich liebe das *Jetzt*, trotz all meiner Ängste und Vorahnungen, denn *jetzt* bin ich noch nicht endgültig geformt. Mein Leben fängt erst noch an. Ich bin stark.

MIR SELBST BEGEGNEN

1 Besprecht die folgenden Sätze aus Sylvia Plaths Tagebucheintrag. Empfindet ihr auch so oder würdet ihr die Aussagen ablehnen?
   – „Jetzt, jetzt ist die ideale Zeit meines Lebens."
   – „Ich kenne mich selber immer noch nicht."
   – „Immer möchte ich Beobachter sein."
   – „Ich habe Angst vor dem Älterwerden."

2 Für Sylvia Plath ist „Freiheit" gleichbedeutend mit Freiheit von Entscheidungen und Freiheit von Verantwortung. Seht ihr das ebenso?
   Stellt zusammen: In welchen Bereichen meines Lebens würde ich gerne mehr eigene Entscheidungen treffen/mehr Verantwortung übernehmen?

3 Die Autorin nennt bestimmte Dinge, die sie schätzt und die zu ihrem Selbstbild gehören: die Gestaltung ihres Zimmers, ihre Bilder, Bücher und Gedichte. Welche Gegenstände gehören für euch zum Ausdruck eures Selbstbildes?
   Entwerft eine Zeichnung eures Zimmers, markiert und erklärt die Gegenstände, die euch darin besonders wichtig sind.

 Das Alter erleben, „Segen und Fluch des Alters [...]", S. 214 – Das Gewissen bilden [...], „Das Beziehungsfeld der Verantwortung", S. 368

Was ist mir wichtig?

Mein Alltag, meine Mitmenschen – und ich

1 Seht euch die Bilder in Ruhe an. Nennt dann spontan das Wort, das euch zu jedem Porträt als Erstes einfällt.
   Erstellt eine Liste der Wörter und Begriffe, die ihr jedem Bild zuordnen würdet. Sind eure Eindrücke ähnlich oder verschieden?

MIR SELBST BEGEGNEN

2 Denkt euch unterschiedliche Situationen aus, in die ihr alle abgebildeten Personen hineinversetzt. Wer macht eurer Meinung nach in welcher Situation eine „gute Figur" und wer nicht (z.B. beim ersten Besuch bei den Eltern der neuen Freundin/des neuen Freundes oder bei einem vornehmen Essen oder bei einer Prüfung)?

3 Sammelt selbst solche oder ähnliche Fotos und klebt sie auf Plakate. Beschriftet Papierstreifen mit verschiedenen Eigenschaftswörtern (z.B. „lustig", „ehrgeizig", „spießig", „natürlich") und ordnet sie den Bildern passend zu.
Überlegt gemeinsam: Welche äußerlichen Merkmale oder welche Aufmachung sind dafür verantwortlich, dass wir von einer Person einen bestimmten Eindruck gewinnen?

4 Welchen Eindruck möchtet ihr anderen Menschen von euch vermitteln? Lasst euch so fotografieren, dass dieser Eindruck deutlich wird. (Oder bringt Fotos mit, auf denen ihr so ausseht, wie ihr euch selber gerne seht.)
Sammelt eure Fotos in einem Ordner und lasst eure Mitschüler dazu Texte schreiben, die etwas über Wirkung und Ausstrahlung der Fotos aussagen.

Mein Alltagsleben – und was dazu gehört

Unterziehe die nachfolgenden Lebensbereiche, Tätigkeiten und Situationen einer individuellen Sichtung. Wie wichtig sind sie für die Gestaltung deines Lebens? Nimm deine Bewertung mithilfe der dir vertrauten Skala der Schulnoten vor (1 = sehr wichtig; 6 = völlig unwichtig) und trage sie auf einem Papierstreifen ein.

Bereich/Tätigkeit/Situation	Wert
• *politisch und gesellschaftlich informiert sein und meine Meinung einbringen*	?
• *körperlich und geistig gesund und fit sein*	?
• *meine private und berufliche Zukunft zwangsfrei gestalten können*	?
• *kulturelle Einrichtungen und Veranstaltungen besuchen*	?
• *finanziell unabhängig sein*	?
• *moderne Medien zur Verfügung haben (Computer, Video etc.)*	?
• *Reisen planen und unternehmen*	?
• *Sport, Fitness- und Körperpflegeangebote nutzen*	?
• *mich in einer Familie geborgen fühlen*	?
• *Natur erleben*	?
• *mein Aussehen und meine Umgebung selbst bestimmen*	?
• *in jeder Lebenslage auf Freunde zurückgreifen können*	?
• *mich bei meinen Hobbys entspannen*	?
• *bei Mitschülern und Lehrern anerkannt sein*	?

Gut leben [...], „Bedürfnisse und Erfüllungen; Annäherung [...]", S. 52 - „Kleine Freuden", S. 58 - „Reisewünsche", S. 60

35

MIR SELBST BEGEGNEN

Beliebt, aber umstritten: „Psychotests"

1

Du möchtest dich gern bei einem Sportverein anmelden, findest aber niemanden, der mit dir zusammen trainieren gehen würde. Was tust du?

A Kein Thema! Dann gehe ich halt alleine. Dort werde ich schon Leute kennenlernen.

B Dann lasse ich's lieber bleiben. So ganz alleine möchte ich da nicht hingehen.

C Mir ist zwar ein bisschen mulmig dabei, aber ich gehe auch ohne Begleitung hin.

2

Ein Klassenkamerad sagt zu dir, dass er dich ganz toll findet. Wie reagierst du?

A Ich werde ganz verlegen und weiß überhaupt nicht, was ich darauf sagen soll.

B Ich freue mich, bedanke mich für das Kompliment und fühle mich den Rest des Tages über ganz beflügelt.

C Ich werde fast ein bisschen sauer und antworte schroff: „Quatsch, ich bin überhaupt nicht toll!"

Teste Dein Selbstbewusstsein!

3

Deine Haare sind frisch geschnitten und du bist überhaupt nicht zufrieden damit, wie du jetzt aussiehst. Außerdem malst du dir aus, welche Kommentare wohl am nächsten Tag von deinen Klassenkameraden kommen werden. Was denkst du?

A Am liebsten würde ich so lange nicht mehr zur Schule gehen, bis die Haare wieder nachgewachsen sind.

B Soll mal einer wagen den Mund aufzumachen! Den mach' ich total fertig!

C Vielleicht sagt ja gar keiner was. Aber wenn doch jemand eine blöde Bemerkung macht, wird mir hoffentlich eine schlagfertige Antwort einfallen.

4

In der Mathestunde erklärt deine Lehrerin nun schon zum zweiten Mal eine Aufgabe. Du ärgerst dich, dass du sie immer noch nicht verstehst. Wie verhältst du dich?

A Ich sage erst mal gar nichts, gehe aber nach der Stunde zu der Lehrerin hin und bitte sie, mir die Aufgabe noch mal ganz in Ruhe zu erklären.

B Ich ärgere mich über mich selber, dass ich's nicht kapiere, und hoffe einfach nur, dass so eine Aufgabe nicht in der nächsten Klassenarbeit vorkommt.

C Ich melde mich sofort und frage die Lehrerin, ob sie's nicht noch mal anders erklären kann, weil ich's so einfach nicht begreife.

5

Du sitzt mit ein paar Freunden in der Pause zusammen. Es wird heftig diskutiert und alle reden durcheinander. Welches Verhalten passt am ehesten zu dir?

A Ich warte, bis es irgendwann einmal eine Pause im Gespräch gibt. Dann sage ich, was ich zu dem Thema meine.

B Ich halte mich lieber aus allem raus und werde ganz still.

C Wenn ich nur laut genug rede, werde ich mich schon durchsetzen.

6

Du stehst vor der ganzen Klasse und sollst ein Referat halten. Wie fühlst du dich dabei?

A Wenn ich gut vorbereitet bin, macht es mir sogar Spaß, anderen etwas zu präsentieren.

B Natürlich bin ich nervös, aber da muss man halt durch! Den anderen geht's ja sicher auch nicht anders.

C Schrecklich! Am liebsten würde ich im Erdboden versinken. Ich bin heilfroh, wenn dieser Tag vorbei ist!

36

MIR SELBST BEGEGNEN

Was denkst du, wenn du dich mit deinen Freundinnen oder deinen Freunden vergleichst?

A Irgendwie habe ich das Gefühl, dass die anderen alle beliebter, intelligenter, hübscher und sympathischer sind als ich.

B Eigentlich müssten die anderen doch froh sein, dass sie überhaupt mit mir befreundet sein dürfen, – denn schließlich bin ich ja interessanter als alle anderen.

C Ich vergleiche mich eigentlich nie so direkt mit anderen, denn „Ich bin ich", – warum sollte ich so sein wollen wie die anderen?

Nach den Ferien kommt eine Neue in eure Klasse. Du bekommst mit, wie eine Klassenkameradin, die eine ziemlich große Klappe hat, sie völlig ohne Grund blöd anmacht. Wie verhältst du dich?

A Ich komme der Neuen sofort zu Hilfe. Sonst denkt sie hinterher noch, in ihrer neuen Schule seien alle so unfair und gemein.

B Ich tue so, als hätte ich nichts gesehen, und halte mich lieber raus. Nicht, dass sich am Ende der Zorn meiner Klassenkameradin noch gegen mich richtet ...

C Ich mache erst mal nichts, gehe aber später zu der Neuen und sage ihr ein paar aufmunternde Worte.

1 Zum Spaß kannst du einmal die Testfragen (auf einem extra Blatt) beantworten. (Notiere z.B. so: 1.A), 2.C), ...). Die Punktbewertung wurde hier allerdings – mit Absicht! – weggelassen. Dafür ist die Auflösung beigegeben:

Auflösung

8 – 12 Punkte: Dein Selbstbewusstsein ist ziemlich im Keller. Höchste Zeit, etwas dagegen zu unternehmen! Dazu musst du natürlich zuerst einmal herausfinden, woran es liegt, dass du dir nichts zutraust und – wie es scheint – vor so vielen Situationen (und Leuten?) Angst hast. Du solltest mit kleinen Schritten anfangen. Vielleicht stellst du ja fest, dass die Reaktionen, die du bekommst, gar nicht so schlimm sind, wie du immer dachtest.

13 – 18 Punkte: Du liegst mit deinem Selbstbewusstsein im guten Durchschnitt. Manchmal verlässt dich natürlich der Mut, aber das geht den anderen ja auch nicht besser. Im Großen und Ganzen bewältigst du die Dinge, die auf dich zukommen, ohne besondere Schwierigkeiten. Achte darauf, dass dir die Balance zwischen Selbstbewusstsein und Arroganz immer gut gelingt!

19 – 24 Punkte: Dass du nicht gerade zu den schüchternen, zurückhaltenden Menschen gehörst, hast du dir sicherlich schon gedacht, bevor du den Test gemacht hast. Aber hast du schon mal darüber nachgedacht, dass du fast ein bisschen zu viel des Guten mitbekommen hast, was dein Selbstbewusstsein betrifft?

Was hältst du von der Auswertung? Meinst du, sie könnte jemandem ernsthaft weiterhelfen? Hast du die Testfragen ganz ehrlich beantwortet?

37

MIR SELBST BEGEGNEN

2 Schaut euch die Auswertung nochmals genau an. Um die höchste Punktzahl von 24 (und damit das vermeintlich größte Selbstbewusstsein) zu erreichen, muss man bei jeder der acht Testfragen 3 Punkte erzielen. Wer immer nur einen Punkt pro Antwort erhält, landet bei der Mindestpunktzahl von 8 (und dem angeblich geringsten Selbstbewusstsein). Versucht doch einmal festzulegen, welche Punktzahl ihr daraufhin den einzelnen Antworten zuordnen würdet.

3 „Bei solchen Tests erfährt man nicht, wer man ist, sondern wer man gerne sein möchte!" Was sagt ihr zu dieser Einschätzung? Könnt ihr sie erklären?

4 Entwerft nach dem vorgegebenen Muster selbst einen „psychologischen Test" zu einem Thema, das ihr in einer Vierergruppe wählt (z.B. „Wie einfühlsam bist du?" – „Bist du leicht zu beeinflussen?" – ...).
Entwerft passende Beispielsituationen, mehrere Antwortmöglichkeiten und ein Bewertungsschema. Probiert euren Test mit den anderen Gruppen aus!

Idole und Ideale

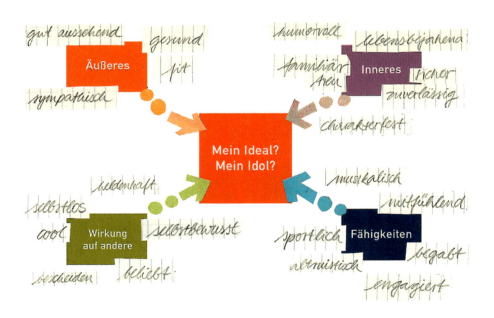

1 Die Grafik „Idole und Ideale" ist nach dem Mind-Map-Verfahren angelegt. Übertrage sie in dein Heft und ergänze sie!
Stelle aus den vier Eigenschaftszweigen jeweils zusammen:
– Welche Bedingungen sollte „mein Ideal" erfüllen?
– Welche Bedingungen sollte „mein Idol" erfüllen?

2 Verständigt euch in einer Diskussion über das Thema: Was ist der Unterschied zwischen einem Idol und einem Ideal?

3 Hast du ein Idol? Schreibe auf:
   – Was fasziniert mich an meinem Idol?
   – Was weiß ich über mein Idol? Seine Fähigkeiten, sein Leben, seine Tätigkeiten, sein Weltbild ...
   Du kannst deine Gedanken auch im Mind-Map-Verfahren darstellen.

4 Auf die Frage nach seinem Ideal antwortet ein junger Mann: „So etwas brauche ich nicht – ich bin mein eigenes Ideal." Haltet ihr diese Einstellung für vertretbar bzw. für verständlich?
   Welchen Sinn könnte es haben, sich ein Ideal zu wählen, und welche Gefahren könnten damit verbunden sein?
   Falls ihr ein persönliches Ideal habt, stellt es in der Klasse vor und begründet eure Wahl.

Erwachsene und Kinder
Missverständnisse und Verständnis

Frank Ennen

Mir geht es sowieso zu gut?

Neulich unterhielt ich mich mit meinem Onkel über die Schule. Er meint, früher seien die Anforderungen viel höher gewesen. Lieber würde er heute zur Schule gehen. Mir geht es natürlich ganz genauso. Ich bin ja so froh, Schüler zu sein. Schon sonntagabends im Bett verspüre ich dieses gewisse Kribbeln in der Magengegend, weil ich weiß, dass ich am nächsten Tag zur Schule darf. Am Montag um 6.15 Uhr beginnt dann endlich meine Schulwoche. Gut ausgeruht und voller Eifer springe ich unter die Dusche. Nach einem gesunden Frühstück steigert sich meine Vorfreude. Es geht los!

Um 7.10 Uhr erwische ich die U-Bahn gerade noch rechtzeitig. Von Deutsch über Geschichte, Latein und Biologie geht mein Tag zuerst bis 13.35 Uhr. Danach habe ich zu meinem Bedauern eine Freistunde, die ich jedoch, um im Tritt zu bleiben, für Hausaufgaben nutze. Anschließend Sport bis 16 Uhr. Um 17 Uhr, wenn ich wieder zu Hause bin, bekomme ich fast Angst, dass es das schon gewesen sein soll. Einen Trumpf habe ich aber noch in der Hinterhand. Und so genieße ich es, nach dem Abendbrot noch ein bis zwei Stunden Hausaufgaben zu machen, mich vorzubereiten oder für eine Arbeit zu lernen.

Die Schulwoche nimmt ihren Verlauf, und ich koste sie in vollen Zügen aus. An drei Nachmittagen in der Woche arbeite ich, ansonsten treffe ich mich mit Freunden oder der Freundin. Ist es nicht wunderbar, in der heutigen Zeit zur Schule zu gehen und ein straffes Programm zu erleben? [...]

Nun sagt mein Onkel, dass es mir sowieso zu gut geht und dass ich gefälligst genauso viel tun soll wie er damals. Im Ernst: Ich kann das langsam nicht mehr hören. Alles darfst du sein, nur nicht Schüler. Du bist nichts, du zählst nichts, und deine Meinung ist falsch. Ihr Älteren, seid doch mal ehrlich: Hattet ihr in der achten Klasse auch schon zwölf Fächer von Latein oder Französisch bis Physik oder Chemie? Bestand euer Lehrplan aus dem Periodensystem oder Keynesianismus?

Behandelt ihr die Fotosynthese oder den Satz von Vieta? Musstet ihr um jeden Punkt feilschen? Konnte euch ein Drittelpunkt das Abitur kosten? Wurdet ihr auch schon durch die Mühlen dieser Einstellungstests gedreht? Musstet ihr drei Jahre auf einen Studienplatz warten?
Schüler sein ist nichts, was man abwerten sollte oder spöttisch abtun. Und niemals sollte verglichen werden zwischen gestern und heute. Denn jede Generation hat ihre eigenen Probleme und muss mit ihrer Zeit fertig werden.
Mein Onkel muss das erst einmal verdauen und schaut mich grimmig an. Ich tröste ihn, indem ich sage: „Vielleicht wird die nächste Generation auch über mich klagen, dass ich sie falsch beurteile."

Peter Tillberg: Wirst du wohl mal Nutzen bringen, Kleiner? (1971/72)

Robert Doisneau: Information (1956)

1 Hinter den ironischen Beschreibungen des Textes wird deutliche Kritik am Schul- und Ausbildungssystem hörbar. Formuliert die Kritikpunkte und ergänzt sie um solche, die euch aus eurem eigenen Erleben noch wichtig sind.

2 „Alles darfst du sein, nur nicht Schüler. Du bist nichts, du zählst nichts, und deine Meinung ist falsch." Diskutiert über diese Aussage. Entspricht sie euren eigenen Erfahrungen? Kennt ihr noch andere Gruppen in der Gesellschaft, über die gerne Pauschalurteile gefällt werden?

3 Die Uneinigkeit zwischen Onkel und Neffe bezieht sich vor allem auf die Menge der schulischen Anforderungen. Informiert euch:
 – Wie viele verschiedene Unterrichtsfächer hatten eure Eltern in ihrer Schulzeit?
 – Wie viele Wochenstunden umfasste der Unterricht?
 – Welche Bedingungen galten für Klassenarbeiten, Notengebung und Schulabschlüsse?

4 Wie sollte eurer Meinung nach die ideale Schule aussehen? Welche Fähigkeiten und Inhalte sollte sie vermitteln, um euch gut auf eure Zukunft vorzubereiten? Beratet euch in Gruppen und entwerft ein Konzept. Berücksichtigt dabei: Ziele, Fächer, Lehrer, Lehrmethoden, Noten oder nicht?, räumliche Ausstattung …
(Zeichnet den Grundriss eurer Wunschschule!)

5 Vergleicht die drei Darstellungen schulischer Szenen aus den 50er Jahren, den 70er Jahren und der heutigen Zeit.
Findet je drei treffende Adjektive, um die vorherrschende Stimmung zu beschreiben. Entwerft eine Skizze für ein aussagekräftiges Bild zum Thema „Das ist die Schule im 21. Jahrhundert!"

Father and Son

Es ist jetzt nicht der richtige Zeitpunkt,
um etwas zu verändern.
Sei ganz locker und nimm nicht alles so ernst,
du bist noch jung, das ist dein Fehler,
es gibt noch so vieles, das du lernen musst.
Ein Mädchen finden, dich niederlassen,
wenn du willst, kannst du heiraten.
Schau mich an, ich bin alt, aber glücklich.

Ich war auch mal so wie du und ich weiß,
es ist nicht einfach, ruhig zu sein,
wenn du feststellst, dass so vieles los ist,
aber nimm dir Zeit, denk viel nach,
denk über alles nach, was du hast,
denn du wirst morgen noch hier sein,
aber deine Träume vielleicht nicht.

Wie kann ich's nur erklären? Wenn ich's versuche,
wendet er sich ab. So war es schon immer.
Sobald ich sprechen konnte, wurde mir befohlen zuzuhören,
jetzt gibt es einen Weg und ich weiß, ich muss weggehen.
Ich weiß, ich muss weg.

Es ist jetzt nicht der richtige Zeitpunkt,
um etwas zu verändern.
Setz dich hin, mach langsam,
du bist noch jung, das ist dein Fehler,
es gibt noch so vieles, das du durchmachen musst.
Ein Mädchen finden, dich niederlassen,
wenn du willst, kannst du heiraten.
Schau mich an, ich bin alt, aber glücklich.

So oft habe ich geweint und alles für mich behalten,
was ich wusste, – es ist schwer, aber es ist noch schwerer, das zu ignorieren.
Wenn sie wenigstens Recht hätten, würde ich ihnen ja zustimmen,
aber sie kennen nur sich selber und nicht mich,
jetzt gibt es einen Weg und ich weiß, ich muss weggehen.
Ich weiß, ich muss weg.

Cat Stevens

---

1 Beschreibt das Verhältnis zwischen Vater und Sohn mit euren eigenen Worten. Worin seht ihr das Hauptproblem zwischen den beiden?

2 Denkt euch Situationen aus, die zu den Aussagen des Vaters passen. Was empfindet wohl der Sohn in diesem Moment?

3 Entwerft und spielt ein Gespräch zwischen Vater und Sohn mit dem Ziel der gegenseitigen Verständigung.

1 Welches Thema im Konflikt „Eltern und Kinder" wird in der Karikatur dargestellt?

2 Jungen Leuten wird heute häufig der Vorwurf gemacht, sie würden es sich im „Hotel Mama" gut gehen lassen, anstatt auf eigenen Beinen zu stehen. In der Tat liegt der Start ins Berufsleben für junge Menschen heute deutlich später, als es in der Generation der Eltern und (erst recht) der Großeltern üblich war. Besteht dieser Vorwurf also zu Recht? Kennt ihr Beispiele und Gegenbeispiele? Besprecht und beurteilt die Situation.

3 Immer wieder auftretende Konflikte zwischen Eltern und Kindern werden in Karikaturen, Comics und Witzen oft thematisiert. Was kann daran komisch sein, wo die Betroffenen doch zumeist ernsthaft streiten? Sammelt Darstellungen dieser Art (z.B. „Calvin und Hobbes", „Oskar, der Familienvater") und ordnet sie nach passenden Kriterien (Konfliktstoff, Rollenverteilung ...) auf einem Plakat an.

Berichtet euch gegenseitig von selbst erlebten Situationen, an die euch die Witze und Comics erinnern. „Schwelt" der Konflikt immer noch oder könnt ihr inzwischen darüber lachen?

Eugen Roth

Weltlauf

Ein Mensch, erst zwanzig Jahre alt,
Beurteilt Greise ziemlich kalt
Und hält sie für verkalkte Deppen,
Die zwecklos sich durchs Dasein schleppen.
Der Mensch, der junge, wird nicht jünger:
Nun, was wuchs denn auf *seinem* Dünger?
Auch er sieht, dass trotz Sturm und Drang,
Was er erstrebt, zumeist misslang,
Dass, auf der Welt als Mensch und Christ

Zu leben, nicht ganz einfach ist,
Hingegen leicht, an Herrn mit Titeln
Und Würden schnöd herumzukritteln.
Der Mensch, nunmehr bedeutend älter,
Beurteilt jetzt die Jugend kälter,
Vergessend frühres Sich-Erdreisten:
„Die Rotzer sollen erst was leisten!"
Die neue Jugend wiedrum hält ...
Genug – das ist der Lauf der Welt!

1 Seid ihr der Meinung, dass die Beobachtungen von Eugen Roth stimmen oder nicht?

2 Stellt zusammen, wie er die Jugend charakterisiert, die Menschen mittleren Alters und die Greise.
Ergänzt die Gliederung um eure eigenen Ansichten: Was kennzeichnet eurer Meinung nach Leute mit 20 Jahren, mit 40 Jahren, mit 60 und mit 80 Jahren?

3 „Wenn ich erst 16 bin ...", „Wenn ich erst volljährig bin ..." So beginnen häufig die Tagträume junger Menschen.
Habt ihr auch ein Wunschalter? Schreibt auf, was ihr euch von dieser Altersstufe erhofft, und besprecht eure Vorstellungen miteinander.

4 Sucht euch Interviewpartner in eurer Familie und eurem Bekanntenkreis (möglichst aus verschiedenen Generationen). Fragt sie nach ihren Urteilen über „die Jugend", „die Erwachsenen", „die Alten".
Schreibt die Antworten auf Papierstreifen und ordnet sie auf einem Plakat an. Wo habt ihr es mit zutreffenden Urteilen zu tun, wo eher mit Vorurteilen?
Inwiefern hängt die Beurteilung anderer Generationen vom eigenen Lebensalter ab? Wie treffend können solche Beurteilungen dann überhaupt sein? Diskutiert darüber.

 Das Alter erleben [...], „Das Altsein als Verlusterlebnis", S. 217

Das „Elternhaus" früher

Emma Gündel

Elke, der Schlingel

Noch ehe Elke sich vom Fußboden erheben konnte, wurde die Tür geöffnet und Fränzi trat ein. Sie brachte Elkes Frühstück. Fränzi war die jüngere der beiden Hausangestellten von Elkes Eltern.
Inzwischen war ihr eingefallen, dass sie vergessen hatte, Fränzi etwas Wichtiges zu sagen. „Wenn Mutti fragt, warum ich heute so früh zur Schule bin, dann sagst du bloß, du weißt das nicht; Mutti soll erst hinterher erfahren, was los war, sonst erlaubt sie es womöglich nicht."
Elke sah auf die kleine silberne Uhr, die sie am Arm trug. Sie hatte die Uhr letzte Ostern bekommen als Belohnung dafür, dass sie die Aufnahmeprüfung in die höhere Schule bestanden hatte. „Ich hab' noch fünf Minuten Zeit", sagte sie dann. Dann war sie fort und Fränzi ging an ihre Arbeit. Sie öffnete in Elkes Zimmer das Fenster, machte das Bett und wischte Staub.
So ein Mädel wie Elke hat es gut, dachte Fränzi jetzt. Hat doch eigentlich alles, was ihr Herz begehrt. Der Vater ist Überseekaufmann und hat sicher viel Geld. Bestimmt hat er das – könnte die Familie sich sonst diese große Wohnung leisten? Und die schönen Sachen, die Tadsens haben: Bilder und Teppiche und sogar einen Flügel. Na, den Flügel haben sie, weil Elkes Schwester Gisela so musikalisch ist. Aber von dem allem abgesehen – Elke hat es wirklich gut. Alle sind nett zu ihr, alle verwöhnen sie, was ja auch kein Wunder ist, weil die kleine Nachzüglerin angekommen ist, als ihre Geschwister schon ziemlich groß waren. Anke, Elkes älteste Schwester, ist

mehr als zehn Jahre älter. Ulf ist jetzt, wo Elke in der untersten Klasse der höheren Schule sitzt, bereits neunzehn Jahre alt und schon bei dem Vater im Geschäft, Jens sitzt in der Prima und Gisela ist auch schon in einer ziemlich hohen Klasse. Da die Jüngste zu sein, das soll einem wohl gefallen!

Aber im gleichen Augenblick berichtigte Fränzi ihren Gedanken. Ihr war etwas eingefallen, was sie gar nicht so beneidenswert fand: Elkes Onkel Bernhard hatte einmal gesagt, Elke hätte eigentlich nicht wie andere Kinder zwei Eltern, sondern sechs Eltern. Und das war wirklich so, denn die vier älteren Geschwister erzogen immerfort mit an ihr herum. Der eine hatte dies auszusetzen, der andere das. Anke war es nicht recht, wenn Elke etwas Süßes aß, das verdürbe nur den Magen und die Zähne. Ulf fing immer wieder davon an, dass Elke sich Zöpfe wachsen lassen sollte, er mochte kurz geschnittenes Haar nicht leiden. Jens mäkelte fortwährend an Elkes Haltung herum. „So lang, wie du bist, und dann so schlaksig!", hörte man ihn fast täglich zu der kleinen Schwester sagen. Oder er warf ihr vor, dass sie nicht genügend Interesse für Sport und im Turnen nur eine Zwei hatte. Und Gisela, die sonst immer so still war, fand an Elke auch alles Mögliche auszusetzen. Mal las Elke ihr zu viel, mal las sie ihr zu wenig. Und warum war Elke immer mit den Schularbeiten so schnell fertig? Als wenn die Kleine was dafür könnte, dass sie nicht dumm war und alles spielend in ihren Kopf hineinging!

1 Dieser Text von 1968 gehört zur Unterhaltungsliteratur für heranwachsende Mädchen. Stellt die Aussagen zusammen, die über das „Elternhaus" der Hauptperson gemacht werden:
 – Wie wird die Stellung der Familie beschrieben?
 – Welche Rollenverteilung lässt sich für Eltern und Kinder ablesen?

2 Sucht nun unter euren eigenen Büchern oder in der Schulbücherei nach vergleichbaren Texten, die entweder viel älter als *Elke, der Schlingel* sind (z.B. *Der Trotzkopf* von Emma von Rhoden) oder aus der heutigen Zeit stammen. Untersucht:
 – Worin unterscheidet sich die Darstellung des „Elternhauses"?
 – Welches Bild wird jeweils vom Auftreten und von der Rolle der Eltern entworfen, wie werden die Heranwachsenden gezeigt?

3 Startet eigene Schreibversuche: Gestaltet das Anfangskapitel eines Jugendromans, in dem ihr eure(n) „Helden/Heldin" vorstellt, die häusliche Situation beschreibt und die Eltern charakterisiert.

Titelbild einer Trotzkopf-Ausgabe von 1962

MIR SELBST BEGEGNEN

Meine Zukunft

Was wird mir morgen wichtig sein?

Schüler und Schülerinnen äußern sich zu ihren Plänen bezüglich Ausbildung und Beruf, gesellschaftlicher und familiärer Zukunftsvorstellungen.

„Ich möchte vor allem mit mir zufrieden sein können, also mir bei allem, was passiert, sagen können, dass ich das Beste aus der jeweiligen Situation gemacht habe. Man kann ja Wünsche haben, aber das Leben ist nicht vorausplanbar. Es gibt viele Dinge, die ich interessant genug finde, um mich damit zu beschäftigen, und die mir wichtig sind. Ich wünsche mir einfach, dass ich nicht mein Leben lang Dinge tun muss, die mir nicht gefallen."

Maria, 17 Jahre

„Ja, ich habe jede Menge Pläne. Zuerst einmal die Schule fertig machen und einen guten Abschluss kriegen. Danach möchte ich studieren, am liebsten Tiermedizin oder etwas, das mit Umweltschutz zu tun hat. In meinem Beruf möchte ich gerne etwas wirklich Sinnvolles tun – etwas, das der Natur und den Tieren hilft. Familie haben, also Mann und Kinder versorgen, kann ich mir eigentlich nicht vorstellen – jedenfalls nicht so bald."

Saskia, 13 Jahre

„Wie kann ich Pläne machen, wenn ich vom Leben und von der Welt noch gar nichts kenne? Ich würde nach der zehnten Klasse gerne ein paar Jahre herumreisen und mir Leute suchen, mit denen ich eine gute Band gründen könnte – vielleicht tatsächlich was für die berufliche Zukunft! Aber festlegen will und kann ich mich da noch nicht."

Timo, 15 Jahre

„Ich habe schon bei mehreren Fotowettbewerben gewonnen – Reisen und Testtermine für Models. Man muss hart an sich arbeiten – Gymnastik, Diät, Kosmetik, aber man kann ganz nach oben kommen. Ich möchte wirklich gut sein und meine in diesem Job begrenzte Zeit nutzen. Was danach kommt, wird sich finden."

Tina, 15 Jahre

„Nach der Schule möchte ich eine Ausbildung in einem sicheren Berufszweig machen. Eine feste Stellung und ein sicheres Einkommen sind mir wichtig; wenn man das hat, ergibt sich das andere von selbst: Geld genug für die Hobbys, eine schicke Wohnung, eine Freundin, die genauso denkt."

René, 14 Jahre

1 Ordnet die Aussagen der Schüler und Schülerinnen den angesprochenen Lebensbereichen zu, wie z.B. Beruf, finanzielle Lage, Lebensgefühl …

2 Beantwortet die Frage nach dem „Lebensentwurf" in einem eigenen Text und diskutiert eure Prioritäten.
Kopiert eure Texte und ordnet sie auf einer Wandzeitung an, indem ihr euch passende Symbole für die verschiedenen Lebensbereiche ausdenkt.

3 Befragt eure Eltern und Großeltern, welche Lebenspläne sie in eurem Alter hatten. Ergänzt ihre Aussagen an eurer Wandzeitung: Gibt es markante Veränderungen zwischen früher und heute?
Was ist aus den Lebensplänen eurer Eltern und Großeltern geworden? Sind sie zufrieden oder unzufrieden mit der Realität?

4 Übertrage das Diagramm auf ein Blatt und setze deine Ziele im nächsten Jahr, in den nächsten fünf und in den nächsten zehn Jahren für die genannten Lebensbereiche ein.

 Arbeiten und schöpferisch sein, „Der Start in die Arbeitswelt", S. 244

Ist man für seine Gesundheit selbst verantwortlich?

Nach der Biologiestunde einer 9. Klasse diskutieren fünf Schüler und Schülerinnen in der Pause angeregt weiter.

NICOLE: In gewisser Weise ist man schon selbst für seine Gesundheit verantwortlich. Ich meine, man weiß ja, was schädlich ist, Rauchen und Alkohol und so …
CHRISTIAN: Mein Urgroßvater hat sein Leben lang geraucht und ist 87 geworden!
SARAH: Und mein Großvater hat nie geraucht und ist bloß 60 geworden.
BEN: Du meinst also, man kann keinen Einfluss auf seine Gesundheit nehmen?
SARAH: Jedenfalls wird es einem schwer gemacht. Wenn ich zum Beispiel im Supermarkt einkaufe, weiß ich nicht, welche Chemikalien in den Lebensmitteln sind.
CHRISTIAN: Ach was, ich esse, was mir schmeckt! Das ist besser, als sich ständig zu fragen, ob man sich auch gesund genug ernährt.
NICOLE: … und wenn du in zehn oder zwanzig Jahren unter den Folgen leidest?
CHRISTIAN: Dann kann ich immer noch anfangen, Joghurt und Müsli zu essen! Außerdem gibt es ja noch andere Möglichkeiten, Verantwortung für die eigene Gesundheit zu übernehmen. Ich gehe zum Beispiel regelmäßig ins Fitness-Studio. So bleib' ich gesund *und* schön.
TIMO: Sei doch mal ehrlich, das tust du nicht für deine Gesundheit, sondern für dein Aussehen!

SARAH: Nein, jetzt mal im Ernst: Früher gab es zu wenig Hygiene, ungesunde oder ungenügende Nahrung, wenig medizinische Versorgung – alles Ursachen für viele Krankheiten. Wir wissen das heute besser und deshalb können und müssen wir Verantwortung für unsere Gesundheit übernehmen.

BEN: Von wegen! Gemessen an den Lebensbedingungen unserer Zeit wissen wir genauso wenig wie die Menschen früher. Oder kannst du z.B. heute schon beurteilen, welche Auswirkungen Elektrosmog in zehn Jahren auf deine Gesundheit haben wird?

NICOLE: Nein, aber man kann doch wenigstens diejenigen Dinge vermeiden, von denen feststeht, wie schädlich sie sind.

CHRISTIAN: Ich bleibe dabei: lieber eine gesunde Verdorbenheit als eine verdorbene Gesundheit. Wenn man so lebt, dass man sich dabei wohl fühlt, bleibt man seelisch gesund. Denkt doch zum Beispiel mal an das Problem „Magersucht". Wenn nicht ständig und überall propagiert würde, wie gesund es ist, schlank und fit zu sein, gäbe es diese Krankheit womöglich gar nicht.

SARAH: Moment mal! Soviel ich weiß, spielen bei Magersucht noch viele andere Dinge eine Rolle: Probleme mit dem Erwachsenwerden und mit dem Selbstbild. Das führt keiner bewusst herbei.

TIMO: Also kann man *doch* nichts dafür tun, ob man gesund bleibt oder krank wird.

SARAH: Mich ärgert es, wenn ich selbst aus Verantwortungsbewusstsein auf vieles verzichte, was ich gerne tun würde, aber indirekt für die Behandlungskosten von solch leichtsinnigen Menschen mit aufkommen muss.

BEN: Du tust gerade so, als ob Menschen, die krank werden, selbst daran schuld sind. Damit wiegst du dich einerseits in der trügerischen Sicherheit, dass dir selbst das nicht passieren kann – denn du lebst ja verantwortungsbewusst – und andererseits schiebst du Menschen, die schon genug zu leiden haben, auch noch die Verantwortung dafür unter.

NICOLE: Klar, wenn mich morgen auf dem Schulweg ein Autofahrer zum Krüppel

fährt, nützt mir natürlich mein ganzer gesundheitsbewusster Lebenswandel nichts mehr. Aber zunächst plane ich mein Leben und meine Zukunft unter der Voraussetzung, dass ich gesund bleibe. Falls mich Krankheit und Behinderung treffen sollten, müsste ich lernen, auch *damit* zu leben – und würde vielleicht dadurch neue Seiten an mir selbst entdecken.

1 Macht euch klar, welche Positionen zum Thema die fünf beteiligten Personen vertreten, und formuliert sie in einzelnen Thesen.

2 Entscheidet euch für die These, der ihr am ehesten zustimmen könnt, und sammelt unterstützende Argumente und veranschaulichende Beispiele. Vielleicht lässt sich eine Podiumsdiskussion mit Experten organisieren.

3 Kennt ihr Menschen, die behindert oder krank sind? Versucht, euch in ihre Lage zu versetzen: Wie stehen sie wohl zu der Überlegung, dass man für die Gesundheit und das Gelingen des Lebens selbst verantwortlich ist?

Dietrich Bonhoeffer

Wer bin ich?

Wer bin ich? Sie sagen mir oft,
   ich träte aus meiner Zelle
   gelassen und heiter und fest
   wie ein Gutsherr aus seinem Schloss.

Wer bin ich? Sie sagen mir oft,
   ich spräche mit meinen Bewachern
   frei und freundlich und klar,
   als hätte ich zu gebieten.

Wer bin ich? Sie sagen mir auch,
   ich trüge die Tage des Unglücks
   gleichmütig, lächelnd und stolz,
   wie einer, der Siegen gewohnt ist.

Bin ich das wirklich,
   was andere von mir sagen?
   Oder bin ich nur das,
   was ich selbst von mir weiß?
   Unruhig, sehnsüchtig, krank,
   wie ein Vogel im Käfig,
   ringend nach Lebensatem,
   als würgte mir einer die Kehle,
   hungernd nach Farben, nach Blumen,
   nach Vogelstimmen,
   dürstend nach guten Worten,
   nach menschlicher Nähe,
   zitternd vor Zorn über Willkür

und kleinlichste Kränkung,
   umgetrieben vom Warten auf große Dinge,
   ohnmächtig bangend um Freunde
   in endloser Ferne,
   müde und leer zum Beten, zum Denken,
   zum Schaffen,
   matt und bereit,
   von allem Abschied zu nehmen?

Wer bin ich? Der oder jener?
   Bin ich denn heute dieser
   und morgen ein andrer?
   Bin ich beides zugleich?
   Vor Menschen ein Heuchler
   und vor mir selbst
   ein verächtlich wehleidiger Schwächling?
   Oder gleicht, was in mir noch ist,
   dem geschlagenen Heer,
   das in Unordnung weicht
   vor schon gewonnenem Sieg?

Wer bin ich? Einsames Fragen treibt mit mir
   Spott.
   Wer ich auch bin, Du kennst mich,
   Dein bin ich, o Gott!

(geschrieben in Gestapohaft, Juli '44)

Engagement

Welche Rolle übernehme ich in meinem Leben? Wer bin ich? Bin ich Zuschauer oder Akteur? Zuschauer stehen am Rand – Akteure spielen mit; Zuschauer beobachten – Akteure handeln; Zuschauer sind passiv – Akteure engagieren sich.

Die tollsten Ideen im Sessel zu haben, ist nicht genug; sie zu verwirklichen verlangt mehr: den Einsatz der ganzen Person (= Engagement). Die besten Gedanken verpuffen, wenn man sich nicht mit allen Kräften für ihre Durchführung einsetzt. Engagement heißt also: Eine Idee lebendig werden lassen bzw. sich selbst lebendig machen. Das kann in jedem Lebensbereich geschehen: in Beruf, Schule, Jugendgruppe, Familie, Kirche. Engagement ist niemals Selbstzweck, sondern stets Einsatz für Menschen, ihre Rechte, ihr Leben, ihr Glück. Wer sich für andere engagiert, erfährt oft eine Befreiung und Erfüllung seiner Person. Engagiertsein ist ein Zeichen von Lebendigkeit, ist ein Ja-Sagen zum Leben.

1 Wie kommt es zu dem zwiespältigen Bild, das Bonhoeffer in seinem Gedicht „Wer bin ich?" (S. 49) von sich selbst entwirft?

2 Habt ihr selbst schon Situationen erlebt, in denen ihr euch ganz anders fühltet, als es für andere sichtbar war? Verfasst einen eigenen Text dazu!

3 Für Bonhoeffer ist sein Glaube an Gott der sichere Halt in seiner inneren Verunsicherung. Was gibt *euch* Geborgenheit, wenn ihr unsicher seid?

4 Dietrich Bonhoeffer hat seinen überzeugten Widerstand gegen den Nationalsozialismus im Dritten Reich mit der Haft im Konzentrationslager und schließlich mit dem Tod bezahlt.
Informiert euch über seine Lebensumstände und seine Weltanschauung!
Besprecht seine Entscheidung:
Könnte für mich Verantwortungsbewusstsein so wichtig sein, dass ich bereit wäre, dafür mein Leben zu opfern?

5 Sammelt unter euren Mitschülern Beispiele für Engagement. Welche Gründe werden dafür angeführt? Legt eine Prioritätenliste an!

6 Bezieht eine kritische Position zu dem Text „Engagement": Wann kann es durchaus sinnvoll sein, „nur" Zuschauer zu sein?
Unreflektiertes Engagement kann gefährlich werden. Tragt Beispiele aus Geschichte und Gegenwart zusammen, in denen sich Menschen für nachweislich falsche Ziele engagiert haben.

Gut leben [...], „Mit Leib und Seele Mensch sein", S. 63 – Das Gewissen bilden [...], „Am Ende entscheidet allein das Gewissen", S. 345

Bedürfnisse und Notwendigkeiten – Was man zum Leben braucht

Bedürfnisse und Erfüllungen

Annäherung an das Thema

Geld allein macht nicht glücklich, – es muss einem auch gehören.

Mehr Schein als Sein

Von nix kommt nix.

Kleider machen Leute.

Zeit ist Geld.

Geld regiert die Welt.

Möge jeder still beglückt seiner Freuden warten.
Wenn die Rose selbst sich schmückt, schmückt sie auch den Garten.

Friedrich Rückert

Ohne aus dem Haus zu treten, kann man die Welt erkennen; ohne aus dem Fenster zu blicken, kann man den Himmel sehen. Je mehr einer aus sich herausgeht, desto weniger kann er in sich gehen.

Laotse

Geben ist seliger als Nehmen.

Geld stinkt nicht.

Haste was, dann biste was.

Geld allein macht nicht glücklich, aber es beruhigt die Nerven.

Ein angenehmes und heiteres Leben kommt von äußeren Dingen. Der Mensch bringt aus seinem Inneren wie aus einer Quelle Lust und Freude in sein Leben.

Plutarch

1 Welche Aussage überzeugt dich beim ersten Lesen am meisten? Entscheide spontan und formuliere anschließend eine Begründung.

2 Übertragt die folgende Tabelle in eure Hefte und schreibt jede Aussage von Seite 52 passend hinein.

	Haben	Sein
+	Geld stinkt nicht. …	… …
–	… …	Mehr Schein als Sein …

Wo stellt ihr Widersprüche fest? Versucht in einer Diskussion, die Widersprüche zu klären und eigene Positionen zu finden.

3 Viele Bezeichnungen für Menschen leiten sich aus ihrem Besitz und ihrer Beziehung dazu her, z.B.: der Geizkragen – der Verschwender – der Neureiche – der arme Schlucker – der Pfennigfuchser – der Geldsack – …
Werdet selbst künstlerisch aktiv und zeichnet Karikaturen zu den genannten Bezeichnungen (und weiteren, die euch einfallen).

Halle eines Spielcasinos in der Spielerstadt Atlantic City (USA)

Börse in New York

Dagobert Duck in seinem Geldspeicher

Fragebogen, mehr oder weniger
frei nach Max Frisch

○ *Kannst du dich erinnern, seit welchem Lebensjahr es dir selbstverständlich ist, dass dir etwas gehört beziehungsweise nicht gehört?*

○ *Was gehört alles dir?*

○ *Warum gehört es dir:*
a) weil du es gekauft hast? b) weil jemand es dir geschenkt hat?
c) weil du es gemacht hast? d) weil du es dir genommen hast?

○ *Weißt du, was du alles brauchst?*

○ *Weißt du, was du alles nicht brauchst?*

○ *Wie stellst du dir Armut vor?*

○ *Wie stellst du dir Reichtum vor?*

○ *Bist du arm? Warum?*

○ *Bist du reich? Warum?*

○ *Warum schenkst du gerne?*

○ *Wie viel Geld möchtest du besitzen?*

○ *Hast du schon gestohlen:*
a) Geld? b) Gegenstände (ein Heftchen am Kiosk, ein Glas in einem Gasthaus, den Kugelschreiber von einem Klassenkameraden ...)?
c) eine Idee?

○ *Was möchtest du gerne besitzen:*
a) in zwei Jahren? b) in zehn Jahren? c) in zwanzig Jahren?

○ *Welche Art von Besitz würde dich belasten?*

---

1 Schreibt eure Antworten zu jeder Frage auf eine eigene Karteikarte. Befestigt alle Antwortkarten zur selben Frage auf einem langen Klebestreifen und hängt die Streifen an die Wand.

2 Fasst die wichtigsten Ergebnisse in lexikonartigen Informationen zusammen, z.B. unter den Stichworten Armut/Reichtum – Eigentum/Diebstahl – Bedürfnisse von Jugendlichen/Erwachsenen.

3 Mitglieder von manchen Klostergemeinschaften folgen dem Ideal der Besitzlosigkeit. Welche Gründe sind hierfür denkbar?

4 Blättert noch einmal zurück zur Kapitel-Einstiegsseite 51. Welchen der abgebildeten Gegenstände würdest du dir spontan aussuchen und warum?

5 Übertragt die folgende Tabelle in eure Hefte und füllt sie anhand der auf Seite 51 abgebildeten Gegenstände aus.

Lebensnotwendige Gegenstände	Luxusartikel
Kleidung aus Stoff, Wolle	Kleidung aus Leder, Pelzen
...	...

6 Ergänzt die Tabelle um weitere Gegenstände: Schaut euch zu Hause in der Wohnung eurer Eltern und in eurem Zimmer um. Überlegt und schreibt auf:
Wozu dienen diejenigen Dinge, die man nicht unbedingt zum Leben braucht, aber trotzdem hat?

 Mir selbst begegnen, „Ich bin ich", S. 32

Geld und Sicherheit

Kathryn Forbes

Mamas Bankkonto

Solange ich zurückdenken kann, ist das kleine Häuschen in der Castrostraße unser Zuhause gewesen. Dort war das Heim unserer Familie. Da waren Mama, Papa und mein einziger Bruder Nels. Dann meine Schwester Christine, die mir im Alter am nächsten stand, aber immer verschlossen und zurückhaltend war – und meine jüngste Schwester Dagmar. [...]
Aber am deutlichsten sehe ich Mama vor mir.
Wie erinnere ich mich an den Samstagabend. Da setzte sie sich immer an den frisch gescheuerten Küchentisch und zählte mit vielem nachdenklichen Runzeln ihrer sonst so glatten Stirn das Geld nach, das Papa in der kleinen Lohntüte mit heimgebracht hatte.
„Für die Miete", sagte Mama und türmte große Silbermünzen übereinander.
„Für den Kaufmann." Noch ein Münzenhäufchen.
„Sohlenflicken auf Katrins Schuhe." Und Mama zählte kleine Silbermünzen auf den Tisch.
„Der Lehrer hat gesagt, ich brauche diese Woche ein neues Merkheft." Das kam von Christine oder Nels oder von mir.
Dann nahm Mama sorgfältig fünf oder zehn Cents und legte sie beiseite.
Mit brennendem Interesse passten wir stets auf, wie der Haufen immer kleiner wurde. Schließlich pflegte Papa zu fragen: „Hast du alles?"
Und wenn Mama nickte, konnten wir wieder einmal erleichtert aufatmen und zu unseren Büchern für die Hausaufgaben greifen. Denn nun würde sie aufblicken und lächeln. „Ist gut", murmelte sie meist befriedigt. „Wir brauchen nicht zur Bank zu gehen."
Es war eine wunderbare Sache, dies Bankkonto von Mama. Wir waren alle so stolz darauf. Es gab uns solch ein warmes Gefühl von Geborgenheit. Keiner von allen, die wir kannten, hatte Geld in einer richtigen großen Bank in der Stadt unten.
Ich weiß noch genau, wie einmal in unserer Straße die Jensens aus ihrem Haus gesetzt wurden, weil sie ihre Miete nicht bezahlen konnten. Wir Kinder sahen mit

großen Augen zu, wie fremde Männer die Möbel heraustrugen, blickten scheu auf die Tränen der Scham, die der armen Mrs. Jensen über die Wangen liefen, und plötzliche Angst schnürte mir die Kehle zusammen. Das also passierte den Menschen, die nicht ein solches Münzenhäufchen „für die Miete" hatten. War es denkbar, dass auch uns etwas Furchtbares zustoßen konnte?

Krampfhaft griff ich nach Christines Hand. „Wir haben ein Bankkonto", hörte ich sie mit ruhiger Sicherheit sagen. Auf einmal konnte ich wieder atmen.

Als Nels die Volksschule zu Ende besucht hatte, wollte er weiter auf die höhere Schule gehen. „Ist gut", meinte Mama und Papa nickte zustimmend.

„Es wird aber etwas Geld kosten", sagte Nels.

Sofort brachten wir eifrig Stühle angeschleppt und versammelten uns um den Tisch. Ich nahm die kunterbunt bemalte Schachtel herunter, die uns Tante Sigrid einmal zu Weihnachten aus Norwegen geschickt hatte, und stellte sie sorgfältig vor Mama auf den Tisch.

Das war die „Kleine Bank". Nicht etwa zu verwechseln mit der großen Bank in der Stadt unten, versteht sich. Die „Kleine Bank" war für unvorhergesehene Fälle, so wie damals, als Christine den Arm gebrochen hatte und zum Doktor gebracht werden musste oder als Dagmar eine so schwere Mandelentzündung hatte und Papa aus der Apotheke eine Medizin besorgen musste, die in einem Wasserkessel zum Verdampfen gebracht wurde.

Nels hatte alles ordentlich aufgeschrieben. Soundso viel für Fahrgeld, so viel für Kleidung, für Bücher, Hefte und Sonstiges. Eine ganze Weile sah sich Mama den Zettel an. Dann zählte sie das Geld in der Kleinen Bank. Es war nicht genug.

Sie kniff die Lippen zusammen. „Wir wollen doch", erinnerte sie uns liebevoll, „nicht zur Bank gehen müssen."

Wir schüttelten alle heftig die Köpfe.

„Ich werde nach der Schule bei Dillons im Laden helfen", schlug Nels vor.

Mama warf ihm ein strahlendes Lächeln zu, schrieb eifrig eine Zahl nieder und addierte und subtrahierte. Papa rechnete es im Kopf aus. Er war sehr fix im Rechnen. „Ist nicht genug", sagte er. Dann nahm er seine Pfeife aus dem Mund und betrachtete sie eine Weile nachdenklich.

„Ich werde das Rauchen aufgeben", sagte er plötzlich.

Mama griff über den Tisch hinüber und strich leise über Papas Ärmel, aber sie sagte nichts. Schrieb nur wieder eine Zahl nieder.

„Ich werde jeden Freitagabend auf die Kinder von Elvingtons aufpassen", sagte ich. „Christine kann mir helfen."

„Ist gut", sagte Mama.

Wir waren alle sehr glücklich. Wir waren wieder einmal eine tüchtige Ecke vorwärts gekommen, ohne in die Stadt gehen und Geld von Mamas Bankkonto abheben zu müssen. Die Kleine Bank hatte doch genügt.

So vieler Dinge erinnere ich mich, die in diesem Jahre aus der Kleinen Bank bestritten wurden: Christines Kostüm für das Schultheaterstück, Dagmars Mandeloperation, meine Pfadfinderuniform. Und bei alledem hatten wir die beruhigende Gewissheit, dass, wenn alle Stricke reißen sollten, im Hintergrunde ja immer noch die Bank war, auf die wir uns verlassen konnten.

Selbst als der Streik kam, fand Mama, dass dies kein Grund zu unnötiger Aufregung für uns sei. Wir sorgten alle zusammen dafür, dass der Weg in die Stadt hinunter möglichst lange aufgeschoben wurde. Es war richtig eine Art Sport für uns geworden.

Mama arbeitete in jener Zeit als „Aushilfe" in Krupers Bäckerei gegen einen großen Sack voll Brot und Kaffeekuchen. Zwar war beides etwas altbacken, aber Mama meinte, frisches Brot sei sowieso gar nicht besonders gesund, und der Kaffeekuchen brauchte nur noch einmal kurz in den heißen Ofen gesteckt zu werden, dann schmeckte er wie eben gebacken.

Papa spülte jeden Abend die Flaschen in Castros Milchgeschäft und bekam dafür dreiviertel Liter frische und so viel saure Milch, wie er nur eben tragen konnte. Mama machte feinen Käse daraus.

Am Tag, als der Streik zu Ende war und Papa wieder zur Arbeit ging, sah ich, wie Mama sich auf einmal wieder ganz gerade hielt, als sei ihr eine unsichtbare Last vom Rücken genommen worden.

Voller Stolz blickte sie uns der Reihe nach an. „Ist gut", lächelte sie. „Seht ihr, wir haben doch nicht zur Bank hinuntergehen müssen."

Das war vor zwanzig Jahren.

Im vergangenen Jahr wurde meine erste Geschichte gedruckt. Als der Scheck dafür kam, lief ich mit ihm zu Mama und legte ihr den länglichen, grünen Zettel in den Schoß. „Für dich", sagte ich, „damit du ihn auf dein Konto gibst."

Und zum ersten Mal sah ich, wie alt Mama und Papa geworden waren. Papa schien zusammengeschrumpft und Mamas weizenblonde Haare zeigten silberne Strähnen. Mama befühlte den Scheck und blickte Papa an.

„Ist gut", sagte sie mit stolz leuchtenden Augen.

„Morgen", meinte ich, „musst du ihn zur Bank tragen."

„Wirst du mit mir gehen, Katrin?"

„Das wird gar nicht nötig sein, Mama, ich habe den Scheck gleich auf dich ausstellen lassen. Du brauchst ihn nur dem Kassierer zu geben, damit er ihn deinem Konto gutschreibt."

Mama sah mich an. „Ich habe gar kein Konto", sagte sie. „In meinem ganzen Leben bin ich noch in keiner Bank gewesen."

Und als ich nicht antwortete – nicht antworten konnte, fuhr sie ernsthaft fort: „Ist nicht gut, wenn kleine Kinder Sorgen haben – keinen festen Boden unter den Füßen."

1 Beschreibt die Beziehung zwischen den Eltern und den Kindern der Familie in der Geschichte.

2 „Ist nicht gut, wenn kleine Kinder Sorgen haben – keinen festen Boden unter den Füßen", sagt die Mutter am Ende der Geschichte.
Entwerft vor dem Hintergrund dieses Satzes ihre Tagebucheinträge, als
– die Familie Jensen ausziehen muss,
– Nels auf die höhere Schule gehen will,
– der Vater wegen des Streiks nicht arbeiten kann,
– Katrin der Mutter ihren ersten selbst verdienten Scheck gibt.

3 Besprecht: Haltet ihr die Lüge der Mutter, ein Bankkonto zu haben, für gerechtfertigt?

4 Habt ihr selbst schon einmal den Zustand der finanziellen Unsicherheit erlebt oder bei anderen erfahren (z.B. durch Arbeitslosigkeit oder Scheidung)? Tauscht eure Eindrücke und Erfahrungen miteinander aus.

 Arbeiten und schöpferisch sein, „Arbeitslos", S. 256

Kleine und große Freuden

Kleine Freuden

Man braucht nicht viel zum Glücklichsein – oder?

Anlässlich eines bevorstehenden Festes fragt die Lehrerin ihre Klasse, worauf sich die Schülerinnen und Schüler beim Feiern am meisten freuen.

Da sagt ein Junge ziemlich trotzig: „Freuen kann ich mich erst ab 100 Euro aufwärts!"

Die Lehrerin kontert: „Da tust du mir aber wirklich leid. Wie selten hast du dann Gelegenheit dich zu freuen!"

Sie nützt die Begebenheit, mit der Klasse darüber zu sprechen, welche Anlässe es gibt sich zu freuen. Zuerst nennen die Schüler die „großen und wichtigen" Dinge: die Sommerferien, die anstehende Urlaubsreise, der eigene Videorekorder als Belohnung für die Versetzung … Nach und nach aber entdecken sie, dass es auch im normalen Alltag immer wieder „kleine Freuden" gibt, derer man sich oft gar nicht bewusst ist. Manchmal sind das Dinge, die einem unverhofft begegnen, manchmal aber auch Kleinigkeiten, die man sich „gönnt" als Ausgleich für einen harten Tag oder ein ärgerliches Erlebnis.

Da diese „kleinen Freuden" für die innere Ausgeglichenheit sorgen, sollte man sie ganz bewusst genießen. Um dies zu erreichen, hat jede/r in der Klasse zwei Wochen lang ein „Tagebuch der kleinen Freuden" geführt, das z. B. so aussah:

Tag	Anlass	„Kleine Freude"
Donnerstag, 18. Febr.	· den ganzen Nachmittag für Bio-Test gelernt	· mir Spaghetti zum Abendessen gewünscht und bekommen
Samstag, 20. Febr.	· beim Fußball von Timo böse gefoult worden	· mir ein gemütliches Bad gegönnt
Montag, 22. Febr.	· kein besonderer Anlass	· mit Annalena und ihrem Hund spazieren gegangen
Freitag, 26. Febr.	· beim Zahnarzt gewesen	· neue Ausgabe Computerzeitschrift gekauft
Mittwoch, 3. März	· Klassenbucheintrag bekommen, obwohl unschuldig	· Lieblingsserie im Fernsehen angeguckt

1 Sortiert die „kleinen Freuden": Welche sind für Geld zu haben und welche nicht?

2. Benennt Bereiche, die Anlässe für „kleine Freuden" sein können: z.B. Essen, Entspannung beim Fernsehen, Begegnung mit Menschen, Naturerlebnisse.

3. Legt nach dem oben gezeigten Muster selbst ein „Tagebuch der kleinen Freuden" an und führt es zwei Wochen lang. Tauscht euch anschließend über eure Ergebnisse und Erfahrungen aus.

4. Fragt ein paar Erwachsene, was sie unter den „kleinen Freuden des Alltags" verstehen. Unterscheiden sich die Aussagen wesentlich von euren eigenen?

Konsumgüter

Frau mit Einkaufswagen
(lebensgroße Plastik von Duane Hanson, 1970)

1. Schaut euch nochmals die Gegenstände auf der Kapitel-Einstiegsseite 51 an. Schätzt ein, welche Lebensdauer die abgebildeten Objekte haben. Begründet, warum man sie gegen neue austauscht, z.B. weil sie verbraucht, abgenutzt, veraltet, unmodern sind.

2. Legt auf einem Plakat eine Zeitskala für die Lebensdauer dieser Gegenstände an:
   – 1 Tag und weniger,
   – bis zu 1 Woche,
   – bis zu 1 Monat,
   – bis zu 6 Monaten,
   – bis zu 1 Jahr,
   – bis zu 2 Jahre,
   – bis zu 5 Jahre und länger.

   Ordnet darunter weitere Konsumgüter an.

3. Versuche zusammenzustellen, was du im letzten halben Jahr alles gekauft hast. Sogenannte Verbrauchsartikel wie Süßigkeiten, Getränke oder Schulhefte brauchst du nicht aufzuführen, aber Kleidung, CDs, Sportartikel usw. Bewerte: Welche Käufe waren notwendig, welche hast du zu deinem Vergnügen oder „aus Frust" getätigt?

GUT LEBEN STATT VIEL HABEN

Reisewünsche

GUT LEBEN STATT VIEL HABEN

Reisende soll man nicht aufhalten.

Die beste Bildung findet ein gescheiter Mensch auf Reisen.
Johann Wolfgang von Goethe

Wem Gott will rechte Gunst erweisen, den schickt er in die weite Welt.
Volkslied

Wenn einer eine Reise tut, dann kann er was erzählen.

1 Klärt und konkretisiert die Aussagen zum Reisen, indem ihr an jede Aussage das Wort „weil ..." anhängt und eine passende Begründung formuliert.

2 Bezieht nun Stellung: Welcher Aussage würdet ihr am ehesten zustimmen? Unterstützt eure Meinung mithilfe einer eigenen Reiseerfahrung.

3 Die Bilder auf Seite 60 zeigen vier verschiedene Möglichkeiten, Urlaub zu machen:
   – Selbstfindung und Meditation im Kloster,
   – Shopping- und Erlebnistour in New York,
   – Sport- und Fitnessurlaub in einer Hotelanlage am Meer,
   – Mitarbeit auf einem ökologisch orientierten Bauernhof.
   Legt für jedes Reiseziel ein Plakat an. Ihr könnt die Liste auch erweitern.
   Schreibt den Zielort in die Mitte und ergänzt die folgenden Fragen um weitere:

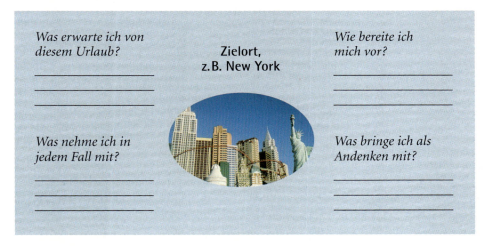

Was erwarte ich von diesem Urlaub?

Zielort, z.B. New York

Wie bereite ich mich vor?

Was nehme ich in jedem Fall mit?

Was bringe ich als Andenken mit?

Schreibt eure Antworten zu den vier Fragen auf die Plakate und ergänzt Bilder aus Zeitschriften und Reisekatalogen, die eure Erwartungen an das jeweilige Ziel veranschaulichen.

4 Setzt euch in einem großen Kreis zusammen und legt die fertigen Plakate in die Mitte. Tauscht euch nun darüber aus, für welche der vier Urlaubsvarianten ihr euch entscheiden würdet und welche speziellen Bedürfnisse ihr euch damit zu erfüllen erhofft.

Eigentum und Lebensgenuss

Mit uns kommen Sie zu Ihrem Traumhaus!
Wir verlosen 5 Häuser im Wert von
500.000 Euro!

GEWINNEN SIE ETWAS BESONDERES:
EINEN DIAMANTEN!
SOFORT MITSPIELEN UND GEWINNEN!

Drei Wochen Romantik pur für zwei Personen!

Gewinnen Sie mit uns ein Luxusauto!
Ausgefüllten Gewinncoupon einsenden oder anrufen und mit etwas Glück steht noch in diesem Monat Ihr Traumwagen vor der Tür!

1. Welche Arten von Gütern werden bei Preisausschreiben als Gewinne in Aussicht gestellt und welche Gefühle sollen beim Betrachter ausgelöst werden?

2. Sammelt weitere Angebote für Gewinnspiele.
   – Welches sind die häufigsten Hauptgewinne?
   – Wie schätzt ihr den Schwierigkeitsgrad der zu lösenden Aufgaben ein?
   – Formuliert die Interessen, die die Veranstalter eines Preisausschreibens haben.

3. Entwerft und gestaltet einmal eine andere Art Preisausschreiben:
   – Formuliert drei Fragen (z.B. über eure Schule).
   – Setzt als Hauptgewinne nichtmaterielle Preise ein (die ihr natürlich auch bereit sein müsst einzulösen), z.B.: „Wir helfen dem Gewinner eine Woche lang bei den Hausaufgaben!" – „Wir säubern deinen Hamsterkäfig!" – „Wir tragen dreimal für dich die Zeitung aus!"
   – Verteilt die Teilnahmekarten in der Schule oder druckt die Teilnahmebedingungen in der Schülerzeitung ab.

4. Untersucht die Reaktionen auf euer Preisausschreiben:
   – Gab es mehr oder weniger Teilnehmer als erwartet?
   – Wie haben die Teilnehmer eure Preise kommentiert? (Diese Reaktion könnt ihr auch schon auf der Teilnahmekarte abfragen.)

5. Übrigens: Wenn ihr zu Weihnachten oder zum Geburtstag einen Gutschein verschenkt, versucht es doch auch einmal mit einem „ideellen" Geschenk: einen Monat lang das Geschirr spülen, jeden Abend der kleinen Schwester eine Viertelstunde vorlesen, mit dem besten Freund fünfmal seine Lieblingsserie im Fernsehen anschauen ...

Mit Leib und Seele Mensch sein

Seit der Antike gibt es die Überlegung, dass der Mensch in Körper und Seele „geteilt" ist, wobei die Seele der wertvollere Teil ist. Viele Religionen kennen diese Unterscheidung: Im Hinduismus und Buddhismus ist der zentrale Gedanke der von der „Wiedergeburt", d.h. nach dem Tod verlässt der unsterbliche Teil eines Lebewesens den Körper, um in einem neuen Wesen weiter zu existieren. Im Christentum hat die Trennung von Leib und Seele zeitweise zu einer wahren Leib-Feindlichkeit geführt; Bedürfnisse des Körpers wurden als negativ angesehen und mussten unterdrückt werden. Gegen diese rigorose Einstellung hat sich der evangelische Theologe Dietrich Bonhoeffer ganz entschieden ausgesprochen: Es ist nicht so, dass der Körper als Gefängnis für die unsterbliche Seele angesehen werden darf. Der Körper hat eine höhere Würde. Körperlichkeit und Menschsein gehören untrennbar zusammen. Der Körper ist also nicht nur „Mittel zum Zweck" (nämlich: Behältnis der unsterblichen Seele), sondern er hat einen Selbstzweck. Dieser Selbstzweck kommt in den Freuden und Genüssen des Körpers zum Ausdruck. Für einen Christen sind diese Freuden ein Hinweis auf die ewige Freude, die den Menschen von Gott verheißen ist.

Mit Freuden und Genüssen des Körpers ist Folgendes gemeint: Die Höhle oder der Unterschlupf eines Tieres hat in erster Linie den Sinn, Schutz vor Unwetter und Feinden zu bieten und ein sicherer Platz für die Aufzucht der Jungen zu sein. Beim Menschen ist das anders. Die Wohnung ist nicht nur der Ort des Schutzes, sondern auch Freiraum zum Gestalten. Hier umgibt sich der Mensch in der Geborgenheit seines Privatlebens mit denjenigen Gegenständen, die ihn erfreuen.

Ebenso ist es beim Essen und Trinken. Natürlich dient beides der Gesunderhaltung des Körpers, doch es macht auch Freude.

Kleidung ist nicht nur dazu da, den Körper zu bedecken und zu schützen, sondern sie darf auch Schmuck und Zierde sein.

Erholung von der Arbeit – Freizeitbeschäftigungen und Urlaub – hat nicht nur den Zweck, dass wir danach zu umso größerer Arbeitsleistung fähig sind, sondern sie gewährt dem Körper das ihm zustehende Maß an Ruhe, Muße und Freude.

Spiel und Sport kann man als Training für Körper und Geist ansehen, doch jeder, der gerne spielt oder sich sportlich betätigt, kennt auch die Freude an der Herausforderung und am Wettbewerb.

Die geschlechtliche Liebe schließlich ist nicht nur Mittel zur Fortpflanzung, sondern schenkt zwei Menschen ihre Freude auch unabhängig vom Zweck der Zeugung von Nachkommenschaft.

Zusammenfassend lässt sich sagen, dass der Sinn des Körpers darin besteht, den ihm innewohnenden Anspruch auf Freude zu erfüllen.

nach Dietrich Bonhoeffer

1 Tragt Beispiele für die im Text genannte „Leib-Feindlichkeit" zusammen. (Im Mittelalter-Geschichtsbuch z.B. werdet ihr sicher fündig.)

2 Übertragt die Bereiche, die Dietrich Bonhoeffer als Beispiele für „körperliche Freuden" heranzieht, als Spaltenüberschriften in euer Heft. Notiert – falls es eure Mitschüler „etwas angeht" – in den zutreffenden Spalten, an welche derartigen Freuden aus dem letzten halben Jahr ihr euch erinnert.

3 Bonhoeffers Aussagen könnten auch zur Rechtfertigung von hemmungslosem Lebensgenuss missbraucht werden. Versucht sinnvolle Grenzen zu ziehen: beim Eigentum – beim Essen und Trinken – beim Kauf von Kleidung – beim Urlaub – bei Sport und Spiel.

4 Zum Zweck „Erholung" gehört auch die Beschäftigung mit einem Hobby. Welches ist eure Lieblings-Freizeitbeschäftigung und warum?
Kommt es euch dabei eher an
– auf die Sache selbst (z. B. Malen),
– auf den damit verbundenen materiellen Wert,
– auf ein Gemeinschaftserlebnis oder
– auf einen Gewinn für Gesundheit und Aussehen?

 Religionen kennen und achten, „Atman – Das Göttliche in allen Lebewesen", S. 146 – Partnerschaftlich leben, „Wer sind die Schönsten im ganzen Land?", S. 276 – „Muss ich [...] attraktiv sein?", S. 277

Geht es auch anders? – Haben und Sein

Zwei Lebensweisen: Haben und Sein

Haben oder Sein. Die seelischen Grundlagen einer neuen Gesellschaft: So lautet der Titel eines der bekanntesten Bücher von Erich Fromm (1900–1980).
Fromm ist der Meinung, dass jeder Mensch vor der Wahl steht, in seinem Leben einer von zwei Grundhaltungen oder Existenzweisen den Vorrang zu geben: der Grundhaltung des Habens oder der Grundhaltung des Seins.
Er verdeutlicht den Unterschied der beiden Haltungen an zwei Gedichten: Das erste stammt von Tennyson, einem englischen Dichter des 19. Jahrhunderts, das zweite von Basho, einem japanischen Dichter des 17. Jahrhunderts:

Blume in der geborstenen Mauer,
Ich pflücke dich aus den Mauerritzen,
Mitsamt den Wurzeln halte ich dich in der Hand,
Kleine Blume – doch wenn ich verstehen könnte,
Was du mitsamt den Wurzeln und alles in allem bist,
Wüsste ich, was Gott und Mensch ist.

Alfred Lord Tennyson

Wenn ich aufmerksam schaue,
Seh ich die Nazuna[1]
An der Hecke blühen!

Basho

---
[1] Nazuna: japanischer Name für Hirtentäschelkraut

Fromm schreibt dazu:

„Der Unterschied fällt ins Auge. Tennyson reagiert auf die Blume mit dem Wunsch, sie zu haben. Er pflückt sie ‚mitsamt den Wurzeln‘. Sein Interesse an ihr führt dazu, dass er sie tötet, während er mit der intellektuellen Spekulation schließt, dass ihm die Blume eventuell dazu dienen könne, die Natur Gottes und des Menschen zu begreifen. Tennyson kann in diesem Gedicht mit dem westlichen Wissenschaftler verglichen werden, der die Wahrheit sucht, indem er das Leben zerstückelt. Bashos Reaktion auf die Blume ist vollkommen anders. Er will sie nicht pflücken; er berührt sie nicht einmal. Er ‚schaut aufmerksam‘, um sie zu ‚sehen‘.

Tennyson muss die Blume besitzen, um den Menschen und die Natur zu verstehen, und dadurch, dass er sie hat, zerstört er die Blume. Basho möchte sehen, er möchte die Blume nicht nur anschauen, er möchte mit ihr eins sein, sich mit ihr vereinen – und sie leben lassen.“

Dann zieht Erich Fromm das bekannte Gedicht „Gefunden“ von Goethe heran, um den Unterschied zwischen dem Japaner und dem Engländer näher zu erläutern.

Gefunden

Ich ging im Walde
So für mich hin,
Und nichts zu suchen,
Das war mein Sinn.

Im Schatten sah ich
Ein Blümchen stehn,
Wie Sterne leuchtend,
Wie Äuglein schön.

Ich wollt es brechen,
Da sagt’ es fein:
Soll ich zum Welken
Gebrochen sein?

Ich grub’s mit allen
Den Würzlein aus,
Zum Garten trug ich’s
Am hübschen Haus.

Und pflanzt es wieder
Am stillen Ort;
Nun zweigt es immer
Und blüht so fort.

Johann Wolfgang von Goethe

Fromm deutet die Verse so:

„Goethe geht ohne Absicht spazieren, als die leuchtende kleine Blume seine Aufmerksamkeit erregt. Er berichtet, dass er den gleichen Impuls hat wie Tennyson, nämlich die Blume zu pflücken. Aber anders als Tennyson ist er sich bewusst, dass dies ihren Tod bedeuten würde. Die Blume ist so lebendig für ihn, dass sie zu ihm spricht und ihn warnt. Er löst das Problem also anders als Tennyson und Basho. Er gräbt die Blume aus und verpflanzt sie, damit ihr Leben erhalten bleibt. Goethe steht gewissermaßen zwischen Basho und Tennyson, denn im entscheidenden Augenblick ist seine Liebe zum Leben stärker als die rein intellektuelle Neugier. Dieses schöne Gedicht drückt offensichtlich Goethes Grundeinstellung zur Erforschung der Natur aus.

Tennysons Beziehung zu der Blume ist von der Weise des Habens oder der des Besitzenwollens geprägt, wobei es nicht um materiellen Besitz, sondern um den Besitz von Wissen geht. Die Beziehung Bashos und Goethes ist von der Weise des Seins gekennzeichnet.“

Die Lebenshaltung des Habens

Die Haben-Haltung ist leicht zu beschreiben. Zunächst einmal ist festzustellen, dass wir – um überleben zu können – bestimmte Dinge haben müssen: z.B. Nahrung, Wohnung, Kleidung. Weil diese Dinge existenziell notwendig sind, spricht Erich Fromm in diesem Zusammenhang von dem „existenziellen" oder dem „funktionalen Haben". Wogegen sich seine Kritik richtet, ist etwas anderes: das gesellschafts- und charakterbedingte Haben. Diese Haben-Haltung ist in den marktwirtschaftlich organisierten Industriegesellschaften weit verbreitet.

Dazu schreibt Fromm:

„In der Existenzweise des Habens ist die Beziehung zur Welt die des Besitzergreifens und Besitzens, eine Beziehung, in der ich jedermann und alles, mich selbst mit eingeschlossen, zu meinem Besitz machen will."

„Konsumieren ist eine Form des Habens, vielleicht die wichtigste in den heutigen ‚Überflussgesellschaften'; Konsumieren ist etwas Zweideutiges. Es vermindert die Angst, weil mir das Konsumierte nicht weggenommen werden kann, aber es zwingt mich auch, immer mehr zu konsumieren, denn das einmal Konsumierte hört bald auf mich zu befriedigen. Der moderne Konsument könnte sich mit der Formel identifizieren: Ich bin, was ich habe und was ich konsumiere."

Die Lebenshaltung des Seins

Die Lebenshaltung des Seins ist schwer zu beschreiben. Wir machen zu wenig Erfahrung mit ihr und finden deshalb auch zu wenig Worte für sie.

Erich Fromm versucht an alltäglichen Handlungen zu erklären, was die Seins-Haltung im Unterschied zur Haben-Haltung ist.

Spielen

Haben-Haltung
Der Haben-Mensch spielt das Murmelspiel, um am Ende möglichst viele Klicker in seinem Sack zu haben. Der Haben-Mensch spielt, um etwas zu gewinnen.

Seins-Haltung
Der Mensch der Seins-Haltung spielt, um sich über seine und der Mitspieler Geschicklichkeit zu freuen.

1 Lest zunächst die drei Gedichte (von Tennyson, Basho und Goethe). Welcher Zusammenhang besteht zwischen ihnen? Welcher der Dichter ist eher ein Naturfreund, welcher ein Philosoph?

2 Schreibt selbst ein Gedicht oder einen anderen kurzen Text über euer Verhältnis zu Blumen, Bäumen oder anderen Pflanzen.

3 Lest nun Erich Fromms Interpretation der drei Gedichte. Stimmt ihr Fromm zu? Ordnet eure eigenen Texte – soweit das möglich ist – der „Haltung des Habens" bzw. des „Seins" zu.

4 Spielt das bekannte Gesellschaftsspiel „Mensch-ärgere-dich-nicht" nach anderen Regeln: Spieldauer 20 Min.; 4 Spieler pro Brett, ein Schiedsrichter.

Erster Durchgang: Die üblichen Regeln gelten. Nach 10 Min. hat der Spieler gewonnen, der möglichst viele Figuren der Mitspieler hinausgeworfen hat.
Zweiter Durchgang: Regeln wie vorher; es gewinnt jetzt aber der Spieler, der möglichst wenige Figuren der Mitspieler hinausgeworfen hat.
In beiden Durchgängen gibt der Schiedsrichter das jeweilige Ergebnis bekannt.
- In jeder Gruppe berichten die Teilnehmer über ihre Gefühle und Erfahrungen im ersten und im zweiten Durchgang.
- In welcher Form hat das Spiel mehr Spaß gemacht?
- Berichtet dann in der Klasse über die Erfahrungen in der Gruppe.
- Führt das folgende Rundgespräch: Was habt ihr über euch und euer Verhalten (Aggression usw.) gelernt?

5 Überprüft bei weiteren bekannten Gesellschaftsspielen, ob sie der oben genannten Unterscheidung von „Haben-Haltung" und „Seins-Haltung" entsprechen. Hier einige Tipps: Monopoly, Schach, Solitaire, Life-Style, Trivial Pursuit, Sagaland.

Ein Brief an Erich Fromm

Ein Ethikkurs hat sich mit den Thesen von Erich Fromm auseinander gesetzt und sich nicht mit allen seinen Aussagen einverstanden erklären können. Die Schüler haben folgenden fiktiven Brief an den Autor entworfen:

Sehr geehrter Herr Fromm,

die Unterscheidung der Menschen in die „Haben-Haltung" und die „Seins-Haltung" können wir nachvollziehen, sofern die Charakterisierung einen allgemeinen Trend in unserer Gesellschaft bezeichnen soll. In der Schärfe und Konsequenz, mit der Sie diese Unterscheidung jedoch vornehmen, können wir Ihnen nicht zustimmen. Die Reduktion einer Lebenshaltung auf ein vorherrschendes Verb trifft die Vielfalt der Einsatzmöglichkeiten und der dahinter stehenden Positionen nicht. Wir haben ein paar Beispiele zusammengetragen, die unserer Meinung nach nicht in Ihr Schema passen.

Der „Haben-Mensch" sagt:
– Ich **habe** große Sorgen.
– Ich **habe** Angst.
– Ich **habe** eine unheilbare Krankheit.
– Ich **habe** Zeit für dich.
– Ich **habe** dich sehr lieb.

Der „Seins-Mensch" sagt:
– Ich **bin** mir selbst der Nächste.
– Ich **bin** der Besitzer.
– Ich **bin** der Größte.
– Ich **bin** an Luxus gewöhnt.
– Ich **bin** überall beliebt.

(b.w.)

Auch mit Ihrer Gedichtinterpretation haben wir einige Schwierigkeiten. Tennyson pflückt die Blume „mitsamt den Wurzeln". Wer sagt also, dass er sie tötet? Die von Ihnen angesprochene „intellektuelle Spekulation" findet real gar nicht statt, denn der betreffende Satz ist im Konjunktiv formuliert, mit dem man einen irrealen Wunsch ausdrückt. Der Dichter ist sich also von vornherein darüber im Klaren, dass er auf seine Frage keine Antwort erhalten kann. Von daher kann es sich also nicht um den „westlichen Wissenschaftler" handeln, „der die Wahrheit sucht, indem er das Leben zerstückelt".

Zu dem japanischen Gedicht vermerken Sie: Der Dichter „möchte die Blume nicht nur anschauen, er möchte mit ihr eins sein, sich mit ihr vereinen – und sie leben lassen." Eine solche Interpretation lässt der Text selbst aber gar nicht zu: Der Dichter befindet sich in der Rolle des Beobachters, seine Gefühle und Wünsche kommen überhaupt nicht zum Ausdruck. Bei dem Gedicht handelt es sich um ein so genanntes „Haiku", das bestimmten inhaltlichen und formalen Regeln zu folgen hat: Es geht stets um eine Naturbeobachtung, die in drei Teilen mit vorgeschriebener Silbenzahl niedergeschrieben werden muss. Nicht mehr und nicht weniger war das Anliegen des Dichters.

Wie gesagt, als gesamtgesellschaftlichen Trend sehen auch wir das Vorherrschen der „Haben-Haltung", aber wir sind optimistisch genug, uns über Ausnahmen zu freuen, und wir möchten harmlose Beispiele nicht gerne missbraucht sehen.

1 Überprüft die Argumente der Schüler. Sind sie stichhaltig? Ergänzt die im Brief geäußerten Argumente auf beiden Seiten (vielleicht aus anderen Lebensbereichen) und führt eine Podiumsdiskussion durch: Erich Fromm und seine kritischen Leser.

Henriks Entscheidung – Eine Dilemmageschichte

Henrik ist 43 Jahre, verheiratet und Vater von zwei Kindern. Seit vielen Jahren arbeitet er als Bauzeichner bei einer aufstrebenden Firma, sodass sein Einkommen und seine Zukunft gesichert sind. So hat die Familie vor drei Jahren ein Reihenhaus erworben, und die Abzahlungen konnten bisher immer pünktlich geleistet werden. Henrik führt also nicht gerade ein spannendes Leben, aber er hat aufregende Träume: Er hat ein Konzept entworfen für erdbebensichere Bauten, nachdem er Bücher und Pläne solcher Anlagen in Japan und Kalifornien studiert hat. Er ist sich sicher: Sein Konzept ist besser. Allerdings hat er in einem erdbebensicheren Land wie Deutschland kaum eine Chance, jemanden für seine Ideen zu interessieren.

Eines Tages jedoch erhält er eine unerwartete Gelegenheit: Durch den Kontakt eines Kunden bietet ihm der Leiter einer kleinen Baufirma in Mexiko eine Stelle an. Man möchte sein Konzept ausprobieren! Das Gehalt fiele allerdings entschieden dürftiger aus als bei seinem jetzigen Arbeitgeber und zukunftssicher ist das Unternehmen auch nicht. Aber Henrik spürt sofort, dass er endlich etwas tun könnte, was er für sinnvoll und wichtig hält.

Bevor er sich entscheidet, berät Henrik sich mit seiner Familie, denn sie muss ihn begleiten, wenn er nach Mexiko geht: Es würde das knapper werdende Budget entschieden überschreiten, das Reihenhaus zu behalten.

Henriks Frau ist entsetzt; das geborgene und sichere Heim ist ihr wichtig für die Kinder und für den Zusammenhalt der Familie. Sie fürchtet auch um die schulische und berufliche Zukunft der Kinder.

Tochter Sarah ist 13 und hat erst vor kurzem den Wechsel vom Gymnasium auf die Realschule verkraften müssen. Gerade hat sie neue Freunde gefunden und eine lebensbedrohliche Magersucht erfolgreich überwunden. Die Familie bangt stets um Sarahs inneres Gleichgewicht.

Henriks Sohn Jan ist 15. Ihm liegt wenig an der kleinbürgerlichen Idylle zu Hause und schon gar nichts an der Schule. Er hätte große Lust Spanisch zu lernen und hat sich außerdem schon immer für die Pläne des Vaters interessiert, weil damit so vielen bedrohten Menschen geholfen werden könnte. Wenn der Vater die Möglichkeit nicht wahrnimmt, seine Begabung dort einzusetzen, wo sie gebraucht wird, weil ihm materielle Anliegen wichtiger sind, hätte Jan Schwierigkeiten, seinem Vater weiterhin Achtung entgegenzubringen.

Bei so widerstreitenden Positionen in der Familie versucht Henrik einen Kompromiss zu finden: Er schildert seinem Arbeitgeber offen die Situation und bittet ihn, ihm seine Stelle ein halbes Jahr frei zu halten, falls die Familie sich an die neuen Lebensverhältnisse nicht gewöhnen kann und zurückkehren möchte. Doch der Firmenleiter bedauert: Bei dem glücklicherweise hohen Auftragseingang muss er jede Lücke in der Belegschaft der Firma sogleich schließen und gute Bauzeichner gibt es viele.

Auf dem Heimweg hört Henrik im Autoradio die Nachricht von einem großen Erdbeben in einer mittelamerikanischen Stadt ...

Was soll er tun: nach Mexiko gehen oder nicht?

1 Jeder entscheidet sich durch Handzeichen spontan für eine der beiden Möglichkeiten: nach Mexiko gehen oder nicht?

2 Setzt euch in einer Gruppe mit denjenigen zusammen, die sich für dieselbe Entscheidung wie ihr selbst ausgesprochen haben. Sammelt gemeinsam weitere Argumente für eure Entscheidung.

3 Hört euch die Argumente der anderen Gruppen an. Versucht die ethischen Werte zu benennen, die hinter jedem Aspekt stehen, z.B. Solidarität, Verantwortungsbewusstsein. Dabei ist es durchaus möglich, dass derselbe Wert von beiden Seiten geltend gemacht werden kann (z.B. Solidarität: mit einem Mitglied der Familie/mit Not leidenden Menschen).

4 Führt nach der Wertediskussion eine erneute Abstimmung herbei. Wer hat sich nach der Besprechung anders entschieden als spontan im ersten Moment und warum?

Wenn es anders gehen muss – Neuorientierung von Wünschen und Glücksvorstellungen

Vom Planen und Sorgen

Das Beispiel von der falschen Selbstsicherheit des reichen Mannes

> **Leben ist das, was dir passiert, während du dabei bist, andere Pläne zu machen.**
>
> John Lennon

Einer aus der Volksmenge bat Jesus: Meister, sag meinem Bruder, er soll das Erbe mit mir teilen. Er erwiderte ihm: Mensch, wer hat mich zum Richter oder Schlichter bei euch gemacht? Dann sagte er zu den Leuten: Gebt acht, hütet euch vor jeder Art von Habgier. Denn der Sinn des Lebens besteht nicht darin, dass ein Mensch aufgrund seines großen Vermögens im Überfluss lebt.

Und er erzählte ihnen folgendes Beispiel: Auf den Feldern eines reichen Mannes stand eine gute Ernte. Da überlegte er hin und her: Was soll ich tun? Ich weiß nicht, wo ich meine Ernte unterbringen soll. Schließlich sagte er: So will ich es machen: Ich werde meine Scheunen abreißen und größere bauen; dort werde ich mein ganzes Getreide und meine Vorräte unterbringen. Dann kann ich zu mir selber sagen: Nun hast du einen großen Vorrat, der für viele Jahre reicht. Ruh dich aus, iss und trink und freu dich des Lebens! Da sprach Gott zu ihm: Du Narr! Noch in dieser Nacht wird man dein Leben von dir zurückfordern. Wem wird dann all das gehören, was du angehäuft hast? So geht es jedem, der nur für sich selbst Schätze sammelt, aber vor Gott nicht reich ist.

Lukas 12, 13–21

1 Welcher Zusammenhang besteht zwischen der Aussage John Lennons und der Geschichte des Lukas?

2 Wie lange im Voraus verplanst du dein Taschengeld? Von welchen Dingen habt ihr zu Hause Vorräte und wie lange würden sie schätzungsweise im Notfall reichen? Wie lange vorher planst du Urlaubsreisen?

3 Warum schließen so viele Menschen heutzutage Versicherungen ab? Spricht die Lukas-Geschichte dagegen?
Überlegt in diesem Zusammenhang: Wann ist es richtig, sich um die Zukunft zu sorgen und wann nicht?

Wenn das Schicksal anders entscheidet

Seines Schicksals Herr

[…] Woche für Woche dachte Cefischer [der eigentlich Carl Fischer hieß] sich neue Abenteuer für seinen Kater aus. Mit der Erinnerung an Cefischer und sein populärstes Geschöpf verbindet sich ein Geschehnis von ebenso grausamen wie hoffnungsvollen Aspekten. Als der Künstler gegen Ende des Krieges auf dem Bahnhof in Fulda in einen Bombenangriff geriet, verlor er dabei beide Arme. Man sagte von Michelangelo, er wäre auch ein genialer Bildhauer geworden, wenn er ohne Arme auf die Welt gekommen wäre. […] Das schreibt sich leicht dahin und ist am Ende nur eine geistreiche Spielerei. Bei Cefischer war es grausame Wirklichkeit.
Er wurde seines Schicksals Herr. Acht Jahre nach der Katastrophe von Fulda begann die Katerserie. Inzwischen hatte Cefischer längst gelernt, mit dem Mund zu malen. Seine Lippen gingen mit zarten Pinseln genauso souverän um wie früher seine Hände. […]
Die Leser erkannten sich in den Figuren der Katzenfamilie wieder, das war wohl entscheidend für den Erfolg.
Cefischer, der 74 Jahre alt geworden ist, trug auch das Schicksal seiner schweren Behinderung mit Fassung. Er war ein ungewöhnlicher Mensch. Nie sah ich ihn erregt. Er nahm die Dinge mit Ruhe. Er rauchte viel, las gern Kriminalromane, sammelte Briefmarken und trank gern Frankfurts Nationalgetränk Äpfelwein. Der Kater war sein zweites Selbst. […]

Richard Kirn

Gerechtigkeit durch Fleischmaschine

1 Versetze dich in die Situation des Zeichners Cefischer: Auf die Verwirklichung welcher Wünsche hat er verzichten müssen? Wie ist er mit seinem Schicksal fertig geworden? Beziehe in deine Überlegungen auch die Zeichnungen von „Oskar, dem Familienvater", dem Kater, mit ein!

Christopher Reeve
Immer noch ich. Mein zweites Leben

Christopher Reeve (1952 – 2004) studierte nach seinem Highschool-Besuch an einer berühmten Schauspielschule in New York. 1976 gab er sein Broadway-Debüt und spielte erstmals den „Superman" in der gleichnamigen Hollywood-Verfilmung. 1995 hatte er einen schweren Reitunfall und war seitdem vom Hals abwärts querschnittsgelähmt.

Die Ärzte hatten mir meinen Zustand erklärt und ich verstand jetzt, wie schlimm es um mich bestellt war. Das war keine Verletzung des 5. und 6. Halswirbels (HWK 5–6), was bedeutet hätte, dass ich zwar im Rollstuhl sitzen müsste, aber die Arme benutzen und selbstständig atmen könnte. Ein Bruch in Höhe von HWK 1–2 ist so ungefähr das Schlimmste, was einem passieren kann. War es da nicht besser zu sterben und allen dadurch eine Menge Kummer zu ersparen? Dana kam zu mir ins Zimmer. Sie stellte sich an mein Bett und wir blickten uns an. Ich formte mit den Lippen die ersten klaren Worte seit meinem Unfall: „Vielleicht wäre es besser, mich gehen zu lassen?" Dana begann zu weinen. Dann sagte sie: „Ich sage dir das nur dieses eine Mal: Ich werde dir zur Seite stehen, egal, was du tun willst, weil es dein Leben und deine Entscheidung ist. Aber ich möchte, dass du weißt, dass ich bereit bin, den ganzen langen Weg mit dir zu gehen, komme, was wolle." Und dann setzte sie noch den Satz hinzu, der mir das Leben rettete: „Du bist immer noch du. Und ich liebe dich." Ich versuchte wieder einzuschlafen, aber es gelang mir nicht, und dann fing ich wieder an nachzudenken, wälzte die immergleichen quälenden Gedanken. [...] Was soll ich nur tun? Ich bin 42. Mein Leben ist vorbei. Ich bin auf das Mitleid anderer angewiesen. Am Ende flehte ich nur noch innerlich: So helft mir doch. Lasst mich doch bitte raus. Lasst mich doch raus. [...] Ich versuchte mich an dem Gedanken festzuklammern, wie viel Liebe und Unterstützung ich erfuhr. Aber die meiste Zeit dachte ich: Mir ist es völlig egal, ob ich geliebt werde oder nicht. Ich möchte gehen können. Diese ganze Liebe würde ich hergeben, wenn ich dafür nur eine Treppe hinaufsteigen könnte. Der Überlebenskampf kann einen zum vollkommenen Egoisten machen. Zum Teufel mit dem Rest der Welt, sagt man sich, hier geht es um *mich*. *Ich* bin am wichtigsten. *Ich* bin hier ja schließlich derjenige, dem übel mitgespielt wurde.

Diese Selbstsucht hat wohl etwas mit dem Überlebensinstinkt zu tun. Das „Ich-ich-ich" ist die automatische erste Reaktion. Und dann kommt es darauf an, gedanklich auf eine höhere Ebene zu gelangen – eine andere Sichtweise zu entwickeln. Einigen Menschen hilft die Religion, sie können ihr Selbst dem Glauben unterordnen. Ich versuchte es zwar, aber für mich war das nicht der richtige Weg. [...]

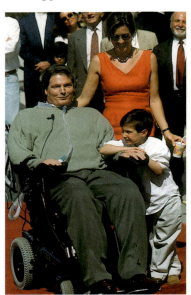

Christopher Reeve mit Ehefrau Dana und Sohn Will

Ich begann nachzudenken und kam zu folgendem Schluss: Es ist überhaupt nicht wichtig, ob es einen Gott gibt oder nicht. Die Spiritualität selbst ist es, die zählt – der Glaube an etwas, das höher ist als wir selbst.

Während der vergangenen Monate war etwas mit mir geschehen, das für meine Heilung ebenso wichtig war wie die körperlichen Fortschritte. Als ich in die Reha-Klinik kam, hatte ich mich dagegen gewehrt, zur Gruppe der Körperbehinderten zu gehören. Aber im Laufe der Zeit begriff ich, dass ich nicht nur dazugehörte, sondern unter Umständen sogar in der Lage war, einen sinnvollen Beitrag für unsere Situation zu leisten. Vielleicht konnte ich den Wissenschaftlern von Nutzen sein, die nach einer Möglichkeit suchen, Querschnittslähmung zu behandeln. Ich verstand allmählich, was es mit dem Berühmtsein auf sich hatte. Obwohl ich auch in diversen „ernsten" Filmen, wie zum Beispiel *Was vom Tage übrig blieb* mitgewirkt hatte, war mir klar geworden, dass ich der breiten Masse immer als Superman im Gedächtnis bleiben würde. Ich wusste, dass ich in dieser Rolle gut angekommen war und ihr meine große Beliebtheit verdankte. Und ich hatte den Eindruck, dass mir seit meinem Unfall sogar noch mehr Sympathie entgegengebracht wurde.

Der Schauspieler in seiner Rolle als „Superman"

Allmählich begriff ich, dass ich mich mit meinem Körper beschäftigen musste, als sei er ein neues Hobby oder eine neue Sportart, die ich erlernen wollte. [...]

Ich begann, mich meinem neuen Leben zu stellen. Das Thanksgiving-Fest '95 verbrachte ich zu Hause in Bedford im Kreise meiner Familie. Als wir in die Auffahrt einbogen und ich unser Haus zum ersten Mal wiedersah, kamen mir die Tränen. Dana nahm mich in die Arme. Später am Esstisch zählten wir alle nacheinander in ein paar Worten die Dinge auf, für die wir an diesem Tag danken wollten, und Will sagte: „Für Dad."

Das Erste, was ich tat, um die Öffentlichkeit für das Problem zu sensibilisieren und Geldmittel aufzutreiben, war meine Bitte an Paul Newman, das APA[1]-Benefizdinner zu moderieren. Die Veranstaltung brachte knapp eine Million Dollar Spenden ein, während es in den Vorjahren lediglich um die 300 000 gewesen waren. [...]

Ich verwendete bald so viel Zeit darauf, Spendengelder zu sammeln und mich intensiv mit der Forschung zu beschäftigen, dass ich sogar mehr arbeitete als vor meinem Unfall. Ich musste einen Mittelweg finden, um mein Engagement für die Forschung aufrechtzuerhalten und gleichzeitig meinen Rollen als Ehemann und Vater, aber auch als Schauspieler, der weiter für Bühne und Film arbeiten wollte,

---

[1] APA: American Paralysis Association

gerecht zu werden. Um weitere Spendengelder für die APA zu sammeln und die Frage der Lebensqualität körperlich Behinderter in das Bewusstsein der Öffentlichkeit zu rücken, gründete ich die *Christopher Reeve Foundation*. Ich hielt im ganzen Land Vorträge, moderierte Benefizveranstaltungen und konfrontierte Politiker mit der Problematik. In einem *Newsweek*-Artikel, in dem beschrieben wurde, welchen neuen Verlauf mein Leben seit dem Unfall genommen hatte, stand ein Satz, über den ich mich sehr freute. Der Autor schilderte meine diversen Aktivitäten und Vorhaben und schloss dann mit den Worten: „Wenn wir doch nur alle so behindert wären."

1 Der Schauspieler Christopher Reeve war bis zum Hals gelähmt und konnte nicht mehr selbstständig atmen. Könnt ihr euch vorstellen, wie ihr mit so einem Schicksal umgehen würdet?
Welche Änderungen gegenüber eurem bisherigen Leben würden euch am härtesten treffen?

2 Notiert die Entwicklungsphasen, die Christopher Reeve durchlebte, bis er wieder einen Sinn im Dasein fand.

3 „Wenn wir doch nur alle so behindert wären", lautete eine Zeitungsaussage zum Schicksal des Schauspielers. Wie würdet ihr diesen Satz ergänzen?

4 Kennt ihr andere Beispiele für Menschen, die trotz Beeinträchtigungen in der Lage sind oder waren, ihr Leben zu meistern und anderen etwas zu geben?
Informiert euch über solche Lebensläufe und organisiert eine Ausstellung dazu.
Hier einige Hilfen:
– Der griechische Dichter Homer (um 850 v. Chr.) war blind.
– Der Komponist Ludwig van Beethoven (1770–1827) war ab seinem 46. Lebensjahr taub.
– Louis Braille (1809–1852) wurde trotz seiner Blindheit Lehrer und erfand die nach ihm benannte Blindenschrift.
– Die Schauspielerin Sarah Bernhardt (1844–1923) hatte ein gelähmtes Bein, das 1914 amputiert werden musste.
– Franklin D. Roosevelt (1882–1945), Präsident der Vereinigten Staaten, war durch Kinderlähmung an beiden Beinen gelähmt.
– Der ehemalige Boxweltmeister im Schwergewicht, Muhammad Ali (*1942), hat die Parkinson'sche Krankheit.
– Der Physiker Stephen Hawking (*1942) gilt als Genie, obwohl er unfähig ist, sich zu bewegen und mit anderen direkt zu kommunizieren. Er kann sich nur mithilfe technischer Hilfsmittel verständigen.
– Der amerikanische Musiker Stevie Wonder (*1950) ist blind.

5 Ihr könnt auch ein ganz anderes Beispiel aus dem Alltag auswählen, über das ihr eine „Geschichte eines Neuanfangs" schreibt, – über euch selbst oder über jemand anders.

 Mir selbst begegnen, „Ist man für seine Gesundheit selbst verantwortlich?", S. 47

Mensch, Gesellschaft und Natur

1 Betrachtet die Collage auf der vorangehenden Kapitelauftaktseite und notiert die verschiedenen Formen und Funktionen, in denen dort Wasser vorkommt sowie die verschiedenen Bedeutungen, die Wasser für Menschen haben kann.

Die Oberfläche des „blauen Planeten" Erde ist zu fast 3/4 von Ozeanen bedeckt.

2 Sammelt weitere Bilder zum Thema „Wasser". Ihr könnt auch eine Foto-Safari organisieren, bei der ihr selbst möglichst viele und unterschiedliche „Wasser-Bilder" macht.

3 Gruppiert eure Bilder (z.B. in Collagen) zu bestimmten Themenbereichen. Mögliche Überschriften könnten sein: Wasser im Kreislauf des Jahres, im Leben der Pflanzen und Tiere, im Leben der Menschen, als Tagesordnungspunkt des Gemeinde- oder Städteparlaments oder als Thema der Welternährungsorganisation (FAO).

4 Konzentriert euch auf bestimmte Lebewesen oder ein bestimmtes technisches System (z.B. eine Kläranlage) und beschreibt die Bedeutung des Wassers für das von euch ausgewählte Thema.

5 Stellt Regeln für den Umgang mit Wasser auf und diskutiert sie. Überlegt anschließend, ob ihr die eine oder andere Regel formuliert habt, die ihr eurer kommunalen Verwaltung oder dem kommunalen Parlament vorlegen solltet.

6 Schreibt ein „Wasser-Gedicht" oder einen kurzen Prosatext, z.B. „Fragen an einen Fluss" oder „Gedanken eines Gletschers" oder „Eine Oase in der Wüste".

Wie Menschen über die Natur denken

„Natur" in der klassischen griechischen Philosophie

Was wir Natur nennen, hieß bei den Griechen *physis*[1]. Davon ist unser Fremdwort Physik abgeleitet. Zur *physis* gehörte bei den Griechen alles, was sich bewegt und verändert. Auch die Götter waren für sie dem Werden und Vergehen unterworfen und gehörten deshalb zur *physis*. Das Wort stand also für „das Ganze", das Universum.

---

[1] physis: Das Substantiv ist mit dem Verb *phyein* = geboren werden/wachsen verwandt.

Die erste philosophische Schrift des Abendlandes trägt den Titel *peri physeos – Über die Natur*. Ihr Verfasser war Anaximander von Milet (ca. 610 – 546 v. Chr.). Leider sind nur Bruchstücke seines Buches erhalten. Immerhin erfahren wir aus ihnen, dass er eine unendliche, unbegrenzte und unbestimmte Ursubstanz annahm, aus der die Dinge der Welt hervorgehen und in die sie wieder zurückkehren.

Das Wichtigste bei den frühen griechischen Philosophen sind die Fragen, die sie gestellt haben. Die Antworten, die sie in den Göttersagen fanden, reichten ihnen nicht mehr aus. Sie wollten die Welt beobachten und über die Erklärungen für den Ursprung und die Grundgestalt von Natur und Universum selbst nachdenken. Das war der Anfang des abendländischen Denkens. Nicht alle ihre Antworten erwiesen sich als richtig, aber viele sind auch heute noch sehr anregend.

Das „schönste Ding der Welt"

Alles fließt. Man kann nicht zweimal in denselben Fluss hineinsteigen. Diese Welt hat kein Gott und kein Mensch erschaffen, sondern sie war immer und ist und wird sein ein ewig lebendiges Feuer, nach Maßen erglimmend und nach Maßen erlöschend.

Heraklit von Ephesus (544–484 v. Chr.)

Der Urgrund von allem ist die Luft[1]. Wie unsere Seele, die aus Luft besteht, uns zusammenhält, so umschließt auch der Lufthauch das ganze Weltall. Gelockert wird die Luft Feuer, verdichtet Wind; dann Wolke, weiter durch noch stärkere Verdichtung Wasser, dann Erde, dann Stein; alles übrige entsteht aus dieser. Die Luft ist Gott.

Anaximenes von Milet (585–528 v. Chr.)

Der Urgrund von allem ist das Wasser. Das Wasser ist das schönste Ding der Welt.

Thales von Milet (624–546 v. Chr.)

Natur: Atome, die im leeren Raume umhergeschleudert werden.

Demokrit von Abdera (460–370 v. Chr.)

---

[1] Das griechische Wort „Luft" heißt *pneuma*. Es kann bedeuten: Luft, Lufthauch, Wind, Atem, Leben, Geist.

Die „Naturdinge" bei den Römern

Der römische Dichter und Philosoph Lukrez (98–55 v. Chr.) nimmt die griechische Tradition der Lehrschriften über die Natur auf und verfasst ein Gedicht in sechs Büchern: *De rerum natura – Über die Natur der Dinge*. Allerdings hat er gegenüber dem griechischen Titel eine wichtige Ergänzung vorgenommen: Er schreibt nicht mehr über die Natur als Ganzes („De natura" müsste es dann heißen), sondern über die Natur der Dinge. Der römische Philosoph betrachtet die Natur nicht mehr als ein Umfassendes, zu dem auch die Menschen gehören. Vielmehr stellt er die Personen den Sachen gegenüber und bringt die Natur in engen Zusammenhang mit den Dingen, über die die Menschen verfügen können. Diese Sichtweise ist für die Neuzeit bestimmend geworden.

Der römische Meeresgott Neptun beherrschte die Natur, indem er mit seinem Dreizack das Meer aufwühlen konnte.

1 Für die griechischen Philosophen waren die Natur bzw. der Kosmos das Allumfassende, zu dem selbstverständlich auch die Menschen gehörten. Wie seht ihr die Stellung des Menschen im Kosmos? Steht er *in* der Natur, der Natur *gegenüber* oder *über* der Natur?

2 Nach der römischen Auffassung gehören Pflanzen und Tiere – genauso wie Steine und Häuser, Wagen und Statuen – zu den Dingen. Teilt ihr diese Meinung?

3 Informiert euch über das deutsche Tierschutzgesetz. Welche Sichtweise bezüglich der Tiere findet ihr darin vor?

Der jüdisch-christliche Schöpfungsgedanke

Michelangelo Buonarroti: Die Erschaffung Adams (1511/12)

Die biblischen Schöpfungsmythen ziehen eine scharfe Trennungslinie zwischen Gott und der Natur. Gott allein ist heilig. Die Welt ist von ihm geschaffen und keine Gottheit. Es konnte keinen Sonnen- oder Donnergott, keine Quellnymphen[1], keine heiligen Haine und keine heiligen Tiere mehr geben.

Da die Natur geschaffen und nicht göttlich ist, ist sie für den Menschen nicht mehr unantastbar. Diese sollen den Garten der Erde bebauen, sie sollen sich die Erde untertan machen.

Allerdings soll der Mensch nicht nur bebauen, sondern auch bewahren. So heißt es im zweiten Schöpfungsbericht: „Und Gott der Herr nahm den Menschen und setzte ihn in den Garten Eden, damit er ihn bebaute und bewahrte" (1. Mose 2, 15).

---

[1] Quellnymphe: weibliche Naturgottheit des griechischen Volksglaubens

Er selbst ist ein Teil der Schöpfung, die er zu achten hat, weil sie als Ganzes Ausdruck der Kraft und der Herrlichkeit Gottes ist. Der Schöpfungspsalm[2] der Bibel drückt dies so aus: „Die Himmel erzählen die Herrlichkeit Gottes, vom Werk seiner Hände kündet das Firmament.“

Aus dem Sonnengesang des Pharaos Echnaton[3]

Du erstrahlst so schön im Lichtberg des Himmels,
Du lebendige Sonne, die zuerst zu leben anfing.
Du leuchtest auf im östlichen Horizont
Und erfüllst alle Lande mit deiner Schönheit.
Du bist schön und gewaltig, glänzend und hoch über allen Landen.
Deine Strahlen umarmen die Länder bis zum letzten Ende deiner Schöpfung.
Du bist fern, und doch sind deine Strahlen auf der Erde.
Du bist im Angesicht der Menschen, und doch kann man deinen Weg nicht sehen.
Gehst du zur Rüste am westlichen Horizont,
So ist die Welt in Finsternis wie im Tode. [...]
Im Morgengrauen aber leuchtest du wieder auf und glänzest aufs Neue als Sonne am Tage.
Es weicht die Finsternis, sobald du deine Strahlen spendest.
Die Länder sind in Feststimmung.
Die Menschen erwachen und stellen sich auf die Füße.
Du hast sie sich erheben lassen.
Sie waschen ihren Leib, sie nehmen die Kleidung,

Ihre Hände erheben sich in Anbetung, weil du erschienen bist.
Die ganze Welt tut ihre Arbeit.
Alles Vieh labt sich an seinem Kraute,
Bäume und Pflanzen grünen;
Die Vögel fliegen auf aus ihrem Neste,
Ihre Flügel erheben sich in Anbetung für dich.
Alles Wild hüpft auf den Füßen.
Was da kreucht und fleugt, Sie leben, da du ihnen aufgeleuchtet bist. [...]
Du einziger Gott, außer dem es keinen andern gibt,
Du hast die Erde geschaffen nach deinem Sinn.
Du einzig und allein,
Mit Menschen, Herden und allem Getier. [...]
Du hast den Himmel gemacht fern von der Erde,
Und an ihm zu erstrahlen.
Um alles, was du, einzig du, erschaffen hast, zu sehen,
Wenn du aufleuchtest in deiner Gestalt als lebendige Sonne.
Strahlend und glänzend, fern und doch so nah.
Du machst Millionen Gestalten aus dir, dem Einen,
Städte, Dörfer, Äcker, Wege und Ströme.

---

[2] Psalmen: religiöse Lieder Israels; im Buch der Psalmen gesammelt. Der 18. Psalm (von 150 Psalmen) ist der Schöpfungspsalm.

[3] Pharao Echnaton (1364–1347 v. Chr.): ägyptischer König, der den Sonnengott Aton zum alleinigen Gott erhob und sich selbst Echnaton („Es gefällt dem Aton“) nannte.

Das neuzeitliche Naturverständnis

Während das europäische Mittelalter von einer christlichen Sicht der Dinge geprägt ist, beginnt mit dem Ende des 17. Jahrhunderts in Europa die geistige Bewegung der Aufklärung, die das Leben in Staat, Kirche, Wissenschaft und Gesellschaft mithilfe des Verstandes neu begründen will. Mit dem Vormarsch der Naturwissenschaften wandelt sich in der Neuzeit das Naturverständnis. Es wurde entscheidend geprägt von dem englischen Philosophen und Staatsmann **Francis Bacon** (1561–1626) und dem französischen Philosophen und Naturwissenschaftler **René Descartes** (1596–1650).

Francis Bacon wollte, dass die Wissenschaft dem Gemeinwohl nützlich sei. „Wissen ist Macht", lautet seine Devise. Durch den Gebrauch des schon erlangten Wissens und der damit gegebenen Macht soll die weitere Erkenntnis der Natur gewonnen werden. Man müsse die Natur auf die Folter des Experiments spannen, um ihr ihre Geheimnisse zu entreißen und sie dem Menschen dienstbar zu machen.

Leonardo da Vinci: Proportionen des Menschen (um 1485)

Von dem kritischen René Descartes stammt der bekannte Satz: „Ich denke, also bin ich." Kopf und Geist waren für ihn am wichtigsten. Deswegen unterteilt er die Wirklichkeit in zwei strikt voneinander getrennte Bereiche: in den Bereich des Denkens und des Geistes und in den Bereich des Materiellen.

Der Einfluss dieser Vorstellung führt zur Trennung von Geistes- und Naturwissenschaften. Die Natur wird vor allem als Gegenstand der Mathematik, der Geometrie und der Mechanik betrachtet. Durch ihre naturwissenschaftliche Erkenntnis können die Menschen – hier nimmt Descartes das Denken Bacons wieder auf – die Natur „zu allen Zwecken, für die sie geeignet ist, verwenden".

1 Fasst die Hauptaussagen des Sonnengesangs des Pharaos Echnaton zusammen und beschreibt die Atmosphäre des Gesangs.

2 Dem Christentum wird der Vorwurf gemacht, die ökologische Krise an führender Stelle mitverursacht zu haben, weil es den biblischen Herrschaftsauftrag des Menschen über die Erde allzu erfolgreich in die Tat umsetzte. Nehmt zu diesem Vorwurf Stellung.

3 Diskutiert die Auffassungen von Francis Bacon und René Descartes über die Erforschung der Natur und die Ziele, die Menschen dabei verfolgen sollen.

4 Zeigt Beispiele aus eurer Umgebung auf, wo der Mensch stark in die Natur eingreift. Wie schätzt ihr die Auswirkungen ein?

5 Vergleicht das Bild des Adam von Michelangelo Buonarroti und die Zeichnung des Menschen von Leonardo da Vinci. Welche Aussagen über die Natur des Menschen wollen die beiden Künstler machen?

6 Vergleicht die bisher gefundenen Aussagen zum Verhältnis von Mensch und Natur. Versucht einen Text zu eurem eigenen Naturverständnis zu formulieren. Worin unterscheidet er sich von den behandelten Texten?

 Das Gewissen bilden [...], „Orientierung für das Gewissen? [...]", S. 357

Wie Menschen die Natur erfahren

Martin Buber
Ich betrachte einen Baum

Ich betrachte einen Baum.
Ich kann ihn als Bild aufnehmen: starrender Pfeiler im Anprall des Lichts oder das spritzende Gegrün von der Sanftmut des blauen Grundsilbers durchflossen.
Ich kann ihn als Bewegung verspüren: das flutende Geäder am haftenden und strebenden Kern, Saugen der Wurzeln, Atmen der Blätter, unendlicher Verkehr mit Erde und Luft – und das dunkle Wachsen selber.
Ich kann ihn einer Gattung einreihen und als Exemplar beobachten, auf Bau und Lebensweise.
Ich kann seine Diesmaligkeit und Geformtheit so hart überwinden, dass ich ihn nur noch als Ausdruck des Gesetzes erkenne – der Gesetze, nach denen ein stetes Gegeneinander von Kräften sich stetig schlichtet, oder der Gesetze, nach denen die Stoffe sich mischen und entmischen.
Ich kann ihn zur Zahl, zum reinen Zahlenverhältnis verflüchtigen und verewigen. [...]
Es kann aber auch geschehen, aus Willen und Gnade in einem, dass ich, den Baum betrachtend, in die Beziehung zu ihm eingefasst werde, und nun ist er kein Es mehr. Die Macht der Ausschließlichkeit hat mich ergriffen. [...]
Alles, was dem Baum zugehört, ist mit darin, seine Form und seine Mechanik, seine Farben und seine Chemie, seine Unterredung mit den Elementen und seine Unterredung mit den Gestirnen und alles in einer Ganzheit.
Kein Eindruck ist der Baum, kein Spiel meiner Vorstellung, kein Stim-

Vincent van Gogh: Landstraße mit Zypresse und Stern (1890)

mungswert, sondern er leibt mir gegenüber und hat mit mir zu schaffen, wie ich mit ihm – nur anders.

Man suche den Sinn der Beziehung nicht zu entkräften: Beziehung ist Gegenseitigkeit.

So hätte er denn ein Bewusstsein, der Baum, dem unsern ähnlich? Ich erfahre es nicht. Aber wollt ihr wieder, weil es euch an euch geglückt scheint, das Unzerlegbare zerlegen? Mir begegnet keine Seele des Baums und keine Dryade[1], sondern er selber.

1 Beschreibt das Gemälde „Zypresse" von Vincent van Gogh. Wie erfährt der Maler die Zypresse? Welches Verhältnis zwischen ihm und dem Baum bringt er zum Ausdruck?

2 Martin Buber beschreibt in seinem Text verschiedene Weisen, wie wir uns einem Baum nähern und wie wir ihn „kennenlernen" können. Listet diese verschiedenen Erkenntnisweisen auf und ordnet sie einzelnen naturwissenschaftlichen Fächern zu.

3 Organisiert ein fachübergreifendes Projekt, in dem ihr versucht, folgende Fragen zu beantworten:
– Welche Erkenntnisse über einen Baum erhalten wir von der Physik, von der Chemie, von der Biologie?
– Kann auch die Mathematik zum besseren Verständnis des Baumes beitragen?
– Welche Zugänge können vom Deutschunterricht, von Religions- oder Ethikunterricht eröffnet werden?

4 Macht eine kleine „Mal- und Zeichenexkursion" und sucht einen Baum in der Nähe auf, um ihn zu malen oder zu zeichnen.
Schaut euch in der nächsten Stunde eure Ergebnisse an und vergleicht sie.
– Geben die Bilder den Baum eher „objektiv", also so, wie er „in Wirklichkeit ist", wieder?
– Oder sagen eure Bilder auch etwas über eure subjektiven Betrachtungsweisen aus?
– Kam durch die Beschäftigung mit dem Baum durch das Malen eine Art von Beziehung zwischen euch und dem Baum zustande?

5 Lest nun noch einmal den Text von Martin Buber und interpretiert seine Aussage „Beziehung ist Gegenseitigkeit".

Wirklichkeit wahrnehmen, „Wahrnehmung und Deutung [...]", S. 10

---

[1] Dryaden: in der griech. Mythologie „weibliche Baumgeister"

Bericht zur Lage von Mensch und Natur in der Risikogesellschaft

1986, im Jahr der Reaktorkatastrophe von Tschernobyl, hat der Sozialwissenschaftler Ulrich Beck das Buch Risikogesellschaft. Auf dem Weg in eine andere Moderne *veröffentlicht. Einige seiner Überlegungen werden in den folgenden Thesen zusammengefasst:*

1. Bisher haben Menschen den jeweils anderen Leid zugefügt und Gewalt angetan. Es gab Zäune, Mauern und Militärblöcke, Ghettos, Konzentrationslager und Kriege. Sie grenzten sich gegenseitig aus, ängstigten sich vor den Fremden und Anderen, verteufelten sie und versuchten sie zu vernichten. Dies geschieht auch noch heute. Seit Tschernobyl, seit dem entdeckten Ozonloch und der Klimaveränderung ist aber etwas Neues hinzugekommen. Menschliche Entscheidungen haben zu globalen Risiken und Gefahren geführt, die in Katastrophen umschlagen können. Jetzt gibt es keine „Anderen" mehr. Alle sind in Gefahr. *Not lässt sich ausgrenzen, die Gefahren des Atomzeitalters nicht mehr.*

2. Sogar die Grenzziehung zwischen Gesellschaft und Natur wird aufgehoben. Das Zeichen dafür war die „*Atom-Wolke*" [...]. Aus der „Wolke" fiel nicht Regen, sondern Radioaktivität auf Sandkästen, Wiesen, Äcker und Wälder und verseuchte die Pflanzen und Pilze, die Tiere, die davon fraßen, und bedrohte die Menschen, die Teil der Natur sind. Eine neue Gemeinsamkeit zwischen Menschen, Gesellschaft und Natur wird sichtbar, eine neue Solidarität zwischen allen Menschen und *eine Solidarität der lebenden Dinge.*

3. Die fortgeschrittene Industriegesellschaft produziert nicht nur *Reichtum*, sondern immer auch *Risiken*. Je weiter sie fortschreitet, umso größer werden die Risiken. Bislang sind die Kosten zur Verringerung der Risiken noch niedriger als der Zugewinn an Reichtum. Die Gefahr besteht, dass das Verhältnis sich umkehrt [...]. Das würde den Bankrott der Industriegesellschaft bedeuten.

> Kurt Marti
>
> ## unser garten
>
> – wehrlos die gräser, die büsche
> hat seine Unschuld verloren
> wird nie wieder sein
> was er war
>
> unser garten
> – wehrlos das kraut das unkraut
> speichert jetzt tode im leben
> der wurzeln: cäsium strontium
> krypton plutonium
>
> unser garten
> – wehrlos die bäume die blumen
> wird stets wieder blühen
> für uns die wir ratlos fragen
> was uns noch blüht

4. Regenwolken kann man sehen, Atomwolken nicht. Reichtümer lassen sich anfassen, Risiken nicht. *Radioaktivität juckt eben nicht.* Unsere Sinne können uns nicht mehr vor den drohenden Gefahren warnen. Wir sind auf Apparate und Messungen, auf die Auskünfte von Experten angewiesen. Wir brauchen eine neue Art von Aufmerksamkeit und Wachsamkeit.

5. Die These von der Risikogesellschaft hat ihre wissenschaftliche Grundlage in naturwissenschaftlichen Analysen: in chemischen Analysen über die Zusammensetzung von Regen, Grundwasser, Fluss- und Meerwasser, von Böden und Luft, in Messungen von radioaktiver oder ultravioletter Strahlung. Das Motiv ihres Autors,

sie immer wieder zu präzisieren und zu vertreten, besteht darin, dass er die Zuspitzung der Risiken zu großen Katastrophen verhindern will. Er ist kein Pessimist, sondern will zum verändernden Handeln anregen.

„Ich bin pessimismusmüde", sagt er. „Die allgemeine Schwarzmalerei noch einmal nachzuschwärzen, erscheint mir wenig reizvoll. Das ist doch evident. Mit der Wirklichkeit kann die schwärzeste Fantasie nicht mehr mithalten. Intellektuell und sozialwissenschaftlich haben wir es überall mit einem Denken zu tun, das Handeln zur Aussichtslosigkeit verdammt. Diese ganze Sicht wird falsch und immer falscher. Der größtmögliche Gegensatz dazu lautet: Handeln ist möglich und chancenreich."

nach Ulrich Beck

1 Anhand welcher naturwissenschaftlichen Fakten lässt sich belegen, dass es eine ökologische Krise gibt? Besorgt euch einschlägige Informationen, z.B. vom Umweltbundesamt oder vom Bundesumweltministerium.

2 Bildet Arbeitsgruppen zu einzelnen Problembereichen, z.B. zum Verlust biologischer Artenvielfalt, zum Ausstoß von Kohlendioxyd und zu den Ursachen für Hochwasser, und berichtet einander über die Ergebnisse.

3 Befasst euch mit der Lage der Gesellschaft, wie Ulrich Beck sie aufgrund der Fakten beschreibt. Diskutiert die einzelnen Elemente seiner Diagnose.

4 Vergleicht das Gedicht von Kurt Marti mit den Aussagen Ulrich Becks.

5 Gestaltet ein Poster: „Kennzeichen der Risikogesellschaft – Wege aus der Risikogesellschaft".

Wie Menschen mit der Natur und mit sich umgehen sollten

Die entscheidende Frage: Können sie leiden?

Der Tag *könnte* kommen, an dem die übrigen Kreaturen jene Rechte erlangen werden, die man ihnen nur mit tyrannischer Hand vorenthalten konnte. Die Franzosen haben bereits entdeckt, dass die Schwärze der Haut kein Grund dafür ist, jemanden schutzlos der Laune eines Peinigers auszuliefern. Es mag der Tag kommen, da man erkennt, dass die Zahl der Beine, der Haarwuchs oder das Ende des *os sacrum*[1] gleichermaßen unzureichende Gründe sind, ein fühlendes Wesen demselben Schicksal zu überlassen. Was sonst ist es, das hier die unüberwindbare Trennlinie ziehen sollte? Ist es die Fähigkeit zu denken oder vielleicht die Fähigkeit zu sprechen? Aber ein ausgewachsenes Pferd oder ein Hund sind unvergleichlich vernünftigere Lebewesen als ein Kind, das erst einen Tag, eine Woche oder selbst einen Monat alt ist. Aber selbst vorausgesetzt, sie wären anders, was würde es nützen? Die Frage ist nicht: Können sie denken? oder: Können sie sprechen?, sondern: *Können sie leiden?*

Jeremy Bentham

---

[1] os sacrum: Kreuzbein, Bestandteil des Beckens beim Menschen und bei den Wirbeltieren

Ehrfurcht vor dem Leben

Bei Descartes geht das Philosophieren von dem Satze aus: „Ich denke, also bin ich."
Mit diesem armseligen, willkürlich gewählten Anfang kommt es unrettbar in die
Bahn des Abstrakten. Es findet den Zugang zur Ethik nicht und bleibt in toter Welt-
und Lebensanschauung gefangen. Wahre Philosophie muss von der unmittelbars-
ten und umfassendsten Tatsache des Bewusstseins ausgehen. Diese lautet: „Ich bin
Leben, das leben will, inmitten von Leben, das leben will." [...]
Wie in meinem Willen zum Leben Sehnsucht ist nach dem Weiterleben und nach
der geheimnisvollen Gehobenheit des Willens zum Leben, die man Lust nennt, und
Angst vor der Vernichtung und der geheimnisvollen Beeinträchtigung des Willens
zum Leben, die man Schmerz nennt: also auch in dem Willen zum Leben um mich
herum, ob er sich mir gegenüber äußern kann oder ob er stumm bleibt.
Ethik besteht also darin, dass ich die Nötigung erlebe, allem Willen zum Leben die
gleiche Ehrfurcht vor dem Leben entgegenzubringen wie dem eigenen. Damit ist
das denknotwendige Grundprinzip des Sittlichen gegeben. Gut ist, Leben erhalten
und Leben fördern; böse ist, Leben vernichten und Leben hemmen. [...]
Ethik ist ins Grenzenlose erweiterte Verantwortung gegen alles, was lebt.

Albert Schweitzer

Kein Frieden zwischen den Menschen ohne Frieden mit der Natur

Es gibt keinen haltbaren Frieden unter den Menschen ohne ein Maß sozialer
Gerechtigkeit. Es gibt keine soziale Gerechtigkeit, wenn der Mensch die Ressour-
cen der Natur aufzehrt. Es gibt also keinen Frieden unter den Menschen ohne
Frieden mit der Natur. Es gibt aber ebenso keinen Frieden mit der Natur ohne
Frieden unter den Menschen.

Carl Friedrich von Weizsäcker

1 Welches Wort beschreibt euer Verhältnis zu Tieren besser? Mitleid oder Ehrfurcht?
 Wenn ihr keinen der beiden Begriffe sehr zutreffend findet: Welche Bezeichnung
 würdet ihr wählen?

2 Diskutiert Albert Schweitzers „Grundprinzip des Sittlichen". Versucht, mit eigenen
 Worten zu erklären, was er darunter versteht. Könnt ihr euch diesem Grundprinzip
 anschließen?

3 Stellt einige Regeln auf – z.B. im Hinblick auf die menschliche Ernährung –, die sich
 an den Aussagen von Jeremy Bentham orientieren, und andere, die das Grundprinzip
 Schweitzers konkretisieren.

4 Sammelt Zeitungsberichte oder Nachrichtenmeldungen, mit denen sich die vier
 Thesen von Carl Friedrich von Weizsäcker belegen und veranschaulichen lassen.

„Nachhaltige Entwicklung"

Der Bericht der Weltkommission für Umwelt und Entwicklung „Unsere gemeinsame Zukunft", der 1983 durch die Vereinten Nationen in Auftrag gegeben und nach seiner Vorsitzenden „Brundtland-Bericht" genannt worden ist, hat den politischen Leitbegriff der „nachhaltigen Entwicklung" *(sustainable development)*. Seit der Konferenz der Vereinten Nationen zu Umwelt und Entwicklung (1992) wird „ nachhaltige Entwicklung" von der internationalen Staatengemeinschaft, aber auch von den Sozial- und Naturwissenschaften sowie von den sozialen Bewegungen und vielen Nicht-Regierungsorganisationen als Leitbegriff anerkannt.

Der politische Begriff der „nachhaltigen Entwicklung" ist ein normativer[1] Begriff, der drei Imperative [Forderungen] umfasst:

– den Imperativ der *internationalen Gerechtigkeit*, der die gerechte Verteilung sowohl von Gütern und als auch von Einflussmöglichkeiten auf die Gestaltung der gesellschaftlichen Ordnung und Entwicklung zwischen allen heute lebenden Menschen verlangt,

– den Imperativ der *intergenerationellen Gerechtigkeit*, der die Gerechtigkeit auch gegenüber den kommenden Generationen fordert und

– den Imperativ der *Bewahrung der Natur* als der gemeinsamen Lebensgrundlage und dem gemeinsamen Lebensbereich.

In der *Agenda 21*[2] sowie in der *lokalen Agenda* wird das Leitziel für die internationale, nationale und kommunale Politik konkretisiert. Für die Bundesrepublik Deutschland bietet die Studie *Zukunftsfähiges Deutschland* eine Fülle von konkreten Anregungen; für den Bereich Ökologie z.B.:

1. Die Nutzung einer erneuerbaren Ressource darf nicht größer sein als ihre Regenerationsrate.
2. Die Freisetzung von Stoffen darf nicht größer sein als die Aufnahmefähigkeit der Umwelt.
3. Die Nutzung nicht erneuerbarer Ressourcen muss minimiert werden. Ihre Nutzung soll nur in dem Maße geschehen, in dem ein physisch und funktionell gleicher Ersatz in Form erneuerbarer Ressourcen geschaffen wird.
4. Das Zeitmaß der menschlichen Eingriffe muss in einem ausgewogenen Verhältnis zum Zeitmaß der natürlichen Prozesse stehen, sei es der Abbauprozess von Abfällen, der Regenerationsrate von erneuerbaren Rohstoffen oder Ökosystemen.

Für die Gestaltung der Zukunft werden acht Leitbilder entworfen:

Rechtes Maß für Raum und Zeit	Regeneration von Land und Landwirtschaft
Eine grüne Marktagenda	
Von linearen zu zyklischen Produktionsprozessen	Stadt als Lebensraum
Gut leben statt viel haben	Internationale Gerechtigkeit und globale Partnerschaft
Für eine lernfähige Infrastruktur	

---

[1] normativ: nicht nur beschreibend, sondern auch Normen setzend

[2] Agenda 21: So heißt das Aktionsprogramm für das 21. Jahrhundert, das bei dem „Erdgipfel" (UN-Konferenz für Umwelt und Entwicklung) in Rio de Janeiro 1992 verabschiedet wurde.

Die Natur bewahren, die Technik nutzen

Die Stadt als Lebensraum? (Berlin, Märkisches Viertel)

Hamburger „Wohnsilo" nach seiner Neugestaltung (1987)

In „Wende-Szenen" werden Modelle vorgestellt, wie die Leitbilder in praktisches Handeln umgesetzt werden könnten.

Eine Wende-Szene: Nutzen statt besitzen

Neben der Verlängerung der Nutzungszeit bietet sich eine weitere Strategie an, um Güter – also Ressourcen – besser zu verwenden: ihre Nutzungsintensität zu erhöhen. Die Rechnung ist einfach: Ein Gut, das über seine Lebensdauer doppelt so häufig genutzt wird wie ein vergleichbares anderes Gut, vermindert die Zahl der in Umlauf befindlichen Güter um 50 Prozent. Doch Waschmaschinen, Autos, Staubsauger, Leitern, Rasenmäher, Skiausrüstungen etc. werden meist nur für einige Stunden oder Tage eingesetzt und stehen für den größten Teil ihrer Lebenszeit nutzlos herum. [...] Einer umfassenderen Nutzung steht jedoch die Tatsache entgegen, dass viele Güter zum individuellen Besitz gekauft werden und in ihren Dimensionen und

Qualitätseigenschaften auf privaten Gebrauch hin ausgelegt sind. Nutzen muss aber keinesfalls an Besitz gebunden sein. Schließlich geht es dem Kunden in erster Linie um die Dienstleistung, die ihm ein Produkt erbringt, und nicht um seinen Besitz, der ihm neben dem Vergnügen auch manchen Ärger bescheren mag. Eine solche Dienstleistung ist auch durch Mit-Nutzen, Leihen oder Mieten eines entsprechenden Gerätes zu haben, sei es gemeinschaftlich, genossenschaftlich oder über eine Betreiberfirma. [...] Das entprivatisierte Auto ist ein Beispiel, an dem sich die verschiedenen Nutzungsformen veranschaulichen lassen. Wenn Freunde oder Hausbewohner Nutzungsgemeinschaften für einen Wagen bilden, sinkt die Besitzdichte an Autos. Ebenso durch die genossenschaftliche Nutzung in einer Car-Sharing-Organisation. Dort stehen Autos, sonst eher Stehzeuge als Fahrzeuge, den Miteignern an verschiedenen Orten jederzeit, wenn sie wirklich eines benötigen, gegen eine Chipkarte zur Verfügung. Und schließlich bietet ein auf Alltagsgebrauch eingerichtetes Taxi- und Mietwagensystem eine Alternative zu frustrierendem Besitz. Bei den beiden letzten Nutzungen, bei Car-Sharing und Taxi, entsteht überdies ein Markt für gebrauchsgerechte, robuste und langlebige Fahrzeuge. Ferner muss es nicht sein, um ein anderes Beispiel zu nehmen, dass eine Waschmaschine nur höchstens zehn Stunden in der Woche ihrer Bestimmung zugeführt wird. Waschsalons könnten hier Abhilfe schaffen; sie bieten sparsamere und kostengünstigere Maschinen und lassen sich auch in Nachbarschaft zu einem Café, einem Kinderhort oder einer Bibliothek ansiedeln. [...] Kurzum, eine Konsumgesellschaft, die zukunftsfähig bleiben will, wird zu einem guten Teil die Logistik ihrer Waren an der Nutzung und nicht am Besitz ausrichten.

aus der Studie „Zukunftsfähiges Deutschland"

1 Besorgt euch die von BUND und *Misereor* herausgegebene und vom *Wuppertal Institut für Klima, Umwelt und Energie* erarbeitete Studie *Zukunftsfähiges Deutschland*. Beschäftigt euch mit den dort vorgestellten Leitbildern, wie z.B. „Gut leben statt viel haben", „Stadt als Lebensraum". Welche Anregungen ergeben sich für euren privaten, schulischen und kommunalen Lebensraum?

2 Diskutiert die Vorschläge aus der Wende-Szene „Nutzen statt besitzen". Sucht nach weiteren Beispielen. Wählt einen Vorschlag aus, den ihr für realisierbar haltet, und entwickelt ein Programm zu seiner Umsetzung in die Praxis.

3 Informiert euch über die Initiativen für Nachhaltigkeit und Zukunftsfähigkeit in eurer Gemeinde. Überlegt, wie ihr die Bemühungen um nachhaltige Entwicklung unterstützen könnt.

4 Fallen euch Situationen ein, in denen der Mensch nicht nur Umwelt und Natur bewahren, sondern auch vor sich selbst geschützt werden muss? Sammelt Beispiele und besprecht sie miteinander.

Die Natur bewahren, die Technik nutzen

Mensch, Gesellschaft und Technik

Was die Technik für die Menschen bedeutet

Zwei Glasmalereien für die Heiliggeist-Kirche in Heidelberg

„Computer" und „Medizintechnik", zwei nicht realisierte Entwürfe (1983/84) von Johannes Schreiter zur Gestaltung von Kirchenfenstern für die Heiliggeist-Kirche in Heidelberg

1 Beschreibt die Darstellungen in den beiden Kirchenfenstern. Welches ist das Hauptthema des Fensters links, welches das des Fensters rechts? Was ist im Einzelnen dargestellt?

2 Welche Aussage soll mit der Darstellung des linken, welche mit der Darstellung des rechten Fensters gemacht werden? Formuliert dazu je einen Satz.

3 Gehören diese Darstellungen eurer Meinung nach in eine Kirche? Diskutiert die Gründe dafür und dagegen.

Die Natur bewahren, die Technik nutzen

Gesundheitswesen der Zukunft

Wer im alten Griechenland gerne etwas über die Zukunft erfahren wollte, befragte das Orakel[1] von Delphi. Neuerdings ist von Delphi im Zusammenhang mit der Zukunft der naturwissenschaftlich-technischen Zivilisation die Rede. In Japan wurde eine Methode entwickelt, durch gezielte und kontrollierte Befragung von Experten deren Einschätzung über die Richtung der technischen Entwicklungen, ihre Wichtigkeit und über die erforderlichen Zeiträume bis zu ihrer Verwirklichung zu erfahren. Dieses Erhebungsverfahren erhielt den Namen des berühmten griechischen Orakels. Auch in Deutschland wird diese Methode gerne angewendet. Die folgende Grafik ist dem deutschen Delphi-Report von 1995 entnommen und zeigt, wie Medizin, Medizintechnik und Gesundheitswesen sich in den nächsten Jahren und Jahrzehnten weiterentwickeln könnten bzw. bereits entwickelt haben.

[1] Orakel: Weissagung über Zukünftiges, Bezeichnung des Ortes, an dem Wahrsagungen erteilt werden

Die Natur bewahren, die Technik nutzen

1 Diskutiert die medizinisch-technischen Entwicklungen, die 1995 aufgrund der Delphi-Befragung dargestellt und teilweise auch bewertet wurden. Benennt – mit Begründung – zwei Entwicklungen, die ihr für besonders wichtig und wünschenswert haltet. Wählt auch zwei Entwicklungen aus, die ihr als überflüssig oder sogar gefährlich anseht.

2 Findet mithilfe der unterschiedlichen Informationsquellen (z. B. durch Befragung von Medizinern) heraus, welche Entwicklungen sich inzwischen auf dem Gebiet der beiden von euch als nützlich erachteten Neuerungen vollzogen haben.

 Das Alter erleben [...], Arbeitsanregung 3, S. 233

Geschichte der Technik: Hilfen für unsere Hände

3.000.000 v. Chr.:	Älteste bearbeitete Steine (Chopper) in Südafrika	600:	Saftpresse in Griechenland; in China Entwicklung der Armbrust (zur Abwehr von Reiterangriffen eingesetzt)
ab 200.000:	Bis zum Ende der Altsteinzeit Erfindung differenzierterer Werkzeuge und Waffen: Schaber, Stichel, Messer, Hammer, Meißel, Bohrer, Säge, Beil, Sichel, Speerschleuder, Pfeil und Bogen (s. u.)	330:	Beschreibung des Flaschenzuges und der Kurbel durch Aristoteles
		um 100 n. Chr.:	Verwendung von Schubkarren in China (in Europa erst im 13. Jh.)
		um 1280:	Verdrängung der Handspindel durch das Handspinnrad
		um 1480:	Flügelspinnrad zum Garnaufwickeln
		1589:	Erfindung einer Strumpfwirkmaschine (W. Lee aus Cambridge)
6.000:	Webstuhl in Anatolien; Schleuder als Fernwaffe	1635:	Erfindung einer Sämaschine (J. Locatelli)
3.000:	Holzpflug in Mesopotamien schon als Säpflug mit eingearbeitetem Sätrichter	1764:	Erfindung der „Spinning Jenny" (= Spinnrad)
		1793:	Erfindung einer Baumwoll-Entkernungsmaschine (E. Whitney)

Die Natur bewahren, die Technik nutzen

1861: Einsatz von Melk- und Rübenerntemaschinen in Deutschland

1958: Bau des Prototyps des ersten Industrieroboters in Amerika; ab 1961/62 auf dem Markt (vorgesehen vor allem für einfache Transport- und Beschickungsaufgaben)

seit 1980: Bedarf an Industrierobotern der „3. Generation" für komplizierte technologische und für bisher kaum automatisierbare Montagevorgänge

1985: Verwendung von Robotern für Wartungsarbeiten im strahlengefährdeten Bereich von Kernkraftwerken (s.u.)

1 Ergänzt die „Geschichte der Technik", indem ihr – ausgehend von euren Alltagserfahrungen – die Hilfsmittel, Werkzeuge und Apparate aufzählt, die ihr zur Unterstützung der Arbeit eurer Hände braucht. Seit wann gibt es diese technischen Mittel?

2 Stellt ergänzende Tabellen auf, die die Geschichte der Technik unter anderen Aspekten betrachten, z. B. Hilfen für unsere Augen, unsere Füße, unsere Freizeit und Hilfen für unser Gehirn.

3 Sucht aus euren Tabellen die Angaben heraus, bei denen es nicht ganz eindeutig ist, dass die betreffende Technik tatsächlich eine Hilfe für den Menschen ist.

Technikinteresse: Wie Jugendliche sich selbst sehen

„Also, ich würde nicht auf die Technik verzichten. Wenn ich mein Auto, meine Anlage, meinen Fernseher, mein Handy und meinen PC nicht hätte, könnte ich mich ja gleich begraben lassen."

Kai, 20 Jahre

„An der Technik stören mich vor allem die Übertreibungen. Für einen Arzt ist es ja vielleicht wichtig, dass er überall und immer erreichbar sein muss, aber bei uns in der Schule, vor allem in der Pause, da sieht man kaum mehr jemanden ohne so ein blödes Handy. Das ist doch abartig."

Sonja, 18 Jahre

> „Technik hat Vor- und Nachteile. Die Großtechnologien halte ich z. B. für gefährlich. Es wird bloß produziert und produziert, aber wenn's ums Entsorgen geht, interessiert das niemanden. Es ist doch z. B. klar, dass der radioaktive Müll irgendwohin muss, aber wenn die Atommüll-Transporte fahren, regen sich die Leute auf. Wenn der Müll da bleiben würde, würden sie sich auch aufregen."
>
> *Marek, 18 Jahre*
>
> „Ich bin fast die Einzige in der Klasse, die keinen Führerschein hat, und ich will auch keinen haben, denn dann würde ich bestimmt auch alles mit dem Auto machen. Es heißt doch immer, wir sollen etwas für die Umwelt tun, und ich fahre eben Rad."
>
> *Natascha, 19 Jahre*

1 Stellt selbst – angeregt durch eure bisherige Befassung mit dem Thema – einen kurzen Fragebogen „Einstellungen zur Technik" zusammen. Er soll einige Angaben zur Person (Alter, Geschlecht, ...) enthalten, die aber die Anonymität der Befragung nicht gefährden dürfen. Testet den Fragebogen zunächst in eurer Parallelklasse, um gegebenenfalls unklare oder irreführende Fragestellungen überarbeiten zu können. Führt dann die Befragung in anderen Klassen durch und wertet sie aus. Berichtet anschließend in einer schulöffentlichen Veranstaltung über eure Ergebnisse.

 Gut leben [...], „Zwei Lebensweisen [...]", S. 64

Streit um die Technik

Friedrich Dessauer
Lob der Technik

Die Menschheit – oder sprechen wir von einem großen Volke – [...] besitzt in ihrer Gesamtheit eine gewisse geistige Kapazität; [...] diese Fähigkeit *äußert* sich gemäß ihrer Größe. Wird sie im Wesentlichen absorbiert zur Aufrechterhaltung des täglichen Daseins, zur Ernährung und Fortpflanzung, zur Kleidung und allgemein zum Kampfe gegen die Gefahren der Natur, dann bleibt nicht viel übrig zur freien Betätigung in der Richtung der Geisteskultur. Gebt diesem Volke eine *große* Naturwissenschaft, eine darauf sich gründende Technik [...]; gebt ihm Maschinen an Stelle der Menschenhände: ein Teil der Gesamtfähigkeit wird frei! Es erstehen Dichter, Maler, Philosophen. Gebt ihm eine *gewaltige* fortgeschrittene Technik! Lasst in einigen großen Industrien [...] alle Notwendigkeiten des Daseins versorgen; sorgt durch ein großartiges Verkehrssystem, dass allen alles zugänglich wird, und immer mehr der geistigen Fähigkeit wird frei! Die Dichter und Denker werden mehr, unter den vielen sind mehr größere und bedeutendere. Nirgends braucht man sie zu wecken, *sie sind immer da, waren immer da. Nur gelähmt, festgelegt waren sie.* Die

Technik nimmt die Hemmungen des Menschengeschlechts weg. Und damit nähern wir uns der Grenze der historisch denkbaren Entwicklung. [...]
Der Durchschnitt der Menschheit steigt im selben Maße in seiner geisteskulturellen Höhe, als die Technik wächst. Was einst wenigen, jetzt manchen, wird endlich vielen, sehr vielen, allen zugänglich sein, werden viele, alle betätigen. Das ist die Grenze. Darüber kommt die Menschheit, soweit wir sehen und schließen können, zunächst nicht hinaus. Das ist das Ziel und das Ideal. [...]

So stellte sich der Regisseur Fritz Lang in seinem Film „Metropolis" das Straßenbild der Zukunftsstadt vor (1925).

Sokrates
Zweifel an der Technik

Sokrates, der konfliktfreudige Philosoph, der im Jahre 399 v. Chr. wegen Gottlosigkeit und Verführung der Jugend verurteilt wurde, erzählte einige Jahre zuvor auf dem Marktplatz von Athen die folgende Sage:

Vor Jahren lebte in Ägypten ein geradezu göttlicher Forscher und Erfinder namens Theuth. Er hatte schon die Zahlen und das Rechnen erfunden, auch die Messkunst und die Sternkunde. Danach erfand er die Buchstaben und die Schrift. Voller Begeisterung ging er mit seiner neuen Erfindung zu Thamos, dem König von ganz Ägypten, der in Theben seinen Herrschersitz hatte. In den höchsten Tönen pries er dem König Buchstaben und Schrift an: „Diese Kunst wird die Ägypter weiser machen und gedächtnisreicher als die anderen Völker, wenn du die Schrift in deinem Land einführst." Thamos aber ließ sich nicht überzeugen. Er sah die Sache sehr kritisch an: „Göttlicher Theuth, ich weiß deine Erfindergabe sehr zu schätzen. Aber was das Schreiben angeht, musst du bedenken: Das Gegenteil dessen, was du erwartest, wird der Fall sein. Die Ägypter werden gedächtnisfaul werden, weil sie meinen, es genügt, wenn alles auf Pergament geschrieben steht. Sie werden nichts mehr im Kopf haben, an das sie sich erinnern und über das sie nachdenken können. Dumm statt weise werden sie dann sein. Vielleicht werden sie sogar eingebildet werden, weil sie den Besitz von unzähligen beschriebenen Rollen mit Verständigkeit und Vernunft verwechseln." Der König schickte also den enttäuschten Theuth unverrichteter Dinge in seine Erfinderwerkstatt zurück.

1 Sammelt Belege für Friedrich Dessauers These: „Gebt dem Volke Maschinen an Stelle der Menschenhände, dann werden immer mehr der geistigen Fähigkeiten frei."

2 Die Geschichte der Schrift spricht offenbar gegen die Skepsis des Königs Thamos. Hat er in keiner Weise Recht gehabt? Ist er ein Vorläufer derjenigen, die erst einmal gegen jede Neuerung sind?

3 In der von Sokrates berichteten Sage stellen Theuth und Thamos das Für und Wider der Kulturtechnik des Schreibens gegenüber. Wählt eine moderne Technik aus, z.B. die Gentechnik oder das Internet, bestimmt einen Pro-Anwalt und eine Kontra-Anwältin (oder umgekehrt) und führt eine Technikbewertungsdiskussion.

Janusköpfige Technik

Janus heißt der römische Gott der Tore, der sowohl den Eingang wie den Ausgang bewacht. Deshalb wird er doppelköpfig, nach zwei Seiten blickend, dargestellt. Der Monat Januar trägt seinen Namen.
Wenn heute über die Technik diskutiert wird, hört man immer wieder die Aussage: „Die Technik ist janusköpfig." Gemeint ist: Die Technik ist nicht eindeutig und ausschließlich nützlich. Sie kann auch schaden. Sie ist „ambivalent", doppelwertig.
Die Janusköpfigkeit der Technik besteht zum einen darin, dass ein Werkzeug zum Nutzen, aber auch zum Schaden von Menschen gebraucht werden kann. Die Hacke des frühen Ackerbauern sollte dazu dienen, das Land zu bebauen. Kain erschlug mit ihr seinen Bruder Abel. Diese Art der Janusköpfigkeit der Technik gründet in der Ambivalenz des Menschen selbst: Er kann lieben und hassen, er kann großherzig sein und eifersüchtig.
An einem anderen Beispiel lässt sich ein weiteres Problem verdeutlichen. David tötete bekanntlich den starken Goliath mit den Kieselsteinen seiner Hirtenschleuder. Diese trug er in seiner Hirtentasche bei sich, weil er immer wieder seine Herde gegen wilde Tiere schützen musste. Um es aktuell auszudrücken: Er konnte seine Schleuder zu zivilen Zwecken, aber auch zu militärischen Zwecken einsetzen. Eine Reihe von Techniken sind zivil-militärisch ambivalent; man kann sie zivil und man

kann sie militärisch nutzen – zur Verteidigung wie zum Angriff. In der Fachsprache ist dann von Dual-Use-Techniken die Rede.
Es gibt aber auch eine Janusköpfigkeit der Technik, die in ihr selbst liegt, nicht nur in der Art ihres Gebrauchs. Sie dient auf der einen Seite dem angestrebten Ziel, sie hat aber gleichzeitig auch Folgen, die unerwünscht oder schädlich sind. Die Dünge- und Pflanzenschutzmittel, die den landwirtschaftlichen Ertrag sichern und steigern, belasten Grundwasser, Bäche, Flüsse und Meere. Oder: Das System des Individualverkehrs ermöglicht uns ein hohes Maß an Beweglichkeit und Freiheit, es schädigt aber erheblich die Umwelt.

1 Notiert aus der Übersicht über die Geschichte der Technik wie auch aus euren Ergänzungen dazu solche Techniken, die ihr für ambivalent haltet. Um welche Art von Ambivalenz handelt es sich?
2 Stellt einige Regeln dafür auf, wie mit den Ambivalenzen der Technik umgegangen werden sollte.

Ein exemplarischer Streit: Kernenergie und/oder Sonnenenergie?

Menschenrechte und Sonnenenergie

Das Ziel im vor uns liegenden Jahrhundert muss das vollständige Ersetzen der herkömmlichen Energiequellen durch die stets aktuelle Sonnenenergie sein – also eine vollständige solare Energieversorgung für alle Menschen.

„Alle Menschen sind frei und gleich an Würde und Rechten geboren. Sie sind mit Vernunft und Gewissen begabt ..." Diese ersten Worte der Allgemeinen Erklärung der Menschenrechte formulieren die grundlegendsten humanen Verpflichtungen. Mit dem herrschenden Energiesystem beachten wir diese Verpflichtungen nicht und werden das auch nicht können.

Das gegenwärtige Energiesystem missachtet die Gleichheit der Menschen. Zwanzig Prozent der Menschen verbrauchen achtzig Prozent des Energieaufkommens, die restlichen zwanzig Prozent müssen sich achtzig Prozent der Menschen – wiederum sehr ungleich – teilen. [...] Das gegenwärtige Energiesystem missachtet die natürlichen Lebensgrundlagen der Menschen und ihrer Freiheit, weil es ein Naturgesetz nicht ernst nimmt: den zweiten Hauptsatz der Thermodynamik, das so genannte Entropiegesetz. Es besagt, dass in geschlossenen Systemen bei chemischen und physikalischen Umwandlungsprozessen die Unord-

Solarenergie-Anlage in Kalifornien (USA)

nung zunimmt und in einem tödlichen Gleichgewichtszustand endet. Die Nutzung fossiler Energieträger wie auch die Nutzung der Kernspaltenergie beschleunigen den Vorgang der Entropie.

Das gegenwärtige Energieversorgungssystem widerspricht aus den genannten Gründen der Vernunft und dem Gewissen.

Die einzige Chance besteht darin, das System Erde [...] hinsichtlich des Energiesystems für die Sonne zu öffnen. Die Nutzung der Sonnenenergie ist nicht nur wegen der ökologischen Krise die nachhaltigste Form der Energieversorgung, sie ist überhaupt die menschenfreundlichste und sozialförderlichste. Ihre rasche Einführung bringt einzigartige Vorteile:

– Der Menschheit wird eine langfristige Überlebensperspektive vermittelt.
– Neue Produktionsformen und Märkte können entstehen, an denen alle Volkswirtschaften und Menschen – z.B. über neue Arbeitsplätze in Handwerk und Industrie – teilhaben können.
– Den Entwicklungsländern wird durch die breite Streuung des Sonnenenergieangebots eine industrielle Entwicklung ermöglicht, die keine schlechte Kopie unseres industriellen Wirtschaftswachstums ist. [...]
– Krisen und Kriege, ausgelöst durch unzureichende, ungerechte oder ungesicherte Energieversorgung, können vermieden werden.

Allein die Nutzung der Sonnenenergie verspricht eine „Ökonomie des Überlebens" – ökologisch, wirtschaftlich, sozial, entwicklungs- wie industriepolitisch. Mit ihr wird nicht alles immer noch „schneller, höher, weiter" gehen, dafür aber insgesamt natur- und menschengerechter – bei höherem allgemeinen Lebensstandard und insgesamt verbesserter Lebensqualität.

nach Hermann Scheer

Energie zum Leben:
Es geht nicht ohne Kernenergie

Das globale ethische Ziel möchte ich mit den Worten zusammenfassen, dass allen Menschen auf dieser Erde, den zukünftigen wie den heute lebenden, ein menschenwürdiges Leben ermöglicht wird.

Folgende Feststellungen sind bei den Entscheidungen über die Wege der Energieversorgung bis zum Jahr 2050 zu berücksichtigen:

– Die Industrieländer werden nicht so viel an Energie einsparen können, wie es nötig wäre, um das Anwachsen des Weltenergiebedarfs auszugleichen.
– Die erneuerbaren Energien allein werden sehr wahrscheinlich nicht gleichzeitig den Mehrbedarf decken und darüber hinaus noch fossile Brennstoffe ersetzen können in dem Maße, wie es zum Schutz des Klimas gefordert wird.
– Bei globalem Energiemangel ist das Ausmaß möglicher Schäden – menschliches Leid, Krankheit und Tod, Überschwemmungen und Ausbreitung von Wüsten, Flüchtlingsströme, militärisch ausgetragene Konflikte – größer als bei den schlimmsten denkbaren Unfällen der Kernenergie. Außerdem ist die Wahrscheinlichkeit solcher Schäden wesentlich höher als die Wahrscheinlichkeit großer Unfälle durch Kernreaktoren mit hohem Sicherheitsstandard.

Unter der Voraussetzung des globalen ethischen Ziels werden drei Leitlinien für den Umgang mit Energie aufgestellt:
– Bei allen praktischen Entscheidungen [...] sollten die jeweils möglichen Maßnahmen zur Einsparung des Energieverbrauchs und die Förderung der erneuerbaren Energien Vorrang vor anderen Lösungen haben.
– Der Einsatz von Kernenergie ist maßvoll zu erweitern. Das Maß der Erweiterung ergibt sich aus der Forderung, den CO_2-Ausstoß[1] nicht erst im Jahr 2050, sondern schon sehr bald um eine erste Stufe zu senken.
– Alle Möglichkeiten müssen genutzt werden, die Kerntechnik noch sicherer zu machen. Das Ziel ist, Unfälle mit katastrophalen Folgen nach menschlichem Erkenntnisvermögen gänzlich auszuschließen.

Dem verantwortbaren Umgang mit der Technik stellen sich die folgenden Aufgaben:
– Wir brauchen unsere besten Fähigkeiten, um das Bestehende zu erhalten und die wichtigsten Lebenserleichterungen der Moderne auch anderen Menschen zugänglich zu machen. [...] Es geht nicht um das Paradies auf Erden, sondern um menschenwürdige Zustände.
– Die Worte „immer mehr, höher, schneller, weiter" bekommen eine neue Bedeutung: Bei der Energieversorgung der Welt brauchen wir modernste Technik, weil es noch immer mehr Menschen geben wird, und weil der größte Teil dieser Menschen einen höheren Lebensstandard braucht als bisher; wir brauchen die neuesten Techniken, [...] um die Folgen unserer Entscheidungen weiter in die Zukunft hinein vorhersehen zu können.

nach Hermann Hensen

1 In dem Diskurs um die Energieversorgung in der Zukunft stehen sich der entschiedene Verfechter der Sonnenenergie und der Zweifler an ihrer schnellen und ausreichenden Realisierbarkeit gegenüber. Welche ethischen Leitziele liegen ihren Vorschlägen zugrunde? Sind diese Leitziele vergleichbar?

2 Welche Rahmenbedingungen oder Regeln für den Einsatz einer Technik werden in den beiden Texten formuliert? Ergänzt diese Regeln.

---

[1] CO_2: Kohlendioxyd

Fallbeispiel Computertechnik

Hannahs Tagesablauf

Hannah beginnt den Morgen zu Hause damit, dass sie an ihren Computer geht, der natürlich einen Internetzugang besitzt, und Einblick in ihre Arbeitskartei auf dem Schulserver nimmt. Als sie an den Computer tritt, übermittelt eine winzige Videokamera am Monitor Hannahs Bild an den Rechner. Dieser erkennt Hannah, begrüßt sie mit ihrem Namen und präsentiert ihr – da sich der Vorgang täglich wiederholt – die Arbeitskartei, ohne dass sie die Tastatur berühren oder ein Wort sagen muss. Wenn sie spricht, lauscht der Computer auf den Laut ihrer Worte und beobachtet die Bewegungen ihrer Lippen – eine Kombination, dank derer es dem Rechner mit bemerkenswerter Genauigkeit gelingt zu erkennen, was Hannah sagt. Die Kamera gehört zur Grundausstattung des PC. Unter anderem können Hannah und andere Familienmitglieder mithilfe des kamerabewaffneten PC Videokonferenzen mit Leuten außerhalb des Hauses abhalten. Selbstverständlich achten alle Familienmitglieder sorgfältig darauf, was sie für Bilder übertragen – so, wie heute jeder darauf achtet, was er am Telefon sagt.

Hannah sieht, dass ihr Mathelehrer ein paar Anmerkungen zu ihrer Hausarbeit gemacht und ihr eine neue Aufgabe gestellt hat, um ihr beim Verständnis der Gleichungen zu helfen, die ihr Schwierigkeiten machen. Hannahs „Arbeitsbuch" befindet sich im Computer, obwohl sie häufig Seiten ausdruckt, damit sie die Lösungen von Hand ausrechnen kann, gelegentlich im Bus auf dem Weg zur Schule.

Später in der Schule hält Hannah ein Referat über ein Buch und lässt in einigen Sequenzen, die sie aus dem Internet heruntergeladen hat, den Autor im Originalton zu Worte kommen. Die Klasse erörtert die Frage, ob es sinnvoll ist, den Autor zu hören, wie er das eigene Werk vorliest, bevor man es selbst gelesen hat.

Gegen Ende der Mittagspause holt sich Hannah ein Formular der Schulkantine aus dem schuleigenen Intranet auf den Bildschirm und bewertet die vorgeschlagenen Gerichte auf einer Skala von eins bis zehn. Auf diese Weise versucht sie, den Speiseplan der nächsten Monate zu beeinflussen. Sie bleibt im Netz und lädt ein Kursplanungsformular herunter, um zum vierten Mal den geplanten Stundenplan für ihr letztes High-School-Jahr zu überarbeiten. Mit Fragen an zwei Lehrer versehen gibt sie ihn wieder ins Netz.

Unter den eingegangenen E-Mails ist die Kopie eines Attestes ihres Arztes, in dem er ihr die Teilnahme am Sportunterricht gestattet. Auch die Kopie einer elektronischen Korrespondenz zwischen Hannahs Chemielehrer und der Mutter ist darunter. Darin fordert der Lehrer Hannahs Mutter auf, dafür zu sorgen, dass ihre

Tochter während der Einzelarbeit im Unterricht nicht mehr so häufig stört. Kein Flirten mehr mit Jeffrey – ausgenommen per E-Mail natürlich.

In der Bibliothek sucht Hannah in Büchern, CD-ROM-Nachschlagewerken und Internetquellen nach Unterlagen über die mexikanische Revolution. Außerdem stattet sie einer wissenschaftlichen Expedition in Patagonien, die sie in einem ihrer Kurse verfolgen, einen elektronischen Besuch ab und liest das Protokoll eines Forschers, der versucht ein schwieriges Kondensationsproblem zu lösen.

Als Hannah am Spätnachmittag nach Hause geht, trägt sie nur zwei Bücher, weil sich ihre Hausaufgaben überwiegend im Netz befinden, wo sie auf sie warten. Dort findet sie auch Beratung durch Tutoren und andere Unterstützung für ihre Arbeit.

Bill Gates

Aussagen von Schülerinnen und Schülern

„Meine Schwester sitzt fast während ihrer ganzen Freizeit allein vor ihrem Gerät und spielt irgendwelche Computerspiele. Du kannst mit ihr eigentlich überhaupt nichts mehr anfangen. Vielleicht bekommt sie noch einmal einen rechteckigen Kopf."

Martina, 13 Jahre

„Wir haben uns vor vier Wochen einen PC mit allen möglichen Modulen und Anschlussmöglichkeiten gekauft. Ich finde es einfach fantastisch, was wir mit dem Teil alles machen können. Willst du aus dem Katalog oder der TV-Werbung ein neues T-Shirt, kannst du es gleich bestellen und später die Rechnung über die Bankverbindung des PC bezahlen ..."

Klaus, 15 Jahre

„Ich wünsche unseren PC auf den Mond. Seit mein Vater damit arbeitet, hat er weniger Zeit für mich als vorher. Früher hat er seine Briefe und Texte auf Band diktiert und sie dann in seinem Büro schreiben lassen. Jetzt sitzt er an seinem Bildschirm und tippt selbst. Drückt er einmal versehentlich eine falsche Taste und spielt sein Apparat dann verrückt, ist er ganz hilflos und muss in der Welt herumtelefonieren, bis ihm jemand sagen kann, wie es weitergeht. Stürzt ihm aus unerfindlichen Gründen eine Datei ab, dann zieh' ich mich besser zurück."

Clemens, 14 Jahre

„Das Internet finde ich toll. Egal, welches Thema wir in der Schule grade durchnehmen, im Internet finde ich immer Infos dazu und kann so ganz leicht meine Referate schreiben. Es gibt auch Wissenschaftsseiten, auf die ich zufällig stoße. Die sind manchmal so interessant, dass ich ganz neue Sachen lernen kann, von denen ich noch nie was gehört habe. Und wenn mein Freund oder ich was Tolles gefunden haben, können wir uns das blitzschnell per E-Mail gegenseitig schicken. Ich finde, jeder Schüler sollte von der Schule einen günstigen Internet-Zugang bekommen, weil das ja auch Bildung ist."

Antonia, 15 Jahre

„Alle schwärmen vom Internet, aber ich finde es gar nicht so hilfreich. Es dauert ewig, bis ich mal wirklich etwas Brauchbares finde, weil ja jeder seinen Schrott auf eine Website bringen muss. Dann wimmelt es vor lauter Querverweisen, in die man ja auch mal schauen muss, sodass ich meistens nach einer halben Stunde völlig fertig bin, weil ich mir haufenweise Websites notiert habe, die letztlich doch nichts bringen, und dafür muss ich dann auch noch ziemlich viel Gebühren zahlen. Von wegen ‚Internet ist ganz einfach'; in einer guten Bücherei bin ich besser bedient."

Raffael, 16 Jahre

„Ich kann mir überhaupt nicht mehr vorstellen, wie die Schüler früher ohne PC ausgekommen sind. Für mich ist es absolut selbstverständlich, dass ich im Internet surfe, wenn ich irgendwelche Informationen brauche. Wenn der Lehrer nichts dagegen hat, schreibe ich auch meine Hausaufgaben mit dem Computer. Und chatten tu' ich auch total gerne!"

Rajiv, 15 Jahre

„Wenn es das Internet nicht gäbe, wäre ich jetzt nicht mit meinem Freund zusammen! Wir haben uns nämlich im Chatroom beim ‚Städteflirt' kennengelernt. Am Anfang haben wir halt gechattet, dann haben wir uns E-Mails geschrieben, irgendwann das erste Mal telefoniert, uns schließlich getroffen – und ineinander verliebt!"

Stjepana, 16 Jahre

1 Die Technik der elektronischen Datenverarbeitung ist zur Alltagstechnik geworden. Stellt zunächst – eurem Tagesablauf folgend – alles zusammen, was mit Chips, elektronischer Steuerung usw. zu tun hat. Notiert gesondert, ob, wann und wozu ihr den Personalcomputer benutzt. Welche Bedeutung haben für euch Internet oder E-Mail?

2 Vergleicht eure gegenwärtigen Beobachtungen mit der Zukunftsszene über Hannahs Tagesablauf. Stellt eine Liste über ihre verschiedenen Aktivitäten am Computer zusammen. Bewertet die einzelnen Nennungen nach folgenden Gesichtspunkten: Halte ich für wichtig. / Ist nicht notwendig. / Kann von Nachteil sein.

3 Welche Erfahrungen wurden bisher an eurer Schule mit dem Einsatz des Internets gemacht?

4 Welche Projekte würdet ihr euch im Zusammenhang mit dem Internet-Einsatz an Schulen wünschen? Lasst zunächst euren Vorstellungen freien Lauf und prüft erst dann eure Ideen und Visionen auf ihre Realisierbarkeit. An welcher Art von Projekten würdet ihr euch nur ungern beteiligen? Warum?

5 Wer das Internet nutzt, geht nicht immer vom selben Ziel aus. Nennt je ein einleuchtendes Beispiel für eine Nutzung,
 – bei der es um die Beschaffung von Informationen geht,
 – bei der eure Bedürfnisse als Schüler in besonderer Weise im Vordergrund stehen,
 – bei der eure Kreativität herausgefordert wird oder
 – bei der ihr das Internet als eine Art Spielzeug verwendet.
Überlegt auch: Welche spezifischen Probleme können bei den verschiedenen Einsatzformen auftreten?

 Mir selbst begegnen, Arbeitsanregung 4, S. 41

Menschliche Computer

Menschliche und technische Informationsverarbeitung unterscheiden sich durch ihr Ziel: Der Mensch sammelt Kenntnisse und bedenkt sie als freies Wesen, um sich selbst zu verwirklichen. Die Informationstechnik dagegen arbeitet an der Lösung einer Aufgabe, die nicht im Computer selbst entstanden ist, sondern ihm von außen vorgegeben wird. Der Mensch kann sich selbst bestimmen. Der Computer ist programmiert.

Zunehmend aber werden kombinierte Strukturen bevorzugt, bei denen Menschen und Computer gemeinsam Probleme lösen. Solche technischen Systeme können „eigene Vorstellungen" – immer im Rahmen ihres Programmiertseins – entwickeln und zum Ausgangspunkt von konkretem Handeln machen: Komplexe Betriebssysteme von Großrechnern „entscheiden" sich für eine bestimmte Bearbeitungsabfolge, ohne dass dem Bediener klar wird, warum dies so ist.

nach Klaus Haefner

1 Wenn Klaus Haefner von „eigenen Vorstellungen" und „entscheiden" in Bezug auf Computer spricht, setzt er die Begriffe in Anführungszeichen. Wenn von der Freiheit des Menschen die Rede ist, tut er dies nicht. Was will er damit andeuten?

2 Stimmt in der Klasse – zunächst ohne vorhergehende Diskussion – über die Frage ab: „Gibt es ‚menschliche' Computer?" Nennt anschließend die Gründe für eure Antworten und notiert sie an der Tafel. Diskutiert darüber und stimmt erneut ab.

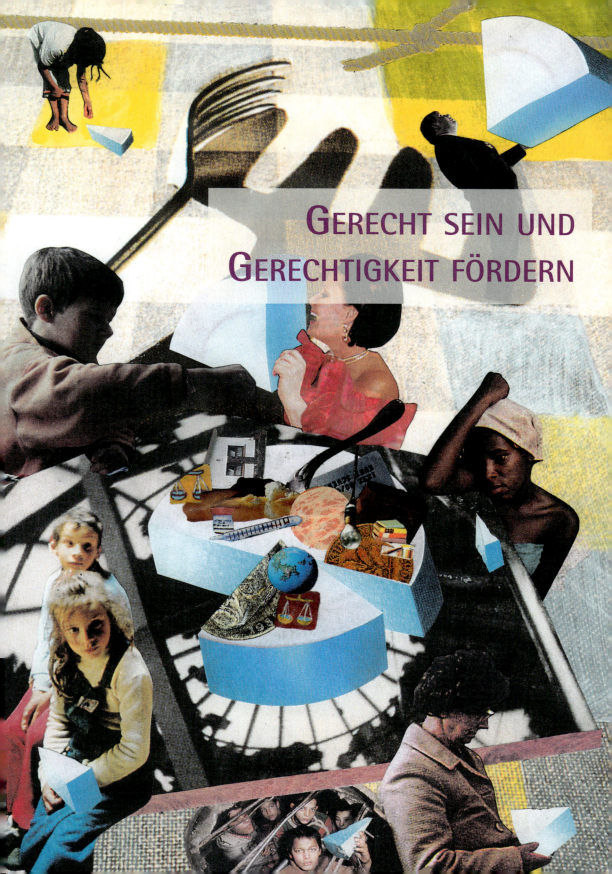

Gerecht sein im Alltag

Gerechtigkeit und Gleichheit in der Schule

Verpetzen oder vergessen?

Als Tobias nach der Pause als Erster wieder den Klassenraum betrat, sah er zufällig, wie seine Mitschülerin Marie rasch etwas zuklappte, in das sie hineingeschrieben hatte. Es war die rot eingebundene Aufsatzmappe mit der letzten Klassenarbeit, die sie gerade zurückbekommen hatten.
Tobias wunderte sich zwar, dachte aber nicht weiter darüber nach und hatte den Vorfall bald vergessen.
Ein paar Tage später kam die Lehrerin mit der Aufsatzmappe in der Hand in die Klasse und sagte zu Marie, dass sie mit zur Direktorin kommen müsse. Tobias sollte auch mitgehen, weil er Klassensprecher sei.
Im Zimmer der Direktorin beschuldigte die Lehrerin Marie, wegen der schlechten Note die Unterschrift ihrer Mutter unter der Klassenarbeit gefälscht zu haben. Marie leugnete das.
Tobias erinnerte sich an die Szene nach der Pause und er überlegte, wie er sich nun verhalten sollte: Einerseits war es als Klassensprecher seine Hauptaufgabe, auf der Seite seiner Mitschülerinnen und Mitschüler zu stehen, andererseits hatte er ja gesehen, wie Marie in die Mappe geschrieben hatte. Deshalb war er sich sicher, dass Marie die Direktorin belog. Sie hatte eine Fünf geschrieben und bei ihren strengen Eltern war das natürlich schlimm, aber das, was sie dann getan hatte, war Betrug.
Sollte Tobias erzählen, was er gesehen hatte? Vielleicht hatte es ja gar nichts mit der Unterschrift zu tun. Würde er Marie damit nicht verpetzen? Würde die Klasse ihn dann noch einmal zum Klassensprecher wählen? Sollte er einfach vergessen, was er gesehen hatte und so tun, als glaube er Marie, selbst wenn er ziemlich sicher war, dass die Beschuldigung der Lehrerin richtig war?

Die drei Affen als Boten der Götter: „Wir hören, sehen und sprechen nichts Schlechtes."

GERECHT SEIN UND GERECHTIGKEIT FÖRDERN

> Gerechtigkeit ist die Haltung, kraft derer wir beständig und standhaft einem jeden sein Recht zuerkennen.
>
> *nach Thomas von Aquin*

1 Bildet Gruppen, in denen die beteiligten Personen sich im Rollenspiel mit der Frage auseinander setzen, welche Lösung in dieser Situation die gerechteste wäre.

2 Berichtet im Klassenplenum über den Spielverlauf und die Argumente, die bei der Bearbeitung von Frage 1 eine Rolle gespielt haben, und diskutiert darüber.

3 Stellt grafisch dar, welche Gerechtigkeitsansprüche Tobias gegenüber den einzelnen Mitschülerinnen und Mitschülern, der ganzen Klasse und gegenüber der Klassenlehrerin und der Schulleitung berücksichtigen muss.

4 Stellt ebenfalls grafisch dar, welche Gerechtigkeitsanforderungen Marie im Verhältnis zu den anderen zu beachten hat.

5 Erinnert euch an vergleichbare Situationen in eurer Klasse oder an eurer Schule und bearbeitet sie in ähnlicher Weise, wie hier am Beispiel von Tobias und Marie dargestellt.

6 Lässt sich das Aquin-Zitat auf die Geschichte vom „Verpetzen oder vergessen?" anwenden?

Sind Noten gerecht?

Beim Austeilen einer Klassenarbeit mitgehört

„Im Ganzen ordentlich, aber eigentlich hätte ich doch mehr erwartet!" – „Fein gemacht, Jan!" – „Schon wieder völlig ungenügend. Du solltest nicht so oft im JuZe [gemeint ist das selbst verwaltete Jugendzentrum am Ort] herumhocken!" – „Glatte Sechs! Willst du nicht doch lieber gleich freiwillig eine Klasse tiefer gehen?" – „Sehr schön, Sabrina! Es gibt doch Lichtblicke!" – „Gerade noch ausreichend."

Im Lehrerzimmer zufällig aufgeschnappt

Frau Giebel beklagt sich über Alexanders „freches Benehmen". Herr Glaser antwortet: „Das verstehe ich nicht, bei mir ist er einer der Besten in der Klasse." Herr Schmidt fragt: „Was meinen Sie denn mit ‚frechem Benehmen'?" Frau Giebel: „Der sagt immer so unverblümt seine Meinung." „Und gerade das mag ich an ihm", ist Herrn Glasers Antwort.

Tim berichtet seiner vier Jahre älteren Schwester von einem Problem.

Tim ist in der zehnten Klasse und hat seit einem halben Jahr einen neuen Deutschlehrer, Herrn Röder. Vor dem Termin für die Halbjahreszeugnisse eröffnete Herr Röder Tim, dass es noch nicht ganz entschieden sei, ob er ihm denn eine Fünf oder gerade noch eine Vier geben werde. Wenn er die mündlichen Leistungen besonders berücksichtige, könnte es vielleicht für eine Vier reichen, aber was er im Schriftlichen liefere, sei schlicht chaotisch. Seiner Schwester Anne, die Germanistik studiert, erzählt Tim von seinem Ärger: „Mit meiner früheren Deutschlehrerin Frau Kleiber habe ich mich prima verstanden. Sie fand meine Aufsätze immer interessant und manchmal überraschend, wenn sie auch darüber gestöhnt hat, dass es ab und zu schon eine Zumutung war, sich durch meine Streichungen, Einfügungen und manchmal durch Pfeile markierten Umstellungen hindurchzuquälen. Die miese äußere Form spiegelt halt meinen Arbeitsprozess. Mir kommen immer wieder neue Ideen, die ich dann einbauen will. Im Mündlichen war ich bei ihr total motiviert; ich hatte den Eindruck, ich kann den Unterricht mitgestalten." Anne unterbricht ihn: „Du weißt doch, ich hatte sie im Leistungskurs Deutsch. Ich habe viel bei ihr gelernt, – nein, besser: Wir haben miteinander gelernt und sie hat auch immer wieder einmal gesagt, was sie gerade durch uns neu entdeckt hat. Am Ende der Stunden waren wir erstaunt, was wir alles besprochen hatten, – und fragten manchmal auch: Wo war denn der rote Faden? Dann meinte Frau Kleiber, beim Denken und Schreiben sind Kreativität und Originalität das Wichtigste, die systematische Ordnung lässt sich dann noch früh genug dazulernen!" „Genau", fällt Tim ein, „sie hat mir auch einmal gesagt, dass wir beide uns ähnlich sind: ‚chaotisch, aber kreativ'. Und jetzt bin ich bei einem Verfechter der ‚Ordnung des Denkens' – so drückt er es aus – gelandet. Er ist ja auch Lateiner und belabert uns auf Lateinisch: ‚Clare et distincte müssen die Gedanken zum Ausdruck gebracht werden!' " Anne fällt ihm ins Wort: „Dein Pech, dass es bei dir umgekehrt ist. Ich fürchte, dass du dein – wie er meint – ‚chaotisches Drauflosdenken und -schreiben' erst einmal etwas bremsen musst. Spätestens in der zwölften Klasse bist du ihn los, danach kann es nur besser werden!"

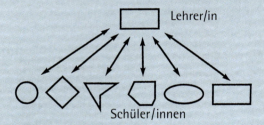

Eigenart (Persönlichkeit, Wirkungsweise) eines Lehrers oder einer Lehrerin und Eigenarten von Schülerinnen und Schülern in ihrer Wechselwirkung

nach Reinhold Miller

1 Sammelt vergleichbare Erfahrungen wie die in den drei Schulgeschichten auf Seite 105 erzählten.

2 Welche Schüler- und welche Lehrertypen passen gut zueinander? Welche „können nicht miteinander"?

3 Welche Rolle spielen subjektive Einstellungen (z.B. Wohlwollen, Sympathie oder Abneigung) und persönliche Eigenschaften (wie Spontaneität oder Bedachtsamkeit, Kreativität oder Ordnungssinn) für die Beziehungsverhältnisse zwischen
– Lehrern und Schülern,
– Schülern und Lehrern und
– den Schülerinnen und Schülern untereinander?

4 Wie lässt es sich erreichen, dass es trotz Sympathien und Antipathien gerecht zugeht?

5 Sollten Lehrerinnen und Lehrer „objektiver" sein als Schüler? Sollten sie gerechter sein?

6 Erarbeitet Vorschläge, wie die Benotungen gerechter gestaltet werden könnten, und vergleicht eure Ergebnisse.

Verdrängungswettbewerb im Klassenraum?

Eva-Marie besucht die Schiller-Schule, eine Gesamtschule, in Bad Neuheim. Ihre Freundin Mechthild geht in der Nachbarstadt auf ein Mädchen-Gymnasium, das von einem katholischen Frauenorden getragen wird. Bisher war es eher so, dass Mechthild lieber zur Schiller-Schule übergewechselt wäre. Schließlich waren es ihre Eltern, die den Wunsch hatten, dass sie „zu den Nonnen" geht, „weil du dort mehr lernst", wie sie sagten. Und Eva-Marie hatte immer wieder einmal gestichelt: „Willst du denn noch in deinem behüteten Mädchenheim bleiben?"

Seit einigen Monaten sind sie in der Sek. II und haben beide den Leistungskurs Informatik gewählt. Schließlich ist der Computer schon seit einiger Zeit ihr Hobby, aber nicht nur zum Spielen oder zur Textverarbeitung, sie können auch schon kleine Programme schreiben. Das haben sie in einem privat organisierten Kurs mit einigen Freundinnen zusammen gelernt; eine Mutter, die Programmiererin ist, hatte das mit dem Kurs in die Hand genommen.

Erstaunlich ist, dass sich jetzt die Meinungen über ihre Schulen zu verändern beginnen. Mechthild berichtet begeistert von ihrem Informatik-Kurs. Zwölf motivierte Schülerinnen nehmen an ihm teil. Geleitet wird er von einer jungen Lehrerin, die Mathematik und Geschichte studiert und einen Informatik-Weiterbildungslehrgang besucht hat. Sie machen erstaunliche Fortschritte in der Gruppe. „Was wir machen", sagt Mechthild, „hat auch einen praktischen Sinn. Seit zwei Wochen arbeiten wir an dem Pflichtenheft für eine Software, die eingesetzt werden soll, um die Vertretungspläne an unserer Schule zu gestalten. Da sollen nicht nur einfach schlecht und recht die Löcher gestopft werden. Wir versuchen, pädagogische und soziale Gesichtspunkte bei der Software-Entwicklung zu berücksichtigen. So sollen z.B. nicht nur die Lehrer und Lehrerinnen, sondern auch die Klassen – über ihre Sprecherinnen – ihre Vorschläge und Wünsche ins Programm eingeben können."

Eva-Marie geht so viel Begeisterung auf die Nerven, – nicht etwa, weil sie Mechthild nicht glauben würde, sondern weil sie von ihrem Kurs total frustriert ist. Sie sind auch zu zwölft, zehn Jungen und zwei Mädchen. „Die Jungen", platzt Eva-Marie heraus, „sind richtige Computer-Machos. Sie bilden sich ein, dass allein sie von der Sache etwas verstehen und sie es uns Mädchen erst einmal beibringen müssen, wie man mit einem PC umgeht. Außerdem haben wir nur drei Geräte. Die Typen drängen sich andauernd vor, wir kommen kaum einmal selbst an den PC heran, können fast immer nur zuschauen. Eine Lösung wäre, wenn wir zwei Mädchen einmal allein an einem der drei Bildschirme arbeiten könnten. Aber dann heißt es: ‚Nichts da! Keine Bevorzugung einer Minderheit! Gleiches Recht für alle!' Und der Lehrer gibt den Jungen recht. Wenn das so weitergeht, komme ich doch noch in deine Nonnenschule. Hätte ich die Idee nur schon vor einem Jahr gehabt; dann wär's einfacher gewesen!"

1 Beobachtet ihr auch bei euch in der Klasse, dass die Jungen in bestimmten Situationen „typische" Verhaltensweisen zeigen, mit denen sie den Mädchen Unrecht tun?

2 Gibt es bei Mädchen ebenfalls typische Verhaltensweisen, mit denen sie den Jungen Unrecht tun?

3 Wen beleidigt das Bild „Können Frauen denken?": die Frauen, weil ihre Denkfähigkeit infrage gestellt wird? Oder die Männer, weil ihnen unterstellt wird, sie würden so fragen?

Anna Blume aus der Sequenz: Monogamie mit B. J. Blume (1982); (Serie 28: Bilder des Feminismus)

 Menschenrechte achten, „Das Recht auf Gleichbehandlung [...]", S. 296

Freundschaft oder Gerechtigkeit?

Daniel im Dilemma

Daniel arbeitet in einem großen Betrieb an der Drehbank. Er ist mit Johanna verlobt und will in zwei Monaten heiraten. Der Mietvertrag für die neue Wohnung ist schon unterschrieben, ebenso die Kaufverträge für die Wohnungseinrichtung. Da wird Johanna überraschend gekündigt. Alle finanzielle Verantwortung lastet nun auf Daniel.

Auch in seinem Betrieb sollen Arbeitsplätze eingespart werden. Unter den Arbeitnehmern geht die bange Frage um: Wen wird es treffen? Daniel hat immer wieder einmal mit seinem Meister Auseinandersetzungen gehabt, weil er für seine Freunde Partei ergriff. Jetzt bemüht er sich, seine Arbeit besonders gut zu machen und nicht mehr anzuecken, damit man ihm nicht kündigt.

Die unmittelbaren Arbeitskollegen von Daniel sind Marco, ein entlassener Strafgefangener sizilianischer Herkunft, dessen Bewährungszeit noch läuft, und Daniels langjähriger Freund Richard. Eines Morgens bemerkt der Meister, dass ein Satz Diamantbohrer im Wert von ca. 4000 Euro gestohlen worden ist. Der Meister, der schon einmal schlechte Erfahrungen mit Strafentlassenen gemacht hat und für den Sizilianer sowieso alle Mafiosi sind, beschuldigt sofort Marco. Der ist völlig entsetzt über den Verdacht und beteuert seine Unschuld. Im Betrieb gibt es große Aufregung. Die Kollegen sind sich mit dem Meister einig, dass es nur „der ausländische Knacki" gewesen sein kann. Sie fordern Marcos sofortige Entlassung.

Daniel ist in einer ganz schwierigen Situation. Zufällig hat er seinen Freund Richard – ohne dessen Wissen – beim Stehlen der Bohrer beobachtet. Und er weiß auch, dass dieser gerade dabei ist, sich zu Hause eine kleine Werkstatt einzurichten, um sich noch etwas nebenher verdienen zu können.

nach Rolf Salomon

> Gerecht sein heißt: den anderen als anderen gelten lassen;
> es heißt: da anerkennen, wo man nicht lieben kann. Gerechtigkeit sagt:
> Es gibt den anderen, der nicht ist wie ich, und dem dennoch das Seinige
> zusteht. Der Gerechte ist dadurch gerecht, dass er den anderen in seinem
> Anderssein bestätigt und ihm zu dem verhilft, was ihm zusteht.
>
> *Josef Pieper*

1   Nehmt euch, nachdem ihr die Dilemma-Geschichte gelesen habt, etwa eine Minute Bedenkzeit. Stimmt dann ab:
    – Wer ist dafür, dass Daniel schweigt?
    – Wer ist dafür, dass Daniel die Sache aufdeckt?
    Notiert das Ergebnis der Abstimmung.

2   Diskutiert die folgenden Fragen: Soll Daniel zu seinem Freund Richard stehen und deshalb schweigen? Kann er ihm auf andere Weise helfen? Oder soll er sich auf die Seite des zu Unrecht Beschuldigten stellen und die Sache aufdecken?
    Was wiegt mehr: das eigene Interesse, nicht anzuecken, die Solidarität aus Freundschaft oder die Solidarität aus Gerechtigkeit? Begründet.

3   Was kann der Meister tun, damit es zu einer gerechten Lösung kommt? Worauf haben die Auszubildenden ein Anrecht, das er berücksichtigen sollte?

4   Stellt die Beziehungsverhältnisse aller Beteiligten grafisch dar und notiert dabei auch, welche Gerechtigkeitsansprüche sie aneinander haben.

5   Stimmt nochmals ab. Erklärt den anderen, warum ihr in der zweiten Abstimmung eure Meinung geändert habt bzw. warum ihr bei eurer Meinung geblieben seid.

Arm in einem reichen Land

Sieben Millionen Menschen in der Bundesrepublik sind arm

Caritas-Verband beklagt „gigantische Spreizung" der Vermögen/ Ein Drittel der Bevölkerung in „existenzieller Unsicherheit"

„Ein drastisches Gefälle zwischen Arm und Reich in Deutschland" registriert der Caritas-Verband, der am Donnerstag in Berlin eine Armutsstudie vorgelegt hat.

BERLIN, 21. OKTOBER. Die enormen Unterschiede von Einkommen und Vermögen ziehen sich als immer schmerzhafter werdender Riss durch die Gesellschaft, meint der Präsident des Deutschen Caritas-Verbandes, Hellmut Puschmann. Besonders bei den Vermögen bestehe eine „gigantische Spreizung", sagte er am Donnerstag. Er präsentierte eine von der Caritas in Auftrag gegebene Studie, nach der das untere Zehntel der Bevölkerung über ein 25stel (4,1 Prozent) des Gesamteinkommens verfügt, das obere Fünftel dagegen über ein Drittel.

Mehr als sieben Millionen Menschen (8,7 Prozent), darunter eine Million Minderjährige, gehören demnach zu einem „sich verfestigenden Sockel einer Armutsbevölkerung": Sie haben weniger als 924 Mark[1] monatlich zur Verfügung, nicht mal die Hälfte des durchschnittlichen Netto-Einkommens. Ein weiteres Viertel (20 Millionen Menschen) lebten, wie Puschmann es nannte, „im prekären Wohlstand". Unvorhergesehene Ereignisse wie Arbeitslosigkeit oder Krankheit könnten sie jederzeit unter die Armutsgrenze geraten lassen. So lebe ein Drittel der Bevölkerung mit „existenzieller Unsicherheit, wirtschaftlicher Sorge und mangelnder Daseinsvorsorge".

Noch ungleicher sind laut Studie die Vermögen (Guthaben und Immobilien) verteilt: Im Westen gehört den unteren 30 Prozent aller Haushalte nicht einmal ein Hundertstel des Gesamtvermögens von knapp 7,2 Billionen Mark. Die oberen zehn Prozent dagegen verfügen über zwei Fünftel (41 Prozent) aller Vermögen.

In Geld umgerechnet hat das untere Zehntel aller Haushalte der Studie zufolge einen „mehr oder weniger großen Schuldenberg". Dagegen verfüge das oberste Zehntel der Haushalte über Vermögen von je mehr als einer Million Mark. Gewinnbringend verzinst werfe das Vermögen alleine dieses oberen Zehntels mehr Ertrag im Jahr ab, als die unteren 40 Prozent an Vermögen überhaupt haben.

Die Menschen in Ostdeutschland besitzen weniger Vermögen als im Westen; der Abstand zwischen den oberen zwei Zehnteln zum Rest der Bevölkerung ist im Osten aber noch drastischer, denn 20 Prozent haben drei Viertel aller Vermögen, die anderen 80 Prozent den Rest. Das untere Zehntel im Osten hat Schulden von zusammen 1,6 Milliarden Mark.

Puschmann nannte die Vorwürfe von Sozialhilfemissbrauch „gedankenlose Vorurteile". Laut Statistik nähmen 7,4 Prozent der Sozialhilfeempfänger ihnen nicht zustehende Leistungen in Anspruch – ein Schaden von 283 Millionen Mark. Doch die verdeckt Armen, die keine Sozialhilfe beanspruch-

---

[1] 1 DM entspricht ca. 0,51 Euro.

GERECHT SEIN UND GERECHTIGKEIT FÖRDERN

ten, obwohl sie ihnen zustehe, sparten der öffentlichen Hand 4,5 Milliarden Mark. Über Steuermissbrauch verliere der Staat 140 Milliarden Mark im Jahr. Der Caritas-Präsident forderte ein „armutsfestes soziales Sicherungssystem", das ein soziokulturelles Existenzminimum sicherstelle. Familien seien steuerlich spürbar zu entlasten, Bezieher hoher und höchster Einkommen müssten Steuern tatsächlich zahlen; Wertschöpfung aus Vermögens- und Kapi-

talanlagen seien zu besteuern. Puschmann nannte es „befremdlich", dass politisch Verantwortliche Armut leugneten. Seien Arme unvermeidliches Überbleibsel am Rand der Großbaustelle Wirtschaftsstandort Deutschland? [...] „Die Caritas kann hier nicht unparteiisch bleiben, wir müssen die Partei der Armen ergreifen."

Karl-Heinz Baum,
Frankfurter Rundschau, 22. 10. 1999

1 Informiert euch darüber, wie sich das Verhältnis von Arm und Reich in Deutschland in der Zwischenzeit verändert hat.

Kontaktadressen
- Caritas international, Öffentlichkeitsarbeit, Karlstraße 40, 79104 Freiburg,
  Telefon: 0761/200288, Fax: 0761/200730
- Diakonisches Werk, Hauptgeschäftsstelle, Stafflenbergstr. 76, 70184 Stuttgart,
  Telefon: 0711/21590, Fax: 0711/2159288, presse@diakonie.de
- Bundesministerium für Arbeit und Soziales (BMAS), Wilhelmstr. 49, 11017 Berlin
  Telefon: 03018/527-0
(Änderungen vorbehalten)

„Der Traum vom Glück"

Der Verkäufer einer Obdachlosenzeitung schreibt:

Durch die politische Großwetterlage ist Berlin die zentrale Drehscheibe für Ost und West geworden. Nach Angaben des Statistischen Landesamtes Berlin vom Mai 1999 leben zurzeit in Berlin 3 392 967 Menschen. Natürlich sind das nur die gemeldeten Menschen.
Nach Angaben der „Lobby für Wohnsitzlose und Arme e. V." sind in Deutschland zirka 1,3 Millionen Menschen ohne feste Bleibe. 360 000 Menschen leben auf der Straße. Wie viele hiervon in Berlin „auf der Straße" leben, soweit man vom Leben sprechen kann, ist nicht quantifizierbar. Weiterhin leben in Berlin so genannte „Illegale", die ebenfalls ihren Traum vom Glück in Berlin verwirklichen wollen. Doch die Verstädterung Berlins ist kein einzelnes, sondern ein weltweites Phänomen. In den Städten leben immer mehr Menschen. Sie suchen interessante Arbeit, erhoffen sich mehr Freizeitangebote und streben eine höhere Lebensqualität an.
Der Potsdamer Platz „brummt", die Friedrichstraße wird vielleicht demnächst „brummen" und auch der Kurfürstendamm soll an Attraktivität wieder gewinnen. Die „Bonner" sollen das Übrige zum „Brummen" beitragen. Die noch leeren Büro-

Andreas Smolinski: Ohne Titel (1991)

etagen und Wohnungen in bester Lage müssen noch an die „Reichen und Schönen" vermakelt werden.

Stehen Berlin also rosige Zeiten ins Haus? Können die kleinen Nachteile wie Gestank und Autolärm, die Hektik der Menschen, die seelenlosen Häuser, der Beton und der Asphalt ausgemerzt werden? Vielleicht! Aber schon jetzt ist eine Abwanderung des mittleren Bürgertums – insbesondere junge Familien ziehen ins Nachbarland Brandenburg – zu verzeichnen. Geht diese Entwicklung weiter, bleiben in der Stadt nur noch so genannte Unterschichten wie Arme, Arbeitslose, Ausländer und Obdachlose zurück. Damit ist eine gesellschaftliche Integration gefährdet. Aufgrund der Finanzknappheit Berlins – dies gilt für fast alle Großstädte Deutschlands – wird diese Entwicklung kaum aufgehalten werden. Berlin wird kein verbilligtes Wohnbauland für junge Familien anbieten. Die finanziellen Gegebenheiten spielen aber die zentrale Rolle im harten Standortwettbewerb. [...]

Arbeits- und Obdachlosigkeit müssen nicht zwangsläufig zur Würdelosigkeit führen. Der Verkauf der Straßenzeitung ist eine Möglichkeit, dem Traum vom Glück wieder ein wenig näher zu kommen, denn die Hoffnung stirbt zuletzt. Bleibt zu hoffen, dass alle Menschen mehr Solidarität mit Schwächeren zeigen, denn Verkäufer einer Obdachlosenzeitung sind nicht die Fußabtreter der Nation, doch wem sage ich das. Abschließend: „Verstädterung hin oder her": „Berlin bleibt doch Berlin."

B., Verkäufer mit der Nummer 394

Klaus Staeck: Plakataktion (Nürnberg 1971)

1 Welche Gerechtigkeitsprobleme spricht B., ein Verkäufer der Berliner Straßenzeitung, in seinem Artikel an? Listet sie auf.

2 Diskutiert seine Aussage: „Arbeits- und Obdachlosigkeit müssen nicht zwangsläufig zur Würdelosigkeit führen." Was ist notwendig, wenn das scheinbar Zwangsläufige verhindert werden soll? Beachtet dabei auch die Erzählung „Arbeitslos" von Gina Ruck-Pauquèt (S. 256).

GERECHT SEIN UND GERECHTIGKEIT FÖRDERN

3 Was könnte sich abspielen, wenn die auf dem Plakat abgebildete Frau Wohnungen „abklappert", die in der Zeitung zur Vermietung angeboten werden? Wie würde sie sich vorstellen? Was würde man sie fragen? Welche Vermutungen würde man über sie anstellen? Stellt dies alles szenisch dar.

4 Findet heraus: Von wem stammt das Gemälde, das für das Plakat verwendet wurde, und wen stellt es dar?

5 Was will Klaus Staeck mit seiner Plakataktion erreichen? Worüber sollen die Passanten nachdenken?

 Menschenrechte achten, „In Würde alt werden [...]", S. 301

Another day in paradise

She calls out to the man on the street,
„Sir, can you help me?
It's cold and I've got nowhere to sleep.
Is there somewhere you can tell me?"
He walks on, doesn't look back,
He pretends he can't hear her,
Starts to whistle as he crosses the street,
Seems embarrassed to be there.

*Oh, think twice,
'cause it's another day for you and me in paradise ...*

She calls out to the man on the street,
He can see she's been crying.
She's got blisters on her soles and her feet,
She can't walk but she's trying.

Oh, think twice, ...

Oh, Lord, is there nothing more
anybody can do?
Oh Lord, must be something you can say ...

You can tell from the lines on her face,
You can see that she's been there,
Probably been moved on from every place,
'cause she didn't fit in there.

Oh, think twice, ...

Phil Collins

1 Wie reagiert in dem Song „Another day in paradise" der Mann auf die Frau, die ihn um Hilfe bittet?

2 Was sagt Phil Collins über den Zustand der Frau aus? Werden Gründe für ihren Zustand erkennbar?

3 Wie geht es dir selbst, wenn du an Obdachlosen vorbeiläufst? Welche Gefühle hast du bei ihrem Anblick? Würdest du ihnen etwas geben? Würdest du mit ihnen reden?

4 Informiert euch über die Situation der Obdachlosen in eurer Stadt bzw. eurer Region. Stellen sich einige eurer Vorstellungen als Vorurteile heraus?

5 Sammelt Fotografien zum Problem der Obdachlosigkeit. Fertigt eigene Zeichnungen und Skizzen an. Stellt sie im Klassenzimmer aus.

Jedem das Gleiche?

Löhne in den alten und in den neuen Bundesländern

Robert (17) macht in Nordrhein-Westfalen eine Ausbildung im Kfz-Gewerbe und ist im zweiten Lehrjahr. Mit seiner Berufsschulklasse geht er für vier Tage auf Klassenfahrt nach Thüringen, wo sie eine Parallelklasse besuchen. Natürlich stehen auch Betriebsbesichtigungen an, bei denen sich die Auszubildenden über die jeweiligen Ausbildungsinhalte austauschen.
In einer Pause kommen Robert und sein thüringischer Kollege Manuel ins Gespräch.

ROBERT: Das ist ja eine tolle Firma hier, so groß und die Leute sind so nett. Bei uns sind nur halb so viele Leute angestellt. Und bei euch sieht es auch viel moderner aus. Klasse!

MANUEL: Ja, es ist schon okay hier. Und obwohl der Betrieb so groß ist, nimmt sich der Meister viel Zeit um uns alles genau zu erklären.

ROBERT: Und euer Kantinenessen schmeckt auch viel besser als bei uns ...

MANUEL *(lacht)*: Kannst dich ja bei uns bewerben, wenn's dir bei euch nicht mehr passt.

ROBERT: Ach nee, ich glaube, da hätte meine Freundin was dagegen. Wir wollen jetzt nämlich zusammenziehen. Im Haus meiner Oma ist eine kleine Wohnung, die kommt uns nicht teuer.

MANUEL: Mann, 'ne eigene Wohnung hätte ich auch gern, – aber dazu reicht doch der Lohn gar nicht aus.

ROBERT: Ach, ich verdiene 1151,– DM[1], meine Freundin ungefähr genauso viel und – wie gesagt – bei Oma zahlen wir nicht viel und helfen dafür im Garten und im Haus.

MANUEL: Wieso kriegst du 1151,– DM? Du bist doch auch im zweiten Lehrjahr, oder!? Ich kriege nur 1008,– DM. Das sind ja über 100,– DM weniger!

ROBERT: Im Ernst? Aber du machst doch die gleichen Sachen wie ich, das ist ja ganz schön unfair. Nächstes Jahr bekomme ich 1281,– DM. Und du?

MANUEL: Immer noch weniger! Dann kriege ich 1130,– DM.

---

[1] Diese und die folgenden Lohnangaben entsprechen dem Stand von 1999; 1,– DM entspricht ca. 0,51 Euro; Quelle: Tarifregister des Bundesministeriums für Arbeit und Sozialordnung

ROBERT: Wow, da hab' ich ja schon im ersten Jahr grade mal 100,– DM weniger gekriegt!

MANUEL: Darüber sollten wir nachher mal mit unseren Lehrern reden. Vielleicht wissen die, warum das so ist. Das ist doch ungerecht, bei gleicher Arbeit unterschiedlichen Lohn zu bekommen!

KATRIN *(Roberts Klassenkameradin, die Manuels letzten Satz gehört hat):* Du hast vollkommen recht! Ich finde auch, dass Frauen und Männer *endlich* gleich bezahlt werden sollen. Von wegen „Gleichberechtigung"...

Männerlohn, Frauenlohn

Gestern: Arbeitsplatz im sogenannten Fernamt

Am 23. Mai 1949 wurde das Grundgesetz der Bundesrepublik Deutschland verabschiedet. Es beauftragt den Staat, die Durchsetzung der Gleichberechtigung von Frauen und Männern zu fördern und die bestehenden Nachteile zu beseitigen.

Zehn Jahre später weist die Statistik erhebliche Unterschiede zwischen dem Einkommen von Frauen und Männern auf: Bei Arbeiterinnen macht der Lohn 59,0% der Männerverdienste, bei weiblichen Angestellten 54,7% des Männerlohns aus. 1997 – nach immerhin fast vierzig Jahren – hat sich die Situation zwar verbessert, die Unterschiede sind aber immer noch sehr groß: Der Anteil der Frauenlöhne liegt jetzt bei 72,4 bzw. 69,2% der Männerlöhne. Die neuen Bundesländer schneiden übrigens besser ab: Die Frauenverdienste machen 77,7 bzw. 75,8 % der Männerverdienste aus.

Welches sind die Gründe für diese anhaltende Benachteiligung von Frauen? Der *Vierte Bericht der Bundesrepublik Deutschland zum Übereinkommen der Vereinten Nationen zur Beseitigung jeder Form von Diskriminierung der Frau (CEDAW)*, vorgelegt im Mai 1998 vom Bundesministerium für Familie, Senioren, Frauen und Jugend, erläutert dazu:

„Der Grund für die Einkommensunterschiede liegt immer seltener in direkter Lohndiskriminierung. Die Ursachen für die niedrigeren Einkommen von Frauen sind vielfältig und hängen mit dem immer noch geschlechtsspezifisch geteilten Arbeitsmarkt zusammen."

Der geschlechtsspezifisch geteilte Arbeitsmarkt weist folgende für die Lohnunterschiede besonders wichtige Kennzeichen auf:

Erstens: Männer und Frauen üben nicht die gleichen Tätigkeiten aus.

Heute: Volkswagenwerk Mosel/Sachsen

„Frauen sind seltener als Männer in mittleren und höheren Leitungspositionen und häufiger unter ihrem Ausbildungsniveau beschäftigt. Sie sind stärker in Wirtschaftsbereichen mit niedrigeren Verdiensten vertreten, [...] Frauen machen in geringerem Umfang Überstunden als Männer und verrichten seltener Tätigkeiten, für die es aufgrund der Belastungen (z.B. Schmutz, Lärm) Zuschläge gibt. Auch leisten sie seltener Schichtarbeit mit den dafür gezahlten Tarifzuschlägen."

Zweitens: Berufstätige Frauen sind im Durchschnitt jünger. In den älteren Generationen der Arbeitnehmer sind weniger Frauen berufstätig. Dies hängt zum Teil damit zusammen, dass viele Frauen die Kindererziehung übernehmen und deshalb – zeitweise oder dauerhaft – aus dem Berufsleben ausscheiden. Sie haben deswegen im Durchschnitt weniger Jahre der Betriebszugehörigkeit aufzuweisen; damit verringern sich ihre Chancen, in höhere Positionen aufzusteigen.

nach Berichten der Bundesregierung

Grundgesetz der Bundesrepublik Deutschland, Artikel 3, Abs. 2:

Männer und Frauen sind gleichberechtigt. Der Staat fördert die tatsächliche Durchsetzung der Gleichberechtigung von Frauen und Männern und wirkt auf die Beseitigung bestehender Nachteile hin.

EG-Vertrag, Art. 141 (früher 119) über gleiches Entgelt von Männern und Frauen:

(1) Jeder Mitgliedsstaat stellt die Anwendung des Grundsatzes des gleichen Entgelts für Männer und Frauen bei gleicher oder gleichwertiger Arbeit sicher. [...]

(4) Im Hinblick auf die effektive Gewährleistung der vollen Gleichstellung von Männern und Frauen im Arbeitsleben hindert der Grundsatz der Gleichbehandlung die Mitgliedsstaaten nicht daran, zur Erleichterung der Berufstätigkeit des unterrepräsentierten Geschlechts oder zur Verhinderung bzw. zum Ausgleich von Benachteiligungen in der beruflichen Laufbahn spezifische Vergünstigungen beizubehalten oder zu beschließen.

---

1 Beschafft euch den neuesten Stand all dieser Informationen, z.B. über die Bundesministerien für Familie, Senioren, Frauen und Jugend oder für Arbeit und Soziales, über den Ausschuss für Arbeit und Sozialordnung des Deutschen Bundestages oder über das Statistische Amt der Europäischen Gemeinschaften *(Eurostat)*.

2 Schreibt auf einer Liste die einzelnen Gründe, die für die Ungleichheiten bei Männerlöhnen und Frauenlöhnen angeführt werden, untereinander und ergänzt sie gegebenenfalls.

3 Diskutiert die einzelnen Gründe und bewertet sie. Wo sollten im Interesse von Frauen Änderungen angestrebt werden und wo nicht?
Diese Arbeitsanregung könnt ihr zunächst in nach Mädchen und Jungen getrennten Arbeitsgruppen behandeln, die Ergebnisse dann im Plenum vortragen, vergleichen und diskutieren.

Gerecht sein und Gerechtigkeit fördern

Kontaktadressen (zu Arbeitsanregung 1)
- Ausschuss für Arbeit und Sozialordnung des Deutschen Bundestages, Paul-Löbe-Haus, Konrad-Adenauer-Str. 1, 11057 Berlin, Tel.: 030/22732487, Fax: 030/22736030
- Bundesministerium für Arbeit und Soziales (BMAS), Wilhelmstr. 49, 10117 Berlin, Tel.: 03018/527-0
- Bundesministerium für Familie, Senioren, Frauen und Jugend, Alexanderstr. 3, 10178 Berlin, Tel.: 03018/555-0, Fax: 03018/555-1145
- Eurostat Pressestelle, Jean Monnet-Gebäude. Rue Alcide de Gasperi, L-2920 Luxemburg, Tel.: 00352/4301/33444, Fax: 00352/4301/35349, eurostat-pressoffice@ec.europa.eu

(Änderungen vorbehalten)

 Menschenrechte achten, „Das Recht auf Gleichbehandlung [...]", S. 296

„Stich-Worte" und „Wider-Sprüche"

Die Gerechtigkeit soll ihren Lauf nehmen und gehe die Welt darüber zugrunde.
(Fiat iustitia, pereat mundus.)
Wahlspruch Kaiser Ferdinands I.

Das Werk der Gerechtigkeit ist der Friede.
Jesus Sirach (32,17)

Gleichheit ist immer der Probestein der Gerechtigkeit und beide machen das Wesen der Freiheit.
Johann Gottfried Seume

Wahr aber bleibt, dass die größten Ungerechtigkeiten von denen ausgehen, die das Übermaß verfolgen, nicht von denen, die die Not treibt. Man wird ja nicht Tyrann, um zu frieren.
Aristoteles

Ungleiche Schüsseln machen schiele Augen.
Alter Spruch

Wenn die Gerechtigkeit untergeht, hat es keinen Wert mehr, dass Menschen auf Erden leben.
Immanuel Kant

Die Gerechtigkeit ist das Recht des Schwächeren.
Joubert

Ein gerechter Mann ist nicht der, der kein Unrecht begeht, sondern der es tun kann, aber nicht will.
Menander

(b.w.)

GERECHT SEIN UND GERECHTIGKEIT FÖRDERN

Man kann nicht gerecht sein,
wenn man nicht menschlich ist.
Marquis de Vauvenargues

Gleichheit
ist das heiligste Gesetz
der Menschheit.
Friedrich Schiller

Gerecht auf Erden ist immer jene
Sache, die mehr Arme hat
und bessere Gewehre.
Quelle unbekannt

Reiche ohne Gerechtigkeit, was sind dies
anders als große Räuberhöhlen.
Augustinus

Gerechtigkeit entspringt dem Neide,
denn ihr oberster Satz ist: Allen das Gleiche.
Walther von Rathenau

1 Diskutiert die unterschiedlichen und zum Teil widersprüchlichen Aussagen über die Gerechtigkeit und sortiert diejenigen Sätze aus, die ihr für unzutreffend haltet.

2 Wählt aus den verbleibenden Sätzen vier Aussagen aus, die euch besonders wichtig sind. Versucht dabei, durch den Austausch von Überlegungen und Argumenten zu einer begründeten, einstimmigen Entscheidung zu kommen.

3 Konntet ihr bei der Bearbeitung von Arbeitsanregung 2 keine einstimmige Auswahl treffen? Dann schreibt die Gründe für eure Meinungsverschiedenheiten auf.

Das Gleichnis von den Arbeitern im Weinberg: Ist der Hausherr ungerecht oder gut?

Das Himmelreich ist einem Hausherrn[1] gleich, der in der Frühe ausging, um Arbeiter für seinen Weinberg anzuwerben. Er einigte sich mit den Arbeitern auf einen Tageslohn von einem Denar[2] und schickte sie dann in seinen Weinberg. Als er um neun Uhr wieder auf den Markt kam und dort andere untätig herumstehen sah, sagte er zu ihnen: „Geht ihr auch in meinen Weinberg. Ich will euch dann geben, was recht ist." Und sie gingen hin. Dann kam er nochmals um zwölf und um drei Uhr und verfuhr in derselben Weise. Als er um fünf Uhr kam, fand er andere herumstehen und sagte zu ihnen: „Was steht ihr hier den ganzen Tag untätig herum?" Sie entgegneten: „Uns hat niemand angeworben." Da sagte er: „Dann geht auch ihr in meinen Weinberg!" Als es dann Abend geworden war, sagte der Herr zu seinem Verwalter: „Rufe die Arbeiter und zahle ihnen ihren Lohn aus, angefangen bei den Letzten bis hin zu den Ersten!" Da traten die um fünf Uhr Angeworbenen heran und

---

[1] hier gemeint: Gutsherr
[2] Denar: 1 Denar entspricht ca. 0,40 Euro

118

empfingen je einen Denar. Und als die Ersten an die Reihe kamen, dachten sie, sie würden mehr bekommen; doch auch sie erhielten das gleiche: je einen Denar. Als sie den bekamen, begehrten sie auf gegen den Herrn und sagten: „Die Letzten hier haben nur eine Stunde gearbeitet und du hast sie uns gleichgestellt, die wir die ganze Last der Tagesarbeit und die Hitze getragen haben!" Er antwortete einem von ihnen: „Freund, ich tue dir kein Unrecht. Hattest du dich nicht auf einen Denar mit mir geeinigt? So nimm deinen Lohn und geh! Doch es ist mein Wille, diesem Letzten hier das Gleiche zu geben wie dir! Sollte es mir nicht freistehen, mit meinem Eigentum zu machen, was ich will? Oder schaust du so böse drein, weil ich so gütig bin?" So werden die Letzten Erste und die Ersten Letzte sein.

Matthäus 20, 1–16

1 Welche Lohnabsprachen trifft der Gutsherr mit den Tagelöhnern, die er am Morgen einstellt, mit denen, die er um die dritte, sechste und neunte Stunde und schließlich um die elfte Stunde anheuert?

2 Diskutiert die folgenden Meinungen:
– Der Gutsherr handelt vertragsgerecht, weil er den Ersten das gibt, was vereinbart wurde.
– Der Gutsherr ist ungerecht, weil er allen den gleichen Lohn gibt, egal wie lange sie gearbeitet haben.
– Der Gutsherr ist großherzig, weil er die Letzten nicht mit einem Hungerlohn davonschickt.
– Was er tut, ist Willkür.

3 Fasst in einem Satz zusammen, was die Aussage der Gleichniserzählung ist.

4 Erörtert die Aussage: „Die Arbeitswelt wird dann gerecht sein, wenn die Löhne sich an den Bedürfnissen der Arbeitenden orientieren." Was ist mit „Bedürfnissen" gemeint und wie ließen sich Löhne darauf abstimmen?

 Arbeiten und schöpferisch sein, „Fragen eines lesenden Arbeiters", S. 251

Gleiche Freiheit für alle: Zwei Grundsätze der Gerechtigkeit

Freiheit und Gerechtigkeit sind keine Gegensätze. Sie gehören vielmehr zusammen. Jeder, der für sich Freiheit beansprucht, muss sich klar machen, dass auch jeder und jede andere das gleiche Recht auf Freiheit hat. „Jedem das Seine geben", heißt auch, jedem die Freiheit einräumen, die ihm als Person zusteht.

Dies kommt unter anderem zum Ausdruck im *ersten Grundsatz der Gerechtigkeit*, den der amerikanische Philosoph John Rawls aufgestellt hat:

„Jedermann hat gleiches Recht auf das umfangreichste Gesamtsystem gleicher Grundfreiheiten, das für alle möglich ist."

Das System gleicher Grundfreiheiten in den demokratischen Rechtsstaaten umfasst die politischen Freiheiten (aktives und passives Wahlrecht), die Rede- und Versammlungsfreiheit, die Gewissensfreiheit, die Religionsfreiheit, die persönlichen Freiheiten (Unverletzlichkeit der Person), das Recht auf persönliches Eigentum und den Schutz vor willkürlicher Festnahme und Haft.

Wer den Abschnitt „Arm in einem reichen Land" (S.110) gelesen hat, weiß, dass es auch in den demokratischen Verfassungsstaaten schwerwiegende Ungleichheiten gibt, die auf den ersten Blick mit der Verteilung von Einkommen und Gütern und mit der Verteilung der Erwerbsarbeit zusammenhängen. Sieht man genauer hin, wirken sie sich auf die Möglichkeiten aus, die verbrieften Grundfreiheiten für sich voll in Anspruch nehmen zu können. Sicher: Einer obdachlosen Frau stehen die politischen Freiheiten zu; vielleicht traut sie sich aber am Wahltag gar nicht ins Wahllokal, – und auf die Idee, für eine Partei zu kandidieren, um die Interessen ihrer sozialen Gruppe zu vertreten, kommt sie schon gar nicht. Natürlich: Ein obdachloser Mann genießt Religionsfreiheit; aber wahrscheinlich wird er zwar vor der Kirchentür um ein paar Pfennige bitten, sich aber dann nicht in die Kirche trauen, um mitzusingen und mitzubeten.

Der *zweite Grundsatz der Gerechtigkeit* will einen Weg zur Überwindung der Ungleichheiten zeigen. Er lautet:

„Soziale und wirtschaftliche Ungleichheiten müssen folgendermaßen beschaffen sein:
a) Sie müssen [...] den am wenigsten Begünstigten den größtmöglichen Vorteil bringen und:
b) Sie müssen mit Ämtern und Positionen verbunden sein, die allen gemäß fairer Chancengleichheit offen stehen."

Mit anderen Worten: Wirtschaftliche Ungleichheiten – also zum Beispiel hohes Einkommen und großes Vermögen bei wenigen, bescheideneres Einkommen bei vielen, fast kein Einkommen bei gar nicht so wenigen – können unter *einer* Bedingung geduldet werden: wenn nachgewiesen wird, dass nur auf diese Weise die Lage der Benachteiligten verbessert wird. Diejenigen, die ganz unten auf der sozialen Leiter stehen, sollen fairen Zugang zu gesellschaftlichen Positionen haben.

nach John Rawls

1 Wählt eine der beiden folgenden fiktiven Konfliktsituationen aus und erarbeitet an diesem Beispiel eine gerechte Lösung.
   – *Situation 1:* Die jüngeren Arbeitnehmer eines Betriebes fühlen sich ungerecht behandelt, weil sie weniger Lohn erhalten als die älteren Kollegen. Sie werden bei ihrem zuständigen Gewerkschaftssekretär vorstellig: „Wir stehen am Anfang eines Berufs- und Familienlebens. Die meisten von uns haben gerade eine Familie gegründet, wollen möglichst gut für ihre Kinder sorgen und gern auch ein eigenes Haus bauen. Die älteren Kollegen dagegen haben gewissermaßen ausgesorgt: Ihr Haus ist abgezahlt, die Kinder stehen auf eigenen Beinen. Und trotzdem erhalten sie, die weniger brauchen, mehr als wir, die große soziale Lasten zu tragen haben. Wir fordern deshalb einen sozial gerechten Lohn."
   – *Situation 2:* Robert und Manuel aus der „Klassenfahrt-Geschichte" (siehe S.114) diskutieren das Problem der ungleichen Löhne in den alten und neuen Bundesländern in ihren Lehrlingsbetriebsgruppen. Die Gruppe aus dem Westen macht sich

bei ihrer Gewerkschaft dafür stark, dass die Löhne angeglichen werden. Ihnen wird gesagt: „Es ist doch nur von Vorteil für eure Kollegen in Thüringen, wenn die Gewerkschaft diese Forderung nicht stellt. Sonst werden ihre Chancen auf einen Arbeitsplatz gefährdet."

2 Die Bearbeitung des Gerechtigkeitskonfliktes kann – je nach den Möglichkeiten – in verschiedener Weise geschehen:
   – Führt eine offene Diskussion in der Klasse.
   – Konzipiert ein Rollenspiel, in dem Betroffene, Beteiligte und Experten unter der Leitung eines Moderators in kontroverser Diskussion eine Lösung suchen.
   – Schreibt ein Stück „Streit am Runden Tisch: Was ist gerecht für jedefrau und jedermann?" und führt es in der Klasse – und vielleicht auch öffentlich – auf.

Die „Fremden": Gerechtigkeit und Toleranz

„Der Fremde soll euch wie ein Einheimischer gelten"

(98.) Unter den Geboten Gottes gibt es wenige, die dem Schutzgebot gegenüber Fremden und Flüchtlingen an Gewicht und Eindeutigkeit gleichkommen. Die Fremden stehen unter dem unbedingten Schutz Gottes. Der Begründungszusammenhang liegt in den Erfahrungen, die Israel in der Fremde gemacht hat: „Einen Fremden sollst du nicht ausbeuten. Ihr wisst doch, wie es einem Fremden zumute ist; denn ihr selbst seid in Ägypten Fremde gewesen."
(2. Mose/Ex 23, 9).

(99.) In der Selbstoffenbarung Gottes im 1. Gebot stellt er sein befreiendes Handeln vor: „Ich bin Jahwe, dein Gott, der dich aus Ägypten geführt hat, aus dem Sklavenhaus. Du sollst neben mir keine anderen Götter haben." (2. Mose/ Ex 20, 2.3) Dieses 1. Gebot macht die Befreiung von Sklaverei und Unterdrückung zum unvergesslichen und unablösbaren Attribut Gottes. Darum rücken Fremde, also Menschen, die von Gleichgültigkeit, Missachtung und Unterdrückung bedroht sind, in die Mitte der Schutzbestimmungen Gottes. Das Schutzgebot gegenüber Fremden durchzieht wie ein roter Faden die Sammlung der Gebote des Alten Testamentes.

(100.) „Wenn bei dir ein Fremder in eurem Land lebt, sollt ihr ihn nicht unterdrücken. Der Fremde, der sich bei euch aufhält, soll euch wie ein Einheimischer gelten, und du sollst ihn lieben wie dich selbst; denn ihr seid selbst Fremde in Ägypten gewesen. Ich bin der Herr, euer Gott." (3. Mose/Lev 19, 33 f.) [...]

(104.) Das Neue Testament erhebt die Liebe zum Nächsten zum grenzüberwindenden Gebot. Im Gleichnis vom guten Samariter (Lk 10, 25–27) wird deutlich, dass nicht nur derjenige, der einem selbst durch familiäre oder ethnische Bindungen nahe steht, geliebt werden und damit zu seinem Recht kommen soll. Nicht ein bestimmter Nahestehender verlangt Zuwendung und Hilfe, vielmehr macht das umfassende Liebesgebot umgekehrt auch einen bisher fern stehenden Menschen zum Nächsten. [...]

(b.w.)

> (133.) Die Kirchen wenden sich bei ihren Aussagen zum Umgang mit Migranten und Fremden zunächst an sich selbst und ihre Mitglieder. Sie stehen selbst vor der Herausforderung durch das Evangelium. So hat beispielsweise der Rat der EKD[1] 1994 formuliert, dass der Beistand für Bedrängte Christenpflicht sei. Es ist ebenso Aufgabe der Kirchen, in der öffentlichen und politischen Diskussion gegen die Benachteiligungen von Migranten, Zuwanderern und Flüchtlingen oder die Infragestellung ihrer Rechtsansprüche und ihrer Würde das Wort zu ergreifen und dafür einzutreten. [...]
>
> *Gemeinsames Wort der Kirchen [...]*

August W. Dressler: Der Flüchtling (1946)

1 Informiert euch über die Situation von Migranten, Zuwanderern, Flüchtlingen und Asylbewerbern in eurer Gemeinde oder Stadt. Wie viele sind es? Aus welchen Ländern kommen sie? Wie lange sind sie schon da? Welchen Tätigkeiten gehen sie nach? Wie viele sind ohne Arbeit? Wie viele leben von ihrer Familie getrennt?

2 Wie ist das an eurer Schule? Wie viele Schüler sind Migranten, Flüchtlinge oder Asylbewerber? Welche Probleme haben sie? Und: Wie ist das Verhältnis zwischen ihnen und den Einheimischen?

3 Diskutiert die Aussage „Der Fremde soll euch wie ein Einheimischer gelten" im Zusammenhang der Erfahrungen deutscher Emigranten während der Zeit des Nationalsozialismus oder während der Wirtschaftskrise der zwanziger Jahre des letzten Jahrhunderts.

4 Erarbeitet Vorschläge, wie das Verhältnis zu Fremden verbessert werden kann.

 Religionen kennen und achten, z.B. „Judentum", S. 161 ff.

---

[1] EKD = Evangelische Kirche in Deutschland

Grenzen der Toleranz?
Zum Kopftuch-Streit

Stuttgart (taz) – Die 25-jährige Referendarin Fereshta Ludin wird nicht in den Schuldienst übernommen. Das zuständige Stuttgarter Oberschulamt beendete gestern mit dieser Entscheidung den wochenlangen Streit um das Kopftuch der aus Afghanistan stammenden deutschen Muslimin. Vor der Presse unterstützte die baden-württembergische Kultusministerin Annette Schavan (CDU) die Behörde und wies auf die „Signalwirkung" des Kopftuches hin.

Schavan sagte, sie sei nach einer Güterabwägung und der „Zusammenschau" der Grundrechte auf Religionsfreiheit und des Grundsatzes der Objektivität und Neutralität der Amtsführung zu der Auffassung gelangt, dass Ludin für den Staatsdienst nicht geeignet sei, wenn sie „darauf besteht, dennoch das Kopftuch im Unterricht zu tragen". Durch dieses Beharren mache Fereshta Ludin deutlich, „dass ihr die Eignung fehlt, die öffentliche Signalwirkung ... zu berücksichtigen". Das Tragen eines Kopftuches gehöre „nicht zu den religiösen Pflichten" einer Muslimin. Es werde vielmehr „in der innerislamischen Diskussion auch als Symbol für kulturelle Abgrenzung und damit als politisches Symbol gewertet", sagte Schavan. Wichtiges Kriterium beim Vermitteln von Werten und Normen sei, so Schavan, die Toleranz: „Wer dazu erziehen will, muss sie auch vorleben."

Die Tageszeitung, 14.07.1998

Düsseldorf, 16. September. Die Düsseldorfer Landesregierung hat keine prinzipiellen Bedenken gegen Lehrerinnen moslemischen Glaubens, die im Unterricht ein Kopftuch tragen. Sie wird deshalb auch nicht disziplinarisch gegen jene zwei Lehrerinnen vorgehen, die an öffentlichen nordrhein-westfälischen Schulen mit Kopftuch unterrichten. Das geht aus der Antwort der Schulministerin Gabriele Behler (SPD) auf eine parlamentarische Anfrage hervor. Nach dem Wirbel um die in Baden-Württemberg abgelehnte Übernahme einer moslemischen Referendarin als Lehrerin in den staatlichen Schuldienst wollte der CDU-Landtagsabgeordnete Oliver Wittke jetzt wissen, ob so etwas auch in Nordrhein-Westfalen passieren könne.

Reinhard Voss,
Frankfurter Rundschau, 17.09.1998

Frankfurt a. M., 10. September. In Niedersachsen bahnt sich eine gerichtliche Auseinandersetzung über die Einstellung einer islamischen Lehrerin an, die darauf besteht, ihr Kopftuch im Unterricht zu tragen. Nach Intervention von Kultusministerin Renate Jürgens-Pieper (SPD) wird die vor zehn Jahren zum Islam übergetretene Deutsche, Iyman Alzayed, voraussichtlich vorerst nicht in den staatlichen Schuldienst eingestellt. Sollte das Kopftuchtragen zu ihrer Ablehnung führen, werde sie dagegen wegen Verletzung der Religionsfreiheit gerichtlich vorgehen, sagte Alzayed am Freitag der FR.

(b. w.)

Alzayed meint, dass die von Jürgens-Pieper angemahnte Neutralitätspflicht im Schuldienst nicht automatisch durch das Kopftuch im Klassenzimmer verletzt werde. Erst wenn sie für ihren Glauben werbe, etwa wenn Schüler sie auf das Tuch ansprächen, würde sie sich parteiisch verhalten. [...] Die Elternratsvorsitzende Susanne Potthoff argumentierte durchaus grundsätzlich: „Wenn der eine ein Kreuz um den Hals tragen kann, kann die andere auch ein Kopftuch tragen." Die grüne Landtagsfraktion rügte, eine „mittelalterliche Ministerin fordert Unterwerfung".

*Monika Kappus,
Frankfurter Rundschau, 11.09.1999*

*Einbürgerungskampagne der Beauftragten der Bundesregierung für Ausländerfragen:
„Kinder ausländischer Eltern: Hier zu Hause" (1999)*

Aussagen zum Kopftuch

„Das Kopftuch gibt mir meine Identität wieder als muslimische Frau. Ich fühle mich darunter sehr wohl. Nicht, wie einige sagen, irgendwie eingeengt. Es steigert mein Gefühl, eine Frau zu sein, erinnert mich daran, dass ich eine Frau bin, und daran, dass ich eine Bindung an etwas habe, dass ich einen festen Bezug habe."

Hidayet, 22 Jahre

„Ich trage ein Kopftuch, weil der Koran es verlangt. Die Frau soll sich bedecken um sich vor den lüsternen Blicken der Männer zu schützen. Durch mein Kopftuch signalisiere ich, dass ich mich nicht anmachen lasse. Die Debatte um das Kopftuch verstehe ich nicht. Da geht es doch nur um Schlagworte. Ich bin ein normaler Mensch, keine Fundamentalistin und kein Alien, nur weil ich ein Kopftuch trage."

Dilek, 22 Jahre

„Für mich ist das Tuch ein ganz normales Kleidungsstück geworden. Ich trage jeden Tag ein anderes und passe es der Mode an. Ursprünglich ist es als Schutz gedacht, denn wenn ich das Tuch trage, kann sich niemand von meinem Aussehen ablenken lassen. Ich finde es gut, wenn Äußerlichkeiten unwichtig sind und mehr die inneren Werte zählen."

Ayse, 20 Jahre

„Wieso fällt es uns so schwer zu akzeptieren, dass eine Muslimin mit Kopftuch eine selbstbewusste, emanzipierte Frau sein kann? Müsste übrigens eine Nonne Schleier und Habit ablegen, um an einer staatlichen Schule unterrichten zu dürfen? Würde man ihr auch sagen, ihr Äußeres passe nicht zum Vorbildcharakter einer Beamtin und lege den Verdacht der versuchten Indoktrination nahe? Wie würde die Kultusministerin auf einen jüdischen Lehrer mit Kippa[1] reagieren oder auf eine jüdische Lehrerin, die nur mit Kopfbedeckung unterrichten möchte?"

Barbara N., eine Leserbrief-Schreiberin

„Ich will mit dem Kopftuch auch provozieren. Die Kritik am Kopftuch ist für mich ein Ausdruck der Angst der Mehrheitsgesellschaft vor dem sozialen Aufstieg von Einwandererkindern. Nach dem Motto: Solange unsere Mütter eure Büros geputzt haben, war euch das Kopftuch egal. Aber jetzt, wo wir Karriere machen wollen, macht ihr aus dem Kopftuch auf einmal ein Problem. Mit meinem Kopftuch will ich sagen: Schaut her, ihr Deutschen: Wer ein Kopftuch trägt, ist nicht die geborene Putze."

Muslimische Studentin

1 Diskutiert die unterschiedlichen Auffassungen muslimischer Mädchen und Frauen über die Bedeutung des Kopftuchs.

2 Sprecht mit den Schülerinnen und Schülern islamischen Glaubens in eurer Klasse oder Schule darüber, wie sie zum Kopftuch stehen.

3 Informiert euch über den aktuellen Stand zu der Frage: Dürfen Lehrerinnen islamischen Glaubens an staatlichen Schulen unterrichten, wenn sie das Kopftuch tragen wollen?

4 Bereitet einen kurzen Fragebogen zum Thema „Sollten muslimische Lehrerinnen und Schülerinnen in der Schule ein Kopftuch tragen dürfen?" vor. Interviewt Schülerinnen und Schüler, Lehrerinnen und Lehrer, Eltern oder auch Passanten auf der Straße. Wertet dann die Interviews aus und besprecht die Ergebnisse.

 Religionen kennen und achten, „Muslimische Schüler in deutschen Schulen", S. 184

---

[1] Kippa: traditionelle jüdische Kopfbedeckung (Kappe)

Internationale (Un-)Gerechtigkeit

Zwei Hände – ein hoffnungsloser Fall?

Ein italienischer Geistlicher hält die Hand eines hungernden Kindes in Karamoja (Uganda).

Zunächst denken wir an eine Fiktion. Ein Besucher vom Mars vielleicht, der von einem Erdling begrüßt wird? Die Klauen eines seltsamen Riesenvogels? Wir schauen genauer hin, erkennen einen Hemdsärmel. Und plötzlich durchzuckt uns die furchtbare Gewissheit: Diese dürre, ledrige Kralle gehört einem Menschen. Es ist die Hand eines schwarzen Kindes, gehalten von einem weißen Helfer.

Das Bild wurde in Uganda aufgenommen. Ebenso gut könnte es aus Somalia, Angola oder dem Sudan stammen, aus einem der Krisenherde Afrikas, in denen die Menschen unbeschreiblich leiden.

Die Vereinten Nationen bitten und betteln. 1,5 Milliarden Mark[1] brauchen sie in diesem Jahr, um die Not von zwölf Millionen Afrikanern zu lindern – ungefähr ein Zehntel der Summe, die in der Welt alljährlich für Haustierfutter ausgegeben wird. Bislang haben die reichen Staaten den Sondertopf nicht einmal zur Hälfte gefüllt. „Man spricht von Spendenmüdigkeit", sagt UN-Generalsekretär Kofi Annan. „Aber wie können wir so gleichgültig sein, wenn wir dieses Elend sehen?"

Wir sehen dieses Elend nicht mehr. Die verzweifelten Appelle verhallen ungehört. „Wenn die internationalen Geber nicht helfen, sind wir zum Tode verurteilt", klagt Luis Maria de Onraita, der Bischof von Malange. Das Unglück seiner Stadt: Sie liegt nicht im Kosovo, in Osttimor oder Taiwan, sondern unten, weit unten, in Angola, irgendwo auf einem Erdteil, der als hoffnungsloser Fall abgeschrieben wird.

Seit 30 Jahren wütet der Bürgerkrieg in Angola, finanziert durch das Erdöl und die Diamanten, die wir der korrupten Regierung und den verbrecherischen

---

[1] 1 DM entspricht ca. 0,51 Euro.

Rebellen abkaufen. Tag für Tag sterben 200 Menschen an Hunger, Seuchen und Entkräftung, alle zweieinhalb Monate wird die Zahl der Erdbebenopfer in der Türkei erreicht.

„Für Kinder", heißt es in einer UN-Studie, „ist Angola derzeit der schlimmste Platz der Welt." Kinder wie den kleinen Buben, dessen Hand auf dem Foto zu sehen ist. In dieser Momentaufnahme erkennen wir das Gleichnis von Michelangelo, den Lebensfunken, der von Gott auf Adam überspringt. Das Bild schockiert uns. Und dennoch weckt es die Zuversicht, dass am Ende unseres grauenvollen Jahrhunderts der Funke der Brüderlichkeit nicht erloschen ist.

Bartholomäus Grill,
Die Zeit, 21.10.1999

Konsumrausch und Mangel

Aus dem UN-Bericht über die menschliche Entwicklung

1. Der Konsum ist in diesem Jahrhundert weltweit in atemberaubendem Tempo gewachsen. Allein seit 1950 hat er sich versechsfacht: 1998 betrug der Wert der verbrauchten Güter rund 24 000 Milliarden Dollar.
Allerdings: Die Mehrheit der 4,4 Milliarden Menschen, die in den Entwicklungsländern leben, hat nichts davon. Sie wohnen in Siedlungen ohne sanitäre Einrichtungen. 1,5 Milliarden Menschen haben keinen Zugang zu sauberem Trinkwasser. Eine Milliarde Menschen in 70 Ländern müssen heute mit noch weniger auskommen als vor 25 Jahren.[1]

Fazit: Die Ungleichheit wächst.

---

[1] Stand der Angaben: 1998

GERECHT SEIN UND GERECHTIGKEIT FÖRDERN

2. Der Konsumrausch in den reichen Ländern geht oft zu Lasten der Umwelt in den Entwicklungsländern. Er raubt den Menschen dort die Existenzgrundlage: Während der letzten 20 Jahre verloren Lateinamerika, die Karibik, Asien und Afrika insgesamt 11 Millionen Hektar tropische Wälder; mehr als die Hälfte des Holzes und fast drei Viertel des Papiers wurden in den Industrieländern verbraucht. Hoch technisierte Fangflotten reduzieren die Fischbestände der Ozeane drastisch: Fast eine Milliarde Menschen in den armen Ländern müssen um ihre wichtigste Proteinquelle fürchten.
Fazit: Die Wohlhabenden profitieren vom Konsum. Die Armen tragen einen Großteil der Kosten.

3. Trotz ihrer „Konsumorgie" fühlen sich die Industrieländer heute selbst arm. Politiker und Bürger schauen angstvoll auf die Kursentwicklung an den Börsen und scheren sich nicht um ihr Versprechen, für die armen Länder wenigstens 0,7 Prozent ihres Sozialprodukts zu zahlen. Die offizielle Entwicklungshilfe sank 1997 auf das historische Tief von 0,22 Prozent. Dabei könnte man bereits mit geringen Mitteln sehr viel erreichen: 9 Milliarden Dollar jährlich würde es kosten, allen Menschen Zugang zu Wasser und sanitären Einrichtungen zu verschaffen. Die Europäer geben allein für Eiscreme schon mehr aus, nämlich 11 Milliarden Dollar.
Fazit: Im „globalen Dorf" lässt die Solidarität sehr zu wünschen übrig.

1 Bittet die *Deutsche Gesellschaft für die Vereinten Nationen e. V.*, euch neuere Daten über die menschliche Entwicklung und eventuell auch Angaben über die Situation in einem bestimmten von euch ausgewählten Entwicklungsland zugänglich zu machen.

2 Wertet die Informationen aus und diskutiert insbesondere den Zusammenhang zwischen dem Konsumverhalten in den reichen Ländern und der Situation der Menschen in den Entwicklungsländern.

3 Sammelt Zeitungsberichte und Bilder über die Situation in den Entwicklungsländern. Dabei könnt ihr Zuständigkeiten für Kontinente und Regionen in den Kontinenten verteilen. Welche Unterschiede gibt es zwischen den verschiedenen Ländern? Lassen sich unterschiedliche Gruppen von Entwicklungsländern unterscheiden?

4 Sammelt Informationen über die staatliche Entwicklungspolitik der Bundesrepublik Deutschland, über die Arbeit von Entwicklungshilfeorganisationen wie z. B. die *Deutsche Welthungerhilfe, Brot für die Welt, Misereor, TransFair – Verein zur Förderung des Fairen Handels mit der „Dritten Welt" e. V.* oder die *Gesellschaft für Technische Zusammenarbeit* (GTZ).

5 Stellt euch vor, ihr wollt in eurer Schule eine Plakataktion „Solidarität im globalen Dorf" machen. Wie könnte das Plakat aussehen? Welche Forderungen könntet ihr auf dem Plakat erheben?

Egoismus

Es ist der Egoismus, der in den armen Ländern die Augen der Reichen verschließt; denn wie können sie sich für menschlich und gottesfürchtig ansehen, ohne sich über die unmenschlichen Situationen und versklavenden Bedingungen klar zu sein, für die sie verantwortlich sind.

Es ist der Egoismus, der die Reichen der reichen Länder erblinden lässt. Er macht sie unfähig, das Ärgernis der Elendszonen zu sehen, die selbst innerhalb der reichen Länder bestehen oder entstehen. Er hindert sie vor allem zu erkennen, welche Verirrung darin liegt, den Reichtum der Überflussländer auf den Ungerechtigkeiten des internationalen Handels gründen zu lassen, auf Kosten des Elends der armen Länder.

Möge sich niemand täuschen: Der Egoismus ist kein Monopol eines Einzelmenschen oder eines bestimmten Volkes. Wenn morgen unterentwickelte Länder sich zu entfalten und aus der Unterentwicklung zu lösen begännen, würde sie der Egoismus leicht verleiten, gegenüber den ärmer als sie gebliebenen Ländern dasselbe zu praktizieren, was sie in der Handlungsweise der reichen Länder empörte.

Man weiß, wie leicht die Arbeiter, wenn ihre heroischen Kämpfe es ihnen ermöglicht haben, ein anständiges Lebensniveau zu erreichen, der Versuchung erliegen zu vergessen, dass es in ihrem eigenen Lande und auf jeden Fall in den unterentwickelten Ländern Proletarier, Hilfsarbeiter gibt, deren Unter-Lebensbedingungen wie eine Beleidigung und ein Angriff auf die ganze Arbeiterklasse angesehen werden müssten.

Die wahre Wurzel des Übels ist eben der Egoismus.

Man kann der Menschheit nur helfen, aus dieser präexplosiven[1] Situation herauszukommen, wenn man begriffen hat:

– dass der Egoismus internationale Dimensionen hat: Er bestimmt nicht nur die Beziehungen zwischen Einzelmensch und Einzelmensch oder zwischen Gruppe und Gruppe, sondern auch die zwischen Land und Land.
– dass der Egoismus mit Geist und Tatsachensinn bekämpft werden muss, und zwar zunächst im Innern eines jeden von uns.

Helder Camara

Anonym: Die Habgier (Westturm des Freiburger Münsters; Anfang 14. Jahrhundert)

---

1 Welche Gründe nennt Helder Camara für die Not in der Dritten Welt? Listet sie auf und vergleicht sie mit den Ergebnissen eurer Informationsauswertung (siehe S. 128).

2 Interviewt eure Bekannten und Freunde, eure Eltern und Verwandten, vielleicht auch Passanten: „Warum gibt es in den Ländern der Dritten Welt Hunger, Armut und Krankheit?" Sammelt alle Gründe, die genannt werden.

---

[1] präexplosiv: kurz vor einer Explosion stehend

3 Diskutiert über die Begründungen. Versucht, zwischen zutreffenden und fragwürdigen Gründen zu unterscheiden. Stellt eine Rangordnung der eurer Meinung nach zutreffenden Gründe her.

4 Stimmt ihr Camaras Auffassung zu, dass nicht nur Individuen egoistisch sein können? – Kann der Mensch den Egoismus überwinden? Auf welche Weise?

„Dritte-Welt"-Produkte:
Sozial-Siegel klärt Verbraucher auf

wal FRANKFURT a.M. Deutsche Verbraucher sollen künftig an einem Siegel erkennen können, ob Waren aus den Staaten der Dritten Welt unter menschenwürdigen Bedingungen hergestellt wurden. Die Deutsche Gesellschaft für Technische Zusammenarbeit (GTZ) entwickelt derzeit soziale Standards. Die müssen Unternehmen erfüllen, bevor sie die Auszeichnung – ähnlich etwa dem blauen Umweltengel – erhalten. Die Eschborner gehen davon aus, dass hiesige Konsumenten neben Qualität und Preis zunehmend auch die Art und Weise der Herstellung interessiert. Sie wissen aber auch, dass ein solches Label hierzulande nur dann eine Chance hat, wenn die Kunden sicher sein können, dass die ausgezeichneten Firmen es auch tatsächlich verdienen. Deshalb überlegen sie noch, welche unabhängige Institution die Kriterien „messen" und überwachen könnte, die zur Voraussetzung für ein Sozial-Siegel gemacht werden. Dazu gehören: keine Kinderarbeit, keine Diskriminierung, lückenlose Lohnbuchhaltung und Rolle des Werkschutzes. Notfalls will die GTZ in einer Anlaufphase die Überwachung der Richtlinien selbst übernehmen.

Frankfurter Rundschau, 04.11.1999

1 Stellt fest, inwieweit der Plan der *Deutschen Gesellschaft für Technische Zusammenarbeit* (GTZ), ein Sozial-Siegel für Waren aus der Dritten Welt auszugeben, verwirklicht worden ist (Adresse: siehe unten).

2 Überlegt, wie ihr dieses Anliegen unterstützen könntet.

Kontaktadressen
- Brot für die Welt, Stafflenbergstr. 76, 70184 Stuttgart, Tel.: 0711/2159-0
- Deutsche Gesellschaft für die Vereinten Nationen e.V. (DGNV),
  Zimmerstr. 26/27, 10969 Berlin, Tel.: 030/259375-0
- Deutsche Welthungerhilfe e.V., Friedrich-Ebert-Str. 1, 53173 Bonn,
  Tel.: 0228/2288-0
- Gesellschaft für Technische Zusammenarbeit (GTZ), Dag-Hammarskjöld-Weg 1–
  5, 65760 Eschborn, Tel.: 06196/79-0
- Misereor, Mozartstr. 9, 52064 Aachen, Tel.: 0241/442-0
- TransFair – Verein zur Förderung des Fairen Handels mit der „Dritten Welt" e.V.,
  Remigiusstr. 21, 50937 Köln, Tel.: 0221/942040-0

(Änderungen vorbehalten)

GERECHT SEIN UND GERECHTIGKEIT FÖRDERN

Einsatz für die Gerechtigkeit: Solidarität

Leo Lionni
Die Fabel von Swimmy

Swimmy war ein kleiner schwarzer Fisch und gehörte zu einem großen Schwarm kleiner roter Fische. Eines Tages kam ein großer Fisch und verschlang die kleinen roten Fische. Nur Swimmy entkam. Er flüchtete in eine andere Gegend des Meeres: Swimmy kam aus dem Staunen nicht heraus. Jetzt begegnete er einem Aal, der ihm unendlich lang erschien. Als Swimmy endlich wild wedelnd am Kopf des Aals angekommen war, konnte er sich schon nicht mehr an die Schwanzspitze erinnern.

Ein Wunder schloss sich ans andere an. Das nächste waren die See-Anemonen. Sie schwangen in der Strömung sanft hin und her, wie rosa Palmen, vom Wind bewegt. Dann jedoch glaubte Swimmy seinen Augen nicht zu trauen: Er sah einen Schwarm kleiner roter Fische. Hätte er nicht gewusst, dass sein eigener Schwarm verschlungen und verschwunden war: Er hätte die Fische für seine Schwestern und Brüder gehalten. „Kommt mit ins große Meer!", rief er ihnen munter zu. „Ich will euch viele Wunder zeigen!" „Geht nicht", antworteten die kleinen roten Fische ängstlich. „Dort würden uns die großen Fische fressen! Wir müssen uns im sicheren Felsenschatten halten."

Die Antwort der kleinen roten Fische machte Swimmy nachdenklich. Er fand es traurig, dass der Schwarm sich nie hinaus ins offene Meer trauen durfte.

„Da muss man sich etwas ausdenken!", dachte er. Und er dachte nach. Er überlegte und überlegte und überlegte. Und endlich hatte er einen Einfall. „Ich hab's!", rief er fröhlich. „Lasst uns etwas ausprobieren!" Da Swimmy den kleinen roten Fischen gefiel, befolgten sie seine Anweisungen. Sie bildeten einen Schwarm in einer ganz bestimmten Form. Jedes Fischchen bekam darin seinen Platz zugewiesen. Als der Schwarm diese bestimmte Form angenommen hatte, da war aus vielen kleinen roten Fischen ein großer Fisch geworden, ein Fisch aus Fischen, ein Riesenfisch. Es

131

fehlte dem Fisch nur das Auge. Also sagte Swimmy: „Ich spiele das Auge!" Dann schwamm er als kleines schwarzes Auge im Schwarm mit.

Jetzt traute der Schwarm sich endlich hinaus ins offene Meer, hinaus in die große Welt der Wunder. Niemand wagte mehr, sie zu belästigen. Im Gegenteil: Selbst die größten Fische nahmen vor dem Schwarm Reißaus. Und so schwimmen viele kleine rote Fische, getarnt als Riesenfisch, immer noch glücklich durch das Meer ...

```
immer schön in der reihe bleiben
immer schön in der reihe bleiben
immer schön in der reihe bleiben
immer schön in der reihe bleiben
immer schön in der reihe bleiben
immer schön in der reihe bleiben
immer schön in der reihe bleiben
immer schön in der reihe bleiben
immer schön in der reihe bleiben
immer schön in der reihe bleiben
immer schön in der reihe bleiben
```

Claus Bremer

1 Sucht für die Fabel von Swimmy eine Überschrift, die ihre wichtigste Aussage zusammenfasst.

2 Vergleicht die Karikatur von Ivan Steiger und das Text-Bild „Immer schön in der Reihe bleiben" mit der Swimmy-Fabel und der Swimmy-Zeichnung. Auf welche Probleme macht der Vergleich aufmerksam?

3 Schreibt die Fisch-Fabel in eine Menschengeschichte um, indem ihr an die Stelle von Swimmy
  – eine Schülerin setzt, die zusammen mit Schülern, die von der Sozialhilfe abhängig sind, eine Schulinitiative gegründet hat oder
  – einen Jugendlichen, der sich gemeinsam mit Freunden gegen Rechtsradikalismus engagiert oder
  – einen Landarbeiter in Brasilien, der eine Bauernkooperative organisiert hat.

Was ist nun Solidarität?

Die Mitglieder einer Räuberbande oder einer Straßen-Gang halten zusammen, damit sie sich weiter durch Tricks, Erpressung oder Überfälle auf Kosten anderer bereichern können. Sie handeln solidarisch.

Die Schüler/innen der Klasse halten zusammen, als ein neuer Mitschüler den „Arbeitsstil" der Klasse durch seinen übermäßigen Fleiß durcheinanderbringt. Sie bereiten ihm Stress und machen ihm so klar: Du passt nicht hierher. Es ist besser, wenn du verschwindest. Sie handeln solidarisch.

▼ Der Fraktionsvorsitzende der Ölbaumpartei ruft seine Parteifreund/innen bei einem lebhaften Streit über den besseren Weg zu einer Balance zwischen Wirtschaftswachstum und Umweltschutz zu Geschlossenheit auf. Die Auseinandersetzungen schaden der Partei. Deshalb müssten jetzt diejenigen, die bei der Abstimmung in der Fraktion in der Minderheit gewesen seien – mögen ihre Gründe noch so gut sein –, die Meinung der Mehrheit unterstützen, und zwar nicht nur durch die Einmütigkeit der Abstimmung im Plenum, sondern auch durch positive Redebeiträge. Dies fordere die Solidarität.

▼ In einer achten Klasse sind zwei geistig Behinderte. Einige Eltern verlangen, dass sie aus der Klasse genommen und in eine Sonderschule eingewiesen werden, damit die Chancen der „Begabten" nicht eingeschränkt würden. Das Schulamt greift das Anliegen auf: Es sei nur zum Wohl der Behinderten, wenn sie in einer ihren Bedürfnissen entsprechenden Einrichtung weiter beschult würden. Die „Gesunden" oder die „Normalen" in der Klasse setzen sich gegen diese Ausgrenzungsversuche zur Wehr. Sie gehen schließlich bis zum Kultusminister. Sie machen Vorschläge für eine Unterrichtsgestaltung, die sowohl den Behinderten als auch den leistungsstärkeren Schüler/innen entgegenkommt. Sie organisieren selbst eine Aufgabenbetreuung. Sie handeln solidarisch.

Brunnenbohrer in der Sahel-Zone (Burkina Faso/Afrika)

▼ Eine Krankenschwester kündigt ihre Stelle, um von nun an Arme und Kranke zu pflegen. Ein gefeierter Schauspieler verlässt die Bühne, um in einem afrikanischen Land den Bauernfamilien bei ihrem Überlebenskampf und bei ihrer Selbstentwicklung zu helfen. Sie handeln solidarisch.

1 Legt – jede und jeder für sich – eine Liste mit drei Spalten an: falsche Solidarität, richtige Solidarität, noch kein Urteil. Ordnet den drei Spalten die einzelnen Beispiele zu.

2 Sammelt weitere Beispiele aus der jüngeren Geschichte – z.B. aus den Arbeiterbewegungen, aus den Demokratiebewegungen, aus der Frauenbewegung, aus den Befreiungsbewegungen –, aber auch aus eurem Erfahrungsbereich für gemeinsames solidarisches Handeln.

3 Besorgt euch die aktuellen Grundsatzprogramme der politischen Parteien. Werden darin Aussagen über Solidarität gemacht? Wenn ja: Wie wird Solidarität beschrieben? Welche Solidaritätsforderungen werden erhoben? Wenn nein: Wird vielleicht nur ein anderes Wort für Solidarität gebraucht? Oder werden andere Werte vorgezogen?

GERECHT SEIN UND GERECHTIGKEIT FÖRDERN

4 Diskutiert anhand der Beispiele die Frage: Wie lässt sich richtige Solidarität von der falschen unterscheiden? Stellt eine zusätzliche Liste auf: Kennzeichen falscher Solidarität, Kennzeichen richtiger Solidarität.

„Stich-Worte" für und wider die Solidarität

Liebet eure Feinde!

Westdeutschland den Wessis,
Ostdeutschland den Ossis,
Indien den Indianern!

Der Traum der Klassengesellschaft:
Alle wollen und sollen teilhaben am Kuchen.
Das Ziel der Risikogesellschaft:
Alle sollen verschont bleiben vom Gift.

Von der Solidarität der Klassen
über die Solidarität aller Menschen
zur Solidarität aller lebenden Dinge

Die Festung
Europa

Wir sitzen
alle im gleichen
Boot.

In der Klassengesellschaft:
Solidarität aus gemeinsam geteilter Not
In der Risikogesellschaft:
Solidarität aus gemeinsam geteilter Angst

Jedem das Gleiche,
mir das Meiste!

Alle Tiere sind gleich,
aber einige Tiere sind
gleicher als andere.

Not ist hierarchisch,
Smog ist demokratisch.

Einer für alle.
Alle für einen.

Das gemeinsame
europäische Haus

Das Boot ist voll.

1 Wählt – jede und jeder für sich – einen Ausspruch aus und schreibt dazu einen kurzen, sachlichen Text.

2 Lest ein paar der Texte in der Klasse vor und sprecht darüber.

Vater für 1000 Kids

Für die knapp tausend Straßenkids im vietnamesischen Danang ist das Leben kein Kinderspiel. Wer satt werden will, muss betteln oder klauen. Der Vietnamese Nguyen Rân gab alles auf, um sich der Straßenkinder anzunehmen.

Mit der kleinen Lan, die sie „Orchidee" nennen, hat nach dem Vietnamkrieg alles angefangen. „Lan war damals erst acht, aber sie meisterte ihr Leben mit einem Lächeln", sagt Nguyen Rân. „Irgendwie wirkte ihr Lächeln ansteckend auf uns." Rân erzählt mit großer Begeisterung vom Beginn seiner Arbeit im Bordstein-Milieu, und von seiner Freundschaft zu Lan und den anderen Straßenkindern von Danang.

Geradezu typisch in jenen Tagen war das Schicksal von Lan. Ein Zug, berichtet Rân, habe dem Mädchen ein Bein abgerissen, das zweite schwer verletzt. In ihrer Panik hätten die Eltern das Kind einfach am Bahndamm zurückgelassen. „So haben wir sie gefunden und in unser Haus mitgenommen. Sie brauchte ein neues Zuhause." [...]

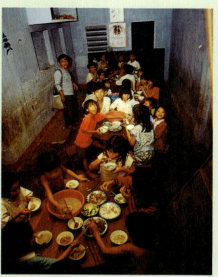

Glücklich schätzt sich, wer in einer der Familien von Rân leben und essen darf!

Nicht wenige Straßenkinder in Vietnam sind behindert, viele wurden Opfer von Minen.

Die Folgen des Krieges sind immer noch gegenwärtig, auch in Danang, wo noch Mitte der 70er Jahre Bomben vom Himmel regneten und Granaten Menschen zerfetzten. Rân erlebte aus nächster Nähe, wie ein mit Flüchtlingen überladenes Flugzeug ins südchinesische Meer stürzte. Zurück blieben Frauen ohne Männer, Mütter ohne Söhne, Kinder ohne Eltern.

Das war die Situation, die das Leben von Nguyen Rân veränderte. Er sah das Elend, verließ seine eigene Familie, kümmerte sich um die kleine Lan und um andere heimatlose Kinder. Jahrelang arbeitete er ohne offiziellen Auftrag, ohne Erlaubnis der neuen Regierung. Diese wurde ihm erst 16 Jahre später erteilt, als eine energische Dame aus Europa anreiste. Sie gab den Behörden zu verstehen, dass sie das nie hätten leisten können, was dieser Mann bisher geschafft hatte. Eigeninitiative sei in diesem verwüsteten Land dringend nötig. Die Dame hieß Danielle Mitterrand und war die Frau des damaligen französischen Staatspräsidenten. Seit ihrem Besuch in Danang ernährt Danielle Mitterrand eine der Kinderfamilien von Nguyen Rân.

Endlich durfte die Gruppe sich zu einer sogenannten Nichtregierungsorganisation zu-

(b.w.)

sammenschließen. Hilfswerke aus dem Ausland wurden aufmerksam und sorgten für finanzielle Unterstützung. Drei „Großfamilien" sind inzwischen durch die Initiative von Rân entstanden – in Asien an sich nichts Ungewöhnliches. Das Besondere daran ist, dass alle Kinder dieser Familien „Straßenstaub" sind, so nennt man in Vietnam die kleinen Heimatlosen, die sich in den Straßen der Städte mit Gelegenheitsarbeiten über Wasser halten. Die Pflegeeltern der drei Familien sind Freiwillige, ihre Helfer auch. 9 Euro Gehalt pro Monat genehmigen sich die Mitarbeiter als Entlohnung. Mehr ist nicht drin.
Regelmäßig kreuzt Nguyen Rân mit seinem klapprigen VW-Bus durch Danang, auf der Suche nach Straßenkindern. Er findet ihre Verstecke und Schlupfwinkel. Die Kids kennen

Für die meisten der rund 1000 Straßenkinder von Danang ist der Bürgersteig das Wohnzimmer.

Das Schnüffeln von Lösungsmitteln nimmt den Hunger – und zerstört das Gehirn.

den kleinen agilen Mann. Sie stürzen auf ihn zu, sobald er auftaucht. „Wann hast du endlich eine Familie für uns?", fragen sie. „Du bist doch längst unser Papa."
„Ich bräuchte monatlich 300 Euro, um die dritte Familie zu ernähren und die Kinder ausbilden zu können. Die beiden anderen Familien sind im Augenblick versorgt. Ich träume davon, eine vierte Familie zu gründen ..."
In einer der drei Familien ist Nguyen Rân, der sich selbst als einen „Gläubigen zwischen Buddhismus und nichts" bezeichnet, für 22 Kinder wirklich der „bô", der „Vater". Hier ist sein Zuhause, soweit es für Menschen wie Rân überhaupt ein Zuhause gibt. Ein Zuhause zu „schaffen", scheint ihm wichtiger, als ein Zuhause zu „haben".
Marietta Peitz

Leben auf der Straße

Weltweit leben und arbeiten 100 bis 200 Millionen Kinder auf der Straße. Auf den Philippinen beispielsweise sind es 200 000, von denen sich viele prostituieren, in Russland sind es über 400 000. Im brasilianischen Salvador de Bahía leben 16 000 Kinder auf der Straße; 1996 wurden rund 100 von ihnen ermordet. [...]

1 Warum werden die heimatlosen Kinder in Vietnam wohl „Straßenstaub" genannt? Sammelt eure Assoziationen, z.B. Bilder oder Gedichte, und besprecht sie im Kurs.

2 Besorgt euch bei Hilfsorganisationen wie z.B. *terre des hommes, UNESCO, Brot für die Welt* Informationen über Straßenkinder oder Kinderarbeit. Gibt es in Deutschland auch Straßenkinder? Gestaltet aus den Informationen eine kleine Ausstellung in eurer Schule, mit der ihr andere Klassen auf die Schicksale dieser Kinder aufmerksam machen könnt.

3 Überlegt euch Programme, wie man diesen Kindern helfen könnte. Vielleicht könnt ihr sogar einen eurer Vorschläge in die Tat umsetzen, indem ihr z. B. eine Patenschaft übernehmt.

 Konflikte regeln, „Eine Erfolgsstory [...]", S. 337

Ein Netz der Gerechtigkeit

Die Grundformen der Gerechtigkeit

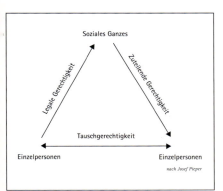
nach Josef Pieper

Die grafische Darstellung veranschaulicht die Grundformen der Gerechtigkeit, wie man sie schon im griechischen und römischen Altertum gesehen und wie sie sich vor allem der Theologe und Philosoph Thomas von Aquin (1225–1274) vorgestellt hat. Demnach gibt es drei Beziehungsverhältnisse, in denen die Gerechtigkeit verwirklicht werden soll.
Die Beziehungen zwischen den einzelnen Menschen: Sie sollen durch die Tauschgerechtigkeit geregelt werden, die z. B. vom Verkäufer verlangt, dass er einen angemessenen Preis festsetzt und vom Käufer, dass er seiner Zahlungsverpflichtung nachkommt.
Die Beziehungen der Einzelnen zur Gesellschaft: Hier fordert die Gerechtigkeit z. B., die Gesetze zu achten. Dieses Verhältnis ist nicht einseitig. Es wird ergänzt durch das Verhältnis des Staates zum Einzelnen: Dies bedeutet z. B., dass die gesetzgebenden Körperschaften sich verfassungsgemäß verhalten müssen, wenn sie Gesetze beschließen.

Gerechtigkeitsforderungen und -begriffe

Gerechtigkeitsforderungen: Gleicher Lohn für gleiche Arbeit! +++ Ohne Regeln – kein Spiel! +++ Gleiche Chancen für alle! +++ Leistung muss sich lohnen! +++ Mitbestimmen lassen! +++ Auch die nach uns kommen, haben Rechte! +++ Die Reichen dürfen nicht noch reicher werden! +++ Widerstand gegen Unrechtsordnungen! +++ Verträge sind zu halten! +++ Ungerechte Regeln verändern! +++ Jedem nach seinen Bedürfnissen! +++ Ohne Fleiß – kein Preis! +++ Jedem nach seinem Rang! +++ Freiheit – Gleichheit – Brüderlichkeit! +++ Jedem das Gleiche! +++ Strafe muss sein! +++ Sei dir dein eigener Gesetzgeber! +++ Wer die Macht hat, soll das Recht bestimmen! +++ Die Schwachen sollen bevorzugt werden! +++ Einflussmöglichkeiten gerecht verteilen!

Gerechtigkeitsbegriffe: Internationale Gerechtigkeit +++ Steuergerechtigkeit +++ Vertragsgerechtigkeit +++ Chancengleichheit +++ Fairness +++ Tauschgerechtigkeit +++ Verteilungsgerechtigkeit +++ Gesetzesgerechtigkeit +++ Toleranz +++ Gerechtigkeit zwischen den Generationen +++ Subsidiarität +++ Gleichbehandlung +++ Beurteilungsgerechtigkeit +++ Soziale Gerechtigkeit +++ Ökonomische Gerechtigkeit +++ Strafgerechtigkeit +++ Naturrecht

1 Welche Gerechtigkeitsforderungen erscheinen euch eher als „Unrechtsforderungen"? Bei welchen habt ihr Zweifel? Welchen könnt ihr zustimmen? Diskutiert darüber.

2 Verbessert und ergänzt die Tabelle der Gerechtigkeitsforderungen.

3 Ordnet den Gerechtigkeitsforderungen die passenden Gerechtigkeitsbegriffe zu.

4 Das Dreieck nach Pieper (siehe S. 137), in dem die Grundformen der Gerechtigkeit dargestellt werden, reicht zur Veranschaulichung der heutigen, komplizierter gewordenen Verhältnisse nicht mehr aus. Der folgende Entwurf versucht eine Darstellung der Gerechtigkeitsbezüge anhand der Gerechtigkeitsforderungen, mit denen ihr euch bereits in den vorherigen Arbeitsanregungen beschäftigt habt. Untersucht:
  – Welche Forderungen oder Aspekte würdet ihr bei dem hier vorgestellten Entwurf für ein „Netz der Gerechtigkeit" ergänzen oder anders darstellen?
  – Überlegt, wie sich auch in die Zukunft weisende Forderungen (wie z. B. „Auch die, die nach uns kommen, haben Rechte!") in die Grafik einbinden lassen könnten.
  – Könnt ihr euch eine andere Darstellungsform als die hier gewählte Netzstruktur vorstellen, die die verschiedenen Bezüge noch besser wiedergeben würde? Entwerft gegebenenfalls eine grafische Darstellung, die euch mehr zusagt.

5 Konzentriert euch auf einen Teilbereich der Gerechtigkeitsforderungen, z. B. nur die Schule, das Arbeitsleben oder die soziale Gerechtigkeit, und konstruiert ein Netz – oder eine andere Form der Veranschaulichung –, mit der sich die Bezüge und angesprochenen Institutionen angemessen präsentieren lassen.

Ein Netz der Gerechtigkeit (Entwurf)

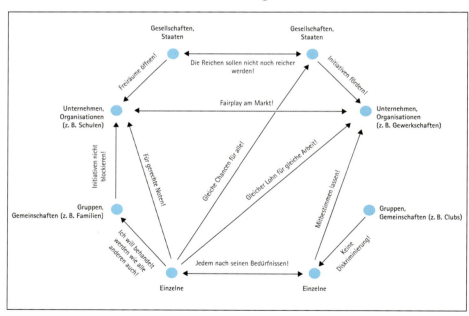

Religionen kennen und achten

Wichtiger Hinweis

Die in diesem Buch gewählte Reihenfolge der Religionen,
1. Hinduismus,
2. Buddhismus (mit Taoismus/Konfuzianismus),
3. Judentum,
4. Christentum,
5. Islam,
liegt im Entstehungszeitpunkt der einzelnen Religionen begründet.
Begonnen wird mit der ältesten der fünf behandelten Religionen.

Die folgende Karte soll euch eine Orientierung über die geografische Verbreitung der Weltreligionen bieten. Ihr könnt darauf im Laufe eurer Beschäftigung mit den einzelnen Teilkapiteln immer wieder zurückgreifen.

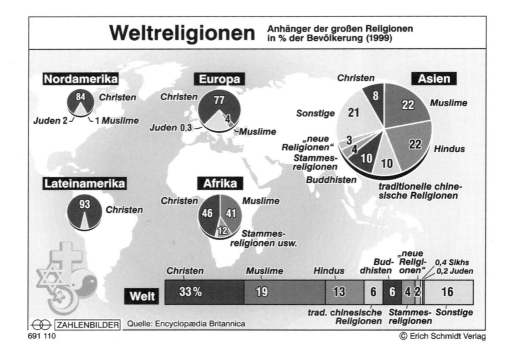

Hinduismus

Der Kreislauf des Daseins

Eine Religion vermittelt dem Menschen ein Weltbild, vor dessen Hintergrund er sein Selbstverständnis gewinnt und seine Rolle im Leben definiert.

Das Weltbild des Hinduismus ist ein zyklisches, d.h. alle belebten Dinge sind dem Rhythmus von Werden und Vergehen unterworfen. Am einfachsten ist dies nachvollziehbar in der Natur: Der Baum bringt Knospen hervor, später Früchte und schließlich welkt sein Laub und vergeht, bis der Prozess im Frühjahr wieder von neuem beginnt. Diesen Kreislauf bezeichnet man als *samsara*.

So wie der gesamte Kosmos dem Gesetz des *samsara* gehorcht, ist auch das Leben des einzelnen Menschen vorstellbar: Es endet nicht mit dem Tod, sondern beginnt von neuem. Im Hinduismus glaubt man, dass jedes Lebewesen einen unsterblichen Kern hat, *atman* genannt, was häufig mit „Seele" übersetzt wird. Nach dem Tod verlässt *atman* den Körper und lebt in einem neuen Wesen weiter; daher spricht man auch von „Seelenwanderung" und „Wiedergeburt". Die Hindus glauben, dass sie die Art der Wiedergeburt durch ihre Taten im gegenwärtigen Leben beeinflussen können: Durch gute Taten werden sie in der Hierarchie der Lebewesen aufsteigen. Dieser Glaube bestimmt die Einstellung zu den Mitmenschen und der übrigen belebten Welt. Jedes Lebewesen ist zu achten aufgrund des ihm innewohnenden *atman*.

Ein Gefühl für soziale Ungerechtigkeit kann indessen nicht aufkommen, denn derjenige, der unter schlechten Bedingungen leben muss, hat sich diesen Platz durch sein Verhalten in einem früheren Leben erworben. Die Summe aller Handlungen, die wiederum den Standort im nächsten Leben bestimmen, bezeichnet man als *karma*.

Auf diese Weise sind die Gläubigen bestrebt, durch Ansammlung von gutem *karma* im nächsten Leben eine bessere Position zu erringen. Letztendliche Zielvorstellung ist es dabei, den beständigen Kreislauf des Lebens verlassen zu können *(mokscha)* und eins zu werden mit dem *brahman*, worunter man sich das Absolute, das Urprinzip der Welt, vorstellt.

Das Leben eines Hindu ist auf diese Zielvorstellung hin ausgerichtet und im Idealfall in vier Stadien zu realisieren:
– Die **erste** Stufe dient dem Erwerb von Wissen und Lebenstüchtigkeit.
– Die **zweite** Stufe ist der Gründung einer Familie gewidmet. Auf dieser Stufe ist der Hindu bestrebt, Wohlstand zu erreichen, um seiner Familie eine sichere Lebensgrundlage zu bieten.
– Auf der **dritten** wendet er sich von Familien- und Alltagsleben ab, um zu immer größerer Bedürfnislosigkeit zu gelangen.
– Die **vierte** Lebensstufe schließlich ist der Meditation gewidmet, um auf diese Weise der Verschmelzung mit dem *brahman* näher zu kommen.

1 Veranschaulicht wesentliche Textinhalte mithilfe von grafischen Darstellungen oder Zeichnungen: der Kreislauf des Lebens, die Hierarchie der Lebewesen, die vier Stadien des Lebens ...

2 Die vom Menschen häufig gestellte Frage nach den Ursachen oder dem Grund für Schicksalsschläge und Leiden beantwortet der Hinduismus mit dem Verweis auf das im früheren Leben erworbene *karma*.

(b. w.)

Religionen kennen und achten

– Welche Konsequenzen hat diese Vorstellung für Lebens- und Zukunftsgestaltung?
– In welchen Bereichen kann diese Deutung hilfreich sein?
– In welchen Bereichen kann sie Aktivitäten lähmen und Kräfte binden?

Benares (Varanasi), Zentrum des religiösen Lebens am Ufer des heiligsten Flusses Ganges. Ein Bad im Ganges reinigt von begangenen Sünden.

Ziele und Erlösungswege

„Es gibt einen überaus tiefen Fluss, der Hoffnung heißt: Die Wünsche sind das Wasser darin, die Gier bildet die Wellen, die den Fluss bewegen; die Leidenschaft entspricht den Krokodilen, die Überlegung den hin und her schwimmenden Vögeln; die Standhaftigkeit ist der am Ufer stehende Baum, den der Fluss entwurzelt; der Unverstand ist der Wirbel, der den Übergang erschwert; die Berge von Sorgen sind die hohen Ufer. Mögen die großen Weisen, die allem entsagt haben und nur der Beschaulichkeit leben, sich der Freude hingeben, wenn sie reinen Herzens diesen Fluss überschritten haben."

Sicher ist, dass auch Hindus die gegenwärtige Welt als leidvoll und verfallen, die weltliche Existenz als in Unwissen und Verblendung befangen betrachten und schon in der Gegenwart auf eine Erlösung hoffen. Daher wurden Wege ersonnen, schon hier und jetzt aus dem Kreislauf der Wiedergeburten ausbrechen zu können, um so aus eigener Kraft zur Erlösung zu gelangen. Eine häufig anzutreffende Vorstellung unter den Anhängern der hinduistischen Religionen ist die von drei verschiedenen Wegen zur Erlösung: dem **Weg des Wissens** *(jñāna-mārga)*, dem **Weg des Handelns** *(karma-mārga)* und dem **Weg der gläubigen Hingabe** *(bhakti-mārga)*.

Der **Weg des Wissens** basiert auf der Wahrheit der Identität von *brahman* und *ātman*, von Absolutem und individuellem Einzelwesen, die es allerdings im eigenen Bewusstsein zu realisieren gilt – mithilfe von Askese, einer Abwendung von äußeren, störenden Einflüssen, die eine Konzentration des Denkens, Yoga, ermöglicht, um in Meditation oder einer Vision zur Erkenntnis der letzten Wahrheit zu gelangen. Hier ist jedoch wenig Platz für Hoffnung, gefragt ist vielmehr die individuelle Anstrengung zur Überwindung des Nichtwissens. Hat man die Identität mit dem All-Einen erkannt und umgesetzt, so ist man jenseits von Wünschen und Hoffen. Diesen Weg zu gehen, der eigentlich jedem offen steht, ist allerdings beschwerlich.

Der **Weg des Handelns** ist in der *Bhagavadgītā*[1] als Alternative zur Weltabkehr, wie sie in asketischen Strömungen der brahmanischen Religion, aber auch im Buddhismus und Jainismus gefordert wurde, konzipiert. Dem rituellen Handeln wurde das soziale Handeln als wesentliche Pflicht beigegeben, und das in der *Bhagavadgītā* propagierte Ideal ist das der Erfüllung der jeweiligen individuellen Pflicht in der Welt, jedoch ohne Anhaftung an diese Welt, ohne Selbstsucht, ohne das Fragen nach den Früchten der Tat. Nun ist auch dieser Weg der völligen Selbstlosigkeit nicht einfach zu gehen, denn gefordert ist ein Handeln, das von keinem Verlangen mehr gesteuert wird, sodass nicht einmal mehr die Hoffnung auf Erlösung als Motivation vorhanden sein sollte.

Ein Korrelat zu diesem Weg des Handelns ist der allen – ob arm oder reich, ob Brahmane oder Tagelöhner, ob Gelehrter oder Tor – zugängliche **Weg der gläubigen, liebenden Hingabe an Gott.** Hier [...] spielen verstärkt Elemente der Hoffnung eine Rolle [...]. Hier vollzieht sich die Überwindung der Trennung von individuellem Selbst und Absolutem, *ātman* und *brahman*, durch eine dienende, liebende Hingabe des Gläubigen an Gott einerseits sowie durch die Gnade Gottes, die dem Gläubigen wiederum Hingabe *(bhakti)* zuteilt, andererseits.

Martin Christof-Füchsle

1 Versucht zu begründen, warum „Hoffnung" – in unserer Kultur ein positiver Begriff – im Hinduismus eine negative Wertung erfahren kann.
Das Bild vom Fluss wird häufig auch als Metapher oder Allegorie für andere Lebensbereiche herangezogen. Ermittelt solche Beispiele oder entwerft sie selbst für
– den Fluss der Zeit/der Zeitalter,
– das menschliche Leben von der Quelle bis zur Mündung.

2 Beurteilt die Lehre vom *karma* im Hinblick auf
– die Akzeptanz von Schicksalsschlägen und Katastrophen,
– die Bereitschaft zur Veränderung von sozialen Ungerechtigkeiten.
Diskutiert die Vor- und Nachteile dieser religiösen Grundeinstellung.

3 Beschreibt in eigenen Worten die drei Erlösungswege.
Überlegt euch zu jedem Weg, für welche Menschen und welche Lebenssituation er passend sein könnte.

---

[1] Bhagavadgītā: heiliges Buch des Hinduismus, meistgelesenes Erbauungsbuch Indiens

Die soziale Ordnung: Das Kastensystem

ursprünglich: **Priester**;
höchste Stufe im Kreislauf der Wiedergeburten;
Vormachtstellung

ursprünglich: **Könige und Krieger**;
sorgten für die Einhaltung der Gesetze

ursprünglich: **Bauern, Handwerker, Händler**

ursprünglich: **Sklavenstand**;
müssen den übrigen Kasten dienen

auch: **Parias = Unberührbare**;
Menschen, die in keine Kaste hineingeboren wurden oder aufgrund kultischer Verfehlungen ausgestoßen sind (Henker, Leichenträger, Lederarbeiter)

1 Welche Vor- und Nachteile hat eine so klare soziale Ordnung wie die des Kastensystems?

2 Mahatma Gandhi hat die Kastenlosen als „Kinder Gottes" bezeichnet: Sie bedürften vorrangig der Fürsorge durch ihre Mitmenschen.
Welche Möglichkeiten hat ein gläubiger Hindu, auf diese Forderung zu reagieren?

3 Vergleicht das hinduistische Kastensystem mit der mittelalterlichen Ständeordnung (Geschichtsbuch!). Gibt es Parallelen; worin bestehen die Unterschiede?

Mahatma Gandhi (1869–1948), Führer der indischen Unabhängigkeitsbewegung und Anhänger des gewaltlosen, politischen Widerstands; 1938

Götterverehrung

 Trotz seiner Funktion als Schöpfer bleibt Brahma ziemlich abstrakt. Seine Aufgabe ist es, aus der ursprünglichen Einheit die Vielfalt hervorzubringen. Seine Partnerin ist **Sarasvati**, die Energie, die von ihm ausgeht. Sie [...] ist auch die Göttin der heiligen Flüsse. Sie ist die Göttin der Gelehrsamkeit und das „Wasser der Wahrheit". Brahma wird oft mit vier Gesichtern dargestellt, die in die vier Himmelsrichtungen schauen, und mit vier Armen [...].

 Vishnu, der große Erhalter, kümmert sich um das Schicksal der Menschen. Er wird meist symbolisch dargestellt. Er wird liegend abgebildet oder schlafend auf dem Ozean, der das Bild des Chaos ist, der tausendköpfigen Schlange. [...] Der Vishnu-Kult ist sehr beliebt. Vishnu ist das Symbol der göttlichen Liebe, manchmal gemeinsam mit seiner Partnerin **Lakshmi**, der Göttin der Schönheit und des Glücks. Aber viel häufiger wendet er sich in einer seiner zehn „Herabstiege" oder Inkarnationen[1] dem Menschen zu. Die beliebteste Inkarnation ist **Krishna** [...].

 Shiva ist der Gott der Gegensätze, die in ihm eine grundlegende Einheit finden. Obwohl sein Symbol der Phallus ist, wird er oft als ewig keusch dargestellt. [...]
Er ist der Zerstörer des Lebens und sein Schöpfer. Er ist der Schreckliche, doch ist keiner so mild wie er. In ihm ist nie endende Aktivität und ewige Ruhe. In ihm ist der Unterschied der Geschlechter, aber er ist auch die Einheit, die alle Unterschiede transzendiert. Aus ihm kommt Gut und Böse.
Seit dem 12. Jahrhundert wird Shiva oft als König der Tänzer dargestellt – die Verkörperung kosmischer Energie. [...] Shiva wird vielhändig dargestellt. Ein Händepaar drückt das Gleichgewicht zwischen Leben und Tod aus, ein anderes den Zusammenstoß zwischen Gut und Böse usw.
Vishnu und Shiva sind Mittelpunkt von Kulten, in denen Menschen die Einheit mit dem Gott suchen. [...]
Eine volkstümliche Geschichte erzählt, wie Shiva eine Katastrophe abwendete. Die Wasser des Ganges stürzten sich auf die Erde. Shiva

Darstellung des Gottes Shiva als Tänzer. Der Tanz symbolisiert das ständige Vergehen und Erneuern der Welt.

---
[1] Inkarnation: Verkörperung, Menschwerdung

knotete sein Haar und ließ die Wasser auf sein Haupt stürzen. So konnten sie abfließen, ohne Schaden anzurichten. Shiva ist auch der Meister der Yogis (Asketen) [...]
Die Darstellungen sind nicht realistisch zu verstehen. Anders als die Griechen, die ihre Götter einfach als Menschen darstellten, zeigten die Hindu-Darstellungen, dass die Götter weit mehr sind als Menschen. Macht wird durch viele Arme ausgedrückt, die göttliche Weisheit Shivas durch ein drittes Auge. Wenn Götter Tierformen haben, weist das auf besondere Eigenschaften hin.

aus: Handbuch Weltreligionen

1 Versucht, der Vielfalt der Hindu-Gottheiten zu begegnen, indem ihr ihren Verantwortungsbereich und ihre Darstellungsformen in einer Tabelle anordnet.

2 Die Griechen stellten sich ihre Götter als Menschen vor, die zuweilen auch menschliche Schwächen wie Eifersucht, Zorn und Besitzgier zeigten. Die Hindu-Gottheiten werden demgegenüber als übermenschliche „Ver-Ursacher" gesehen. Diskutiert:
– Welche Hilfen zur Weltdeutung können beide Anschauungen geben?
– Welches Selbstbild des Menschen folgt aus der jeweiligen Göttervorstellung?
– Worin dürften die Ziele der Götterverehrung liegen?

„Ātman" –
Das Göttliche in allen Lebewesen

Zwischen den einzelnen Sekten Indiens bestehen zwar Meinungsverschiedenheiten über die Natur der menschlichen Seele, doch in bestimmten Punkten herrscht völlige Einmütigkeit. So glauben wir alle, dass die Seelen ohne Anfang und Ende, somit also unsterblich sind und alle Kräfte, Segnung, Reinheit, Allgegenwärtigkeit und Allwissenheit, in jeder Seele vereinigt sind. Diesen großen Gedanken sollten wir uns immer vergegenwärtigen. In jedem Menschen und in jedem Tier, ob schwach oder stark, groß oder klein, herrscht die gleiche allgegenwärtige, allwissende Seele. Die Differenzierung liegt nicht in der Seele, sondern in der Offenbarung. Zwischen mir und dem kleinsten Tier liegt der Unterschied nur in der Erscheinungsform, im Prinzip sind wir das Gleiche, das Tier ist mein Bruder und besitzt die gleiche Seele wie ich. Dieser Gedanke der Gleichheit ist der größte, den Indien lehrte. Das Wort von der Bruderschaft des Menschen wird in Indien zum Gedanken der universalen Verbrüderung allen Lebens, aller Lebewesen bis herunter zum winzigsten Tierchen. Es heißt daher in unseren Schriften: „So wird der Weise wissend, dass der gleiche Gott allen Körpern innewohnt, in jedem Körper denselben Gott verehren."
Aus diesem Grunde ist Indien von barmherziger Liebe zu den Armen und den Tieren durchdrungen, denn aufgrund dieser Gedanken über die Seele ist jedes Geschöpf vor Gott und den Menschen gleich. [...] Allerdings beim Gebrauch europäischer Sprachen wird man durch den falschen Sinn, der den Worten Seele und Geist gegeben wird, getäuscht. [...] Ātman lässt sich nicht durch die Worte Geist oder Seele übersetzen, sodass wir gezwungen sind, entweder das Wort selbst oder den von den

Philosophen des Westens eingeführten Begriff des ‚Ich' oder ‚Selbst' zu gebrauchen. [...]

Die Seele ist ohne Geschlecht, sodass wir vom *Ātman* nicht sagen können, es sei männlich oder weiblich. Das geschlechtlich Differenzierte haftet lediglich dem Körper an. [...] Für das Altern gilt dasselbe, da die Seele niemals altert und immer die gleiche bleibt.

Swami Vivekananda

1 Wenn der Leitsatz „Das Tier ist mein Bruder" in unserer Gesellschaft gelten würde, was müsste sich dann ändern? Sammelt konkrete Beispiele.

2 Was versteht man in westlichen Kulturen unter „Seele"?
Versucht zunächst eine eigene Definition; schlagt danach in philosophischen und theologischen Lexika nach.

Größter Tempel des Hinduismus in Angkor, Kambodscha.

Buddhismus

Eine Philosophie des „Kung-Fu"

Nimm alle Dinge an als das, was sie sind.
Befreie dich von den Ketten deiner Ängste und Begrenzungen.
Sei kreativ, aufmerksam, ruhend, bewegt und unbewegt, empfänglich und beharrend, halte am Licht fest.
Lächle durch die Tränen, und wenn du fällst, stehe wieder auf.
Sei gut zu dir selbst, während du andererseits die höchsten Ansprüche stellst an die Leistungen deines Körpers, deines Geistes und deiner Seele.
Lasse keine Ausflüchte gelten.
Bringe dir alles bei, was sich zu wissen lohnt. Halte fest an deinem Weg, deinen Idealen und deinem Ansehen. Vermeide die Übel, die wie giftige Schlangen sind: Ablenkung, Wünsche, Besessenheit, Exzesse und Zerstörungswut. Überwinde Faulheit, Eitelkeit, Neid, Hass, Ärger, Gefräßigkeit, Lust, Eifersucht, Unwichtigkeit, Gier und Selbstsucht.
Beklage dich nicht. Der Kummer, den du haben magst, ist nur äußerlich, geringfügig und unbedeutend. Er wird vorübergehen.
Lerne das Alleinsein, aber nicht die Einsamkeit. Du spürst alle Dinge in dir, wenn du allein sein kannst. Fordere nichts. Warte.
Sei vorsichtig und misstrauisch gegenüber deinen eigenen Handlungen. Denn durch Handeln kommt viel Übles in die Welt. Aber kämpfe, wenn es erforderlich ist.

David Carradine, Darsteller des Kwai Chang Caine in „Kung-Fu" und Autor mehrerer Bücher

Stelle dich der Wirklichkeit, aber sei auch nachsichtig mit deinen Träumen. Habe und behalte Hoffnung, Glaube und guten Willen. Glaube an dein Glück. Nimm deine Chancen wahr. Suche Erleuchtung und gib sie weiter. Trage dazu bei, dass die Dinge wachsen, in dir selbst und in allem, was dich umgibt.
Gehe mit leichtem Schritt und drücke dem Gras nicht deine Spuren auf. Aber lass die Welt wissen, dass du vorübergehst.
Heiße Fremde willkommen, biete Reisenden deine Hilfe an. Kümmere dich um die Hungrigen und die Heimatlosen.
Sei stark und beständig, gütig und zuverlässig. Spüre die Kraft. Folge deinem Herzen.
Lache, singe und tanze. Sitze vollkommen still und lausche. Die höchste Macht wird sprechen. Zweifle nicht daran.
Finde deine eigene Mitte.
Stelle jede Frage. Befrage jede Antwort. Beantworte jede Frage und jede Antwort mit einer neuen Frage. Sei eins mit dem Einen.
Was auch kommen mag, gib nicht auf. Gehe weiter, unbeirrbar, in deinem Suchen.

nach David Carradine

RELIGIONEN KENNEN UND ACHTEN

1 „Kung-Fu" ist euch möglicherweise als asiatischer Kampfstil bekannt (siehe auch „Tai Chi", S.154). Welchen Sinn hat in diesem Zusammenhang die im Text geschilderte Selbstdisziplinierung?

2 Beleuchtet die einzelnen Textaussagen in einer Diskussion: Welche erscheinen euch einsichtig, welche nicht?

3 Von der Gattung her handelt es sich bei „Eine Philosophie des ‚Kung-Fu'" um einen meditativen Text. Versucht die Stimmung, die er in euch erzeugt, wiederzugeben, indem ihr eine passende Begleitmusik auswählt oder ihn illustriert (z.B. durch Landschafts- und Menschendarstellungen oder ein Mandala).

4 Habt ihr für euch selbst eine „Lebensphilosophie"? Drückt sie in einem meditativen Text aus. Sammelt die Entwürfe, lasst sie von euren Mitschülern lesen und einen Kommentar dazu schreiben.

5 Welche Elemente der „Kung-Fu-Philosophie" sind auf dem Foto von David Carradine ausgedrückt?

Siddhārta Gautama und seine Lehre

Geburt und Kindheit

Siddhārta Gautama [...] wird um das Jahr 563 v. Chr. in Kapilawastu am Fuße des Himalaja, unweit des heutigen Paderia in Nepal, geboren. Zu seinem Familiennamen Gautama erhält er den Prinzennamen Siddhārta („einer, der das Ziel erreicht hat"). [...]
Das am elterlichen Fürstenhof geführte sorgenfreie, ja luxuriöse Leben führt der Prinz nach seiner Heirat weiter, wobei dem tiefsinnigen Siddhārta jedoch die Sinnlosigkeit solchen Lebens immer deutlicher bewusst wird. Diese Überlegungen verstärken sich, als er bei drei Ausfahrten aus dem väterlichen Schloss menschlichem Leid in Gestalt eines Greises, eines Kranken und eines Verstorbenen begegnet. Ihm wird auf diese Weise eindrucksvoll bewusst, dass alle Wesen dem Alter, der Krankheit und schließlich dem Tod preisgegeben sind. Eine vierte Ausfahrt, bei der er einem Einsiedler begegnet, gibt ihm den letzten Anstoß, sein Leben in Überfluss aufzugeben und als wandernder Asket eine Antwort auf die ihn tief bewegenden Fragen menschlicher Existenz zu suchen. So verlässt er in der „Nacht der großen Entsagung" heimlich seinen Palast, seine Eltern, die Ehefrau und sein Kind – er ist im Alter von 29 Jahren –, schert sein Haupthaar, legt das gelbe Gewand des Asketen an und geht „aus dem Haus in die Hauslosigkeit".

Weg zur Erleuchtung

[...] Mit gekreuzten Beinen, im Lotossitz, nach Osten gewandt und im Anblick der gleichmäßig dahinfließenden Wellen des Flüsschens kommt Siddhārta zur Ruhe und gerät in tiefe Versenkung. Dabei steigt er Schritt für Schritt vier Stufen der Versenkung hinab: von der ersten Stufe der meditativen Reflexion zur zweiten, der tiefen Lust der Seele, von dort zur dritten, der matten Lust der Seele, und schließlich zur vierten, des vollkommen leid- und freudfreien Gleichmuts.

Auf dieser vierten und letzten Stufe wird während der Nacht dem Siddhārta eine dreifache Erkenntnis zuteil:
In der *ersten* Nachtwache erinnert er sich an die eigenen, vorausgegangenen Geburten, an die Wanderungen von Dasein zu Dasein durch zahllose Weltzeitalter, an die vielfachen leidvollen Erfahrungen in hohen und niederen Lebensumständen und er durchläuft noch einmal die Wege seiner früheren Existenzen von Geburt zu Tod und zur Wiedergeburt. Es ist ein nicht endender Kreislauf der Wiedergeburten.
In der *zweiten*, mittleren Nachtwache sieht Siddhārta den gegenwärtigen Zustand der Welt, wie die anderen Wesen auf ihren verschlungenen Wanderungen – entsprechend ihren Taten – im Kreislauf der Wiedergeburten entweder in lichte Welten emporsteigen oder in dunkle Tiefen hinabsinken. Er erkennt, dass die Menschen der Gegenwart – gemäß dem sittlichen Wiedervergeltungsgesetz – heute das sind, was sie im vorangegangenen Leben getan haben.
In der *dritten* Nachtwache, beim Dämmern der Morgenröte, gelangt Siddhārta zu der letzten, entscheidenden Erkenntnis, dass nämlich das Grundübel in der Welt verkettet ist wie Ursache und Wirkung. Er erkennt „in Wahrheit":
1. „Dies ist das Leiden."
2. „Dies ist die Ursache des Leidens."
3. „Dies ist die Aufhebung des Leidens."
Und wie bei einem logischen Schluss zieht er aus diesen drei Vordersätzen die Folgerung:
4. „Dies ist der Weg, der zur Aufhebung des Leidens führt."

Sitzender Buddha (Japan)

Diese so genannten „vier heiligen Wahrheiten" sind Gegenstand der „Predigt von Benares" [...], seiner ersten Predigt. Mit dieser dreifachen Erkenntnis [...] gelangt der Prinz Siddhārta zur höchsten, vollkommenen Erleuchtung [...]. Und mit dieser Erleuchtung hat er Erlösung, *nirvāna*, erlangt, ein Erlöschen, auf das keine Wiedergeburt mehr folgen kann. Seit jener „heiligen" Nacht, in der Siddhārta das Weltgesetz, das alle Wesen im Geburtenkreislauf gefangen hält, durchschaut und besiegt, ist er [...] zu einem *Buddha* („Erleuchteter") geworden, und seitdem trägt er den Ehrentitel „Buddha".

Buddhas Lehr- und Wanderjahre

Am siebten Tag macht er sich auf den Weg nach Benares [...] – beim heutigen Sarnath –, wo er die fünf ihm schon von früher bekannten Asketen trifft. Vor ihnen hält er im Meditationssitz seinen ersten Lehrvortrag, die „Predigt von Benares", die als buddhistische Bergpredigt bezeichnet wird. Gegenstand sind die „vier edlen Wahrheiten", die Buddha in der dritten Nachtwache [...] erkannt hat. Buddha empfiehlt darin den mittleren, dritten Weg, der zwischen einem Leben in Lust und sinnlichem Vergnügen einerseits sowie dem in strengster leiblicher Abtötung und Selbstquälerei andererseits verläuft. Nur dieser mittlere Weg führt zum Frieden, zur Erleuchtung und Erlösung.
Mit dieser Predigt [...] setzt Buddha das „Rad der Heilslehre" in Bewegung. Die fünf Asketen erbitten daraufhin von ihm die Mönchsweihe und er entspricht ihrem

Wunsch. Damit tritt neben den Buddha und die Heilslehre […] auch die Ordensgemeinschaft als „drittes Kleinod" des Buddhismus. Diese drei Hauptstücke des
Buddhismus heißen auch die drei Juwelen *(triratna)*. Der Bekehrung der fünf
Asketen folgen andere; schon bald umfasst die neue religiöse Gemeinschaft neben
dem festgefügten Orden zahlreiche gläubige Laienanhänger.

aus: Der große Religionsführer

1 Schlagt, z.B. in Büchern über ostasiatische Kunst, weitere Darstellungen zum Bud-
dhismus nach und lasst eure Fantasie davon inspirieren.
Versucht dann selbst, eines der folgenden Elemente von Buddhas Leben und Lehre
zeichnerisch nachzuempfinden: die Begegnung mit Alter, Krankheit und Tod, die
Visionen der drei Nachtwachen, die drei Wege zur Erleuchtung, die Predigt von
Benares, die Gründung der Ordensgemeinschaft.

2 Stellt die drei Lebensphasen des Siddhārta Gautama als tabellarische Biografie dar
und setzt ergänzende Symbole für seine religiösen Erkenntnisse ein.

3 Vergleicht das Leben des Prinzen Siddhārta mit dem Leben anderer Religionsstifter
(Jesus, Mohammed). In welchen Bereichen gibt es Ähnlichkeiten, in welchen
markante Unterschiede?

Leben ohne Leidenschaften

Milaraspa (11. Jahrhundert)
[Seligpreisungen]

Glücklich ist, wer da wandelt frei von der Leidenschaft zu besitzen.
Glücklich, wessen Leib frei ist von brennendem Schmerz.
Glücklich, wessen Wesen der Trägheit bar ist.
Glücklich, wer einfachen Herzens Beschauung übt.
Glücklich, wer, ohne kalt zu sein, innere Glut besitzt.
Glücklich, wer ohne Furcht Bußübungen vollzieht.
Glücklich der Landwirt, der nach nichts trachtet.
Glücklich, wer die ungestörte Einsamkeit wählt:
Das alles sind Vorzüge des Leibes …
Glücklich, wer, ohne Freunde, zu reden nicht gebunden ist …
Glücklich, wessen Anschauungen frei von Selbstsucht sind.
Glücklich, wer sich beständig ununterbrochener Betrachtung weiht.
Glücklich, wessen Wandel frei von Furcht ist.
Glücklich, wer die Belohnung der Hoffnungs- und Furchtlosigkeit
gewonnen:
Das alles sind Vorzüge des Sinnes.
Glücklich, wer unwandelbar, einfachen Herzens und erleuchtet ist.
Glücklich, wer in der reinen Sphäre des höchsten Segens weilt.
Diesen sehr segensreichen kleinen Sang,
Dies Lied der Wonne habe ich gesungen.
● ● ●

1 Versucht die „Seligpreisungen" zu verstehen, indem ihr einige Sätze durch Beispiele aus eurem Alltag veranschaulicht.

2 Sind Gleichmut und Gelassenheit uneingeschränkt erstrebenswerte Ziele? Denkt an Grenzsituationen des menschlichen Lebens und diskutiert Vor- und Nachteile des „Akzeptierens" und des „Ankämpfens".

Selbsterlösung braucht keine Götter

Die vier edlen Wahrheiten

Dies, ihr Mönche, ist die edle Wahrheit vom *Leiden:* Geburt ist Leiden, Alter ist Leiden, Krankheit ist Leiden, Sterben ist Leiden; mit Unlieben vereint sein, ist Leiden. Von Lieben getrennt sein, ist Leiden. Nicht erlangen, was man begehrt, ist Leiden. Kurz, das Verbundensein an die fünf Objekte des Ergreifens ist Leiden. Dies, ihr Mönche, ist die edle Wahrheit von der *Entstehung des Leidens:* Es ist der die Wiedergeburt erzeugende Durst, begleitet von Wohlgefallen und Begier, der hier und dort seine Freude findet: nämlich der Durst nach Lust, der Durst nach Werden und Dasein, der Durst nach Vergänglichkeit.
Dies, ihr Mönche, ist die edle Wahrheit von der *Aufhebung des Leidens:* Die Aufhebung dieses Durstes durch restlose Vernichtung des Begehrens, ihn fahren lassen, sich seiner entäußern, sich von ihm lösen, ihm keine Stätte gewähren.
Dies, ihr Mönche, ist die edle Wahrheit von dem *Weg, der hinführt zur Aufhebung des Leidens:* Es ist dies der edle „achtfache Pfad", der da heißt: rechtes Glauben, rechtes Denken, rechtes Sprechen, rechtes Tun, rechtes Leben, rechtes Streben, rechte Konzentration, rechtes Sichversenken.

Nirvāna als Erlösungsziel

Wer die „vier edlen Wahrheiten" erkennt, hat das Leid bereits grundsätzlich überwunden. Wenn er dann aus dieser Erkenntnis heraus den „edlen achtfachen Pfad" beschreitet, dann erlangt er das Heilsziel *nirvāna* [...].
Negativ meint *nirvāna* das Erlöschen des unheilvollen Daseinsdrangs, das Verwehen des individuellen, vergänglichen Seins und damit das Aufhören des zu immer neuen Geburten führenden Kausalgesetzes. Positiv meint *nirvāna* einen Zustand vollkommener Ruhe und absoluten Friedens, die absolute, unpersönliche letzte Wirklichkeit, in die die Erlösten eingehen. Das „*nirvāna* der diesseitigen Ordnung" meint Auslöschung alles selbstischen, sinnlichen Begehrens. Als Quelle des Leidens ist es deshalb ein schon zu Lebzeiten – während der letzten Lebensperiode – erreichbarer Zustand. Das „vollkommene *nirvāna*" meint die völlige Auslöschung und das Aufhören der physischen Existenz zugleich mit dem Eintritt des Todes.

Buddha und die Götter

Die Frage nach Gott hat Buddha nie beantwortet. Wenn er gefragt wird, ob es einen Gott gibt oder nicht, dann ist seine Antwort ausweichend: „Ich will darauf keine

Antwort geben, weil ich nichts Sicheres darüber weiß und es auch für den Erlösungsweg des Menschen unbedeutend ist."
Buddha Gautama [ist] das weiseste, edelste und gütigste aller Wesen in dieser Weltperiode – ausgenommen die vorausgegangenen Buddhas –, und Buddha selbst versteht sich nur als „Wegweiser" zum Heil, ohne einen Anspruch auf göttliche Verehrung zu erheben.

aus: Der große Religionsführer

Buddha im typischen Lotus-Sitz: Diese Statue aus Granit ist 3,40 m hoch und steht in Südkorea. Sie gilt als Quintessenz buddhistischer Kunst.

1 Veranschaulicht die Lehre von den „vier edlen Wahrheiten" durch konkrete Beispiele aus dem Alltag. Der Begriff „Begehren" sollte sich dabei nicht nur auf materielle Güter beziehen. In welchen Situationen dürfte es am schwersten fallen, auf ein Begehren zu verzichten?

2 Diskutiert: Ist es erstrebenswert, auf Wünsche zu verzichten, um das Leid der Nichterfüllung zu vermeiden? Überlegt euch Lebensentwürfe und Schicksale, in denen eine solche Einstellung hilfreich oder hinderlich sein könnte.

3 Vergleicht die Vorstellung vom *nirvāna* mit den Zielperspektiven anderer Religionen. Was sagen diese Vorstellungen über Lebenseinstellungen der Menschen, über soziale und kulturelle Bemühungen aus?

4 Eine Göttervorstellung ist im Buddhismus „für den Erlösungsweg des Menschen unbedeutend". Was sagt diese Position aus
   – für das Selbstverständnis des Menschen,
   – für sein Verantwortungsbewusstsein,
   – für seine Schicksalsgläubigkeit und
   – für seine Hoffnungen?

Harmonie zwischen Körper und Geist: Tai Chi[1]

Der Name und seine Bedeutung

Das chinesische Zeichen „Tai" bedeutet „der Anfang des Universums", das Zeichen „Ji" „das Ende des Universums".

Yin und Yang

Die Bewegungen des Tai Ji Quan sind sanft und fließend. Ihre Wurzeln haben die ruhigen, harmonischen Bewegungen in der Philosophie des Yin und Yang. So wie

das Leben von den polaren Kräften des Yin und Yang bestimmt wird, folgen auch die Bewegungen beim Tai Ji Quan dem Wechselspiel dieser beiden Kräfte. Nach Aktivität und Bewegung folgt Ruhe, aus der Ruhe entsteht Bewegung. Nach einer Phase des Sich-Öffnens und des Austauschs folgt die Sammlung, die Konzentration auf das Ich. In der steigenden Bewegung spürt man das Sinken, in der öffnenden Bewegung das Sammeln der Kraft.

Die Heilkraft von Tai Ji

In China wird Tai Ji Quan zur Behandlung vieler Krankheiten eingesetzt. Auch in Amerika und Europa setzen sich die Therapieformen und die Diagnostik der Traditionellen Chinesischen Medizin (TCM) immer mehr durch. [...]
Tai Ji Quan wirkt sich beruhigend auf das gesamte Nervensystem aus und steigert die körperliche und geistige Reaktionsfähigkeit. Da Tai Ji Quan die volle Aufmerksamkeit erfordert, werden die Aktivitäten des Großhirns hauptsächlich auf die motorischen Zentren der Großhirnrinde konzentriert. Die übrigen Bereiche der Großhirnrinde werden gehemmt und können sich erholen. Auf diese Weise werden Stressfaktoren, wie belastende Gedanken und negative Gefühle, ausgeschaltet und der Übende kann sich ganz auf die Übungen konzentrieren. Auch die Koordinationsfähigkeit wird durch die beim Tai Ji Quan erforderliche Koordinierung verschiedener Körperteile wie Arme, Rumpf und Beine verbessert. Wer regelmäßig Tai Ji Quan übt, wird sich nach einiger Zeit körperlich und geistig entspannt und locker fühlen. Die positive, heiter-gelassene Grundstimmung wiederum, die so viele Menschen auszeichnet, die Tai Ji Quan praktizieren, erhöht die Belastungsfähigkeit; selbst chronische Erkrankungen können schneller geheilt werden.

Li Wu/Jiao Fenè

---

[1] Tai Chi: Bei dem Wort handelt es sich um eine lautmalerische Umschreibung der Originalschriftzeichen, deshalb variiert die Schreibweise.

1 Das Prinzip des Tai Chi folgt dem in Europa erst spät wiederentdeckten Gedanken der Ganzheitlichkeit. Notiere Textaussagen, die die Idee der Ganzheitlichkeit unterstreichen.

2 Die positive Wirkung von Tai Chi beruht unter anderem auf dem Ausgleich von Körper- und Seelenkräften. Aus welchen Gründen hat man sich in Europa und Amerika erst seit dem 20. Jahrhundert wieder auf die Zusammengehörigkeit von Körper und Seele/Geist besonnen?
Informiert euch in philosophischen, psychologischen und theologischen Fachbüchern zum Stichwort „Leib/Leibfeindlichkeit" und stellt die markantesten Positionen zum Verhältnis Leib – Seele zusammen.

3 Wie ist der Zusammenhang zwischen „Tai Chi" als Meditationsanleitung und „Tai Chi Quan" als Kunst der Selbstverteidigung zu erklären?

4 Asiatische Kampfsportarten finden immer mehr Eingang in die abendländische Kultur. Könnt ihr Gründe dafür finden?

5 Informiert euch mithilfe von Zeitungsangeboten oder Telefonbucheinträgen, ob es Kampfsportschulen in eurer Nähe gibt (Tai Chi, Karate, Kung-Fu ...) oder ob Volkshochschulkurse angeboten werden. Interviewt die Veranstalter. Meist steht hinter dem bloßen Sport eine sinngebende asiatische Philosophie. Berichtet darüber.
Falls man es euch gestattet, macht Fotos und ergänzt damit euren Bericht.

Logo einer asiatischen Kampfsportschule in Deutschland

Buddhistische Weisheit

Was geschehen soll, wird geschehen, ob du dich fürchtest oder nicht.

Versuche nicht zu urteilen, nur zu verstehen.

Durch Trauer um die Vergangenheit, durch Sehnsucht nach der Zukunft, dadurch verdorren die Toren wie ein abgeschnittenes grünes Rohr.

Du bist allein und losgelöst. Aber du bist auch Teil der Erde, Teil der Menschen, Teil des Ganzen. Alles kannst du erreichen.

1 Welche der Aussagen könntet ihr für eure eigene Lebenseinstellung am ehesten übernehmen, welche am wenigsten? Wählt aus und begründet.

2 Versucht die Spruchweisheiten bestimmten Leitthemen zuzuordnen (z.B. Verhältnis Geist – Körper, Furcht, Schicksal usw.). Formuliert zu jedem Thema eine zusammenfassende Grundaussage zur buddhistischen Religion.

3 Ergänzt und kontrastiert die Leitthemen mit passenden Spruchweisheiten aus anderen Kulturkreisen. Dabei können euch Anthologien zu den Themen, Sentenzensammlungen bedeutender Autoren oder sogar Spruchsammlungen für das Poesiealbum helfen.
Schreibt das Leitthema, das euch am stärksten berührt, in die Mitte eines Plakates und ergänzt die einzelnen Aussagen in einer Anordnung, die euch sinnvoll und aussagekräftig erscheint.
Illustriert das Plakat mithilfe von Zeichnungen und Fotos. Verwendet es als Anlass zur Diskussion mit euren Mitschülern.

Ein Tempel des Zen-Buddhismus in Japan

Taoismus/Konfuzianismus

Ein Hinweis vorweg

Taoismus und Konfuzianismus sind eigenständige Religionen. Sie werden in diesem Buch im Anschluss an den Buddhismus behandelt aufgrund der räumlichen (und zum Teil auch inhaltlichen) Nähe zu dieser Religion.

Buddha, Konfuzius und Laotse sind einander nie begegnet, doch aufgrund der guten Ergänzbarkeit hat man sie gern zusammen dargestellt.

Taoismus

Taoismus ist eine chinesische religiöse Anschauung, die auf den Stifter Laotse (604–517 v.Chr.) zurückgehen soll. Die Grundgedanken sind in den 81 Kapiteln des *Tao-te-King* niedergeschrieben.

„Tao" bezeichnet dabei das Urprinzip der Welt, das als eine ewige, in sich ruhende Macht verstanden werden muss und aus dem alles Leben hervorgeht. Der menschliche Anteil am „tao" ist das „te", das als Tugend aufgefasst werden kann. Da es sich beim „tao" um eine ruhende Kraft handelt, besteht tugendhaftes Verhalten im Nicht-Handeln, um ein Eingreifen in die Geschehnisse der Welt zu vermeiden. Selbstlosigkeit, Duldsamkeit, Demut und Friedfertigkeit gehören demzufolge zu den ethischen Werten des Taoismus. Es gibt eine genaue Hierarchie von Gottheiten und ein ausgeprägtes klösterliches Leben.

RELIGIONEN KENNEN UND ACHTEN

Ewig sind Himmel und Erde.
Und ewig sind sie,
weil sie nicht ihrer selbst wegen wirken.
Darum also sind sie ewig.
So stellt der Weise sein Selbst zurück
und ist anderen voraus,
wahrt nicht sein Selbst,
und so bleibt es ihm bewahrt.
Denn nur ohne Eigensucht
kann er vollenden das Eigene. [...]

Der Weise hortet nicht für sich –
und da er andren dient,
wächst sein Besitz;
und da er andren gibt,
so mehrt er sich.

Wer andre kennt, ist klug;
wer sich selbst kennt, weise;
wer andre bezwingt, ist stark;
wer sich selbst bezwingt, unbezwingbar;
wer genügsam zu sein weiß, ist reich;
wer seinen Willen durchsetzt, willensmächtig;
wer sein Wesen nicht einbüßt, währt lang;
wer dahingeht und doch nicht vergeht,
lebt ewig.

Das Dau des Himmels:
Nutzen ohne Schaden.

Das Dau des Weisen:
Handeln ohne Streit.

Ein wahres Wort ist nicht schön,
ein schönes Wort ist nicht wahr.

Der Gute ist nicht beredt,
der Beredte ist nicht gut.

Der Wissende ist nicht gelehrt,
der Gelehrte ist nicht wissend.

Altchinesische Lebensweisheiten

1 Überlegt euch Beispielsituationen, die einzelne Aussagen der Textquellen konkret veranschaulichen können.

2 Um die Gestalt des Laotse ranken sich viele Legenden: So soll er geboren worden sein, nachdem seine Mutter 81 Jahre mit ihm schwanger war. Viele seiner Anhänger geben sein Todesdatum nicht an, weil sie an seine Unsterblichkeit glauben.
Welche legendären Züge findet ihr in den Biografien anderer Religionsstifter? Aus welchem Grund kommt es zu solchen Legendenbildungen?

3 Was haltet ihr vom Ideal des „Nicht-Handelns"? Tragt Argumente dafür und dagegen zusammen.

Konfuzianismus

Konfuzianismus ist die Bezeichnung für eine Verhaltenslehre, die auf den chinesischen Philosophen und Staatsmann Kung-Fu-Tse (551–479 v. Chr.) zurückgeht. Er verbrachte sein Leben in öffentlichen Diensten und sammelte dort Erfahrungen, die er später an die Schüler, die sich um ihn sammelten, weitergab. Sein ethischer Entwurf geht davon aus, dass die Gesellschaft nur zu verbessern ist, wenn jeder bei sich selbst beginnt.

Hier einige seiner Grundgedanken:

> Hab keine Freunde, die schlechter sind als du selbst.

> Der edle Mensch sucht nicht Sattheit im Essen, nicht Annehmlichkeit im Wohnen; er ist achtsam in seinem Tun, bedachtsam in seiner Rede; an jene hält er sich, die den Rechten Weg gehen, um gerade zu machen, was krumm an ihm ist – wahrlich lernbegierig würde ich Menschen solcher Art nennen.

> Der edle Mensch ist kein Instrument, das nur einer einzigen Verrichtung dient.

Statue des Konfuzius (Kung-Fu-Tse) in Singapur

> Der Meister sagte: Um neun Dinge macht sich der edle Mensch ernsthaft Gedanken: Beim Sehen denkt er an Klarheit, beim Hören an Deutlichkeit, im Ausdruck seiner Miene an Freundlichkeit, in seinem Verhalten an Zuvorkommenheit, in seinen Worten an Aufrichtigkeit, in seinen Taten an ehrfurchtsvolle Gewissenhaftigkeit, in seinen Zweifeln an die Möglichkeiten, die Wahrheit zu erkunden, in seinen Zornesswallungen an die Schwierigkeiten, die er damit sich und anderen bereiten könnte, beim Anblick von Gewinn an die Verpflichtungen eines rechtschaffenen Menschen.

RELIGIONEN KENNEN UND ACHTEN

Im Staat Tschen geschah es,
dass Kung Fu-Dse und seinen Schülern der Proviant ausging.
Einige von ihnen waren bereits so schwach vor Hunger,
dass sie sich nicht mehr erheben konnten.
Dse Lu bemerkte sichtlich gereizt: So gerät
wohl auch der edle Mensch in arge Bedrängnis!
Freilich kann auch der edle Mensch in arge Bedrängnis
geraten, erwiderte der Meister. Gerät aber der Niedriggesinnte
in arge Bedrängnis, so quillt er
über vor Bosheit.

Wer tugendhafte Leute ehrt und seine Sinnlichkeit abtut,
seinen Eltern nach Kräften
zu dienen vermag und sich
selbstlos für seinen Fürsten einsetzt,
im Umgang mit Freunden treu zu seinem Wort steht,
den mögen andere für ungebildet halten,
ich würde ihn bestimmt gebildet nennen.

Altchinesische Lebensweisheiten

1 Sammelt aus den Aussagen die entscheidenden Hinweise und entwerft daraus eine zusammenhängende Charakteristik des „edlen Menschen".

2 Listet die ethischen Verhaltensforderungen als Anweisungen auf und konkretisiert sie durch Beispiele für unsere heutige Gesellschaft.

3 Gibt es in der Ethik des Kung-Fu-Tse Lehren, denen ihr nicht zustimmen würdet? Diskutiert darüber.

Judentum

Der Gott der Väter – Jüdischer Glaube und seine Geschichte

Eine Torarolle (die auf zwei Stäbe gewickelt ist) mit Mappa (Tuch, das die Rolle umwickelt) und Deuter (Jad), einem zumeist silbernen Stab, der als Lesehilfe fungiert und die Torarolle vor Berührung schützt.

Die heiligen Schriften der Juden sind in drei Blöcke gegliedert: die Tora, die Propheten und die Schriften.
Die Tora ('Gesetz'), die Weisung Gottes, ist das Fundament. Sie ist das Zeugnis der Beziehungen zwischen einem Volk und seinem Gott: Gott hat das jüdische Volk als sein Volk erwählt und ihm Gebote für das Leben in dieser Erwählung gegeben – er hat einen 'Bund' mit dem Volk geschlossen.
Die Propheten legen die Tora aus und mahnen im weiteren Verlauf der Geschichte das Volk, den Bund zu halten.
Die Beziehung zu diesem Gott nimmt ihren Anfang, als der Nomade Abraham die Zusage erhält, dass Gott ihm Landbesitz und Nachkommenschaft schenken wird. Die nächsten beiden Generationen, dargestellt in Abrahams Sohn Isaak und Isaaks Sohn Jakob, treten ebenso in eine lebendige Gottesbeziehung ein, sodass das Volk später im Gedenken an diese Gründungsvorfahren seinen Gott als den „Gott der Väter" bezeichnet. Die Entstehungsgeschichte dieses Volkes knüpft an die Erzählungen um Jakob an, dessen zwölf Söhne die Namen der späteren zwölf Stämme Israels tragen. Der Sage nach verkauften elf dieser Söhne ihren zweitjüngsten Bruder Josef aus Neid an eine Sklavenkarawane. Josef gelangte nach Ägypten, wo er sich beim Pharao hohes Ansehen erwarb. Als er durch weise Vorratshaltung eine Hungersnot in Ägypten verhinderte, siedelte seine Familie nach dort über. In den folgenden Generationen, als die Israeliten immer zahlreicher wurden, hatten sie harte Lebensbedingungen in ihrem Gastland zu erdulden.

Die nächste bedeutende Gestalt wird Mose, der von Gott den Auftrag erhält, das Volk aus Ägypten herauszuführen. Diese Hilfszusage Gottes gilt als Erwählung für das Volk und wird als Beginn der Geschichte Israels interpretiert. In der Folgezeit ist die Beziehung zwischen dem Volk und seinem Gott wechselvoll: Gott sagt Schutz und Hilfe zu, verlangt aber auch die Befolgung von Regeln (die „Zehn Gebote") und bestraft Ungehorsam.

Die Niederlassung erfolgt schließlich in gering besiedelten Teilen des Landes der Philister (daher der spätere Name „Palästina"), wo aus den Nomadenstämmen Sesshafte werden. Laut biblischer Überlieferung wurde dem sich bald konstituierenden Zwölfstämmebund dieses Gebiet von Gott als Stammland zugesagt. Die Gemeinsamkeit der zwölf Stämme beruht dabei vor allem auf der alleinigen Verehrung Gottes und ist in dieser Form einzigartig in der altorientalischen Umgebung.

Für die Folgezeit wird jedoch ein Abfall der Stämme vom Willen und den Geboten Gottes deutlich gemacht.

Saul, der erste König, endet unglücklich; seinem Nachfolger David ist es jedoch vergönnt, das Königreich zu wirtschaftlicher und kultureller Blüte zu führen, dessen Zentrum die Stadt Jerusalem wird. In der Gestalt des Propheten Nathan wird gezeigt, dass das Königtum Davids die Billigung Gottes findet, seine menschlichen Verfehlungen jedoch nicht unentdeckt bleiben.

Unter Davids Sohn und Nachfolger Salomo bleiben Macht und Wohlstand dem Volk noch erhalten.

Thron- und Erbstreitigkeiten führen nach Salomo schließlich zur Spaltung des Reiches in die Teilgebiete Israel und Juda. Als Warner vor dem drohenden Untergang treten die Propheten in den Vordergrund; die bekanntesten sind Elia und Elisa, Jesaja und Jeremia. Sie legen die Tora aus und mahnen zur Gerechtigkeit.

Das Ende der Königreiche ist dennoch unabwendbar: 722 v. Chr. wird das Reich Israel als Provinz Samaria der Großmacht Assyrien angegliedert; 587 v. Chr. trifft es den Staat Juda: Der babylonische Herrscher Nebukadnezar erobert das Land, zerstört den Mittelpunkt des kultischen Lebens – den Jerusalemer Tempel – und deportiert die jüdische Oberschicht der Bevölkerung. Dieses als „Babylonische Gefangenschaft" bekannt gewordene Exil dauert fast 50 Jahre.

In der Folgezeit dürfen die Deportierten zwar in ihre Heimat zurückkehren und den Tempel wiederaufbauen, aber das Volk gewinnt seine Selbstständigkeit nicht zurück: Perser, Griechen, Syrer und schließlich die Römer lösen sich in der Herrschaft ab.

Um 200 v. Chr. entsteht das jüngste Buch der jüdischen Bibel, die Apokalyptik Daniels. Apokalyptik bezeichnet Visionen vom Ende der Welt. Hier werden auch die Hoffnungen des Volkes auf einen Retter wieder aufgegriffen, den „Messias", dessen Kommen die Propheten bereits angekündigt hatten.

nach Gert Otto

Jerusalem – Blick auf Platz und Klagemauer

1 Stellt mithilfe des Textes die Geschichte Israels in grafischer Form dar (Ableitungs- und Zuordnungspfeile für die Generationenfolge, Symbole für Rollen- und Funktionsträger).
2 Welche Bedeutung hat das Erwählungsbewusstsein für die Juden, und wo spielt diese Tradition heute noch eine Rolle?
3 Tragt Vor- und Nachteile zusammen, die eine so direkte Gottesbeziehung, wie das Judentum sie pflegt, für das Zusammengehörigkeitsgefühl einerseits, die Ausbildung der Individualität andererseits hat.

Jüdischer Glaube im Alltag

Sabbat

Der Sabbat gilt als wichtigster Festtag der Juden. Er erinnert sowohl an die Erschaffung der Welt als auch an die Befreiung Israels aus Ägypten. [...]
Der Sabbat beginnt mit Sonnenuntergang des Freitags. Dann zündet die Hausfrau die Sabbatkerzen an. Der Vater geht mit den Söhnen in die Synagoge, und bei der Rückkehr segnet er seine Kinder und seine Frau. Dann hält die Familie das Sabbatmahl, das mit einer Segnung von Wein und Brot beginnt. [...]
Am Sabbat darf nicht gearbeitet werden und ein orthodoxer Jude muss eine Beschäftigung haben, die es ihm ermöglicht, während des ganzen Jahres freitags vor Sonnenuntergang nach Hause zu gehen. Oft sind sie deswegen entweder selbstständig oder bei einem Juden beschäftigt. [...]
Am Sabbat darf man keine langen Reisen machen. Ein orthodoxer Jude lebt in Fußwegnähe zur Synagoge, da er am Sabbat weder mit seinem eigenen Wagen noch mit öffentlichen Verkehrsmitteln fahren darf.
Diese Beschränkungen werden keineswegs als Last angesehen, sondern als Mittel, den Menschen aus den Zwängen des Alltags zu befreien. An diesem Tag kann er sich vollständig von der Arbeit erholen und sich geistlich erneuern lassen. [...]

Bar Mizwa

Im Alter von 13 Jahren wird ein Junge *Bar Mizwa* (Sohn des Gesetzes). Am Sabbat nach seinem Geburtstag liest er zum ersten Mal in der Synagoge aus der Tora (der Gesetzesrolle) vor. Nach dem Gottesdienst findet gewöhnlich eine kleine Familienfeier statt. Von diesem Tag an wird er als eigenverantwortliche Person angesehen. Er hat alle Pflichten eines Juden und bei den zehn erwachsenen Männern, die als Mindestzahl für den Gemeindegottesdienst vorgeschrieben sind, wird er mitgezählt. Ein jüdisches Mädchen wird automatisch im Alter von 12 volljährig und gilt als *Bat Mizwa* (Tochter des Gesetzes). Die Reformsynagogen halten dazu eine Feier ab.

Bei ihrer Bar Mizwa dürfen jüdische Jungen zum ersten Mal aus der Tora vorlesen.

Gebet

Ein frommer Jude betet dreimal am Tag: morgens, nachmittags und abends, zu Hause oder in der Synagoge. Beim Gebet bedeckt er den Kopf mit einem gewöhnlichen Hut oder einem Käppchen (*Jarmelka* oder *Kippa*).

Koschere Speisen

Die Pflicht der jüdischen Hausfrau ist es, für die religiöse Reinheit des Hauses zu sorgen. Dazu gehört unter anderem, für *koscheres* (d.h. im Sinne der jüdischen Speisegesetze „reines") Essen zu sorgen.

Fleisch und Milchprodukte dürfen nicht bei derselben Mahlzeit eingenommen werden. Wenn man Fleisch isst, gibt es also keine Butter auf dem Brot oder Milch im Kaffee. Um jede Möglichkeit der Vermischung von Fleisch- und Milchspeise zu vermeiden, benutzt die traditionelle Hausfrau

Koscheres Matzenbrot

zweierlei Geschirr, das eine nur für Fleisch, das andere nur für Milchspeisen. Manche haben sogar zwei Spülsteine und zweierlei Trockentücher. Jüdische Hotels haben zwei Küchen.

Nur bestimmte Sorten Fleisch dürfen überhaupt gegessen werden. [...] Lamm, Rindfleisch und Geflügel gehören zum Erlaubten, Schweinefleisch und Schellfisch zum Verbotenen. Die Tiere müssen von einem entsprechend ausgebildeten und ordinierten *Schochet* geschlachtet werden. Er hält sich an genaue Vorschriften, die sicherstellen, dass das Tier schnell ausblutet und nur ein Minimum an Schmerzen erleidet. [...]

Juden halten sich in unterschiedlichem Grade an die Speisegesetze. Manche richten sich gar nicht nach ihnen. Manche enthalten sich des Fleisches, das ausdrücklich verboten ist, kümmern sich aber nicht so genau um die „technischen" Details der koscheren Küche. Orthodoxe Juden dagegen folgen den Regeln aufs Sorgfältigste. Das gehört für sie zum religiösen Gehorsam. So wird das Essen geheiligt und der Familientisch wird zum Altar. [...]

nach Handbuch Weltreligionen

Basistexte „Judentum"

5. Buch Mose 6, 4–9

Höre, Israel Jahwe, unser Gott, Jahwe ist einzig. Darum sollst du den Herrn, deinen Gott, lieben mit ganzem Herzen, mit ganzer Seele und mit ganzer Kraft.

Diese Worte, auf die ich dich heute verpflichte, sollen auf deinem Herzen geschrieben stehen. Du sollst sie deinen Söhnen wiederholen. Du sollst von ihnen reden, wenn du zu Hause sitzt und wenn du auf der Straße gehst, wenn du dich schlafen legst und wenn du aufstehst. Du sollst sie als Zeichen um das Handgelenk binden. Sie sollen zum Schmuck auf deiner Stirn werden. Du sollst sie auf die Türpfosten deines Hauses und in die Stadttore schreiben.

RELIGIONEN KENNEN UND ACHTEN

3. Buch Mose 19, 3–4, 9–10, 11–18

Jeder von euch soll Mutter und Vater fürchten und auf meine Sabbate achten; ich bin der Herr, euer Gott. Ihr sollt euch nicht anderen Göttern zuwenden und euch nicht Götterbilder aus Metall gießen; ich bin der Herr, euer Gott.

Wenn ihr die Ernte eures Landes einbringt, sollt ihr das Feld nicht bis zum äußersten Rand abernten. Du sollst keine Nachlese von deiner Ernte halten. In deinem Weinberg sollst du keine Nachlese halten und die abgefallenen Beeren nicht einsammeln. Du sollst sie dem Armen und dem Fremden überlassen. Ich bin der Herr, euer Gott.

Ihr sollt nicht stehlen, nicht täuschen und einander nicht betrügen. Ihr sollt nicht falsch bei meinem Namen schwören; du würdest sonst den Namen deines Gottes entweihen. Ich bin der Herr.
Du sollst deinen Nächsten nicht ausbeuten und ihn nicht um das Seine bringen. Der Lohn des Tagelöhners soll nicht über Nacht bis zum Morgen bei dir bleiben. Du sollst einen Tauben nicht verfluchen und einem Blinden kein Hindernis in den Weg stellen; vielmehr sollst du deinen Gott fürchten. Ich bin der Herr.
Ihr sollt in der Rechtsprechung kein Unrecht tun. Du sollst weder für einen Geringen noch für einen Großen Partei nehmen; gerecht sollst du deinen Stammesgenossen richten. Du sollst deinen Stammesgenossen nicht verleumden und dich nicht hinstellen und das Leben deines Nächsten fordern. Ich bin der Herr. Du sollst in deinem Herzen keinen Hass gegen deinen Bruder tragen. Weise deinen Stammesgenossen zurecht, so wirst du seinetwegen keine Schuld auf dich laden. An den Kindern deines Volkes sollst du dich nicht rächen und ihnen nichts nachtragen. Du sollst deinen Nächsten lieben wie dich selbst. Ich bin der Herr.

Lob der Schöpfung – Lob der Tora („Weisung Gottes")
Psalm 19, 1–15 *[Für den Chormeister. Ein Psalm Davids.]*

Die Himmel rühmen die Herrlichkeit Gottes, / vom Werk seiner Hände kündet das Firmament.
Ein Tag sagt es dem andern, / eine Nacht tut es der andern kund,
ohne Worte und ohne Reden, / unhörbar bleibt ihre Stimme.
Doch ihre Botschaft geht in die ganze Welt hinaus, / ihre Kunde bis zu den Enden der Erde.
Dort hat er der Sonne ein Zelt gebaut.
Sie tritt aus ihrem Gemach hervor wie ein Bräutigam;
sie frohlocket wie ein Held / und läuft ihre Bahn.
Am einen Ende des Himmels geht sie auf / und läuft bis ans andere Ende; / nichts kann sich vor ihrer Glut verbergen.

(b. w.)

RELIGIONEN KENNEN UND ACHTEN

Die Weisung des Herrn ist vollkommen, / sie erquickt den Menschen.
Das Gesetz des Herrn ist verlässlich, / den Unwissenden macht es weise.
Die Befehle des Herrn sind richtig, / sie erfreuen das Herz; das Gebot des Herrn ist lauter, / es erleuchtet die Augen.
Die Furcht des Herrn ist rein, / sie besteht für immer.
Die Urteile des Herrn sind wahr, / gerecht sind sie alle.
Sie sind kostbarer als Gold, als Feingold in Menge. / Sie sind süßer als Honig, als Honig aus Waben.
Auch dein Knecht lässt sich von ihnen warnen; / wer sie beachtet, hat reichen Lohn.
Wer bemerkt seine eigenen Fehler? / Sprich mich frei von Schuld, die mir nicht bewusst ist!
Behüte deinen Knecht auch vor vermessenen Menschen; / sie sollen nicht über mich herrschen.
Dann bin ich ohne Makel / und rein von schwerer Schuld.
Die Worte meines Mundes mögen dir gefallen; / was ich im Herzen erwäge, stehe dir vor Augen, / Herr, mein Fels und mein Erlöser.

1 Stellt euch den Ablauf eines normalen Werktags in eurem Leben vor. Was würde an diesem Tag anders verlaufen, wenn ihr Anhänger des jüdischen Glaubens wärt?

2 Stellt euch nun die gleiche Frage für den jüdischen Sabbat bzw. euren Sonntag. Stellt in einer Tabelle dar, wie üblicherweise euer Sonntag abläuft, und ordnet parallel daneben die Alternative an, die ihr als jüdische Glaubensangehörige hättet.

3 Eintritt in das Erwachsenenalter, Heirat und Tod sind in den meisten Kulturen Ereignisse, die von religiösen Zeremonien begleitet werden (so genannte „Initiations- oder Passageriten").
Erkundigt euch, welche Bräuche es zu diesen Anlässen in anderen Religionsgemeinschaften gibt. Besorgt euch Bildmaterial aus Zeitschriften. Gestaltet mithilfe von Informationen und Bildern eine Plakatwand.

4 Welche Bedeutung haben Rituale in eurem Leben; wo und in welcher Form treten sie auf?

5 Der Begriff *koscher* für Speisen, die den jüdischen Reinheitsvorschriften gemäß zubereitet wurden, hat auch in die deutsche Sprache Eingang gefunden. Was bedeutet er?
Auch andere Worte des Jiddischen (=im Mittelalter entstandene, von vielen Juden benutzte Sprache aus Elementen des Hebräischen und verschiedener Sprachen in Ost- und Mitteleuropa) finden sich heute in unserer Umgangssprache.
Klärt die Bedeutung von *malochen, schofel, schäkern, Tacheles reden, Mischpoke, Macke, schmusen, meschugge*.

6 Beschreibt mithilfe der Basistexte, welchen Stellenwert Gott und seine Weisungen für einen gläubigen Juden haben. Überlegt euch Situationen, in denen die Bestimmungen zum sozialen Verhalten konkret werden.

Das verstreute Gottesvolk

Marc Chagall: Rabbi, ein jüdischer Gelehrter mit der Gesetzesrolle (1930)

ca. 700 v. Chr.	Auftreten der Propheten, die die Verbannung in die Fremde als Folge des Abfalls von Gott deuten: „So spricht der Herr: Darum will ich sie zerstreuen wie Stoppeln, die vor dem Winde aus der Wüste verweht werden." *(Prophet Jeremia, Kapitel 13, Vers 24)*
586–536 v. Chr.	„Babylonische Gefangenschaft"; Nebukadnezar verbannt große Teile der jüdischen Oberschicht nach Babylon.
330 v. Chr.	Große Gruppen der jüdischen Bevölkerung werden in Alexandria angesiedelt.
70 n. Chr.	Eroberung Jerusalems durch die Römer und Zerstörung des Tempels; kriegsgefangene Juden werden nach Rom und in entlegene Provinzen (Spanien, Rhein und Donau) deportiert.
ca. 130 n. Chr.	Jüdische Flüchtlinge lassen sich in Babylon, Persien und Afghanistan nieder. Jüdische Niederlassungen in …
800	… Augsburg
950	… Magdeburg
1009	… Meißen; „Judenordnungen": – Verbot des Lebens auf dem Land, – Kleidungsvorschriften, – Verpflichtung zur Niederlassung in den Judenvierteln der Städte (Ghettos), – Beschränkung auf die Ausübung wenig geachteter Berufe (= Geldverleih, Trödelhandel)
1180	Ausweisung der Juden aus Frankreich

RELIGIONEN KENNEN UND ACHTEN

1198	Erlaubnis zur Wiedereinwanderung
um 1200	In vielen deutschen Gebieten weitere blutige Judenverfolgungen in Zusammenhang mit den Kreuzzügen; Flucht der Juden nach Litauen, Polen und Galizien
1394	Endgültige Ausweisung aus Frankreich
1492	Nach Begründung einer hochstehenden Kultur in Spanien müssen 300 000 Juden unter dem Einfluss der katholischen Kirche das Land verlassen.
1794	Beschränkung der Ansiedlungsgebiete für Juden in Russland
1882	Beginn der jüdischen Auswanderung in die Vereinigten Staaten von Amerika (New York = größte jüdische Gemeinde der Welt)
1912	Aufhebung staatsrechtlicher Einschränkungen gegen die Juden in Preußen
1933	„Beamtengesetz" der Nationalsozialisten schließt Juden aus Berufen im öffentlichen Leben aus.
1935	„Rassengesetze" verbieten Eheschließungen zwischen Juden und Nichtjuden.
1938	Reichspogromnacht; Zerstörung von Synagogen, jüdischen Geschäften und Wohnungen
1941	„Endlösung der Judenfrage"; Deportation von Juden in „Konzentrationslager" und systematische Vernichtung
1948	Gründung des Staates Israel; Auswanderung großer jüdischer Gruppen nach Palästina
bis ca. 1950	Verfolgung der jüdischen Bevölkerung im kommunistischen Machtbereich, vor allem unter Stalin

In der Nacht vom 9. auf den 10. November 1938 wurden die meisten Synagogen in Deutschland in Brand gesteckt; so auch in Baden-Baden.

RELIGIONEN KENNEN UND ACHTEN

1 Zeichnet auf einer Karte die Wanderungsbewegungen des jüdischen Volkes ein. Markiert die Orte ihrer Niederlassungen und erneuten Vertreibung mit Jahreszahlen.

2 Lest die Texte des Propheten Jeremia. Welche Verfehlungen des Volkes nennt er, die für das Ergehen des Volkes verantwortlich sein sollen?

3 Macht einen Erkundungsgang durch eure Schul- oder Heimatstadt. Beginnt beim Stadtarchiv:
  – Was wird über jüdische Bevölkerungsgruppen berichtet?
  – Wo lebten die Juden und bis wann lebten sie dort?
  – Gibt es noch ein Judenviertel, eine Judengasse, eine Synagoge oder einen jüdischen Friedhof?
  – Fotografiert die Zeugnisse jüdischer Geschichte und berichtet darüber.

4 Findet (z.B. durch Nachfragen beim Einwohnermeldeamt oder bei der Gemeindeverwaltung) heraus: Gibt es heute noch Angehörige der jüdischen Religion in eurer Stadt?

Verfolgung und Glaube

Etty Hillesum
Das denkende Herz der Baracke

Freitagmorgen. Das eine Mal ist es ein Hitler, ein andermal meinetwegen ein Iwan der Schreckliche, einmal ist es Resignation, ein andermal sind es Kriege, Pest, Erdbeben oder Hungersnot. Entscheidend ist letzten Endes, wie man das Leiden, das in diesem Leben eine wesentliche Rolle spielt, trägt und erträgt und innerlich verarbeitet und dass man einen Teil seiner Seele unverletzt über alles hinwegrettet. [...] Sonntagmorgengebet. Es sind schlimme Zeiten, mein Gott. Heute Nacht geschah es zum ersten Mal, dass ich mit brennenden Augen schlaflos im Dunkeln lag und viele Bilder menschlichen Leides an mir vorbeizogen. Ich verspreche dir etwas, Gott, nur eine Kleinigkeit: Ich will meine Sorgen um die Zukunft nicht als beschwerende Gewichte an den jeweiligen Tag hängen, aber dazu braucht man eine gewisse Übung. Jeder Tag ist für sich selbst genug. Ich will dir helfen, Gott, dass du mich nicht verlässt, aber ich kann mich von vornherein für nichts verbürgen. Nur dies eine wird mir immer deutlicher: dass du uns nicht helfen kannst, sondern dass wir dir helfen müssen, und dadurch helfen wir uns letzten Endes selbst. Es ist das Einzige, auf das es ankommt: ein Stück von dir in uns selbst zu retten, Gott. Und vielleicht können wir mithelfen, dich in den gequälten Herzen der anderen Menschen auferstehen zu lassen. Ja, mein Gott, an den Umständen scheinst auch du nicht viel ändern zu können, sie gehören nun mal zu diesem Leben. Ich fordere keine Rechenschaft von dir, du wirst uns später zur Rechenschaft ziehen. Und mit fast jedem Herzschlag wird mir klarer, dass du uns nicht helfen kannst, sondern dass wir dir helfen müssen und deinen Wohnsitz in unserem Inneren bis zum Letzten verteidigen müssen. Es gibt Leute, es gibt sie tatsächlich, die im letzten Augenblick ihre Staubsauger und ihr silbernes Besteck in Sicherheit bringen, statt dich zu bewahren, mein Gott. Und es gibt Menschen, die nur ihren Körper retten wollen, der ja doch nichts anderes mehr ist als eine Behausung für tausend Ängste und Verbitterung. Und sie sagen: Mich sollen sie nicht in ihre Klauen bekommen. Und sie vergessen, dass man in niemandes

RELIGIONEN KENNEN UND ACHTEN

Klauen ist, wenn man in deinen Armen ist. Ich werde allmählich wieder ruhiger, mein Gott, durch dieses Gespräch mit dir. Ich werde in der nächsten Zukunft noch sehr viele Gespräche mit dir führen und dich auf diese Weise hindern, mich zu verlassen. Du wirst wohl auch karge Zeiten in mir erleben, mein Gott, in denen mein Glaube dich nicht so kräftig nährt, aber glaube mir, ich werde weiter für dich wirken und dir treu bleiben und dich nicht aus meinem Inneren verjagen. [...]

1 Was meint die Autorin Etty Hillesum mit dem Vorsatz, „dass man einen Teil seiner Seele unverletzt über alles hinwegrettet"?

2 Beschreibt die Eigenarten von Etty Hillesums Gottesglaube und vergleicht ihn mit der Geschichte von Hiob in der Bibel.
Wie reagiert er angesichts des Leides, das ihm zugefügt wird? Wer hat jeweils die Situation zu verantworten? (Hiob, Kapitel 1 + 2, 10, 30, 38–42)

Christentum

Praktizierter Glaube in der Gemeinschaft

Das Gotteshaus in Pennsylvania (USA) ist ein heller Steinbau im neugotischen Stil und liegt inmitten einer großen Wiese. Viele Menschen aller Altersstufen streben an diesem warmen Augustsonntag auf die weit geöffnete Eingangstüre zu; einige von ihnen tragen Picknickkörbe oder Kühltaschen mit sich –, so auch meine amerikanische Gastgeberin Linda.
Als wir die Kirche betreten, wird Linda sogleich in die helle große Küche gewinkt, wo sie ihre Kühltasche abstellt. Neben unseren heute Morgen frisch gepflückten Tomaten stehen nun Körbe mit Pflaumen, mit frischem Brot und Gläser mit eingelegten Gurken und Eiern. Im Nachbarraum hängen bunte Patchworkteppiche an den Wänden, Sitzkissen und Holzspielzeug sind auf dem Boden verteilt. In der gegenüberliegenden Bibliothek versorgen sich die Besucher mit neuer Lektüre für die kommende Woche. Der eigentliche Gottesdienstraum hat an der Stirnseite einen einfachen Altar, um den die Bänke im Halbkreis angeordnet sind. Lebhaftes Stimmengewirr erfüllt den Raum und auch Linda wird sofort von Freunden herbeigerufen. Die Ereignisse in der Schule, in der Linda als Lehrerin arbeitet, das Gedeihen des Babys aus der Nachbarschaft und die Erfolge des örtlichen Chors beim letzten Auftritt sind die Themen, die vor dem Gottesdienstbeginn noch eifrig ausgetauscht werden.
Schließlich räuspert sich der junge Gemeindepfarrer vor dem Mikrofon und kündigt das erste gemeinsame Lied an. Danach begrüßt er die Gemeinde und ruft als Erstes die Kinder nach vorne. Er befragt sie nach ihren Erlebnissen der zurückliegenden Woche, und die Kinder erzählen ungekünstelt und ohne Scheu. Auf die Frage, was sie denn heute in der Sonntagsschule machen werden, wird berichtet, dass man das Gleichnis vom Sämann spielen werde, übertragen auf Erfolg oder Misserfolg in der Schule. Dann verlassen die Kinder den Gottesdienstraum um im Zimmer mit den Patchworkteppichen ihr Vorhaben in die Tat umzusetzen.
Der Gemeindepfarrer liest nun den Text vor, der die Zuhörer heute beschäftigen soll: „Christus sagt: ‚Was ihr getan habt einem unter meinen geringsten Brüdern, das habt ihr mir getan.'"[1]
Mit einfachen, aber eindringlichen Worten kommentiert er den Bibeltext und führt der Gemeinde vor Augen, dass es nicht genüge, dieser Aufforderung mit einer Geldspende für die Dritte Welt nachzukommen.
„Gott will, dass wir selber aktiv werden, dass wir uns aufmerksam umsehen, wo

---
[1] Diese Bibelstelle findet sich im Matthäusevangelium unter Kapitel 25, Vers 40.

RELIGIONEN KENNEN UND ACHTEN

jemand unsere Hilfe braucht", sagt er und ist überraschend schnell mit seiner Ansprache am Ende.

Aber ein wichtiger Teil soll noch folgen, und er kommt mir vor wie die praktische Anleitung zu dem, was er eben ausgeführt hat. „Unser Freund und Gemeindemitglied Lewis Miller hat in der vorigen Woche eine neue Stellung als Busfahrer in Philadelphia angetreten. Wir wollen für ihn beten, damit Gottes Segen auf seiner Arbeit ruht." Ein paar Minuten des Schweigens ermöglichen es jedem Gemeindemitglied, auf seine Weise für Lewis Miller zu beten.

„Dennis und Linda", so fährt er fort, „haben einen Gast aus Deutschland. Wir begrüßen die junge Frau herzlich in unserer Gemeinde und wünschen eurem Miteinander gute Freundschaft und fruchtbare Gespräche."

Die vor uns Sitzenden drehen sich spontan zu uns herum und reichen uns die Hand. Linda lädt die Nachbarn zu einem Besuch ein.

Der Pfarrer fährt fort: „Die alte Mrs Crowley liegt in Allentown im Krankenhaus. Sie ist vorige Woche operiert worden und fühlt sich sehr allein. Wer hat in der nächsten Woche Zeit, sie zu besuchen?"

Er wartet ab, bis sich zwei bis drei Zuhörer gemeldet haben und nennt dann laut ihre Namen, um sich zu bedanken.

Schließlich hat er noch ein letztes Anliegen: „Die meisten von euch wissen, dass Martha Stillwell vor einigen Wochen Bill Philips geheiratet hat. Die beiden haben die Wohnung über der Tankstelle bezogen. Bill hat schon länger keine Arbeit mehr, – und da sieht es mit dem Möbelkaufen natürlich schlecht aus. Wer kann etwas entbehren und es den beiden zur Verfügung stellen?"

Wieder wartet er die Rückmeldungen aus dem Zuhörerkreis ab: „Ich hätte einen Kühlschrank." – „Einen Tisch und zwei Stühle." – „Ein paar kleine Kommoden und ein Regal." – „Einen Schaukelstuhl!"

Munteres Gelächter erfüllt den Kirchenraum. Nach einem weiteren Lied und dem Segensspruch schließt der Gottesdienst.

Einige Besucher machen sich auf den Heimweg, aber viele bleiben zum gemeinsamen Mittagessen, das im Sommer als Picknick auf der Kirchenwiese abgehalten wird.

Für die kranke Mrs Crowley werden sogleich ein paar Früchte und Einweckgläser zur Seite gestellt, und diejenigen, die dem jungen Ehepaar helfen wollen, stehen in einer Gruppe zusammen und debattieren über den praktischsten Weg, die Möbel zu transportieren.

1 Warum werden die Gemeindemitglieder im Gottesdienst zu praktischen Hilfsdiensten aufgefordert? Stellt den Zusammenhang mit dem vom Gemeindepfarrer zitierten Text her. Sucht weitere Beispiele: In welchen Situationen oder Notlagen könnten die Gemeindemitglieder einander noch helfen?

2 Lest das „Gleichnis vom Sämann" nach (Mk 4, 1–12), mit dem sich die Kinder beschäftigen. Versucht selbst, eine Übertragung auf Erfolg und Misserfolg in der Schule zu verfassen. Schlagt in einem Fachlexikon den Begriff „Gleichnis" nach und klärt seine Bedeutung.
Lest andere Beispiele für Gleichnisse im Neuen Testament und übertragt ihre Bedeutung auf euren Alltag. Zum Beispiel: Lukas 12, 13–21; Lukas 12, 35–48; Lukas 14, 15–24; Lukas 15, 11–32; Matthäus 20, 1–16 (Das Gleichnis von den Arbeitern im Weinberg; siehe S. 118).

3 Besucht einen Familiengottesdienst in eurer Heimatgemeinde und schreibt auf:
- Welche Personen agieren und welche Aufgaben nehmen sie wahr?
- Was ist das Thema des Gottesdienstes und was für Texte kommen vor (in Ansprachen, Liedern, Spielen usw.)?
- Aus welchen Elementen besteht der Gottesdienst?
- Interviewt die Gottesdienstbesucher zu Fragen, die euch interessieren. Sammelt die interessantesten Antworten auf einer Wandzeitung.

Jesus Christus als Gottes Versöhnung mit den Menschen

Jesus ist nicht der Autor des Neuen Testaments, auch nicht eines Evangeliums. Er hat keine Schrift verfasst, keine Zeile hinterlassen [...]. Es gilt aber auch im sachlichen Sinn: Jede neutestamentliche Aussage will im Blick auf ihn verstanden und an ihm gemessen werden. [...]

Jesu Botschaft vom Kommen der Gottesherrschaft [...] ist im Markusevangelium – schon in der Sprache der frühchristlichen Mission – programmatisch zusammengefasst: „Die Zeit ist erfüllt und die Herrschaft Gottes nahe. Kehrt um und glaubt der Heilsbotschaft" (1, 15).

Für die Herrschaft Gottes, deren andringende Nähe Jesu Botschaft ansagt, lässt sich keine definierende Formel finden, [...] weil sie Geschehen und Ereignis ist, in dem die Zukunft Gottes und die Gegenwart der Menschen, denen Jesus mit seinem Wort, seinem Wirken und Verhalten begeg-

Christus-Darstellung (Kuppelmosaik) aus dem 12. Jahrhundert (Athen, Klosterkirche)

net, aufeinander treffen und sich füreinander öffnen: die Gottesherrschaft als heilbringende Zuwendung Gottes zur Welt und die irdisch-menschliche Gegenwart im Licht der befreienden Nähe Gottes.

Gottes Herrschaft ist Zukunft und Gegenwart zugleich, nicht aufgelöst in bloße Gegenwart. Die Armen der ersten Seligpreisung befinden sich nicht schon im Himmel, die Weinenden sind nicht zugleich die Lachenden, den Hungernden wird nicht zugemutet, ihr Darben als Fülle anzusehen (Luk. 6,20 ff.; Matth. 5,3 ff.). Die ersten Bitten des Vaterunsers (Luk. 11; Matth. 6) setzen die harte Not voraus, dass Gottes Name geschändet wird und sein Reich noch nicht da ist. Aber ebensowenig vertröstet Jesus auf eine andere, bessere Welt, denn der kommende Gott ist schon jetzt auf dem Plan und am Werk.

Die Nähe Gottes rückt auch den anderen Menschen, Freund und Feind, in gebietende Nähe. [...] Der nahende Gott sprengt auch das mörderische Zwangsgefüge, in dem alles und jeder hoffnungslos verrechnet, eingestuft, verplant ist: Fromme und Unfromme, Privilegierte und Verfemte. Das vermeintlich unerschütterliche, durch unantastbare Normen festgefügte, religiös sanktionierte Gestell der gängigen Welt wird durch Jesu Liebesgebot fragwürdig.

Jesus ruft diese Stunde der andringenden Herrschaft Gottes aus. Darin sind seine Heilsbotschaft und sein Bußruf eines: [...] „Kehrt um, denn das Himmelreich ist nahe herbeigekommen!" (Matth. 4, 17).

Günther Bornkamm

1 Klärt mithilfe eines Religionslexikons:
   – Wie ist das Neue Testament aufgebaut?
   – Wer sind die Autoren der einzelnen Schriften?
   – Wann und aus welchem Anlass wurden die Texte verfasst?

2 Formuliert in Anlehnung an Günther Bornkamms Ausführungen den Inhalt des christlichen Verständnisses von der „Herrschaft Gottes". Sammelt Kritikpunkte, die Nichtchristen dieser Auffassung entgegenstellen würden.

3 Wichtige ethische Aussagen von Jesus Christus sind in der Bergpredigt des Matthäusevangeliums gesammelt (Kapitel 5 und 6).
   Schreibt die markantesten Forderungen heraus und befragt gläubige Christen, wie sie mit der Strenge dieser Forderungen zurechtkommen.

4 In der christlichen Kunst gibt es vielfältige Bilder von Jesus – so wie die jeweilige Zeit ihn sich vorgestellt hat.
   Sammelt solche Darstellungen als Fotokopien aus Kunstbildbänden und klebt sie chronologisch auf ein großes Plakat.
   Untersucht:
   – Welche charakteristischen Züge wurden besonders betont?
   – Was sagen die Bilder über Jesu Botschaft aus?
   – Welche Stationen seiner Lebensgeschichte kann man aus den Bildern ablesen?

RELIGIONEN KENNEN UND ACHTEN

Basistexte „Christentum"

Das Gebet des Herrn: Lukas 11, 1–4

Jesus betete einmal an einem Ort; und als er das Gebet beendet hatte, sagte einer seiner Jünger zu ihm: Herr, lehre uns beten, wie schon Johannes seine Jünger beten gelehrt hat.
Da sagte er zu ihnen: Wenn ihr betet, so sprecht:
Vater, dein Name werde geheiligt. Dein Reich komme.
Gib uns täglich das Brot, das wir brauchen.
Und erlass uns unsere Sünden; denn auch wir erlassen jedem, was er uns schuldig ist. Und führe uns nicht in Versuchung.

Seligpreisungen und Weherufe: Lukas 6, 20–26

Er richtete seine Augen auf seine Jünger und sagte:
Selig, ihr Armen, denn euch gehört das Reich Gottes.
Selig, die ihr jetzt hungert, denn ihr werdet satt werden. Selig, die ihr jetzt weint, denn ihr werdet lachen.
Selig seid ihr, wenn euch die Menschen hassen und aus ihrer Gemeinschaft ausschließen, wenn sie euch beschimpfen und euch in Verruf bringen um des Menschensohnes willen.
Freut euch und jauchzt an jenem Tag; euer Lohn im Himmel wird groß sein. Denn ebenso haben es ihre Väter mit den Propheten gemacht.
Aber weh euch, die ihr reich seid; denn ihr habt keinen Trost mehr zu erwarten.
Weh euch, die ihr jetzt satt seid; denn ihr werdet hungern.
Weh euch, die ihr jetzt lacht; denn ihr werdet klagen und weinen.
Weh euch, wenn euch alle Menschen loben; denn ebenso haben es ihre Väter mit den falschen Propheten gemacht.

Die Liebe als Frucht des Geistes: Galater 5, 13–15; 19–26

Ihr seid zur Freiheit berufen, Brüder. Nur nehmt die Freiheit nicht zum Vorwand für das Fleisch, sondern dient einander in Liebe!
Denn das ganze Gesetz ist in dem einen Wort zusammengefasst:
Du sollst deinen Nächsten lieben wie dich selbst!
Wenn ihr einander beißt und verschlingt, dann gebt acht, dass ihr euch nicht gegenseitig umbringt. [...]
Die Werke des Fleisches sind deutlich erkennbar: Unzucht, Unsittlichkeit, ausschweifendes Leben, Götzendienst, Jähzorn, Eigennutz, Spaltungen, Parteiungen, Neid und Missgunst, Trink- und Essgelage und Ähnliches mehr.
Ich wiederhole, was ich euch schon früher gesagt habe: Wer so etwas tut, wird das Reich Gottes nicht erben.

(b.w.)

Die Frucht des Geistes aber ist Liebe, Freude, Friede, Langmut, Freundlichkeit, Güte, Treue, Sanftmut und Selbstbeherrschung; dem allem widerspricht das Gesetz nicht.
Alle, die zu Christus Jesus gehören, haben das Fleisch und damit ihre Leidenschaften und Begierden gekreuzigt.
Wenn wir aus dem Geist leben, dann wollen wir dem Geist auch folgen.
Wir wollen nicht prahlen, nicht miteinander streiten und einander nichts nachtragen.

Die Auferweckung Christi und das Heil: 1. Korinther 15, 1–5

Ich erinnere euch, Brüder, an das Evangelium, das ich euch verkündet habe. Ihr habt es angenommen; es ist der Grund, auf dem ihr steht.
Durch dieses Evangelium werdet ihr gerettet, wenn ihr an dem Wortlaut festhaltet, den ich euch verkündet habe. Oder habt ihr den Glauben vielleicht unüberlegt angenommen?
Denn vor allem habe ich euch überliefert, was auch ich empfangen habe:
Christus ist für unsere Sünden gestorben, gemäß der Schrift,
und ist begraben worden. Er ist am dritten Tag auferweckt worden, gemäß der Schrift, und erschien dem Kephas, dann den Zwölf.

 Gerecht sein […], „Arm in einem reichen Land", S. 110 – „Die ‚Fremden' […]", S. 121

Streifzüge durch 2000 Jahre Christentum

1	Beginn der christlichen Zeitrechnung
ca. 28/32	Jesus von Nazareth wird in Jerusalem gekreuzigt.
ca. 64–303	Verfolgung von Christen unter den Kaisern Nero, Decius und Diokletian
313	Edikt von Mailand: Das Christentum wird toleriert, das Kreuz als Kampfsymbol verwendet.

RELIGIONEN KENNEN UND ACHTEN

391	Das Christentum wird Staatsreligion; alle nichtchristlichen Kulte werden verboten, Tempel und Kunstwerke werden zerstört.
529	Benedikt von Nursia gründet den Mönchsorden der Benediktiner.
725	Bonifatius bekehrt germanische Stämme zum Christentum.
755	Der Kirchenstaat entsteht.
1054	Der Papst von Rom und der Patriarch von Konstantinopel belegen sich gegenseitig mit dem Kirchenbann; Spaltung in die griechisch-orthodoxe Kirche im Osten und die römisch-katholische Kirche im Westen.
1075	Beginn des „Investiturstreites" zwischen Papst und Kaiser um die Amtseinsetzung von Bischöfen.
1095	Aufruf des Papstes zum 1. Kreuzzug gegen die Muslime; Beginn des Zeitalters der Kreuzzüge und der Judenverfolgungen
1210	Franz von Assisi gründet den Franziskanerorden; die Mitglieder verpflichten sich zur Besitzlosigkeit.
1231	Die „Inquisition" wird ins Leben gerufen: Verhöre von Menschen, die der Ketzerei oder der Hexerei verdächtigt wurden; Belegung mit der Todesstrafe. 

1452	Durch Johannes Gutenbergs Erfindung des Buchdrucks kann die Bibel gedruckt werden.

177

1517	Der Augustinermönch Martin Luther löst durch den Anschlag der 95 Thesen in Wittenberg die Reformation aus. Durch seine Erkenntnis, dass alle Menschen, die glauben, auf Gottes Gnade rechnen dürfen, wird vielen Christen die Furcht vor Kirchenstrafen und Höllenqualen genommen. In der Folgezeit bilden sich die Konfessionen heraus.
1555	Augsburger Religionsfriede: Katholische und lutherische Konfession werden nebeneinander geduldet; der Landesherr bestimmt die Religionszugehörigkeit seiner Untertanen.
1648	Mit dem Westfälischen Frieden wird der 30-jährige Krieg beendet. Auch die Anhänger des Reformierten Glaubens (Begründer: Johannes Calvin und Ulrich Zwingli in Frankreich bzw. der Schweiz) werden geduldet.
1729	Johann Sebastian Bach komponiert die Matthäuspassion.
ab 1848	Kirchliche Institutionen kümmern sich verstärkt um sozial schwache Mitglieder der Gesellschaft (Arbeiterfamilien, verarmte und verwahrloste Kinder, Kranke und Behinderte).
1870	Im „Unfehlbarkeitsdogma" wird dem Papst von der katholischen Kirche in Fragen des Glaubens und der Sitte zweifelsfreie Autorität als oberstem Kirchenlehrer zuerkannt.
1933	Mit „Reichskonkordat" wird ein Abkommen Hitlers mit dem Vatikan bezeichnet, das umstritten ist; die Evangelischen spalten sich in die regierungstreuen „Deutschen Christen" und die kritische „Bekennende Kirche".
1948	Gründung des Ökumenischen Rats der Kirchen (ÖRK) in Amsterdam
1962	Zweites Vatikanisches Konzil: Wege zur Einigung der christlichen Kirchen und zur Verständigung mit den nichtchristlichen Religionen werden gesucht; Erneuerung der kirchlichen Lehre

Lucas Cranach d.Ä.: Martin Luther predigend (1547)

1. Stellt vergrößerte Abschriften der Zeittafel her und schneidet die Ereignisse auseinander. Erstellt nun eine neue Tabelle: Welche Ereignisse wertet ihr eher als „Heldentaten", welche als „Irrtümer"?
   Lest im Text von Helmuth von Glasenapp (S. 204) nach, warum nach seinen Ausführungen das Christentum eine Religion ist, die im Laufe ihrer Geschichte wenig Toleranz gezeigt hat. – Teilt ihr die Auffassung des Autors oder habt ihr andere Erkenntnisse gewonnen? Stellt sie zusammen und besprecht sie.

2. Unterzieht nun beide neu erstellten Tabellen einer Punktbewertung: Jeder erhält fünf grüne und fünf rote Klebepunkte (alternativ: dicke Filzstifte). Mit den roten Punkten markiert ihr diejenigen Ereignisse, die ihr als die kritikwürdigsten beurteilt, mit den grünen die Ereignisse, die ihr für nachahmenswert haltet (Kumulation: maximal 2 Punkte).
   Erstellt eine Prioritätenliste und diskutiert eure Bewertungen.

3. Unternehmt eine gedankliche Zeitreise und konkretisiert eines der aufgeführten Ereignisse durch die Geschichte einer Person, die es miterlebt hat (z.B. Alexios, beinahe ein christlicher Märtyrer – das Edikt von Mailand; Katharina, eine Hexe? – die Inquisition; Johannes will helfen – die Innere Mission).
   Schreibt eure Geschichten auf und sammelt sie in einem gemeinsamen Ordner. Ihr könnt damit einen „historischen Lesenachmittag" für die Parallelklassen anbieten.

4. Ordnet die obigen Symbole und Bilder Ereignissen und Epochen der Kirchengeschichte zu. Nehmt ein Lexikon christlicher Symbole zu Hilfe und beschafft euch detaillierte Informationen, um ein Quartettspiel zu gestalten: die vier Evangelisten, vier bedeutende Reformatoren, vier urchristliche Verständigungszeichen ...

5 Durch das Christentum angeregt sind im Laufe der Jahrhunderte Kunstwerke in der Musik, der Architektur und der bildenden Kunst entstanden.
- Informiert euch anhand von Bildbänden über die berühmtesten Werke. Geht dabei arbeitsteilig vor und berichtet euch gegenseitig von euren Entdeckungen.
- Besichtigt die Kirchen an eurem Schul- oder Wohnort. Sammelt Hinweise auf die Verbundenheit von Kirche und Kultur (Informationsbroschüren, Skizzen von Kunstwerken, Konzertankündigungen). Stellt eure Funde in der Klasse vor.

Vatikanstadt mit Petersplatz und Petersdom (größte Kirche der Welt)

Traditionen und Bräuche – Ein kleines Lexikon

Lebenslauf

Wie in den meisten Religionen werden die wichtigsten Stationen des Lebens zeremoniell begleitet: Man will sich der Gegenwart Gottes im neuen Lebensabschnitt vergewissern. Dazu gehören:

Taufe: Das neugeborene Kind wird Mitglied der Kirche/der christlichen Gemeinde und erhält seinen Namen. Eltern und Paten versprechen, es in die christliche Lebensweise einzuführen.

Kommunion und Firmung bzw. Konfirmation: An der Schwelle zum Erwachsenwerden können die jungen Christen nach einem Unterricht über die wichtigsten Glaubensinhalte bestätigen, dass sie als Christen leben wollen. Damit gelten sie als vollwertige Gemeindemitglieder und dürfen am heiligen Abendmahl teilnehmen.

Trauung: Die Eheschließung zwischen Mann und Frau ist im Neuen Testament verwurzelt. Daher entscheiden sich viele Paare für die kirchliche Hochzeit (neben der standesamtlichen), um Gottes Beistand für den neuen Lebensabschnitt zu erbitten.

Bestattung: Der christliche Begräbnisritus würdigt das Leben des Verstorbenen und lässt der Hoffnung auf die Auferstehung Raum. Christen glauben an das von Gott versprochene ewige Leben – eine Fortführung der Existenz in der Nähe Gottes ohne die Leiden und Schmerzen, die ein Mensch in seinem bisherigen Leben erdulden musste.

Kirchenjahr

Der Begriff bezeichnet die Einteilung des Jahres in Gedenktage und Feste, die in Gottesdienst und Familie mit traditionellen Bräuchen gefeiert werden. Das Kirchenjahr beginnt mit dem vierten Sonntag vor Weihnachten.

Advent: Das Wort bedeutet „Ankunft" und erinnert die Christen an ihren Erlöser Jesus, der vor fast 2000 Jahren in Palästina gelebt hat.

Weihnachten: Als „geweihte Nacht" wird der Zeitpunkt der Geburt Jesu bezeichnet. Die Geburtstagsgeschichte ist im Neuen Testament überliefert. Die Geschenke, die man zu Weihnachten austauscht, erinnern daran, dass Gott den Menschen seinen Sohn Jesus Christus geschenkt hat, um ihnen das ewige Leben zu ermöglichen.

Fastenzeit: Fasten gilt in vielen Religionen als Weg, innere Reinheit zu erlangen. Die 40-tägige Fastenzeit vor Ostern (= Verzicht vor allem auf Fleisch und Genussmittel) erinnert die Christen vor allem daran, dass Jesus sich unschuldig kreuzigen ließ und so durch das Opfer seines Fleisches die Menschen mit Gott versöhnte.

Karfreitag: In besonders feierlichen Gottesdiensten wird des Sterbens und der Kreuzigung Jesu gedacht. Nach herkömmlichen Verständnis ist der Karfreitag für evangelische Christen der wichtigste Feiertag. Sie bitten um Vergebung der Sünden und nehmen am Abendmahl (mit Brot und Wein) teil.

Ostern: Laut christlicher Überlieferung wurde Jesus am dritten Tag nach seiner Kreuzigung vom Tode auferweckt. Alle Christen dürfen damit die Hoffnung auf die Auferstehung haben. Die Eier, die zu Ostern verschenkt werden, symbolisieren den Neubeginn des Lebens.

Pfingsten (Ausgießen des Heiligen Geistes): Das Fest erinnert an den Beginn der christlichen Mission, als die Anhänger Jesu in vielen Sprachen seine Lehre zu verkündigen begannen.

1 Die religiöse Begleitung neuer Lebensabschnitte nennt man „Initiationsriten" oder „Passageriten". Befragt eure Mitschüler aus dem Religionsunterricht nach der Bedeutung, die für sie ihre Taufe, Kommunion und Firmung bzw. Konfirmation haben. Bestimmt haben einige von euch schon an einer christlichen Hochzeit teilgenommen. Berichtet von ihrem Ablauf und versucht, die dabei auftretenden Bräuche zu erklären (z.B. weiße Kleidung = Reinheit, Unschuld).

2 Interviewt Mitglieder anderer Religionen an eurer Schule oder aus eurem Bekanntenkreis: Wie werden bei ihnen die entscheidenden Lebensabschnitte gefeiert und gedeutet? Legt eine vergleichende Tabelle an.

3 Erstellt anhand des kleinen Lexikons der Traditionen und Bräuche einen christlichen Festkalender. Ergänzt und veranschaulicht ihn durch passende Symbole und klärt deren Herkunft. (z.B. Weihnachten – der Stern: Ein Stern führte die Weisen aus dem Morgenland nach biblischem Bericht zum neugeborenen Jesus; der Tannenbaum:?; Ostern – das Ei: der Neubeginn des Lebens; der Osterhase:?)

4 Testet einmal die Kenntnisse eurer christlichen Mitschüler: Arbeitet das „Lexikon" zu einem Lückentext um – Schwierigkeitsgrad und Bewertung bestimmt ihr selbst – und legt diesen den parallelen Religionskursen vor.

5 Viele alte (aber auch moderne) Vornamen sind christlichen Ursprungs, z.B. Theodor = Geschenk Gottes; Nicole = Erinnerung an den heiligen Nikolaus. Klärt anhand eines entsprechenden Lexikons die Herkunft eurer Vornamen und der eurer Freunde.

Christliche Positionen heute

Die Entwicklung der Intensivmedizin macht es möglich, Menschen am Leben zu erhalten oder wieder ins Leben zurückzurufen, die noch vor einer Generation als unwiderruflich tot gegolten hätten. Die Transplantationschirurgie kann Organe von (lebenden, sogar von toten) Menschen verpflanzen, um mit ihrer Hilfe sterbenskranken Menschen neue Lebensmöglichkeiten zu eröffnen. Strahlen- und Chemotherapie können Krebs aufhalten oder ihm wenigstens ein paar lebenswerte Jahre oder Monate abringen. An allen Fronten, so scheint es, wird der Tod immer weiter hinausgeschoben. Das gilt auch für den Anfang des Lebens. Immer unreifere Frühgeborene können ins Leben hineingebracht werden. Lebensgefährliche Schädigungen oder Fehlbildungen lassen sich gleich nach der Geburt, sogar schon während der Schwangerschaft im Mutterleib medikamentös oder chirurgisch korrigieren. Sogar die Entstehung des menschlichen Lebens selbst hat sich ihre Geheimnisse entlocken lassen. Kinder können im Labor erzeugt werden. Und seit die Struktur der Erbinformation bekannt ist, könnten sogar Eingriffe ins menschliche Erbgut eines Tages möglich sein. [...] Mediziner, Biologen, Genetiker stellen selbst die drängende Frage, ob die Medizin alles verwirklichen darf, wozu Wissen und Technik sie befähigen. [...]
Denn die scheinbar unverbundenen Fragen nach dem Lebensrecht schwerstbehinderter Neugeborener, nach Euthanasie- und Suizidberechtigungen, nach Altersversorgung, Krankenhausorganisation, Fortpflanzungsmedizin und Humangenetik, samt Kosten- und Nutzenberechnungen, zielen alle auf die eine Frage nach unserer Menschlichkeit und unserem Menschenbild. Es ist zu zeigen, wie scheinbar unabhängige, in sich geschlossene Handlungsbereiche doch miteinander

verschränkt sind. Denn je nachdem, wie man an einem Punkt entscheidet (z. B. Tötung aus Mitleid am Lebensende), fordert das Entsprechung und schafft Handlungsdruck an anderen Stellen (z. B. Tötung von schwerstbehinderten Kindern). [...] Dazu gehört, dass die Auseinandersetzung mit den Fortschritten der Medizintechnik nur einen Teil des Gesprächs ausmacht. Mindestens ebenso wichtig ist die Frage nach unserer eigenen Lebenseinstellung, insbesondere danach, wie wir die (eigenen und fremden) Erfahrungen von Krankheit, von Behinderung, auch von Gesundheit, in unsere Lebenseinstellung integrieren, wie wir uns zu der Erfahrung stellen, dass es „normal" ist, mit Beeinträchtigungen zu leben.

Das gilt insbesondere für die Frage nach dem Stellenwert und der Identifizierbarkeit des Christlichen in ethischen Zusammenhängen, wozu vorweg wenigstens ein paar Andeutungen erfolgen sollen. Schon wegen der ganz neuen Inhalte und Möglichkeiten heutiger Medizin, aber auch von ihrem Selbstverständnis her kann die Bibel nicht einfach als Gesetzbuch oder Ratgeber zur Entscheidung aktueller ethischer Fragen herangezogen werden. Es kommt vielmehr darauf an, die grundlegenden Impulse oder Richtungspfeile der biblischen Überlieferung herauszufinden, von denen her für jede neue Fragestellung, verbunden mit Sachverstand und vernünftiger Überlegung, eine Entscheidung gewagt werden muss. Insofern kann es nicht verwundern, dass die Auseinandersetzung um den jeweils richtigen Weg nicht einfach zwischen Christen und Andersgläubigen oder zwischen Theologen und Medizinern oder Juristen geführt wird, sondern ebenso innerhalb der nur zum Schein geschlossenen Gruppe der Christen oder der Theologen untereinander, wie bei Medizinern und Juristen auch.

nach Hans Grewel

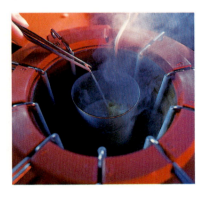

Samenbank-Container, gefüllt mit flüssigem Nitrogen, das den Inhalt auf einer Temperatur von ca. -200 °C hält.

1 Als Hauptfrage formuliert Hans Grewel, „ob die Medizin alles verwirklichen darf, wozu Wissen und Technik sie befähigen". Er bezieht diese Frage u. a. auf die Bereiche Euthanasie- und Suizidberechtigung, Altersversorgung, Behinderungen bei Neugeborenen. Konkretisiert für jeden der genannten Bereiche die ethische Fragestellung. Vielleicht kennt ihr Beispielsituationen.

2 Grewel vertritt den Grundsatz, dass auch bei Krankheiten und Behinderungen das Lebensrecht eines Menschen unangetastet bleiben muss. Er beruft sich dabei auf das Beispiel von Jesus Christus.
Lest in den Evangelien von Markus oder Lukas nach: Was kennzeichnet den Umgang Jesu mit Kranken, Behinderten oder Sterbenden? (Siehe hierzu Markus 1, 40–45; Markus 2, 1–12; Markus 3, 1–6; Markus 5, 21–43.)

3 Viele Menschen sind heute der Ansicht, dass zu einem selbstbestimmten Leben auch die freie Wahl des Todeszeitpunktes gehöre. Es gibt Gesellschaften, die für solche Fälle Hilfe anbieten. Fragt nach, welche Argumente sie für ihre Position geltend machen, und vergleicht sie mit der Position von Hans Grewel.
Findet und besprecht eure eigene Einstellung.

 Die Natur bewahren [...], „Gesundheitswesen der Zukunft", S. 90 – Das Gewissen bilden [...], „Plädoyer für das persönliche Gewissen", S. 354

Islam

Muslimische Schüler in deutschen Schulen

Ein Interview

REPORTER: Ihr seid alle in Deutschland geboren und eingeschult worden. Bemerkt ihr eigentlich noch Unterschiede zwischen türkischen und deutschen Schülern in eurer Klasse?

GIZEM[1] (12 Jahre): Kaum! Ich kann auch alles mitmachen, was die anderen machen. Manchmal ist es aber komisch, wie wenig sie von uns wissen. Als ich vor kurzem in der Pause mein Brot gegessen habe, hat mich ein Deutscher gefragt: „Wieso darfst du essen? Ihr habt doch Ramadan!" Da musste ich ihm erklären, dass Leute auf Reisen, schwangere Frauen, Alte und Kinder den Ramadan nicht einhalten müssen. So etwas könnten die Leute schon wissen, finde ich. Aber wenn ich ehrlich bin, weiß ich auch nicht viel über die Religion der Deutschen.

ISMAIL (18 Jahre): Ich denke, noch wichtiger ist, dass unsere Lehrer wissen, dass wir während des Ramadan von Sonnenaufgang bis Sonnenuntergang nicht essen und trinken dürfen. Wenn der Ramadan in den Sommer fällt, gibt es also die Hauptmahlzeit erst spät am Abend. Das Fasten und späte Essen macht müde. Und dann wundern sich die Lehrer, wenn wir am frühen Morgen unausgeschlafen sind oder bei der Klassenarbeit schlapp machen!

REPORTER: Wie ist das in deiner Klasse, Sevda, mit den Unterschieden?

SEVDA (16 Jahre): Doch, die gibt es. Meine ganze Klasse hat einen richtigen Aufstand gemacht, als ich nicht mit auf die Abschlussfahrt durfte.

DOREEN (16 Jahre): Das war doch auch lächerlich! Dabei hatten wir bei der Auswahl der Jugendherberge extra darauf geachtet, dass es vegetarisches Essen gibt.

SEVDA: Du weißt, dass das nicht der Grund war ...

DOREEN: Das war überhaupt das Schlimmste! Sevda durfte nicht mitfahren, weil die Jungen aus unserer Klasse im gleichen Haus übernachtet haben. Türkische Eltern glauben wohl, wir hätten nichts anderes im Kopf, als mit Jungen rumzumachen!

REPORTER: Wie stehst du denn selbst dazu, Sevda?

---

[1] Gizem, Sevda und Nezihe sind türkische Mädchennamen.

SEVDA: Ich finde die Entscheidung meiner Eltern in Ordnung. Bei uns ist das eben anders. Und so wichtig ist eine Abschlussfahrt doch gar nicht. Jeder von uns denkt schon daran, was er nach der Schule machen wird; ich habe zum Beispiel einen Ausbildungsplatz bei einem Friseur.

NEZIHE (17 Jahre): Aber ich kann Doreen nur zustimmen: Es ist nicht in Ordnung! Wenn ich in eine deutsche Schule gehe, möchte ich nicht in bestimmten Situationen einfach ausgeschlossen werden. Als ich in die 11. Klasse kam, haben mir meine Eltern die Teilnahme an der Integrationsfahrt nicht erlaubt. Ich war sehr böse deshalb. Eigentlich sind meine Eltern verständnisvoll; sie finden es gut, dass ich Abitur mache und vielleicht einmal studieren werde.

REPORTER: Ist es immer noch so, dass Mädchen und Jungen in der Erziehung sehr unterschiedlich behandelt werden?

GIZEM: Bei uns zu Hause nicht. Mein Bruder und ich werden völlig gleich behandelt.

NEZIHE: Doch, sie werden unterschiedlich behandelt. Aber das liegt nicht nur an den Eltern. Das Schlimmste habe ich mit einem türkischen Klassenkameraden erlebt. Unsere Deutschlehrerin hatte angeboten, uns ein paar Nachhilfestunden zu geben, aber Ali kam nicht. Später hat er der Lehrerin gesagt, er könne nicht akzeptieren, dass Mädchen das Abitur machen. Ein Mädchen sollte lieber ‚für günstige Bedingungen sorgen, unter denen ein Mann sie heiraten könnte'.

REPORTER: Denken denn viele türkische Jungen so?

ISMAIL: Ich würde es nicht ganz so krass formulieren; aber ich könnte mir auch nicht vorstellen, eine Frau zu heiraten, die mir an Bildung ebenbürtig ist.

HENRIK (18 Jahre): Das können aber viele deutsche Männer auch nicht!

REPORTER: Habt ihr denn als Muslime das Gefühl, dass eure religiösen Überzeugungen in der Schule respektiert werden?

NEZIHE: Unbedingt! Zum Beispiel beim Sportunterricht: Wenn Jungen und Mädchen gemeinsam Schwimmunterricht haben sollen, und ein türkisches Mädchen will das nicht, kann es sich vom Sportunterricht befreien lassen und ein Ersatzfach wählen.

ISMAIL: Ganz so einfach ist das aber nicht immer: Ein Muslim muss zum Beispiel feste Gebetszeiten einhalten, aber man würde mich wohl kaum dafür vom Unterricht beurlauben.

HENRIK: Du nimmst es aber auch sehr genau mit deinen Pflichten. Wenn ich da an unseren letzten Wandertag denke …

REPORTER: Was war denn an diesem Wandertag?

ISMAIL: Ich habe mich nur geweigert, Alkohol zu trinken.

HENRIK: Ja – und damit hast du uns allen den Spaß verdorben.

ISMAIL: Erinnerst du dich, als wir in der 6. Klasse ein Weihnachtsspiel aufführen wollten? Philipp hat sich damals ganz begeistert für die Rolle des Weihnachtsmannes gemeldet. Aber am nächsten Tag hat er einen Rückzieher machen müssen, weil seine Eltern einer christlichen Sekte angehörten, die nicht Weihnachten feiert. Das haben alle sofort akzeptiert, ohne so ein Problem daraus zu machen.

HENRIK: Das ist ja auch etwas anderes. Schließlich leben wir hier in einem christlichen Land.

REPORTER: Jetzt wird es brisant.

•••

Eine Moschee in Deutschland

1 Stellt zusammen: Welche Eigenarten der muslimischen Religion erfahrt ihr aus dem Interview?

2 Formuliert weitere Fragen über das Zusammenleben türkischer und deutscher Schüler in einer Klasse und setzt das abgebrochene Interview mit betroffenen Mitschülern fort.

3 Sevda und Nezihe vertreten zu den angesprochenen Themen sehr unterschiedliche Positionen. Sucht weitere Themen (z.B. Berufswahl, Kleidungsstil), sammelt Argumente für beide Positionen und stellt sie im Rollenspiel vor.

4 Sollten vom Gesetzgeber mehr Erleichterungen geschaffen werden wie die Befreiung vom Sportunterricht oder ist Religionsausübung Privatsache?
Diskutiert darüber.

Allah und sein Prophet

Botschaften Gottes

Mohammed [...] wurde in Mekka um 570 n.Chr. geboren. Um 610 n.Chr. fing er an zu glauben, dass er von Gott Botschaften erhielt, welche er seinen Bekannten in Mekka übermitteln sollte. Diese Botschaften oder Offenbarungen wurden später gesammelt und bilden heute den Koran. Sie besagen, dass Gott – Allah – alleine Gott sei, dass er gnädig und mächtig sei und alle Ereignisse beherrsche. Am letzten Tag werde er die Menschen nach ihren Taten richten und sie Hölle und Himmel zuweisen. Von den Menschen erwarte er unter anderem, dass sie Reichtum wohltätig nutzten. In den Offenbarungen war von Mohammed selbst manchmal nur als einem Warner vor Gottes Gericht die Rede, manchmal als einem Propheten oder Boten Gottes. Mohammed selbst glaubte fest, dass die Offenbarungen nicht sein eigenes Werk seien, sondern wirklich Gottes Wort, von einem Engel übermittelt. Das glauben die Moslems noch heute.

Mohammed gewann eine Anzahl Anhänger, die sich oft mit ihm trafen und mit ihm Gott anbeteten. Aber nicht alle seine Botschaften wurden freundlich aufgenommen. Die Händler aus Mekka erhoben sich zu erbitterter Gegnerschaft aufgrund der Kritik des Korans an ihrer Lebensweise. [...]

Nach Medina

Mohammeds Anhänger wurden nun auf verschiedenartigste Weise von seinen Gegnern, die oft die eigenen Verwandten waren, verfolgt. Schließlich wurde es ihm unmöglich, seine religiösen Aktivitäten in Mekka weiter auszuüben, sodass er im Jahre 622 zusammen mit etwa 70 Männern und ihren

Mohammed (mit verhülltem Gesicht) und der Erzengel Gabriel mit den Offenbarungen Gottes

Familien nach Medina zog. Dieser Auszug, die Hedschra, wurde zu dem Ereignis, das den Beginn der islamischen Zeitrechnung kennzeichnet. [...]

In Medina nahm der Islam Gestalt an. Die wichtigsten Rituale gemäß dem Vorbild Mohammeds waren: Anbetung/Gebet, Almosengeben, Fasten (während des ganzen Monats Ramadan) und die Pilgerfahrt nach Mekka (einschließlich der Zeremonien an benachbarten Stätten). [...]

Zunächst besaß Mohammed in Medina keinerlei politische Macht – außer dass er das Oberhaupt der Emigranten aus Mekka war. Nach ein oder zwei Jahren aber gerieten seine Anhänger (nun Moslems genannt[1]) in Streitigkeiten mit den heidnischen Leuten von Mekka. Um 630 aber hatte Mohammed eine solche Macht, dass er Mekka erobern konnte. Er behandelte seine Feinde großzügig und gewann dadurch die meisten für sich, sodass sie Moslems wurden. Viele arabische Stämme schlossen sich ihm nun an und wurden ebenfalls Moslems. Wegen seiner Erfolge war seine Autorität als Staatsoberhaupt unumstritten.

Die ersten Kalifen

[...] Mohammed starb im Jahre 632. Bei seinem Tode hinterließ er sowohl eine neue Religion als auch einen neuen Staat. [...] Die Staatsoberhäupter wurden „Kalifen" genannt (*khalifa* = Nachfolger). Raubzüge in die Umgebung waren eine übliche Beschäftigung der nomadischen Araberstämme.

Die ersten Raubzüge von Medina aus waren überaus erfolgreich. [...] In einigen wenigen entscheidenden Schlachten überwanden die Moslems den Widerstand, den ihnen die byzantinischen und persischen Reiche entgegenstellten. Die Moslems aber kehrten nicht nach Medina zurück, sondern errichteten Bastionen an der Front, sodass sie beim nächsten Male weiter vormarschieren konnten. Aufgrund dieser Strategie hatten sie innerhalb von 12 Jahren nach Mohammeds Tod Ägypten, Syrien und den Irak besetzt und waren dabei westlich nach Libyen und östlich in den heutigen Iran vorgedrungen.

Die byzantinischen und persischen Statthalter flohen, sodass die Moslems mit den Einwohnern der jeweiligen Gegenden Verträge schlossen, laut denen sie den Status „geschützter Minderheiten" erhielten. Diese Gruppen regelten ihre inneren Angelegenheiten selbst und zahlten dem islamischen Herrscher Tribut. Der Status „geschützter Minderheit" stand jedoch nur „Buchvölkern" offen, also Gemeinschaften, die nur an den einen Gott glaubten und ein Buch über ihren Glauben besaßen.

aus: Handbuch Weltreligionen

1 Tragt zusammen, was ihr aus dem Text über die inhaltlichen Aspekte des Islam erfahrt (z.B. Gottesvorstellung, Ziel des Lebens, religiöse Pflichten).

2 Durch welche Regelungen und welche Handlungen Mohammeds war die Verknüpfung von Staat und Religion im Islam bereits frühzeitig angelegt?

3 Besorgt euch eine Karte Vorderasiens und tragt die Ausdehnung des Islam zur Zeit Mohammeds und der ersten Kalifen ein. Beachtet dabei den Minderheitenschutz der „Buchvölker".

---

[1] Die Anhänger des Islam bezeichnen sich selbst als „Muslime". Der Begriff bedeutet „Ergebenheit in den Willen Gottes". In der deutschen Sprache wird er auch mit „Moslems" wiedergegeben. Die früher gebräuchliche Bezeichnung „Mohammedaner" wird von den Muslimen abgelehnt, denn sie signalisiert eine Verehrung des Propheten Mohammed, die im Islam nicht stattfindet.

Die „fünf Pfeiler"

So wie Pfeiler dazu dienen, ein Gebäude zu tragen, bilden feste Rituale die sicheren Träger einer Religion. Mohammed selbst soll die folgenden fünf Pflichten als „Grundpfeiler" des Islam bezeichnet haben:

1. Das Glaubensbekenntnis

Es lautet: „Es gibt keinen Gott außer Allah, und Mohammed ist sein Prophet."
Um zum muslimischen Glauben überzutreten, genügt es, vor Zeugen dieses Glaubensbekenntnis zu sprechen.

2. Das Gebet

Ein Muslim ist verpflichtet, fünfmal am Tag zu beten. Dabei sind sowohl der Gebetsinhalt als auch die Gebetshaltung genau vorgeschrieben. In der Haltung (Niederwerfen auf den Boden) soll die Unterwerfung unter den Willen Gottes ausgedrückt werden. Damit die Gläubigen die richtigen Gebetszeiten einhalten, gibt es in islamischen Ländern den „Muezzin", der ankündigt, wenn es Zeit zum Beten ist. Man kann die täglichen Gebete alleine verrichten oder – besonders am Freitag (dem christlichen Sonntag vergleichbar) – eine Moschee zum Beten aufsuchen.

Betende Muslime in einer französischen Kleinstadt

RELIGIONEN KENNEN UND ACHTEN

3. Das Almosen

Die Unterstützung Armer und Bedürftiger ist im Islam nicht der Beliebigkeit anheim gestellt, sondern jeder Muslim ist zu einer bestimmten Abgabe verpflichtet. In früheren Zeiten waren die Adressaten nicht anonym, sondern jeder Spender wusste, wem seine Gabe zugute kommen würde.

4. Das Fasten

Der Monat Ramadan gilt als heilige Zeit, da nach dem Glauben der Muslime Gott in dieser Zeit seinem Propheten jene Offenbarungen zuteil werden ließ, die später den Koran bildeten. Aus diesem Grund fasten alle erwachsenen Muslime in diesem Monat. Essen und Trinken ist nur von Sonnenuntergang bis Sonnenaufgang gestattet.

5. Die Pilgerreise

Die Stadt Mekka ist die zentrale heilige Stätte des Islam. Jeder Gläubige, dem es irgend möglich ist, soll einmal im Leben diese Stadt aufsuchen. Soll die Reise als Pilgerfahrt gelten, müssen dabei bestimmte Bedingungen eingehalten werden.

1 Muslimische Kinder werden schon früh in die religiösen Pflichten ihrer Religion eingeführt. Dazu gibt es sogar Anleitungsbücher, die die „fünf Pfeiler" für Kinder erläutern und veranschaulichen. Versucht selbst, ein ähnliches Buch zu entwerfen.

2 Rituelle Handlungen wie z.B. das gemeinsame Gebet sind wesentliche Bestandteile jeder Religion. Welche kennt ihr für
– das Christentum,
– das Judentum,
– Naturreligionen?

RELIGIONEN KENNEN UND ACHTEN

Bräuche im Leben der Gemeinschaft

Kurban Said

Ali und Nino

Schauplatz der Liebesgeschichte zwischen dem Erzähler Ali, einem Muslimen, und der Christin Nino ist die Stadt Baku in Aserbeidschan zu Beginn des 20. Jahrhunderts.

Am Horizont, hinter der Insel Nargin, zeigte sich ein Dampfer. Wenn man einem bedruckten Stück Papier, von einem christlichen Telegrafenbeamten ins Haus zugestellt, glauben konnte, dann befand sich auf diesem Schiff mein Onkel mit drei Frauen und zwei Eunuchen[1]. Ich sollte ihn abholen. Ich eilte die Treppe hinab. Der Wagen fuhr vor. Rasch ging es zum lärmenden Hafen hinunter.

Mein Onkel war ein vornehmer Mann. [...] Er hatte drei Frauen, viele Diener, ein Palais in Teheran und große Güter in Mazendaran. Nach Baku kam er einer seiner Frauen wegen. Es war die kleine Zeinab. Sie war erst achtzehn, und der Onkel liebte sie mehr als seine anderen Frauen. Sie war krank, sie bekam keine Kinder und gerade von ihr wollte der Onkel Kinder haben. [...] Nun fuhr sie nach Baku, um durch die Geschicklichkeit der westlichen Ärzte das zu erreichen, was der einheimischen Weisheit versagt blieb. Armer Onkel! Die zwei anderen Frauen, ungeliebt und alt, musste er mitnehmen. So verlangte es die Sitte: „Du kannst eine, zwei, drei und vier Frauen haben, wenn du sie gleich behandelst." Gleichmäßig behandeln aber hieß, allen dasselbe bieten – zum Beispiel eine Reise nach Baku.

Von Rechts wegen ging mich das Ganze nichts an. Frauen gehören in den Anderun, ins Innere des Hauses. Ein wohlerzogener Mensch spricht nicht über sie, fragt nicht nach ihnen und lässt ihnen auch keine Grüße bestellen. Sie sind die Schatten ihrer Männer, wenn auch diese sich oft nur in solchen Schatten wohl fühlen. So ist es gut und weise. „Eine Frau hat nicht mehr Verstand als ein Hühnerei Haare", lautet bei uns ein Sprichwort. Geschöpfe ohne Verstand müssen bewacht werden, sonst bringen sie Unheil über sich selbst und andere. Ich glaube, es ist eine weise Regel.

Langsam schritt der Onkel über die Falltreppe. Ich umarmte ihn und küsste ihn ehrfürchtig auf die linke Schulter, obwohl dies auf der Straße nicht unbedingt notwendig war. Seine Frauen würdigte ich keines Blickes. Wir bestiegen den Wagen. Frauen und Eunuchen folgten uns in geschlossenen Karossen. [...]

Der Onkel streichelte sich vornehm den Bart und fragte, was es Neues in der Stadt gebe.

„Nicht viel", sagte ich, meiner Pflicht bewusst, mit Unwichtigem anzufangen um dann zum Wichtigen überzugehen. „Dadasch Beg hat vorige Woche den Achund Sadé erdolcht, weil Achund Sadé in die Stadt zurückkam, obwohl er vor acht Jahren die Frau des Dadasch Beg entführt hat. [...]"

Der Onkel nickte zustimmend mit dem Kopf. Ob es noch was Neues gebe?

„Ja, in Bibi-Eibat haben die Russen viel neues Öl entdeckt. [...]"

Der Onkel war sehr erstaunt. „Allah, Allah", sagte er und presste besorgt die Lippen zusammen.

„... zu Hause bei uns ist alles in Ordnung und so Gott will, verlasse ich nächste Woche das Haus des Wissens."

---

[1] Eunuch: Haremswächter

So sprach ich die ganze Zeit und der Alte hörte andächtig zu. Erst als der Wagen sich unserem Haus näherte, blickte ich zur Seite und sagte beiläufig:

„In der Stadt ist ein berühmter Arzt aus Russland angekommen. [...]"

Die Augen des Onkels waren vor würdevoller Langeweile halb geschlossen. Ganz teilnahmslos fragte er nach dem Namen des weisen Mannes, und ich sah, dass er sehr mit mir zufrieden war.

Denn das alles galt bei uns als gutes Benehmen und vornehme Erziehung. [...]

Wir saßen auf dem flachen, windgeschützten Dach unseres Hauses: mein Vater, mein Onkel und ich. Es war sehr warm. Weiche, vielfarbige Teppiche aus Karabagh mit barbarisch-grotesken Mustern lagen ausgebreitet, und wir saßen mit gekreuzten Beinen darauf. [...]

Ich bewunderte, wie schon so oft, die Eleganz meines Vaters und meines Onkels. Ohne die linke Hand zu rühren, rissen sie breite Brotfladen ab, formten daraus eine Tüte, füllten sie mit Fleisch und führten sie zum Mund. Mit vollendeter Grazie steckte der Onkel drei Finger der rechten Hand in die fette, dampfende Reisspeise, nahm ein Häuflein, quetschte es zu einer Kugel und aß diese, ohne auch nur ein Körnchen Reis fallen zu lassen.

Bei Gott, die Russen bilden sich so viel ein auf ihre Kunst, mit Messer und Gabel zu essen, was doch auch der Dümmste in einem Monat erlernen kann. Ich gehe bequem mit Messer und Gabel um und weiß, was sich am Tisch der Europäer gehört. Aber obwohl ich schon achtzehn bin, kann ich noch immer nicht mit so vollendeter Vornehmheit essen wie mein Vater oder mein Onkel, die mit nur drei Fingern der rechten Hand die lange Reihe der orientalischen Speisen vertilgen, ohne auch nur die Handfläche zu beschmutzen. [...]

Das Essen war zu Ende. Wir wuschen uns die Hände und der Onkel betete kurz. Dann wurden die Speisen weggebracht. Kleine Teetassen mit schwerem, dunklem Tee wurden gereicht und der Onkel begann zu sprechen, wie alle alten Leute nach einem guten Mahl zu sprechen pflegen – breit und etwas geschwätzig. Mein Vater sagte nur wenig und ich schwieg, denn so verlangt es die Sitte. [...]

„Dreißig Jahre", sagte der Onkel, „saß ich auf dem Teppich der Gunst des Königs der Könige. Dreimal hat mich Seine Majestät auf seine Reisen ins Ausland mitgenommen. Während dieser Reisen habe ich die Welt des Unglaubens besser kennengelernt als irgendeiner. Wir besuchten kaiserliche und königliche Paläste und die berühmtesten Christen der Zeit. Es ist eine seltsame Welt, und am seltsamsten ist, wie sie die Frauen behandelt. Die Frauen, selbst Frauen von Königen und Kaisern, gehen sehr nackt durch die Paläste und niemanden empört es; vielleicht weil die Christen keine richtigen Männer sind, vielleicht aus einem andern Grund. Gott allein weiß es. Dafür empören sich die Ungläubigen über ganz harmlose Dinge. Einmal war Seine Majestät beim Zaren zum Essen geladen. Neben ihm saß die Zarin. Auf dem Teller Seiner Majestät lag ein sehr schönes Stück Huhn. Der Schah nahm das schöne, fette Stück ganz vornehm mit den drei Fingern der rechten Hand und legte es von seinem Teller auf den Teller der Zarin, um ihr dadurch gefällig zu sein. Die Zarin wurde ganz blass und begann vor Schreck zu husten. Später erfuhren wir, dass viele Höflinge und Prinzen des Zaren über die Liebenswürdigkeit des Schahs ganz erschüttert waren. So niedrig steht die Frau im Ansehen der Europäer! Man zeigt ihre Nacktheit der ganzen Welt und braucht nicht höflich zu sein. Der französische Botschafter durfte sogar nach dem Essen die Frau des Zaren umarmen und sich mit ihr bei den Klängen grässlicher Musik durch den Saal drehen. Der Zar selbst und viele Offiziere seiner Garde schauten zu, doch keiner schützte die Ehre des Zaren.

RELIGIONEN KENNEN UND ACHTEN

In Berlin bot sich uns ein noch seltsameres Schauspiel. Wir wurden in die Oper geführt. Auf der großen Bühne stand eine sehr dicke Frau und sang abscheulich. Die Oper hieß ‚Die Afrikanerin'. Die Stimme der Sängerin missfiel uns sehr. Kaiser Wilhelm bemerkte es und ließ die Frau auf der Stelle bestrafen. Im letzten Akt erschienen viele Neger und legten auf der Bühne einen großen Scheiterhaufen an. Die Frau wurde gefesselt und langsam verbrannt. Wir waren darüber sehr befriedigt. Später sagte uns jemand, das Feuer sei nur symbolisch gewesen. […]"
Der Onkel schwieg, in Gedanken und Erinnerungen versunken. Dann seufzte er tief und fuhr fort:
„Eines aber kann ich von den Christen nicht verstehen: Sie haben die besten Waffen, die besten Soldaten und die besten Fabriken, die alles Notwendige erzeugen, um Feinde zu erschlagen. Jeder Mensch, der etwas erfindet, um andere Menschen bequem, schnell und in Massen umzubringen, wird hoch geehrt, bekommt viel Geld und einen Orden. Das ist schön und gut. Denn Krieg muss es geben. Auf der anderen Seite aber bauen die Europäer Krankenhäuser und ein Mensch, der etwas gegen den Tod erfindet, oder einer, der im Krieg feindliche Soldaten kuriert und ernährt, wird gleichfalls hoch geehrt und bekommt einen Orden. Der Schah, mein hoher Herr, hat sich immer darüber gewundert, dass man Menschen, die Entgegengesetztes tun, gleich hoch belohnt. Er sprach darüber einmal mit dem Kaiser in Wien, doch auch dieser konnte es ihm nicht erklären. Uns dagegen verachten die Europäer, weil Feinde für uns Feinde sind und wir sie töten statt zu schonen. Sie verachten uns, weil wir vier Frauen haben dürfen, obwohl sie selbst oft mehr haben als vier, und weil wir so leben und regieren, wie uns Gott befohlen hat."

1 Stellt zusammen, was aus dem Romanauszug über Bräuche im Alltag der geschilderten Zeit zu erfahren ist.
Gliedert eure Erkenntnisse nach den Bereichen Geselligkeit, Mahlzeiten, Umgang mit Frauen, Gesprächsregeln.

2 Überlegt zu den verschiedenen Bräuchen, welche Begründung und welchen Sinn sie gehabt haben dürften.

3 Vergleicht die islamische und die „abendländische" Einstellung zum Krieg. Welche religiösen Überzeugungen liegen jeweils zugrunde? Diskutiert beide Positionen.

RELIGIONEN KENNEN UND ACHTEN

Die islamische Revolution im Iran

Betty Mahmoody

Nicht ohne meine Tochter

*Die Schilderung entspricht der Sicht der Amerikanerin Betty, die 1984 –
zur Zeit des Kriegs zwischen dem Iran und dem Irak – mit ihrem iranischen Mann
Moody dessen Heimatstadt Teheran zu einem Einkaufsbummel besucht. Nach dem
immer wieder unter Vorwänden verlängerten Urlaubsaufenthalt wird Betty später
von Moody gegen ihren Willen im Iran festgehalten. Den (übrigens sehr umstrit-
tenen) Aussagen Bettys gemäß benutzt Moody dabei die vierjährige Tochter Mahtab
als Druckmittel, indem er Betty zwar die Ausreise in die USA erlauben würde, –
jedoch ohne ihre Tochter.*

Nach mehreren Tagen des Eingesperrtseins gingen wir endlich einkaufen.
Moody, Mahtab und ich hatten uns auf diesen Teil der Reise und die Gelegenheit, exotische Geschenke für unsere Freunde und Verwandten daheim zu kaufen,
gefreut. Wir wollten außerdem die relativ niedrigen Preise in Teheran ausnutzen,
um Schmuck und Teppiche für uns selbst zu kaufen. [...]
Die Straßen wurden von breiten Gräben begrenzt, durch die das Wasser aus den
Bergen rauschte. Die Bevölkerung benutzte dieses kostenlos zur Verfügung stehende Wasser für verschiedene Zwecke. Es war eine „Müllabfuhr", die den Abfall
wegschwemmte. Ladenbesitzer tauchten ihre Scheuerbesen hinein. Manche Leute
urinierten hinein; andere wuschen sich darin die Hände. An jeder Straßenecke
mussten wir über den schmutzigen Bach springen.
Überall in der Stadt wurde gebaut, alles in Handarbeit und scheinbar willkürlich.
So baute man Tür- und Fensterrahmen nicht aus Kanthölzern, sondern aus Baum-
stämmen von etwa zehn Zentimeter Durchmesser, die zwar entrindet, aber noch
grün und oft verzogen waren. Ohne sich viele Gedanken über Genauigkeit zu machen, setzten Bauarbeiter Balken verschiedener Größe wie billiges Spielzeug zusammen und schufen damit Häuser von zweifelhafter Qualität und Haltbarkeit.
Die Stadt befand sich im Belagerungszustand, jede Aktivität wurde von schwer
bewaffneten Soldaten und finster dreinblickenden Polizisten überwacht. Es war
beängstigend, vor geladenen Gewehren die Straße entlangzugehen. Männer in dun-
kelblauen Polizeiuniformen waren überall, die Läufe ihrer Gewehre, geschult im
Umgang mit Demonstranten, zielten auf uns. Was wäre, wenn ein Schuss sich
versehentlich löste?
Revolutionssoldaten in Tarnanzügen waren allgegenwärtig. Sie hielten Autos
wahllos an und durchsuchten sie nach verbotenen Waren wie Drogen, Schriften, die
sich mit dem schiitischen[1] Islam kritisch auseinander setzten, oder in Amerika her-
gestellten Kassetten. Für letzteres Vergehen konnte man bis zu sechs Monaten im
Gefängnis landen.
Außerdem gab es die bedrohliche *Pasdar*, eine polizeiliche Sondertruppe, die in
kleinen Nissan-Geländewagen mit Vierradantrieb die Straßen durchstreifte. [...]
Eine der Aufgaben der *Pasdar* war es, darauf zu achten, dass Frauen ordnungsgemäß
gekleidet waren. Für mich war es schwer zu begreifen, was unter den Begriff der
Schicklichkeit fiel. Frauen stillten ihre Babys in aller Öffentlichkeit, gleichgültig

---

[1] schiitisch: Glaubensrichtung im Islam

dafür, wie viel sie von ihrem Busen zeigten, solange Kopf, Kinn, Handgelenke und Knöchel bedeckt waren. [...]

Betty und Moody besuchen die iranischen Verwandten, die Betty in ein Gespräch über die Rolle der Frau im Iran verwickeln möchten.

Fatimahs Mann sagte etwas in Farsi und der Sohn übersetzte, indem er an mich die Frage richtete: „Magst du Präsident Reagan?"

Überrascht, im Bemühen höflich zu sein, stammelte ich: „Na, ja."

Weitere Fragen wurden in schneller Folge auf mich abgefeuert. „Mochtest du Präsident Carter? Was hast du von Carters Beziehungen zum Iran gehalten?"

Darauf gab ich keine Antwort mehr, denn ich war nicht bereit, gefangen in einem iranischen Wohnzimmer, mein Vaterland zu verteidigen. „Ich will über diese Dinge nicht diskutieren. Ich habe mich noch nie für Politik interessiert."

Sie bedrängten mich weiter. „Nun", sagte der Sohn, „ich bin sicher, dass du vor deiner Reise eine Menge darüber gehört hast, wie Frauen im Iran unterdrückt werden. Jetzt, da du eine Weile hier bist, siehst du doch ein, dass dies alles nicht wahr ist, dass es alles Lüge ist?"

Diese Frage war zu lächerlich, um sie zu übergehen. „Das ist ganz und gar nicht, was ich sehe", sagte ich. Ich war drauf und dran, eine Tirade gegen die Unterdrückung der iranischen Frauen loszulassen, aber überall um mich herum kauerten anmaßende, arrogante Männer mit ihren Gebetsperlen und murmelten *„Allahu akbar"*[2], während die Frauen unterwürfig und still in ihre *Tschadors* gewickelt dasaßen. „Ich will solche Fragen nicht diskutieren", sagte ich plötzlich. „Ich werde keine Fragen mehr beantworten." Ich drehte mich zu Moody um und murmelte: „Du musst mich hier rausholen. Ich habe keine Lust, auf der Anklagebank zu sitzen."

Moody war die Sache unbehaglich, er war zwischen der Sorge um seine Frau und der Pflicht, seinen Verwandten Respekt zu zollen, gefangen. Er tat nichts und das Gespräch wandte sich der Religion zu. [...]

In unserem Schlafzimmer [...] angekommen, stritten Moody und ich uns. „Du warst nicht höflich", sagte er. „Du hättest ihnen zustimmen müssen." [...]

Ich traute meinen Ohren nicht. Er hatte doch mit eigenen Augen gesehen, wie die iranischen Ehefrauen die Sklavinnen ihrer Männer waren, wie ihre Religion und ihre Regierung sie bei jedem Schritt behinderten, eine Praxis, die sich beispielhaft an ihrem überheblichen Beharren auf einer veralteten und ungesunden Kleiderordnung erkennen ließ.

An jenem Abend gingen wir im Zorn aufeinander ins Bett.

Titelbild der deutschen Taschenbuchausgabe von „Nicht ohne meine Tochter"

---

[2] Allahu akbar: „Allah ist groß [mächtig]."

1 Sammelt aus dem Text diejenigen Lebensbereiche, die aus der Sicht eines iranischen Revolutionsanhängers (Moody) und seiner westlich geprägten Frau (Betty) unterschiedlich erlebt und bewertet werden.

2 Formuliert die Kritik, die in Bettys Beobachtungen zu spüren ist. Überlegt euch, was Moody dagegenhalten könnte, und entwerft einen Dialog.

3 Informiert euch anhand eines Lexikons über die Geschichte des Iran seit 1950:
– Was war der Auslöser für die „Re-Islamisierung"?
– Wie sieht es heute im Iran aus?

4 Vergleicht die Staatsformen anderer islamischer Länder. Welche Lösungen sind möglich?

Wissenschaft, Kultur und Kunst im Austausch

Der Islam hat nicht nur erfolgreiche Feldherren und Staatsmänner hervorgebracht, sondern auch in gleichem Maße begabte Dichter, Musiker und Baumeister. Obenan aber stehen islamische Philosophen und Naturwissenschaftler, deren Errungenschaften im 9. bis 14. Jahrhundert den Grund für unsere modernen Wissenschaften legten, auf denen unsere Zivilisation aufbaut.

Die Werke griechischer, persischer und indischer Schriftsteller wurden herbeigeschafft, ins Arabische übersetzt und das erworbene Wissen geprüft, umgeformt und weiterentwickelt. [...]

Islamische Ärzte bauten auf dem Wissen und der Erfahrung des alten Persiens auf. Sie entdeckten den Blutkreislauf, entwickelten Pockenbehandlungen und führten dank Betäubungen schmerzlos Operationen durch. [...]

Auf dem Gebiet der Mathematik lernten die islamischen Gelehrten von den Indern. Von ihnen übernahmen sie das Dezimalsystem und den Gebrauch der Null. Diese nannten sie *Sifr*, das Leere. [...] Die Araber entwickelten auch die Algebra, indem sie Symbole für unbekannte Mengen einführten.

Schon früh hatten die Araber Sterne als Wegweiser in der Wüste benutzt. Als sie im 8. Jahrhundert mit dem Werk des Ptolemäus bekannt wurden, fingen sie an, den Himmel wissenschaftlich zu erforschen. Sternnamen und astronomische Bezeichnungen wie Zenit, Nadir und Azimut legen bleibendes Zeugnis davon ab. Die Gelehrten trugen ihr erdkundliches Wissen in Atlanten und Reiseführern zusammen. In diesen führten sie die Hauptstraßen aller bekannten Länder auf sowie Namen und Lagen der großen Städte und ihre Entfernungen voneinander. Sie berechneten ebenfalls schon Umfang und Durchmesser der Erde.

Ein arabischer Arzt führt am Kopf eines Kindes eine Operation durch (türkische Miniatur, 1465).

Weltweiter Einfluss

[...] Wo immer West und Ost zusammentrafen, lernte der Westen. Auf Sizilien schuf der Hof Friedrichs II. ein Zentrum arabischer Philosophie und Naturwissenschaft. In Palästina wurden die Kreuzritter mit orientalischem Leben vertraut. Die Begegnung fand aber vor allem im maurischen Spanien statt. Schon im 10. Jahrhundert blühten dort die Städte auf. Cordoba hatte über 500 000 Einwohner mit 700 Moscheen, 300 öffentlichen Bädern und 70 Bibliotheken. Seine Straßen waren gepflastert und bei Nacht beleuchtet. Alles, was dem Wohlleben diente, war dort zu haben: Marzipan, Seife, Parfüm, Kaffee, Edelpflaumen, Zucker, Matratzen, Mützen und Jacken, Apfelsinen, Spargel. Ihr Einfluss durchquerte ganz Europa. Fahrende Sänger aus Andalusien brachten ihre Lieder und arabische Instrumente mit: Laute, Gitarre, Trompete, Horn und Flöte. [...]

Die Mezquita in Cordoba, früher eine Moschee, heute eine Kirche

Im Bereich der schönen Künste, Handschrift, Keramik und Architektur nahm der Islam selbst Einflüsse in sich auf. Er griff das kulturelle Erbe der eroberten Völker auf, wandelte es um und schuf eine umfassende Kultur von einzigartigem Rang. Islamische Architektur findet sich in Cordoba, Granada, Marrakesch, Kairo, Istanbul, Damaskus, Agra und Delhi. [...] Dem islamischen Stil eignet ein besonderer Hang zum Dekorativen. Er bemüht sich, die natürliche Erscheinung zu abstrahieren.

Der Koran lehrt, dass ein Gegenstand und sein Abbild geheimnisvoll verbunden sind. Wahrscheinlich deswegen wurde bildnerische Kunst verboten.

Mit der Eroberung Bagdads durch die Mongolen im Jahre 1258 und dem allgemeinen Verfall des Islams kamen auch Kunst, Kultur und Wissenschaft des Islams zum Stillstand ihrer Entwicklung.

aus: Handbuch Weltreligionen

1 Gliedert die wissenschaftlichen Verdienste des Islam nach einzelnen Fächern auf (Medizin, Astronomie usw.), ordnet sie tabellarisch an und tragt die wichtigsten Erkenntnisse ein. Legt parallel dazu eine Spalte an, die den Stand dieser Wissenschaften zur gleichen Zeit in Europa dokumentiert.
Zieht Fachlexika und chronologische Auflistungen von Entdeckungen und Erfindungen heran.

2 Tretet eine gedankliche Zeitreise an und versetzt euch in die Rolle eines spanischen Landbewohners im 10. Jahrhundert, der zum ersten Mal in die Stadt Cordoba kommt. Beschreibt, was er sieht und erlebt.

3 Besorgt euch eine Karte von Vorderasien und Europa im 10. und 11. Jahrhundert (Geschichtsatlas!). Tragt die Länder ein, die von Osmanen/Arabern erobert wurden und kennzeichnet mithilfe von Pfeilen und Symbolen, wie die Kultur der Eroberten und die islamische Kultur sich gegenseitig befruchteten und bereicherten.

4 Stellt anhand der Abbildungen wichtige Kennzeichen der islamischen Kunst zusammen.
Da das Abbilden von Menschen nicht gerne gesehen wird, griff die Kunst zu anderen Motiven. Benennt und beschreibt sie.

5 Falls es in eurem Schul- oder Heimatort türkische Restaurants oder orientalische Geschäfte gibt, seht euch dort um.
Zeichnet oder fotografiert Ornamente und Dekorationen, die eurer Kenntnis nach mit islamischer Tradition zu tun haben.

Die Alhambra in Granada (Spanien), Burg der islamischen Herrscher (erbaut im 13. und 14. Jahrhundert)

Berührungspunkte der Religionen in der multikulturellen Gesellschaft

Verschiedene Religionen – gemeinsame Aktivitäten

Seit Tagen hatten Lehrer und Schüler aller Altersstufen betroffen die Nachrichten verfolgt: Der Ausbruch des Golfkrieges und die Heftigkeit der Auseinandersetzungen waren erschreckend.[1]
In der Mittagspause der Ganztagsschule gab es kein anderes Thema mehr. Lehrer und Schüler fanden sich an den Tischen der Mensa zusammen, um die neuesten Ereignisse zu diskutieren und zu kommentieren.

„Man müsste doch irgendetwas tun", meinten die Schüler, „zumindest ein Zeichen setzen, dass man mit dieser Art der Auseinandersetzung nicht einverstanden ist und andere Wege suchen sollte."
Aus dieser Überlegung heraus wurden Schüler und Lehrerin eines Ethikkurses initiativ: Die Idee zu einem Friedensgottesdienst wurde geboren. Dabei sollte es nicht darauf ankommen, Partei zu ergreifen, sondern zu zeigen, welche ethischen Werte und Ziele auch die Anhänger verschiedener Religionen im gleichen Anliegen vereinen konnten.
Der folgende Aufruf wurde überall in der Schule ausgehängt: „Wer an ein göttliches Wirken in dieser Welt glaubt und im Namen seines Gottes dabei mithelfen will, dass dieses Wirken ein bisschen deutlicher wird, sollte zur Vorbereitung eines Friedensgottesdienstes zum Thema Golfkrieg kommen."
Die Antwort auf diesen Aufruf war so vielfältig, wie die Mitglieder der Schule selbst es waren: z. B. die 18-jährige Cigdem aus der Türkei, Vincenzo aus Sizilien, der indische Hindu Nure aus der 6. Klasse, das griechische Zwillingspaar Dimitrios und Vasilios, Sarah, Tochter einer deutschen Mutter und eines jüdischen Vaters, der katholische Messdiener Sascha und Stefan aus der 13. Klasse, der gerade erst zum Buddhismus übergetreten war und am liebsten orangefarbene Gewänder trug.
Sarahs Mutter war Küsterin der örtlichen evangelischen Kirche und erklärte sich bereit, dem Pfarrer das Anliegen der Schule vorzutragen und ihn zu bitten, den Kirchenraum für den Friedensgottesdienst zur Verfügung zu stellen. Der Pfarrer gab sein Einverständnis, obwohl er wusste, dass es sich nicht um eine Veranstaltung mit ausgesprochen christlichem Charakter handeln würde. Die beteiligten Schüler und

---

[1] Gemeint ist der 2. Golfkrieg. 1990 besetzten irakische Truppen ihr Nachbarland Kuwait. Trotz heftiger Proteste der UNO rief die irakische Regierung unter Staatschef Saddam Hussein ihre Truppen nicht zurück. Daraufhin begann im Januar 1991 – unter maßgeblicher Beteiligung der USA – ein Luftkrieg gegen den Irak, der im Februar 1991 mit der Besiegung Iraks und der Rückeroberung Kuwaits endete. Über den Krieg wurde sehr intensiv in den Medien berichtet.

Schülerinnen erklärten sich bereit, ihr Anliegen in einem christlichen Gotteshaus vorzutragen, auch wenn sie anderen Religionen angehörten.

Man einigte sich darauf, dass jeder aus der bald gebildeten Planungsgruppe Texte, Spiele oder Lieder aus dem kulturellen Umfeld seiner Religion suchen sollte, die Frieden und Verständigung vermitteln konnten. Die jüngeren Schüler aktivierten dabei ihre Eltern und älteren Geschwister zur Mithilfe.

Es ist kaum verwunderlich, dass es sich bei den gefundenen Texten größtenteils um Märchen handelt, denn in ihren Märchen haben alle Völker immer schon ihre Wünsche und Träume ausgedrückt ...

Ein paar Beispiele

Unter den Märchen der Brüder Grimm findet sich die Geschichte von den beiden Ziegen.

Zwei Ziegen begegneten einander auf einem schmalen Steg, der über einen tiefen, reißenden Waldstrom führte; die eine wollte hinüber, die andere wollte herüber.

„Geh mir aus dem Wege", sagte die eine.

„Das wäre ja noch schöner!", rief die andere. „Geh du zurück und lass mich hinüber, ich war zuerst auf der Brücke."

„Was fällt dir ein", entgegnete die Erste, „ich bin viel älter als du und sollte dir weichen? Nimmermehr!"

Keine wollte nachgeben; jede wollte zuerst hinüber und so kam es vom Zank zum Streit und zu Tätlichkeiten.

Sie hielten ihre Hörner vorwärts und rannten zornig gegeneinander. Von dem heftigen Stoße verloren beide das Gleichgewicht und sie stürzten miteinander von dem schmalen Steg hinab in den reißenden Waldstrom, wo sie jämmerlich ertranken.

Sascha

Ein Rabbi ist ein jüdischer Gelehrter, der Schüler unterrichtet.

Einmal fragte ein Rabbi seine Schüler:

„Wann ist der Übergang von der Nacht zum Tag?"

Der erste Schüler antwortete: „Dann, wenn ich ein Haus von einem Baum unterscheiden kann."

„Nein", gab der Rabbi zur Antwort.

„Dann, wenn ich einen Hund von einem Pferd unterscheiden kann", versuchte der zweite Schüler eine Antwort.

„Nein", antwortete der Rabbi.

Und so versuchten die Schüler nacheinander eine Antwort auf die gestellte Frage zu finden.

Schließlich sagte der Rabbi:

„Wenn du das Gesicht eines Menschen siehst und du entdeckst darin das Gesicht eines Bruders oder einer Schwester oder eines Freundes, dann ist die Nacht zu Ende, dann ist der Tag angebrochen."

Sarah

RELIGIONEN KENNEN UND ACHTEN

In einem orientalischen Märchen wird die Geschichte vom Honigtropfen erzählt. Ein Jägersmann pflegte in der Steppe die wilden Tiere zu jagen. Da kam er eines Tages zu einer Höhle im Gebirge und fand in ihr ein Loch voller Bienenhonig. Er schöpfte den Honig in einen Schlauch, den er bei sich trug und brachte ihn in die Stadt, um ihn dort zu verkaufen. Sein Jagdhund, der ihm lieb und wert war, folgte ihm.

Als sie in der Stadt waren, blieb der Jäger beim Laden eines Ölhändlers stehen und bot dem Händler den Honig zum Kauf an. Dieser bat ihn in den Laden hinein. Der Jäger öffnete den Schlauch und ließ etwas von dem Honig auslaufen, damit der Händler ihn besehen konnte. Dabei fiel ein Honigtropfen aus dem Schlauche auf die Erde. Nun sammelten sich sofort die Fliegen um ihn, und auf diese schoss ein Vogel herab. Der Ölhändler aber hatte eine Katze, und die sprang nun auf den Vogel los; als der Jagdhund die Katze sah, stürzte er sich auf sie und biss sie tot. Da sprang der Ölhändler auf den Jagdhund los und schlug ihn tot. Als das der Jäger sah, erhob er sich gegen den Ölhändler und erschlug ihn.

Nun gehörte der Ölhändler in das eine Dorf, der Jäger aber in ein anderes. Und als die Bewohner der beiden Dörfer die Kunde vernahmen, griffen sie zu den Waffen und erhoben sich im Zorn gegeneinander. Die beiden Schlachtreihen prallten zusammen, und das Schwert wütete lange unter ihnen, bis dass viel Volk gefallen war, so viele, dass niemand ihre Zahl nennen konnte.

Vincenzo

In einem asiatischen Märchen wird erzählt:

Als der Krieg zwischen zwei benachbarten Völkern unvermeidlich war, schickten die feindlichen Feldherren Späher aus, um zu erkunden, wo man am leichtesten in das Nachbarland einfallen könnte. Die Kundschafter kehrten zurück und berichteten ungefähr mit den gleichen Worten ihren Vorgesetzten: Es gebe nur eine Stelle an der Grenze um in das andere Land einzubrechen, weil überall sonst hohe Gebirge den Weg versperrten. „Dort aber", so sagten sie, „wohnt ein braver Bauer mit seiner anmutigen Frau in einem kleinen Haus. Sie haben einander lieb und es heißt, sie seien die glücklichsten Menschen auf der Welt. Sie haben auch ein Kind. Wenn wir nun über das kleine Grundstück ins Feindesland einmarschierten, würden wir das Glück zerstören. Also kann es keinen Krieg geben."

Das sahen die Feldherren wohl oder übel ein und der Krieg unterblieb, wie jeder Mensch begreifen wird.

Nure

RELIGIONEN KENNEN UND ACHTEN

1 Die Planung des Gottesdienstes ist noch unvollständig. Stellt zusammen, was ihr noch aus eurem jeweiligen Kulturkreis ergänzen würdet, z. B.
   – Lieder,
   – Spiele (z. B. unter dem Motto „Spiele ohne Sieger"),
   – kurze Ansprachen.

2 Welche Anlässe könnte es heute geben, um einen „interreligiösen" Gottesdienst zu feiern? Stellt Überlegungen anhand von Berichten in Nachrichtensendungen und Tageszeitungen an.

3 Hat Krieg überhaupt etwas mit Gottesglauben zu tun? Ermittelt die Positionen der fünf in diesem Buch behandelten Weltreligionen zum Krieg, indem ihr
   – Informationsquellen zurate zieht,
   – Anhänger der verschiedenen Religionen befragt. (Siehe hierzu auch „Toleranz in den Weltreligionen", S. 204)

Amerikanische Glückwunschkarte mit dem Titel „Good Neighbors"

Die Ringparabel

Nathan mit dem Beinamen „der Weise" ist Angehöriger der jüdischen Religion und trifft sich mit dem Muslim Sultan Saladin, um mit ihm über das Schicksal eines jungen christlichen Ordensritters zu verhandeln. Bei dieser Gelegenheit wird er von Saladin gefragt, welche dieser drei Weltreligionen wohl die wahre Religion sei. Nathan antwortet mit einer Parabel, einer Beispielerzählung:

In einer Familie gab es einen Ring, dem die Eigenschaft zugesprochen wurde, seinen Träger vor Gott und den Menschen beliebt zu machen. In jeder Generation überlegte nun der Vater, welchem seiner Söhne er den kostbaren Besitz weitervererben sollte.

Schließlich ergab es sich, dass ein Familienvater den Ring besaß, der drei Söhne hatte. Er liebte seine drei Söhne alle gleichermaßen, sodass er bald vor dem Problem stand, welchem von ihnen er den Ring vererben sollte.

Da er sich keinen anderen Rat wusste, ließ er bei einem Goldschmied zwei genau gleiche Kopien des kostbaren Ringes anfertigen. Nach seinem Tod erhielten alle drei Söhne einen Ring und da niemand in der Lage war, den echten herauszufinden, gerieten sie in Streit, der schließlich vor dem Richter endete. Der Richter aber konnte ihnen keinen anderen Rat geben als den, jeder müsse nun versuchen zu beweisen, dass er den echten Ring habe. So wetteiferten die Brüder miteinander und jeder bemühte sich, durch gutes Handeln vor Gott und den Menschen beliebt zu werden.

nach Gotthold Ephraim Lessing, Nathan der Weise

1. Die Frage von Sultan Saladin, auf die die „Ringparabel" Antwort geben möchte, lautet: Welche der drei Religionen – Judentum, Christentum, Islam – ist die wahre? Formuliert diese Antwort in eigenen Worten. Überlegt dabei: Welche Fähigkeiten und Tätigkeiten können jemanden „vor Gott und den Menschen beliebt" machen?

2. Judentum, Christentum und Islam sind verbunden durch historische Gestalten, die in den drei Religionen aber in unterschiedlicher Bedeutung vorkommen. Ermittelt die jeweilige Bedeutung von: Adam – Abraham – Mose – Jesus – Mohammed.

3. Lessings Drama *Nathan der Weise*, aus dem die „Ringparabel" stammt, hat die Stadt Jerusalem zum Schauplatz. Findet – z.B. anhand von Religions- oder Geografiebüchern und Lexika – heraus, welche Rolle diese Stadt für die drei Religionen Judentum, Christentum und Islam spielt.
Informiert euch mithilfe von Stadtplänen und Bildern über die markantesten Gebäude und zeichnet die für jede Religion typischen architektonischen Formen.
Stellt in einer Chronologie die Entwicklung des Konfliktes dar, der aus der Zentralstellung der Stadt für drei Weltreligionen resultiert.

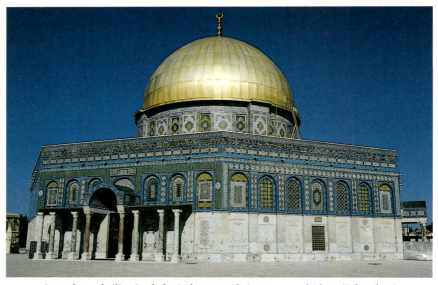

Jerusalem – heilige Stadt für Judentum, Christentum und Islam (Felsendom)

RELIGIONEN KENNEN UND ACHTEN

Das Gleichnis von den Blinden und dem Elefanten

Einstmals lebte in Shrâvastî (in Nordindien) ein gewisser König. Der gebot seinem Diener: „Lasse alle blind Geborenen der Stadt an einem Orte zusammenkommen." Als dies geschehen war, ließ er den blind Geborenen einen Elefanten vorführen. Die einen ließ er den Kopf betasten mit den Worten: „So ist ein Elefant", andere das Ohr oder den Stoßzahn, den Rüssel, den Rumpf, den Fuß, das Hinterteil, den Schwanz, die Schwanzhaare. Dann fragte er: „Wie ist ein Elefant beschaffen?" Da sagten die, welche den Kopf betastet hatten, „Er ist wie ein Topf", die das Ohr betastet hatten, „wie ein geflochtener Korb zum Schwingen des Getreides", die den Stoßzahn betastet hatten, „wie eine Pflugstange", die den Rumpf betastet hatten, „wie ein Speicher", die den Fuß betastet hatten, „wie ein Pfeiler", die das Hinterteil betastet hatten, „wie ein Mörser", die den Schwanz betastet hatten, „wie eine Mörserkeule", die die Schwanzhaare betastet hatten, „wie ein Besen". Und mit dem Rufe: „Der Elefant ist so und nicht so", schlugen sie sich gegenseitig mit den Fäusten zum Ergötzen des Königs.

Die Parabel von den Blinden und dem Elefanten findet sich zuerst im buddhistischen Kanon (Udâna 6, 4). Buddha soll sie erzählt haben, um darzulegen, dass die Irrlehren seiner Zeit miteinander im Streit seien, weil sie nicht die volle Wahrheit erkennen, sondern nur einen Teil derselben. Die Geschichte ist in der Folgezeit in Indien häufig wiedererzählt worden, so von den Shivaiten, von den Jainas, von Râmakrishna, sie steht heute in indischen Schulbüchern und ist auch von persischen Sûfis ihren Zwecken angepasst worden. Man findet in ihr fünf Wahrheiten in bildlicher Form ausgesprochen:

1. Der Mensch ist wegen seiner natürlichen „Blindheit", d.h. wegen der unzulänglichen Beschaffenheit seines Erkenntnisvermögens, a priori[1] außerstande, den tatsächlichen Sachverhalt zu erfassen.
2. Der Mensch vermag wegen der Begrenztheit seiner Fähigkeiten nur immer einen Teil der ganzen Wahrheit zu erkennen.
3. Der Mensch kann das Transzendente immer nur nach Analogie seiner eigenen Erfahrungswelt verdeutlichen und beschreiben.
4. Der Mensch neigt dazu, das Einzelne fälschlich zu verallgemeinern, wodurch an und für sich Richtiges in eine falsche Perspektive gerückt wird und ein verzerrtes Bild des Ganzen entsteht.
5. Der Mensch hält das, was er erkannt zu haben glaubt, für allgemeingültig. Er sieht deshalb alle anderen Meinungen als verkehrt an und strebt danach, seine eigenen Ansichten anderen aufzuzwingen, was erbitterte Kämpfe zur Folge hat.

Helmuth von Glasenapp

---

[1] a priori: grundsätzlich, von vornherein

203

RELIGIONEN KENNEN UND ACHTEN

1 Fasst die wichtigsten Aussagen des Gleichnisses in eigenen Worten zusammen. Überlegt auch: Was sollen indische Schüler wohl mithilfe dieses „Schulbuchtextes" lernen?

2 Häufig haben sich vermeintliche Wahrheiten erst im späteren Verlauf der Geschichte als Irrtümer erwiesen.
Veranschaulicht die „fünf Wahrheiten" des Gleichnisses mit passenden Beispielen aus der Weltgeschichte (evtl. auch Illustrationen auf Plakaten). Zum Beispiel:
– Satz 1 (unzulängliches Erkenntnisvermögen der Menschen): Lange Zeit glaubte man, die Erde sei eine Scheibe.

Toleranz in den Weltreligionen

In jeder Religion gibt es tolerante und intolerante Bekenner, Gruppen und Strömungen. Wenn man aber die Geschichte reden lässt, dann zeigt sich, dass die Duldsamkeit in manchen Glaubensformen mehr zu Hause ist als in andern.
[...] Wenn jemand annimmt, dass dieses einmalige irdische Dasein für das ewige Schicksal des Menschen entscheidend sei und dass in absehbarer Zeit das Weltgericht hereinbrechen werde, dann wird er eifriger darum bemüht sein, das, was er für richtig und heilbringend hält, zu verbreiten, als wenn er an eine stufenweise Läuterung innerhalb des ewigen Weltprozesses glaubt, während dessen die Unbekehrten sich noch bekehren können. Es ist daher verständlich, dass das Christentum von seinen Anfängen an mit allen Mitteln versucht hat sich durchzusetzen, und in denen, die seinen Lehren nicht folgen wollten, nicht nur irregeleitete, sondern auch böse Menschen sah und Heiden und Sünder auf eine Stufe stellte [...]. Ebenso lehrte Mohammed [...]: „Bekämpfet die, die nicht glauben an Gott und den Jüngsten Tag und die nicht heiligen, was Gott geheiligt hat und sein Gesandter, und dienen nicht dem Gottesdienst der Wahrheit."
Die Geschichte des Christentums und des Islam kennt deshalb zahlreiche Glaubenskämpfe, Verfolgungen Andersgläubiger und Inquisitionsprozesse. Obwohl die „heiligen Kriege" der Mohammedaner unzähligen Christen, Juden und Heiden das Leben gekostet haben, sind im Großen und Ganzen die Moslems doch von größerer Duldsamkeit gewesen als die Christen, da sie nicht alle Unterworfenen nötigten, ihren Glauben anzunehmen, sondern den „Schriftbesitzern" die Ausübung ihrer Religion gestatteten. Bis zum 18. Jahrhundert sind hingegen in Europa nicht nur Heidentum und Islam, sondern auch die von der herrschenden Richtung abweichenden Sekten nach Möglichkeit ausgerottet worden.
Die Hindus sind in religiöser Hinsicht [...] meist außerordentlich tolerant, so große Unduldsamkeit sie andererseits in sozialer Beziehung an den Tag legen. Doch ist es auch bei ihnen gelegentlich zu Ausbrüchen des Glaubenshasses gekommen. [...]
Die Buddhisten haben unter den Bekennern der fünf großen Religionen zweifellos das Prinzip der Duldung am meisten verwirklicht. Schon allein der Umstand, dass für den Eintritt in ihre Gemeinde nicht das Aufgeben einer anderen Religion erforderlich ist, musste dieses weitgehend zur Geltung bringen. [...] Dass es innerhalb des Buddhismus ganz an Auswirkungen einer engherzigen Dogmatik gefehlt hätte, wird schon deshalb niemand für wahrscheinlich halten können, als seine Anhängerschaft

ja nicht nur aus Weisen, sondern zum großen Teil auch aus [...] Menschen besteht, welche die hohen sittlichen Lehren des Erhabenen nur in begrenztem Maße in ihrem vollen Umfange zu verstehen und in die Praxis umzusetzen in der Lage sind. Intoleranz findet sich also bei den Anhängern aller Religionen, wenn auch in verschiedenem Ausmaß.

Helmuth von Glasenapp

Darstellung der „Toleranz" zur Zeit von Gotthold Ephraim Lessing (18. Jahrhundert)

1 Nehmt aus eurer Kenntnis der genannten Religionen Stellung:
  – Inwiefern sind Christentum und Toleranzgedanke miteinander vereinbar?
  – Wie kommt es zur Akzeptanz der „Schriftbesitzer" im Islam und welche Religionen sind darunter zu zählen?
  – Worin begründet sich und worin besteht die Unduldsamkeit der Hindus in sozialer Beziehung?
  – Warum benötigt der Buddhismus trotz großer Toleranz einige ethische Richtlinien, die für seine Anhänger bindend sind?

2 Im Text wird von „Sekten" gesprochen, die häufig ausgerottet wurden. Klärt mithilfe eines Fachlexikons:
  – Was bedeutet der Begriff „Sekte"?
  – Welche Merkmale kennzeichnen eine Sekte?
  – Warum entstehen Sekten neben der offiziellen Form einer Religion?
  – Kennt ihr Mitglieder einer Sekte (z. B. Zeugen Jehovas)? Stellt ihnen die oben aufgeführten Fragen und vergleicht die Antworten mit euren Informationen aus dem Lexikon.

3 Vergleicht die Inhalte der vier im Text genannten Religionen in einer Tabelle. Mögliche Vergleichsaspekte könnten sein:
  Gottesvorstellung – Schriften – Wiedergeburt – Propheten – Heilige – Feste – Jüngstes Gericht.

Die Verbreitung der Weltreligionen

Konfessionsgruppe	Welt 1000	% der Weltbevölkerung	Europa 1000	% der Bevölkerung	Afrika 1000	% der Bevölkerung	Amerika 1000	% der Bevölkerung	Asien 1000	% der Bevölkerung	Australien/Ozeanien 1000	% der Bevölkerung
Christliche Religionen	1 974 181	33,0	559 212	76,7	351 276	45,8	732 483	89,5	306 401	8,4	24 809	82,7
darunter Katholiken	1 044 236	17,5	285 668	39,2	117 277	15,3	524 757	64,1	108 437	3,0	8 097	27,0
Protestanten	337 346	5,6	77 396	10,6	86 720	11,3	116 811	14,3	49 140	1,4	7 279	24,3
Orthodoxe	213 991	3,6	157 772	21,7	34 549	4,5	6 818	0,8	14 161	0,4	691	2,3
Anglikaner	78 574	1,3	26 628	3,7	41 503	5,4	4 340	0,5	717	0,0	5 386	17,9
Muslime	1 155 109	19,3	31 219	4,3	310 529	40,5	6 035	0,7	807 034	22,2	292	1,0
Hindus	799 028	13,4	1 401	0,2	2 312	0,3	2 069	0,3	792 897	21,8	349	1,2
Buddhisten	356 270	6,0	1 533	0,2	132	0,0	3 272	0,4	351 043	9,7	290	1,0
Ethnische Religionen	225 421	3,8	1 264	0,2	94 934	12,4	1 700	0,2	127 260	3,5	263	0,9
Sikhs	22 837	0,4	238	0,0	52	0,0	514	0,1	22 015	0,6	18	0,1
Juden	14 313	0,2	2 534	0,4	212	0,0	7 148	0,9	4 323	0,1	96	0,3
Baha'i	6 932	0,1	128	0,0	1 694	0,2	1 620	0,2	3 382	0,1	108	0,4
Konfuzianer	6 253	0,1	11	0,0	0	0,0	0	0,0	6 219	0,2	23	0,1
Dschainas	4 151	0,1	0	0,0	65	0,0	7	0,0	4 079	0,1	0	0,0

Stand: Jahresmitte 1999

Quelle: Britannica Book of the Year, Encyclopaedia Britannica Inc., Chicago

Lebensziel und Lebensbilanz

Ein Lebensweg

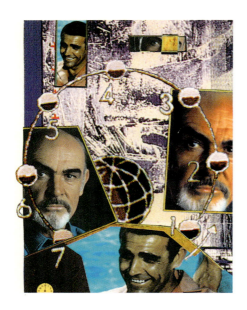

1 Auf der Collage seht ihr den Schauspieler Sean Connery in jungen Jahren und als älteren Mann. Versucht seine „zwei Gesichter" zu charakterisieren: Was hat sich zwischen Jugend und Alter verändert, was ist gleich geblieben?

2 Lasst euch von euren Eltern und Großeltern Fotos zeigen, auf denen sie vor zwanzig oder vor fünfzig Jahren abgebildet sind. Befragt sie, was ihnen damals wichtig war und was es heute bedeutet.
Stellt eure Interviewergebnisse in der Klasse zusammen: Lassen sich „alterstypische" Interessen und Einstellungen erkennen?

Hermann Hesse
Stufen

Wie jede Blüte welkt und jede Jugend
dem Alter weicht, blüht jede Lebensstufe,
blüht jede Weisheit auch und jede Tugend
zu ihrer Zeit und darf nicht ewig dauern.
Es muß das Herz bei jedem Lebensrufe
bereit zum Abschied sein und Neubeginne,
um sich in Tapferkeit und ohne Trauern
in andre, neue Bindungen zu geben.
Und jedem Anfang wohnt ein Zauber inne,
der uns beschützt und der uns hilft, zu leben.

Wir sollen heiter Raum um Raum durchschreiten,
an keinem wie an einer Heimat hängen,
der Weltgeist will nicht fesseln uns und engen,
er will uns Stuf' um Stufe heben, weiten.
Kaum sind wir heimisch einem Lebenskreise
und traulich eingewohnt, so droht Erschlaffen;
nur wer bereit zu Aufbruch ist und Reise,
mag lähmender Gewöhnung sich entraffen.

Es wird vielleicht auch noch die Todesstunde
uns neuen Räumen jung entgegensenden,
des Lebens Ruf an uns wird niemals enden ...
Wohlan denn, Herz, nimm Abschied und gesunde.

Josef Weinheber
Am Ziele

Angelangt am Ziel der Reise,
Mensch auf blassem Sterbelager:
Letzte Stunde macht dich weise,
naher Friede macht dich schön.
Du, kein Tor mehr und kein Frager,
siehst die Frucht des Lebens leuchten,
ahnst das süße, schwere Dunkel
hinter hoher Pforte stehn.
Hörst von schwarzen Nachens Ruder
lautlos silberne Tropfen fallen,
lautlos fällt das Wortgefunkel
von den Ding – und Taten allen.
Sanft entgleitend Freund – und Feinden,
beugst du dich vollendet leichten
Willens in die Wurzel nieder …

Die um dich im Dunkel weinten,
Bäume wieder deine Brüder,
und du selbst, verirrter Müder,
wieder aller Blumen Brüder.

Nur eine Spanne Zeit

Nur eine Spanne Zeit
ist uns gegeben.
Immer bereit zu sein,
das ist das Leben.

Ja, an der Mutter Hand
warst du geborgen;
aber wie bald, wie bald
kamen die Sorgen.

Ach, wie viel Schweres schon
hast du verwunden,
milde verklärt vom Glanz
seliger Stunden.

Bist du geläutert kaum,
wissend und weise,
klopft einer leise an,
ruft dich zur Reise.

Alles, was dein einst war,
siehst du zerrinnen,
nichts als dein Pilgerkleid
nimmst du von hinnen.

Nur eine Spanne Zeit
ist uns gegeben,
immer bereit zu sein,
das ist das Leben.

Unbekannter Dichter

---

1 Formuliert für jedes der drei Gedichte die Hauptaussage in Bezug auf Menschenbild und Weltsicht.
Welcher Aussage könntet ihr euch persönlich am ehesten anschließen? Begründet eure Entscheidung und diskutiert darüber.

2 Versucht eines der Gedichte bildnerisch umzusetzen, indem ihr die vorkommenden Schlüsselbegriffe zu Hilfe nehmt, z. B. Stufe, Reise, Spanne.

3 Wie würdet ihr selbst die Frage nach dem Lebensziel beantworten? Gestaltet einen eigenen Text oder arbeitet mit Zeichnungen und Fotos.

 Mir selbst begegnen, „Was wird mir morgen wichtig sein?", S. 46

Das Alter erleben, den Tod erfahren

Was wäre, wenn ich nie geboren worden wäre?

Szenenfoto aus: „Ist das Leben nicht schön?"(„It's a Wonderful Life"), USA 1947

Im wohl berühmtesten Weihnachtsfilm aller Zeiten „Ist das Leben nicht schön?" möchte sich der Held George Bailey, gespielt von James Stewart, am Heiligen Abend umbringen, weil er sein Leben für fehlgeschlagen hält. Der Engel Clarence, der ihm zu Hilfe geschickt wird, führt ihm vor Augen, was aus seiner Stadt und den Menschen in seinem Lebensumfeld geworden wäre, wenn er – wie er sich das wünscht – nie geboren worden wäre. George merkt auf diese Weise, dass sein Leben durchaus sinnvoll war und dass er, ohne sich dessen bewusst zu sein, sogar die Geschicke seiner Mitmenschen positiv beeinflusst hat.
„Gib mir mein Leben wieder!", fleht er schließlich Clarence an, sodass es doch noch zum „Happy End" kommen kann.

1 Überlegt: Hattet ihr in eurem Leben schon Gelegenheit etwas zu tun, das für euch selbst oder andere sehr wichtig war? Oder gibt es in dieser Hinsicht etwas, das ihr euch wünschen würdet, tun zu können?

2 Stellt einem älteren Angehörigen eurer Familie die Frage nach der „Lebensbilanz":
 – Welche Erwartungen hatte er/sie an das Leben und was ist daraus geworden?
 – Welche wichtigen Entscheidungen im Leben haben sich im Nachhinein als richtig oder als falsch erwiesen?
 – Wo hat es „Schlüsselerlebnisse" gegeben, die für das eigene Leben oder das der Mitmenschen und Nachkommen weichenstellend waren?

3 Was möchtet ihr selbst von eurem Leben sagen können, wenn ihr 75 Jahre alt seid? Denkt dabei nicht nur an eure Bedürfnisse und Wünsche, sondern auch an eure Ideale und weltanschaulichen Überzeugungen.
 Gestaltet dazu einen Text, in dem ihr euch – in der Rolle des/der 75-Jährigen – von einem Partner interviewen lasst. Ihr könnt das Interview mit verteilten Rollen vorlesen oder eine kleine Szene einstudieren.

DAS ALTER ERLEBEN, DEN TOD ERFAHREN

Das Alter – Segen oder Fluch?

1. Welche Vor- und Nachteile des Altwerdens sind auf den Bildern dargestellt?
2. Sammelt weitere Bilder und ordnet sie auf einem Plakat entsprechend der Überlegung: Ist das Alter ein Segen oder ein Fluch?
3. Welche Familienserien gibt es im Fernsehen, in denen ältere Menschen vorkommen? Stellt sie zusammen und ermittelt Rollendarstellung und Charakteristik des Alters. Untersucht ebenso Filme zum Thema „Alter" (z.B. „Am goldenen See", USA 1981 oder „Harold und Maude", USA 1971).

Ambivalenz des Alters – Sprüche und Sentenzen

Jeder will alt werden, keiner will alt sein.

Sprichwort

Alter gibt Erfahrung.

Ovid

In der Jugend ist man stark genug, die Fehler zu ertragen; im Alter ist man klug genug, die Fehler zu vermeiden.

Kalenderspruch

Es ist keine Kunst, alt zu werden, aber es ist eine Kunst, das zu ertragen.

Johann Wolfgang von Goethe

Alter schützt vor Torheit nicht.

Sprichwort

Mehr oder weniger wünschen wir, bei allem, was wir treiben und tun, das Ende heran, sind ungeduldig, fertig zu werden, und froh, fertig zu sein. Bloß das General-Ende, das Ende aller Enden, wünschen wir, in der Regel, so fern als möglich.

Arthur Schopenhauer

Wenn das Haus fertig ist, kommt der Tod.

Türkisches Sprichwort

Hat dir der Tag etwas gebracht?, so fragt sich am Abend der Jüngling.
Hat dir der Tag etwas geraubt?, so fragt sich der Greis.

Friedrich Hebbel

„Mit 66 Jahren, da ...“,

so beginnt der Refrain eines Schlagertextes. Schüler ergänzten ihn so:

„… brauche ich morgens nicht mehr um sechs Uhr aufzustehen.“

Lars, 11 Jahre

„… habe ich falsche Zähne und dünne Haare und bin fett und faltig. Eine entsetzliche Vorstellung!“

Antonia, 14 Jahre

„… nehm' ich mir 'nen Strick!“

Martin, 15 Jahre

„… setze ich mich zur Ruhe und genieße, was ich geschafft habe: Familie, Haus, Geld …“

Adrian, 13 Jahre

DAS ALTER ERLEBEN, DEN TOD ERFAHREN

„… krieg' ich ein Seniorenticket für die Straßenbahn, fürs Museum und für den Zoo und keiner nimmt mich mehr für voll."

Stefan, 17 Jahre

„… ist alles vorbei. Mehr werde ich nicht mehr erreichen … von da an geht's nur noch bergab."

Jasmin, 16 Jahre

„… habe ich Antworten gefunden auf das, was mich jetzt noch umtreibt: Ist mein Leben sinnvoll? Was überhaupt ist der Sinn des Lebens?"

Kirsten, 16 Jahre

1 Ergänzt die Liedzeile „Mit 66 Jahren, da …" entsprechend eurer eigenen Meinung.

2 Sortiert die Schüleraussagen hinsichtlich der Erwartungen und Befürchtungen, die aus der Sicht der Jugendlichen mit dem Alter verknüpft sind. Notiert passende Stichworte auf einer Wandzeitung.

3 Schreibt die Liedzeile auf drei verschiedene Blätter und legt diese zur Ergänzung einem/einer etwa 20-Jährigen, einem/einer ca. 40-Jährigen und einem/einer ungefähr 60-Jährigen vor. Sortiert wiederum – entsprechend der befragten Altersstufen – Erwartungen und Befürchtungen auf eurer Wandzeitung.

4 Welche Beobachtungen könnt ihr anhand eurer Ergebnisse machen?
 – Wo überwiegen die positiven und wo die negativen Erwartungen?
 – Welche Sinndefinition des Lebens wird formuliert?
 – Was verrät die Einschätzung des Alters über das augenblickliche Rollenverständnis der Befragten und über ihre Haltung zur jetzigen „älteren Generation"?

5 Ein Schüler hat den Satz „Mit 66 Jahren, da …" mit „… nehm' ich mir 'nen Strick!" ergänzt. Überlegt, welche Gründe ihn zu einer solchen Äußerung geführt haben könnten.

6 Nicht nur ältere Menschen setzen sich mit dem Tod auseinander. Oft erscheinen einem Menschen die Probleme, vor die ihn sein Leben stellt, als unlösbar, sodass er den Freitod wählt. Tragt mögliche Ursachen dafür zusammen.
 Wie sollte man mit einem Menschen umgehen, der die Absicht äußert, sich das Leben zu nehmen? In den Grundsätzen des christlichen Glaubens (10 Gebote) heißt es: „Du sollst nicht töten." Überlegt und diskutiert: Bezieht sich dieses Verbot auch auf das eigene Leben?

Und so lautet der Liedtext:

Mit 66 Jahren

Ihr werdet euch noch wundern, wenn ich erst Rentner bin!
Sobald der Stress vorbei ist, dann lang' ich nämlich hin, o-ho, o-ho, o-ho.
Da fön' ich äußerst lässig das Haar, das mir noch blieb.
Ich ziehe meinen Bauch ein und mach' auf ‚heißer Typ', o-ho, o-ho, o-ho.
Und sehen mich die Leute entrüstet an und streng,
dann sag' ich: „Meine Lieben, ihr seht das viel zu eng!"

Mit 66 Jahren, da fängt das Leben an!
Mit 66 Jahren, da hat man Spaß daran.
Mit 66 Jahren, da kommt man erst in Schuss!
Mit 66 ist noch lange nicht Schluss!

Ich kauf' mir ein Motorrad und einen Lederdress
und fege durch die Gegend mit 110 PS, o-ho, o-ho, o-ho.
Ich sing' im Stadtpark Lieder, dass jeder nur so staunt,
und spiel' dazu Gitarre mit einem irren Sound, o-ho, o-ho, o-ho.
Und mit den andern Kumpels vom Pensionärsverein,
da mach' ich eine Band auf und wir jazzen ungemein.

Mit 66 Jahren, da fängt das Leben an! ... (Refrain)

Und abends mache ich mich mit Oma auf den Weg.
Da geh'n wir nämlich rocken in eine Diskothek, o-ho, o-ho, o-ho.
Im Sommer bind' ich Blumen um meine Denkerstirn
und tramp' nach San Francisco mein Rheuma auskurier'n, o-ho, o-ho, o-ho.
Und voller Stolz verkündet mein Enkel Waldemar:
„Der ausgeflippte Alte, das ist mein O-papa!"

Mit 66 Jahren, da fängt das Leben an! ... (Refrain)

Udo Jürgens

Segen und Fluch des Alters – Was Senioren dazu sagen

„Mein Leben lang habe ich für meinen verwitweten Bruder gesorgt, da ich nie eine eigene Familie hatte. Als mein Bruder im letzten Winter gestorben ist, habe ich die Wohnung aufgegeben und einen Platz in diesem Heim bekommen. Jetzt könnte ich mich pflegen und verwöhnen lassen, aber ich fühle mich auf einmal so nutzlos! Ich habe das Gefühl, seit ich hier lebe, lassen meine Kräfte von Tag zu Tag mehr nach."

Frieda G., 82 Jahre

„Wir genießen unser gegenwärtiges Leben. Die Kinder sind beruflich gut versorgt und haben eigene Familien; wir selbst stehen uns finanziell besser, als wir früher gedacht haben, und wir sind noch fit und mobil. Wir können unseren Tag frei einteilen, uns ohne Hektik um Haus und Garten kümmern, aber auch Reisen planen und neue Hobbys ausprobieren. Wir hoffen, dass das noch einige Jahre so bleibt."

Ehepaar S., 70 und 68 Jahre

„Ich habe keinen Grund zum Klagen. Als vor fünf Jahren mein Mann starb, war das erst eine sehr schwere Zeit. Dann habe ich mir eine Eigentumswohnung in der kleinen Stadt gekauft, in der mein Sohn mit seiner Familie lebt. Die Einkäufe für meinen kleinen Haushalt kann ich zu Fuß erledigen; Ärzte und Behörden sind ebenfalls bequem zu erreichen.
Manchmal wird mir aber bewusst, wie reich das Leben einmal war und für wie selbstverständlich ich das gehalten habe."

Maria K., 78 Jahre

> „Wir lieben unsere drei Enkel! Und wir genießen es, diese Liebe verschenken zu können, ohne die bei den eigenen Kindern notwendige Verantwortung für die Erziehung zu tragen.
> Wir erleben diese Situation ganz bewusst, denn sie kann ja nicht von Dauer sein. Wenn die Enkel erst größer sind, in die Pubertät kommen und schließlich erwachsen werden, wird ihr Verhältnis zu uns möglicherweise nicht mehr so intensiv sein."
>
> Ehepaar T., 71 und 72 Jahre

Gustav Kühn: Das menschliche Stufenalter (ca. 1888)

1 Vergleicht die Aussagen miteinander: Unter welchen Bedingungen wird das Alter als positiv erlebt, unter welchen als negativ?

2 Von welchen Umständen ist die Zufriedenheit der Berichtenden mit ihrer Situation im Alter abhängig?

3 Welche alten Menschen gibt es in eurem Verwandten- und Bekanntenkreis? Befragt sie zum Stichwort „Ambivalenz des Alters" und schreibt ihre Äußerungen auf.
Ordnet die Texte nach passenden Aspekten (z. B. Zufriedenheit, Hoffnungen und Befürchtungen, Lebensbedingungen) und besprecht sie.

„Galgenhumor"

*Der Arzt sagt zu seinem Patienten:
„Ich habe eine gute und eine schlechte Nachricht für Sie. Zuerst die schlechte: Sie leiden an Altersdemenz. Nun die gute: Wenn Sie hier herausgehen, haben Sie das schon vergessen!"*

Begrüßung für einen Dreißigjährigen in der Diskothek:
„Na, Opa, auch hier? Brennt das Altenheim?"

*Johann, der Diener des alten und schwerhörigen Grafen, erwartet seinen Herrn. Es ist sehr spät geworden. Schließlich kommt er und Johann hilft ihm aus dem Mantel. Dabei spottet er wie immer:
„Na, du alter, tauber Korkenzieher, wieder mal in der Bar rumgelungert, Sekt gesoffen und nach den Weibern gegafft?" –
„Irrtum, Johann – in der Stadt gewesen und Hörgerät gekauft."*

An der Straßenkreuzung wird ein älterer Herr von einem Jungen angesprochen: „Hey, Opa, wie komme ich am schnellsten zum Krankenhaus?" –
„Wenn du noch mal Opa zu mir sagst, bist du ganz schnell da!"

„Jetzt als Rentner könnte ich mir die Haare doch legerer kämmen, oder?"

„Das muss aber ein guter Arzt gewesen sein, der deine Frau von ihrer Streitsucht geheilt hat! Wie hat er das denn gemacht?" –
„Ganz einfach: Er hat ihr gesagt, das seien Altersbeschwerden."

1. Welche unterschiedlichen Einstellungen zum Altsein werden in den Witzen deutlich? Natürlich sind Witze eine Frage des persönlichen Humors, aber: Über welche Witze werden ältere Menschen vielleicht eher lachen können, über welche gar nicht? Und was amüsiert wohl mehr die jüngeren Menschen?

2. Sammelt weitere Witze, die das Altwerden thematisieren. Ordnet sie nach den Positionen, die sie zum Alter einnehmen:
   – Wird das Altwerden lächerlich gemacht?
   – Werden bestimmte Alterserscheinungen (schlecht hören, Falten bekommen usw.) übertrieben?
   – Werden alte Menschen als besonders skurril oder aber als besonders gewitzt dargestellt?

Das Altsein als Verlusterlebnis

Macht uns das Alter zu Wegwerfmenschen?

Heute[1] [...] liegt die durchschnittliche Lebenserwartung in der Bundesrepublik Deutschland für Männer bei über 71 Jahren, für Frauen über 78 Jahre. [...] Wie aber erfahren Menschen den Zugewinn an Lebenszeit, den die Statistik ja nur äußerlich vermessen kann? Erleben sie ihr Älterwerden wirklich als Gewinn oder bedeutet Altern mehr den Verlust an Lebensmöglichkeiten und somit das Vorzimmer des Todes? [...]

Alter bedeutet Verlust, das ist keine Frage. [...] Das heißt zugleich: Nur wenn die Einschränkung realistisch wahr- und angenommen wird, lassen sich die Lebensmöglichkeiten entdecken, die auch, vielleicht gerade in der eingeschränkten Situation des Alters, bereitliegen.

Das Urteil der Jungen über Wert und Würde der Alten ist im Einzelfall schwer auszumachen. Gefühle der Achtung und Ehrfurcht gegenüber alten Menschen, die sie näher kennengelernt haben – wie zum Beispiel ihre Großeltern oder die ihrer Freunde – oder deren Lebensleistung über alle Zweifel erhaben ist – wie zum Beispiel die „großen alten Männer" in Politik, Wissenschaft, Musik und Kunst –, wechseln unvermittelt mit der Angst, das Leben, das eigene Leben zu verpassen. Selber einmal alt zu sein, können sich viele überhaupt nicht vorstellen. [...]

Es gibt noch einen anderen Zug im Wertbild der Jugend, das die Einschätzung des Alters in unserer Gesellschaft prägt: die Leistungsfähigkeit. Körperliche Unverbrauchtheit in Verbindung mit geistiger Beweglichkeit und Entscheidungsbereitschaft haben schon in den fünfziger Jahren den Typ des jungen (damals vielleicht 40-jährigen) Managers geprägt, der den älteren, erfahrenen Kollegen erst den Rang abgelaufen und dann den Stuhl vor die Tür gesetzt hat. Heute verkörpern in den High-Tech- und Elektronik-Branchen zum Teil schon die 20- bis 30-Jährigen die oberste Schicht einer Leistungsgesellschaft, für die Menschlichkeit im Arbeitsprozess und am Arbeitsplatz nur insoweit zählt, als sie das Leistungsvermögen der Beschäftigten beeinträchtigt oder fördert. Die berufliche Leistung(sfähigkeit) wird zum Gradmesser für den Wert einer Person. [...]

So oder so geraten [viele Menschen, die in Rente gingen,] in eine gefährliche Argumentationskette: nicht (mehr) brauchbar, darum nicht mehr kostbar, sondern nur noch teuer – Kostgänger eines Wohlstands, an dessen Aufbau sie mitgearbeitet haben, der sie aber, da sie für die Produktion wertlos geworden sind, nicht mehr finanzieren will oder kann.

Droht uns ein Klassenkampf der Generationen? R. Grönemeyer hat eine solche Szenerie beschworen, wonach die traditionelle Gerontokratie (Herrschaft der Alten) durch das gewaltsame Aufbegehren der Jungen ein abruptes, entwürdigendes, unter Umständen tödliches Ende finden wird – wenn nicht die Jungen und die Alten gemeinsam den Aufbruch und den Ausbruch aus dem „Konsumrausch" wagen und schaffen. In jedem Falle droht, vielmehr: ist schon im Gange, der Verteilungskampf um Leistungsangebote und Kosten des Gesundheitswesens. Eine plausible Lösung ist nicht in Sicht. Aber die wachsende Tendenz, das Problem der Alten in unserer Gesellschaft auf das Kostenproblem zu reduzieren und die Verteilungsfragen dann an ihnen zu exemplifizieren, zeigt deutlich, dass die Entscheidung längst getroffen

---

[1] Dieser Text wurde 1990 veröffentlicht.

ist. Eine Lösung, die ihren Namen verdient, kann wohl überhaupt nur in der Richtung gesucht werden, dass wir aus den Marktmechanismen, die zu dieser Situation geführt haben, ausbrechen. Der Aufschrei der Betroffenen – und das sind nicht nur die jetzt Alten –, der Aufschrei der Empörung und der Verzweiflung kann wenigstens dazu helfen, die Fantasie in Gang zu bringen, die nach menschlichen „Lösungen" suchen lässt.

Hans Grewel

1 Warum lässt sich der „Zugewinn an Lebenszeit" nicht grundsätzlich positiv bewerten? Stellt Überlegungen an hinsichtlich der Betroffenen wie auch der übrigen Gesellschaft.

2 „Alter bedeutet Verlust." Stellt zusammen, in welchen Lebensbereichen solche Verluste auftreten können. Illustriert eure Entdeckungen mithilfe von Bildern aus Zeitschriften.

3 Seht ihr euch in den Aussagen zum „Urteil der Jugend" zutreffend charakterisiert oder würdet ihr andere Bewertungen des Alters geltend machen?

4 Wie greifbar sind die Befürchtungen des Autors hinsichtlich des „Verteilungskampfes" um Leistungen im Gesundheitswesen? Versucht anhand von Fernsehsendungen, die sich medizinischen Themen widmen, herauszuhören, ob es bereits Bereiche mit altersbedingter „Selektion" gibt.

5 „Wenn eine Gesellschaft ihre alten Angehörigen benachteiligt, so sind die übrigen nicht unbeteiligte Zuschauer einer Minderheitendiskriminierung, sondern ausnahmslos jeder wird einmal von diesen Nachteilen betroffen sein, sofern er nicht jung sterben wird."
Vor dem Hintergrund dieser Aussage eines 19-jährigen Schülers wird deutlich, dass die Situation der Alten die Jungen mitbetrifft. Bedenkt und entwerft Lösungen, die die genannten „Marktmechanismen" aufbrechen helfen.

Großmutter und Enkel, die eine am Ende, der andere noch ganz am Anfang des Lebens

 Religionen kennen und achten, „Christliche Positionen heute", S. 182

Das Alter – (k)ein Thema in der Werbung?

Geronto-Aktivkapseln halten jung und frisch!

Mit *Ladysafe* gegen Blasenschwäche wieder sorglos und aktiv am Leben teilnehmen!

„SASKIA"
Eau de Toilette
für die reife Frau, die
weiß, was sie will.

Leiden Sie unter Schwindelanfällen, Vergesslichkeit und Durchblutungsstörungen?
MultiBrain-Fitnessöl
hilft gegen Arterienverkalkung!

Genuss auf die sanfte Art:
SALANA – der magenfreundliche Schonkaffee

1 Längst hat die Werbeindustrie Senioren als teilweise kaufkräftige Zielgruppe entdeckt. Sammelt aktuelle Werbeanzeigen, die sich an alte Leute richten, und untersucht, welche Ausstrahlung die dargestellten Menschen haben. Benennt eure Eindrücke mit ein paar treffenden Substantiven, z. B. „Lebensfreude", „Optimismus".

2 Seht euch die Werbung in Zeitschriften und im Fernsehen unter folgenden Aspekten an:
– Wie groß ist in etwa der Anteil der Werbung, der von älteren Menschen (ab ca. 60 Jahren aufwärts) bestritten wird?
– Für welche Produkte wird mit älteren Darstellern geworben, und wie?

3 Eine 65-jährige Frau beschwert sich: „Wenn Menschen meines Alters in der Werbung überhaupt vorkommen, dann nur als Träger von Mängeln: Man bietet uns Mittel an zur Pflege der Zahnprothese und gegen Blasenschwäche. Niemand kommt auf die Idee, dass man auch in unserem Alter ein kostbares Parfüm schätzen könnte oder

schönen Schmuck. Dabei stellen wir in der heutigen Gesellschaft eine Gruppe mit
großer Kaufkraft dar."
Überprüft diese Aussage, indem ihr z.B. ältere Leute beim Einkaufen beobachtet und
interviewt:
– Welche Genussmittel oder Luxusartikel kaufen sie regelmäßig?
– Welche Sonderangebote aus der Werbung nehmen sie wahr bzw. welche Produkte kaufen sie sich, weil sie durch die Werbung darauf aufmerksam geworden sind?

4 Stellt anhand eurer Befragungsergebnisse eine Liste von Waren auf, die für ältere
Menschen interessant sind. Entwerft daraufhin Werbeanzeigen, die die Gruppe der
älteren Konsumenten ansprechen könnten.
Auf der vorherigen Seite seht ihr ein paar (erfundene) Slogans als Anregung – oder
auch als Gegenbeispiele für eure eigenen Entwürfe.

Gut leben [...], „Bedürfnisse und Erfüllungen", S. 52

Rolf Krenzer
Wenn einer übrig bleibt

Otto Dix: Die Eltern des Künstlers (1921)

Dass der Großvater gestorben war, konnte Mario immer noch nicht richtig glauben. Er hatte ihn zuletzt im Krankenhaus zusammen mit seinen Eltern besucht und hatte immer gehofft, dass er bald entlassen würde.

Als er aber dann einmal aus der Schule kam, hatte ihm die Mutter mit rot geweinten Augen erklärt, dass der Opa in der Nacht gestorben war. Marios Vater war zur Oma gefahren, um für sie alles zu regeln, was es beim Tod eines Menschen zu regeln gibt.

Später auf dem Friedhof hatte Mario mit seinen Eltern und der Oma am Grab gestanden. Viele Leute waren zu ihnen gekommen und hatten ihm die Hand gegeben. Leute, die Mario nicht kannte. Alte Leute: Freunde von Oma und Opa.
Jetzt sitzen sie in Omas Wohnzimmer um den großen Tisch herum und der Kuchen will keinem schmecken. Oma sieht steif und fremd in dem neuen schwarzen Kleid aus. Der Platz, auf dem Opa früher immer gesessen hatte, bleibt leer.
„Was wird jetzt aus der Wohnung?", fragt Vater. „Sie ist viel zu groß für dich!"
Oma antwortet nicht. Sie starrt auf ihren Kuchenteller. [...]
Oma putzt sich die Nase. „Wir könnten es alle so einfach haben, wenn ihr zu mir ziehen würdet."
Vater schüttelt den Kopf. „Die Wohnung liegt viel zu ungünstig. Mario braucht von

uns aus nur fünfzehn Minuten bis zur Schule. Die U-Bahn ist direkt gegenüber von uns. In zwanzig Minuten bin ich in der Fabrik. Von hier aus würde ich über eine Stunde brauchen!"

„Das musst du verstehen!", sagt Mutter leise und drückt Omas Hand.

„Kann ich denn nicht zu euch?" Oma versucht ihrer Stimme einen festen Klang zu geben. „Ich kann doch immer noch arbeiten. Ich kann dir im Haushalt helfen. Du könntest sogar wieder arbeiten gehen!"

Der Vater schüttelt wieder den Kopf. „Unsere Wohnung ist viel zu klein! Das weißt du doch!" Und Mutter fügt hinzu: „Es geht nicht, Mutti! Wirklich, es geht nicht!" Oma schluchzt leise in sich hinein.

Mario legt den Arm um Omas Hals. „Ich besuche dich bestimmt jeden Tag im Altenheim. Wann ziehst du denn dort ein?"

Oma seufzt und trocknet sich mit dem Taschentuch die Tränen ab. Vaters Stimme ist teilnahmsvoll, aber auch beschwörend. Er versucht die unangenehme Sache so schnell wie möglich hinter sich zu bringen.

„Im Februar soll ein Platz für dich frei werden. Sie haben da eine Liste ..."

„Ja, sie haben eine Liste ...", sagt Oma. „Wenn ein alter Mensch so krank wird, dass man mit seinem Tod rechnet, wird bereits sein Nachfolger für das Bett und das Zimmer ausgesucht. Die Alten warten, dass einer stirbt, damit sie selbst in das Altenheim kommen. Und dann warten wieder andere auf ihren Tod ..."

„Wäre ich doch zusammen mit Opa gestorben!", flüstert sie.

„Mutti!" Die Mutter springt auf und beugt sich über Oma, nimmt ihren Kopf in die Hände, drückt sie, küsst sie.

„Zieh doch zu mir!", versucht es Oma noch einmal.

Doch Marios Eltern antworten traurig: „Es geht nicht! Es geht wirklich nicht!"

Mutter streichelt Omas Hände. „Du kannst immer zu uns kommen. Weihnachten und Ostern. Auch sonst, wenn du kommen willst!"

„Du kannst in meinem Zimmer schlafen!", meint Mario. Er weiß auch, dass ihre Wohnung viel zu klein ist, um noch ein Extra-Zimmer für Oma einzurichten. Dann müsste er mit im Schlafzimmer seiner Eltern schlafen. Er denkt auch daran, dass er sein eigenes Zimmer nicht für immer hergeben möchte. Und Oma könnte bestimmt noch lange leben.

„Im Altenheim hast du dein eigenes Zimmer!", sagt Vater. „Du kannst dir sogar die Möbel mitnehmen, von denen du dich nicht trennen möchtest!"

„Ja!", sagt Oma leise. „So wird es wohl am besten sein! Es ist schlimm, wenn einer übrig bleibt!"

„Schau, dann brauchst du auch nicht mehr selbst zu spülen!", sagt Mutter und beginnt den Tisch abzudecken. „Komm, ich helfe dir in der Küche."

1 Denkt über das Verhalten der beteiligten Personen in der Erzählung nach und sprecht darüber. Was würdet ihr anders machen wollen?

2 Spielt ein Rollenspiel, in dem eine andere Lösung mit Oma gefunden wird.

3 Sammelt Informationen über die Situation der alten Menschen in eurer Stadt oder Gemeinde. Wie viele leben bei ihren Kindern oder Verwandten, wie viele leben allein, wie viele leben in Altenheimen?

4 Fragt ältere Menschen, was ihnen in ihrem Leben Freude bereitet, was sie traurig macht und was für sie besonders wichtig ist.

5 Warum sind Altenheime wichtig? Welche Vorteile haben sie? Macht euch selbst darüber Gedanken, informiert euch aber auch beim Sozialamt, bei einer Pflegerin im Altenheim, bei den alten Leuten selbst.
Entwerft ein Konzept für ein Heim (oder eine andere Lebensform), das ein Wohlfühlen begünstigen würde.

6 Sucht nach Möglichkeiten, wie ihr alte Menschen unterstützen könnt (z.B. Besorgungen machen).

7 Sprecht mit euren Großeltern, Urgroßeltern und älteren Verwandten über all diese Fragen und lasst euch von ihnen Anregungen geben.

8 Ist es für Jugendliche wichtig, Kontakte zu alten Menschen zu haben? Wenn ja: warum?

Menschen im Sterben

Theodor Fontane
Ausgang

Immer enger, leise, leise
ziehen sich die Lebenskreise,
schwindet hin, was prahlt und prunkt,
schwindet Hoffen, Hassen, Lieben.
Und ist nichts in Sicht geblieben
als der letzte dunkle Punkt.

Theodor Storm
Beginn des Endes

Ein Punkt nur ist es, kaum ein Schmerz,
Nur ein Gefühl, empfunden eben;
Und dennoch spricht es stets darein,
Und dennoch stört es dich zu leben.

Wenn du es andern klagen willst,
So kannst du's nicht in Worte fassen;
Du sagst dir selber: „Es ist nichts!"
Und dennoch will es dich nicht lassen.

So seltsam fremd wird dir die Welt
Und leis verlässt dich alles Hoffen;
Bis du es endlich, endlich weißt,
Dass dich des Todes Pfeil getroffen.

DAS ALTER ERLEBEN, DEN TOD ERFAHREN

Ina Seidel

Trost

Unsterblich duften die Linden –
was bangst du nur?
Du wirst vergehn, und deiner Füße Spur
wird bald kein Auge mehr im Staube finden.
Doch blau und leuchtend wird der Sommer stehn,
und wird mit seinem süßen Atemwehn
gelind die arme Menschenbrust entbinden.
Wo kommst du her? Wie lang bist du noch hier?
Was liegt an dir?

Eugen Roth

Einsicht

Ein Mensch, der selbstverständlich hofft,
Das Glück käm einmal noch und oft,
Weiß nie – denn wer kann Zukunft lesen? –,
Ob's nicht zum letzten Mal gewesen.
Wohl wird – was einzusehen peinlich –
Verschiedenes recht unwahrscheinlich:
Sieh an: das letzte Weiberglück
Liegt dreißig Jahre schon zurück.
Auch vom Gesang ist nichts zu hoffen. –
Der Wein – die Frage bleibt noch offen,
Schon bei der nächsten der Visiten
Kann ihn der Doktor streng verbieten.

Der Mensch glaubt gerne, Rom, Athen
Könnt jeden Tag er wieder sehn.
Doch steht schon fest im Lebensbuch:
Rom – im Jahr fünfzig: Letztbesuch.
Wär's nicht gelacht, dass kleinste Dinge
Der Alltag freundlich wiederbringe?
Der Mensch, zum Glück bedenkt er's nicht, –
Aß längst zuletzt sein Leibgericht.
Eh die Zigarrenkiste leer,
Ist er schon fort – und raucht nicht mehr:
Das Brünnlein noch ein Weilchen geht:
Der Haupthahn ist schon abgedreht.

1 Welche unterschiedlichen Haltungen zum Tod drücken sich in den vier Gedichten aus? Welchen Stellenwert messen die Autoren ihrem Leben bei?

2 Der Verlust der Hoffnung wird von zweien der Autoren als besonders schmerzhaft beschrieben. Habt ihr selbst schon Situationen tiefer Hoffnungslosigkeit erlebt? Versucht, euch an eure Gefühle zu erinnern und sie in Worte zu fassen.

3 Wie seht ihr selbst euer Dasein und sein Ende in Beziehung zum Dasein der Natur und der Erde? Ebenso wie Ina Seidel? Veranschaulicht eure Bewertung durch einen eigenen Text, eine bildnerische Darstellung oder ein ausgewähltes Foto.

Wenn der Tod mitten ins Leben greift ...

Tod auf spiegelglatter Fahrbahn

GÖRLITZ, 8. Februar. In der Nacht von Freitag auf Samstag verunglückten bei Görlitz auf spiegelglatter Fahrbahn die drei Insassen eines mit überhöhter Geschwindigkeit fahrenden PKWs. Der leicht alkoholisierte 21-jährige Fahrer des Wagens war in einer Kurve von der Fahrbahn abgekommen und frontal gegen die Leitplanke geprallt. Er wurde mit schweren Verletzungen in das nahe gelegene Krankenhaus gebracht und liegt zur Zeit noch im Koma.
Eine der beiden Beifahrerinnen, eine 19-jährige Schülerin aus Bautzen, verstarb noch am Unfallort. Die andere Beifahrerin, eine gleichaltrige Rechtsanwaltsgehilfin aus Görlitz, erlag im Krankenhaus ihren schweren Verletzungen.

Vom eifersüchtigen Liebhaber erstochen

DRESDEN, 28. Oktober. Eine 22-jährige Studentin aus Dresden wurde am Morgen des 27. Oktober in ihrem Apartment von ihrem 24-jährigen Freund erstochen. Der 24-jährige Bankkaufmann wurde noch am Tatort von der herbeigerufenen Polizei verhaftet und ließ sich widerstandslos festnehmen. Der Bluttat vorausgegangen war ein lautstarker Streit, der eine Nachbarin veranlasste die Polizei zu verständigen. Diese konnte jedoch nur noch den Tod der jungen Frau feststellen.
Nach Aussage des nicht als gewalttätig bekannten Täters hatte er seine Freundin wegen eines vermeintlichen Nebenbuhlers zur Rede stellen wollen. Dabei war das Paar in heftigen Streit geraten, in dessen Verlauf der Mann zu einem Küchenmesser griff und mehrfach auf die überraschte Studentin einstach.

Flugzeugabsturz auf den Philippinen

MANILA, 25. April. – Aus noch ungeklärter Ursache stürzte am 24. April in der Nähe der Philippinen ein mit ca. 200 Passagieren besetztes Charterflugzeug der amerikanischen Fluggesellschaft EAGLEAIR ins Meer. Der Pilot hatte zuvor Schwierigkeiten mit der Navigation gemeldet, der Funkkontakt war jedoch kurz danach abgebrochen. Nach derzeitigem Kenntnisstand ist mit Überlebenden der Flugzeugkatastrophe nicht zu rechnen. Näheren Aufschluss über die Hintergründe des Unglücks erhofft man sich von der Bergung des Flugschreibers. Die philippinischen Behörden und die betroffene Fluggesellschaft haben ein Informationstelefon für Angehörige der Verunglückten eingerichtet. Soweit bekannt ist, befand sich unter den Toten auch eine zwölfköpfige Reisegruppe aus dem Großraum Berlin.

Daten der Trauer: von 1972 bis 1996

1972

14. AUGUST: Beim Flughafen Berlin-Schönefeld stürzt eine DDR-Maschine ab. 156 Tote.

1974

1. FEBRUAR: Mehr als 170 Menschen kommen bei einem Hochhausbrand in São Paulo (Brasilien) ums Leben.

1975

1. JANUAR: Zwölf deutsche Skifahrer sterben in einer Lawine in Montafon (Österreich).

17. APRIL: Der deutsche Formel-1-Pilot Rolf Stommelen rast beim Großen Preis von Spanien in Barcelona in die Tribüne. Fünf Menschen sterben, der Rennfahrer überlebt.

1976

9. JANUAR: Eine Explosion im Maschinenraum eines Frachters auf der Hamburger Werft Blohm & Voss tötet 24 Arbeiter.

9. MÄRZ: Seilbahn-Absturz bei Cavalese in Südtirol. 42 Tote.

6. MAI: Ein Erdbeben in der italienischen Provinz Friaul zerstört zahlreiche Ortschaften. Mehr als 2000 Tote, 80000 Obdachlose.

1977

27. MÄRZ: Eine niederländische Boeing 747 startet bei Nebel und ohne Starterlaubnis auf Teneriffa. Dabei rast sie in einen US-Jumbo-Jet. 575 Tote.

1978

11. JULI: Ein Flüssiggas-Tankwagen explodiert beim Campingplatz Los Alfaques (Spanien). 180 Touristen sterben.

18. NOVEMBER: Auf Befehl des Sektenführers Jim Jones bringen sich im Dschungel von Guayana 912 Menschen um.

1979

14. AUGUST: Während des „Admiral's Cup" geraten gleichzeitig 300 Segelschiffe bei Windstärke zwölf in Seenot. 17 Teilnehmer ertrinken.

1980

27. MÄRZ: Die norwegische Bohrinsel „Alexander Kielland" kentert in schwerer See. Rund 160 Tote.

18. MAI: Im US-Staat Washington bricht der Vulkan Mount St. Helens aus. 64 Tote.

1981

1. DEZEMBER: Ein jugoslawisches Flugzeug stürzt über Korsika ab. 180 Tote.

1983

1. SEPTEMBER: Ein südkoreanischer Jumbo-Jet wird bei der Insel Sachalin von sowjetischen Kampfflugzeugen abgeschossen. 269 Menschen sterben.

1984

3. DEZEMBER: Aus einer Chemiefabrik des US-Konzerns „Union Carbide" in Bhopal (Indien) tritt eine Giftgaswolke aus. Über 2000 Tote.

1985

29. MAI: Krawalle vor dem Endspiel um den Fußball-Europapokal zwischen Turin und Liverpool im Brüsseler Heysel-Stadion. 38 Tote.

19. JULI: Staudammbruch in den Dolomiten (Italien). Über 2000 Tote.

1986

28. JANUAR: Explosion der US-Raumfähre „Challenger" kurz nach dem Start. Sieben Astronauten sterben.

26. APRIL: Atomunfall in Tschernobyl (Ukraine). Etwa 250 Tote in den ersten Tagen; mehrere zehntausend Menschen sterben später an Krebs.

1987

6. MÄRZ: Beim Auslaufen aus dem belgischen Hafen Zeebrugge sinkt die britische Fähre „Herald of Free Enterprise" wegen offener Bugtore. Über 200 Menschen ertrinken.

(b. w.)

Das Alter erleben, den Tod erfahren

1988
28. August: Bei einer Flugschau auf dem US-Stützpunkt Ramstein kommt es zu einer Kollision von drei italienischen Jets. 70 Tote.

1989
15. April: Im total überfüllten Fußballstadion von Sheffield bricht eine Panik aus. 95 Menschen, zumeist Jugendliche, kommen ums Leben.

4. Juni: Mit einem Blutbad beendet das chinesische Militär auf dem „Platz des Himmlischen Friedens" in Peking Proteste gegen die Regierung. Rund 3600 Tote.

1991
29. April: Ein Wirbelsturm und die folgende Flutwelle fordert in Bangladesch 300000 Tote. Zehn Millionen Menschen werden obdachlos.

9. Juni: Der Vulkan Pinatobu auf den Philippinen bricht aus. 565 Todesopfer.

1992
4. Oktober: Ein israelisches Transportflugzeug stürzt in der Nähe von Amsterdam in zwei Wohnhäuser. 70 Menschen sterben.

1993
19. April: Beim Versuch der Polizei, mit Panzern eine Ranch in Waco (Texas) zu stürmen, kommen 85 Mitglieder der Davidianer-Sekte ums Leben.

1994
28. September: Die polnische Fähre „Estonia" sinkt innerhalb von wenigen Minuten vor Finnland. 918 Tote.

1995
17. Januar: Erdbeben in der Region um Kobe (Japan). Rund 6000 Tote.

1996

11. April: Schweißarbeiten lösen im Düsseldorfer Flughafen ein Feuer aus. Die Bilanz: 16 Tote und 59 Verletzte. In Panik fliehende Menschen hinterlassen ihre Fußspuren im Ruß.

nach: „50 Jahre Springer – 50 Jahre Zeitzeuge"

---

1 Ergänzt die Liste um weitere „Daten der Trauer", die sich nach 1996 ereignet haben. Welche Ursachen haben die unerwarteten Todesfälle in den aufgeführten Fällen:
– Naturkatastrophen,   – menschlicher Leichtsinn,
– Versagen der Technik,   – menschliche Unzulänglichkeit?
Ordnet die einzelnen Ereignisse auf einem Arbeitsblatt einer der vier Rubriken zu. Welche Ursachen überwiegen?

2 Versetzt euch in die Lage der Hinterbliebenen.
– Welche Fragen werden sie stellen?
– Welche Anklagen könnten sie erheben?
– Welche Möglichkeiten haben sie, mit dem Verlust umzugehen?

3 „Hinterher ist man immer klüger." Überlegt und besprecht trotzdem: Welche der Katastrophen hätten wie verhindert werden können?

Tod eines Mitschülers

Ich erinnere mich noch genau; es war ein schwüler Julimittag und die Straßen des Städtchens lagen wie ausgestorben. Selbst die Uhr am Kirchturm schien schläfriger zu schlagen als sonst.

In unserem Schulsaal zitterte ein Sonnenstrahl an der Wand entlang, die Fliegen summten träge durch die Luft und unser Verstand kämpfte müde mit den römischen Weisheiten.

Ab und zu aber ging ein verstohlenes Flüstern um und der eine oder andere scheue Blick traf den leeren Platz rechts neben mir. Dort saß sonst mein Nachbar und Kumpel. Wir hielten immer zusammen, bei Streichen und Unfug und bei Klassenarbeiten und Prüfungen sowieso. Wir hatten uns gegenseitig nie als „Freunde" bezeichnet, aber es war ein selbstverständliches Gefühl der Zusammengehörigkeit zwischen uns.

Der Sonnenstrahl war inzwischen die Wand hinuntergewandert und auf der leeren Bank neben mir angekommen. Gedankenverloren betrachtete ich ihn und schrak deshalb zusammen, als sich unvermutet die Tür öffnete und unser Klassenleiter den Raum betrat.

„Vielleicht habt ihr gehört, dass Sebastian Wolf gestern einen schweren Unfall hatte. Er ist heute Nacht gestorben. Wenn jemand von euch ihn noch einmal sehen möchte, muss er das gleich tun, lassen die Eltern ausrichten. Er ist in der Friedhofskapelle aufgebahrt. Ihr habt heute keinen Unterricht mehr."

In der unverhofften Freiheit wären wir sonst wie die Wilden zur Tür gestürzt, doch jetzt blieb alles still.

Ich hatte das Gefühl, der Klang der schlimmen Nachricht würde schrill an den Flurwänden entlanglaufen, während unsere Schritte leise im Treppenhaus verhallten. Die meisten von uns – ich mitten unter ihnen – schlugen den Weg zur Friedhofskapelle ein. Tot war er – tot – was war das eigentlich? Wir wussten es kaum und die Vorstellung erfüllte uns halb mit Neugier, halb mit Bangen. Die warme Juliluft kam mir plötzlich kalt vor; ich kann es nicht anders beschreiben, aber ich fühlte, wie zum ersten Mal ein Schauer durch meine warme Welt ging.

Die Friedhofskapelle war dunkel und kühl; wir standen lautlos am Rand des Sarges. Einer nach dem anderen ergriff die Hand Sebastians – und legte sie hastig zurück, so als hätte man den Tod angefasst, der für uns doch eigentlich noch weit weg war. Alles in mir wehrte sich dagegen zu glauben, was ich sah: das bleiche Gesicht, die Augen, die nicht mehr lachen würden. Warum hatten wir uns nie gesagt, wie sehr wir uns mochten? Einen Augenblick lang gab ich mich dem Gefühl hin, durch meine Freundschaft zu Sebastian könnte ich dem Tod in den Arm fallen; es würde ein Wunder geschehen, wenn ich es mir nur intensiv genug wünschte. Aber das Wunder geschah nicht.

Und wie vorhin auf dem Weg durch die Stadt spürte ich den kalten Schauer, der auf einmal in meine sichere und geborgene Welt eingebrochen war. Mein Vertrauen ins Leben war erschüttert: Jeden Tag konnte das Entsetzliche zuschlagen, die Welt in Stücke gehen, die Sonne vom Himmel stürzen, die Erde dunkel werden ...

Wie ich an diesem Nachmittag nach Hause gekommen bin, weiß ich nicht mehr.

nach dem Gedicht „Am ersten Sarge" von Wilhelm Jensen

1 Benennt die Textstellen, die euch am meisten beeindruckt haben.
2 Versetzt euch in die Lage von Sebastians Mitschülern und formuliert eure Gedanken und Gefühle.
3 Der Tod eines jungen Menschen, der eigentlich noch nicht „an der Reihe ist", wird oft als besonders tragisch empfunden.
Wo und bei wem könnten „verwaiste Eltern" Trost und Hilfe oder Gesprächspartner finden?

Umgang mit dem Tod
Todesanzeigen

Wir trauern um unseren langjährigen Mitarbeiter

Ernst Otto Hartmann
* 28.7.1941 † 1.4.1999

Wir werden ihn als ganz besonderen Menschen und Kollegen stets in bester Erinnerung behalten.

Pharmazeutika AG
Geschäftsführung, Betriebsrat und alle Mitarbeiter

Statt Karten

Befiehl du deine Wege
Und was dein Herze kränkt
Der allertreusten Pflege
Des, der den Himmel lenkt,
Der Wolken, Luft und Winden
Gibt Wege, Lauf und Bahn
Der wird auch Wege finden,
Da dein Fuß gehen kann.
Paul Gerhardt

Gott der Herr hat unsere geliebte Mutter, Schwester und Großmutter

Amalia Friederike von Friesenberg
* 2.10.1921 † 24.3.2001
zu sich genommen.

In stiller Trauer:
Max und Otto von Friesenberg mit Familien

Die Beerdigung findet am 28.3.2001 um 11.00 Uhr in aller Stille auf dem Ostfriedhof Weimar statt. Von Beileidsbezeugungen am Grab bitten wir abzusehen.

Dein Leben war viel zu kurz.

Jan Peter Morrison-Twente

13.12.1979 – 31.10.2001

In unendlicher Trauer und stiller Verzweiflung denken an dich:

**Katharina mit Lukas und Julia
Sigrid und Gerhard Morrison-Twente**
sowie
Angehörige und Freunde

Die Feuerbestattung findet am 6. November 2001 um 15.30 Uhr auf dem Südfriedhof Wiesbaden statt.

1 Entschlüsselt die Bildsymbole in den Todesanzeigen. Sammelt weitere Anzeigen aus der Tageszeitung, ergänzt damit eure Sammlung und eure Deutungsversuche.

2 Wie wird der Tatbestand, dass jemand gestorben ist, in Worte gefasst? Wird der Tod genannt, umschrieben, gedeutet (z. B. religiös)? Ordnet die Formulierungen zu und überlegt, welche Einstellungen zum Tod dahinter stehen könnten.

3 Oft wird der Tod auch mit saloppen Redewendungen umschrieben, wie
– „die Radieschen von unten ansehen",
– „den Löffel abgeben",
– „ins Gras beißen".
Welche weiteren Umschreibungen fallen euch ein?
Was dürfte der Grund für einen solchen Sprachgebrauch sein?

4 Eine Ethikgruppe, deren Unterricht im Raum einer fremden Klasse stattfand, hatte sich mit Aufgabe 3 beschäftigt. Die „saloppen Redewendungen" über das Sterben waren an der Tafel gesammelt worden.
Um den Ordnungsdienst im fremden Klassenraum kümmerte sich normalerweise niemand. Als es nach dieser Stunde klingelte, blieb jedoch eine Schülergruppe vor der Tafel stehen und meinte: „Das da wischen wir aber doch lieber aus, oder?!"
Wie ist diese Reaktion zu erklären?

Plakatwand in einer italienischen Kleinstadt – Todesanzeigen inmitten anderer Ankündigungen von Festen und Veranstaltungen

Plakat an einer Friedhofsmauer in Italien

„Der Tod ist die größte Herausforderung"

BUNTE-*Interview mit Schauspielerin Uschi Glas, Schirmherrin der Deutschen Hospiz Stiftung. Sie spricht über den menschlichen Weg in den Tod.*

Uschi Glas überreicht 150000 Unterschriften an die SPD-Politiker Farthmann (l.) und Thierse. Ergebnis der Aktion „Menschliche Zuwendung statt aktiver Sterbehilfe"

Seit wann helfen Sie der Hospiz-Stiftung?
Im Mai '96 wurde vom Malteser-Orden eine Dachorganisation ins Leben gerufen, um die verschiedenen ambulanten und stationären Hospize finanziell zu unterstützen. Ich bin von Anfang an Schirmherrin dieser Stiftung.
Was bewog Sie diese Aufgabe zu übernehmen?
Der Tod ist ein Thema, bei dem man sich zunächst vom ersten Gefühl her fürchtet. Gerade das ist für mich die Herausforderung – ganz besonders angesichts des Jugendwahns hier in Deutschland. Alte und Kranke – die werden doch am liebsten versteckt. Ich fand das immer grässlich, dass man sich in unserer Gesellschaft der Leute schämt, die nicht mehr leistungsfähig sind. Ich will Respekt für alte und kranke Menschen. Dafür kämpfe ich.

Gab es ein persönliches Erlebnis, weshalb Sie sterbenden Menschen helfen wollen?
Als mein Vater mit 82 Jahren an Lungenkrebs erkrankte, waren wir gegenüber Ärzten und dem Krankenhaus so hilflos. […] Mir wurde klar: Es kann nicht sein, dass man in solchen Lebenssituationen so allein ist. Wenn jemand sterbenskrank ist, muss es möglich sein, dass der Mensch in Würde gehen kann.
Wollte Ihr Vater heim?
Ja, ich glaube, das wollte er, aber auch er war unsicher. Von der Hospizidee und der Chance der Schmerzfreiheit der letzten Tage wussten wir damals noch nichts. Am Ende ist Vati im Krankenhaus gestorben. Es bleibt immer das Gefühl, versagt zu haben.
Viele Sterbenskranke geben sich irgendwann auf ...
Weil sie oft in eine Ecke abgeschoben werden, einsam sind, Schmerzen haben. Bei uns sterben Menschen vor ihrem körperlichen den sozialen Tod. Die Hospizarbeit beweist dagegen: Wenn Menschen durch gezielte Therapie die Schmerzen genommen werden, jemand für sie da ist, besteht meist kein Todeswunsch mehr.
Für wen sind die stationären Hospize?
Jeden Sterbenskranken, den zu Hause niemand pflegen kann, der eine ungünstige Wohnsituation hat und für den im Krankenhaus nichts mehr getan werden kann.
Die Betten in den Sterbehäusern sind doch teuer. Wer bezahlt das?
Die Kosten sind doppelt so hoch wie im Krankenhaus und werden zum Teil

von der Stiftung übernommen. Deswegen brauchen wir auch Spenden.

Ist die Atmosphäre in den Hospizen nicht niederschmetternd und traurig?

Auch wenn es seltsam klingt: Hier wird viel gelacht, noch richtig gelebt. Ich dachte früher: Wenn ich einmal sterbe, möchte ich umfallen und tot sein. Das denke ich heute nicht mehr. [...]

Sind die Sterbehäuser nicht eine Art Ghetto, wohin man die Kranken abschiebt?

Natürlich ist es besser, wenn ein Sterbenskranker zu seiner Familie kann. Aber seien wir doch realistisch: Das ist nicht immer möglich. Single-Haushalte oder Überforderung durch die Pflege sind nur zwei Stichworte, die zeigen, wie schwer das sein kann. [...]

Interview: Christiane Soyke

1 Fasst zusammen, was ihr aus dem Interview über die Arbeit in Hospizen erfahrt und erweitert eure Kenntnisse durch euch zur Verfügung stehende Informationsquellen.

2 Welche Gründe sprechen für diese Einrichtung? Wo seid ihr eher skeptisch?

3 Könntet ihr euch vorstellen, selbst Menschen in einem Sterbehospiz zu besuchen? Überlegt, inwiefern ihr eure persönlichen Charaktereigenschaften und Begabungen dabei einbringen könntet.

4 Informiert euch über den gegenwärtigen Stand der Diskussion zum Thema Sterbehilfe (z.B. in der Bundesrepublik Deutschland, in den Niederlanden, in den USA) und tauscht eure Haltungen dazu in einer Diskussion miteinander aus.

Erfahrungen mit dem „Leben nach dem Tod"

Der amerikanische Arzt Raymond A. Moody berichtet:
Mit der Zeit sprach sich herum, wofür ich mich interessierte und so kam es, dass Ärzte solche Patienten an mich verwiesen, die sie wiederbelebt hatten und die von ungewöhnlichen Erfahrungen berichteten. [...] Heute sind mir annähernd 150 Fälle dieses Phänomens bekannt. Die Erfahrungen, die ich untersucht habe, gliedern sich in drei unterschiedliche Kategorien:
1. Erfahrungen von Personen, die reanimiert worden sind, nachdem sie von ihren Ärzten als klinisch tot betrachtet, beurteilt oder erklärt worden waren.
2. Erfahrungen von Personen, die bei Unfällen, schweren Verletzungen oder Erkrankungen dem biologischen Tod sehr nahe gewesen sind.
3. Erfahrungen von Personen, die ihre Erlebnisse beim Sterben anderer Menschen, die bei ihnen waren, erzählt haben. Diese Ohrenzeugen haben mir später den Gehalt jener Todeserfahrung mitgeteilt [...]:

„Ungefähr vor einem Jahr wurde ich wegen Herzbeschwerden ins Krankenhaus eingeliefert. Als ich am nächsten Morgen im Krankenhaus im Bett lag, spürte ich auf einmal einen sehr heftigen Schmerz in der Brust. [...] Im selben Augenblick hörte ich die Schwester rufen: ‚Herzstillstand!' Ich fühlte, wie ich aus meinem Körper austrat und zwischen Matratze und Seitengitter des Bettes hinabglitt [...], bis ich am Boden ankam. Und von da an stieg ich ganz langsam in die Höhe. [...] Ich wurde immer weiter hinaufgetrieben, an der Lampe vorbei – ich sah sie ganz deutlich von der Seite –, bis ich unter der Decke zum Stillstand kam; dort oben schwebend blickte ich hinunter. Fast kam ich mir vor wie ein Stück Papier, das zur Decke hochgeblasen wurde.

Von da oben sah ich zu, wie man mich wiederbelebte! Klar und deutlich bot sich mir mein Körper dar, wie er da unten ausgestreckt auf dem Bett lag, um das sie alle herumstanden. [...] Und dann kamen sie mit ihrer Maschine an und ich sah, wie sie mir die Elektroden auf die Brust setzten. Als sie mir den Schock gaben, konnte ich sehen, wie mein Körper förmlich vom Bett in die Höhe schnellte und ich hörte sämtliche Knochen darin knacken und rucken. Das war wirklich furchtbar!"

„Mehrere Wochen, bevor ich beinahe gestorben wäre, war Bob, ein guter Freund von mir, ums Leben gekommen. In dem Augenblick, als ich nun meinen Körper verließ, hatte ich sofort das Gefühl, dass Bob da war, dass er genau neben mir stand. [...] Ich sah ihn nicht in seinem normalen Körper. Ich erkannte ihn ganz deutlich, sein Äußeres und alles, nur eben nicht in seiner physischen Gestalt. Er war da, aber nicht in seinem stofflichen, sondern in einem irgendwie durchscheinenden Körper – ich konnte jeden Körperteil erahnen, Arme, Beine und so weiter – jedoch richtig plastisch vor mir sehen konnte ich ihn nicht. [...]

Ich fragte ihn in einem fort: ,Bob, wohin komme ich denn jetzt? Was ist geschehen? Bin ich schon tot?' Er antwortete jedoch nie, sagte niemals auch nur ein einziges Wort. [...] Von dem Tag an, an dem die Ärzte erklärten, dass ich überleben würde, blieb Bob weg."

„Als das Licht erschien, wusste ich zuerst nicht, was vorging. Aber dann – dann fragte es mich, es fragte mich irgendwie, ob ich bereit sei zu sterben. Es war, als spräche ich mit einem Menschen – nur dass eben kein Mensch da war. Es war wahrhaftig das Licht, das mit mir sprach, und zwar mit einer Stimme.

Inzwischen glaube ich, dass die Stimme, die mit mir gesprochen hatte, tatsächlich merkte, dass ich noch nicht zum Sterben bereit war. [...] Dennoch habe ich mich von dem Augenblick an, in dem das Licht mit mir zu sprechen begann, unendlich wohl gefühlt, geborgen und geliebt. Die Liebe, die es ausströmte, ist einfach unvorstellbar, überhaupt nicht zu beschreiben."

„Im Sommer nach meinem ersten Jahr im College hatte ich einen Job als Fernfahrer angenommen. [...] Eines Morgens früh, als ich mit dem Laster wieder auf einer langen Fahrt unterwegs war, nickte ich ein. Das Letzte, was ich vor dem Eindösen noch mitbekam, war ein Verkehrsschild. Dann kam ein fürchterliches Schrammen, der rechte äußere Reifen platzte, und durch das Gewicht und das Schwanken des Wagens platzten kurz darauf auch die Reifen auf der linken Seite. Der Laster kippte um und rutschte die Straße entlang auf eine Brücke zu. [...]

Während dieses Augenblicks, als der Wagen ins Rutschen kam, lief in Gedanken mein ganzes Leben vor mir ab. Ich sah nicht alles, nur die Höhepunkte. Es war vollkommen lebensecht. Als Erstes sah ich, wie ich hinter meinem Vater am Strand entlangstapfte, als ich zwei Jahre alt war. Der Reihe nach kamen noch ein paar andere Erlebnisse aus meinen ersten Lebensjahren und danach stand mir vor Augen, wie ich als Fünfjähriger das neue rote Auto demolierte, das ich zu Weihnachten bekommen hatte. Ich erinnerte mich daran, wie ich in der ersten Klasse heulend in

dem grellgelben Regenmantel zur Schule ging, den meine Mutter mir gekauft hatte. [...] Dann wechselte ich auf die Junior High School über, ging nebenbei Zeitungen austragen und arbeitete in einem Lebensmittelgeschäft, und so ging es weiter bis zu dem Punkt, an dem ich damals stand, kurz vor dem zweiten Jahr im College.
Alle diese Ereignisse und noch viele andere zogen da im Geist blitzschnell an mir vorüber. Vermutlich dauerte es nicht länger als den Bruchteil einer Sekunde. Auf einmal jedoch war es vorbei, ich stand da, starrte auf den Lastwagen und dachte, ich wäre tot, dachte, ich wäre ein Engel. Ich kniff mich in den Arm, um herauszukriegen, ob ich noch am Leben war, oder ein Geist oder was eigentlich."

1 Welche verschiedenen Formen von Erlebnissen der Betroffenen kann man unterscheiden? Gibt es Deutungsmöglichkeiten dafür? Zieht Vorstellungen aus der Religion oder aus der Philosophie zur Erklärung heran.

2 Der amerikanische Arzt Raymond A. Moody, der diese Berichte gesammelt und veröffentlicht hat, muss sich häufig auch zweifelnden Fragen aussetzen. Welche Fragen würdet ihr ihm stellen?

3 Was bedeutet der Begriff „klinisch tot"? Informiert euch auch, ob der Begriff des „Gehirntods" unumstritten ist. Tragt eure Ergebnisse vor und diskutiert mithilfe dieser Kenntnis ethische Folgen für die moderne „Apparatemedizin".

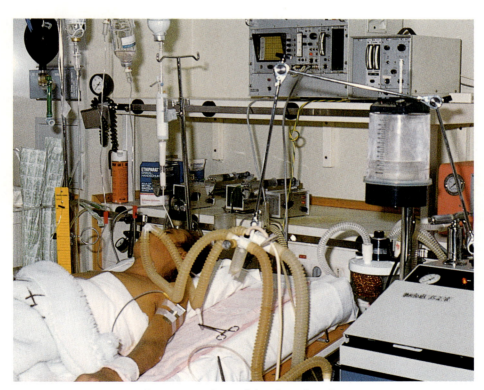

Beatmungspatient auf einer Intensivstation

Begegnungen mit dem Tod

Werbeanzeige des rumänischen Fremdenverkehrsverbandes (90er Jahre des 20. Jahrhunderts)

Hans Holbein d. J.: Blatt aus der Holzschnittfolge „Totentanz": (1524 – 1526)

Alfred Rethel: Der Tod reitet über das Land (1849)

Szenenfoto aus dem Film „Keiner liebt mich" von Doris Dörrie (1995)

1. Wie wird der Tod auf den vier Bildern gedeutet? Formuliert zu jeder der Darstellungen eine treffende Aussage.

2. Wo könnte man weitere Darstellungen vom Tod finden? Sammelt Vorschläge und macht die Bilder ausfindig. Formuliert eine Deutung und ordnet die Interpretationen verschiedenen Aspekten zu (z. B. sachlich – religiös – makaber …).

3. Enthält euer Material mehr alte oder mehr moderne Bilder? Haltet ihr die Aussage für richtig, dass die Menschen früher (z. B. im Mittelalter) den Tod stärker in ihr Leben einbezogen haben, während er heute häufig verdrängt wird?

Das Glas in meiner Hand – Ein Lied

Fällt das Glas aus meiner Hand,
he, dann gibt's halt ein paar Scherben!
Seht, genauso möcht' ich sterben
wie das Glas in meiner Hand.

Eben hab' ich noch erzählt,
was ich morgen alles tun will,
und auf einmal steht mein Herz still,
und mein Glas, das fällt und fällt.

Dann trinkt ihr lustig weiter!
Trinkt! Trinkt! Trinkt!
Was ist denn schon geschehen!?
Trinkt! Trinkt! Trinkt!
Die Welt, sie bleibt nicht stehen!
Trinkt! Trinkt! Trinkt!
Die wird sich weiterdrehen.

Einer hält uns in der Hand
und lässt uns ganz plötzlich fallen,
so geht's dir, so geht's uns allen
wie dem Glas in meiner Hand.

Eine andre wird dann singen,
für euch tanzen, Stimmung bringen,
ich bin fort, ich bin tot,
doch der Wein in euren Gläsern, der
bleibt rot.

Wozu weinen, jammern, klagen,
schöne Worte traurig sagen!?
Wegen mir, he, merkt euch das,
macht ihr bitte keine Taschentücher
nass.

Dann trinkt ihr lustig weiter …

Wie das Glas in meiner Hand
ist die Liebe und das Leben,
Garantie kann keiner geben,
man baut jedes Haus auf Sand.

Auf der Welt hat nichts Bestand.
Man muss kommen und muss gehen.
Ich will keine Tränen sehen,
fällt das Glas mir aus der Hand.

Dann trinkt ihr lustig weiter …

Fällt das Glas mir aus der Hand,
seht, dann gibt's halt ein paar Scherben,
und genauso möcht' ich sterben
wie das Glas in meiner Hand.

interpretiert von Petra Pascal

1 Vermittelt euch dieses Lied eher einen trostlosen, einen hoffnungsvollen oder einen gleichgültigen Eindruck vom Tod? Begründet eure Meinung mit Textaussagen.

2 Teilt ihr das in Strophe 5 angesprochene Menschenbild („Eine andre wird dann singen, …")? Ist jeder Mensch austauschbar und ersetzbar?

3 Kann man sich von seinen Freunden und Angehörigen die Form ihrer Trauer wünschen („Wegen mir […] macht ihr bitte keine Taschentücher nass.")?
Würdet ihr Wünsche hinsichtlich eures Begräbnisses aussprechen? Inwieweit sollten sich Angehörige an solche Wünsche gebunden fühlen?

4 Macht einen Erkundungsgang über den Friedhof eures Heimatortes.
Fertigt Notizen von Grabinschriften und Auffälligkeiten an. Ordnet eure Notizen gemeinsam unter folgenden Fragestellungen:
– Welche Form der Grabinschrift begegnet euch am häufigsten?
– Welche Bilder und Symbole sind den Grabsteinen beigegeben?
– In welcher Form wird auf die Person des Verstorbenen eingegangen?
– Gibt es vom „Durchschnitt" abweichende Grabgestaltungen?
– Wird der Tod gedeutet?

Formen des Abschieds

Brauchtum zum Begräbnis

1 Schaut euch die verschiedenen Texte oder Sprüche der Beileidskarten an und analysiert, was der Text den Angehörigen des Verstorbenen vermitteln soll.

2 Welcher Text würde dir am ehesten zusagen bei einem Todesfall
   – in der Familie eines Menschen, der dir nahe steht,
   – in der Nachbarschaft,
   – eines alten Menschen,
   – eines jungen Menschen?

3 Besorgt euch, z. B. in einem Schreibwarengeschäft, jeweils eine Beileidskarte, die euch auffällt, – entweder, weil sie euch sehr gut gefällt, oder weil ihr sie für besonders unpassend haltet.
Bringt eure Trauerkarten mit in den Unterricht und findet gemeinsam eine Deutung der Bildmotive, indem ihr zu jedem Motiv eine passende Aussage oder Bildunterschrift formuliert (z. B. „Herbstbäume im Abendlicht" oder „Gebrochene Rose").

4 Welche der von euch gesammelten Beileidskarten gefällt dir persönlich am besten, und warum?
Falls euch keine der Karten zusagt, entwerft selbst ein Bild oder ein Symbol und einen Text für eine Trauerkarte.

5 Wenn ihr in eurem Bekanntenkreis von einem Todesfall betroffen wärt, würdet ihr den Angehörigen eine Karte schicken, ein Telefongespräch mit ihnen führen oder ihnen eher einen Besuch machen?
Besprecht die Schwierigkeiten und die Hilfen, die die verschiedenen Möglichkeiten für euch und für die Trauernden mit sich bringen könnten.

6 Lasst euch von einigen Bestattungsunternehmen Informationsmaterial zum Thema Trauervorsorge zuschicken.
Analysiert und vergleicht die Art und Weise, wie mit dem Thema umgegangen wird. Welche Gefühle werden bei den Betroffenen angesprochen oder ausgelöst?

Die katholische Begräbnisfeier

Die Gestaltung der Begräbnisfeier hängt davon ab, wo der Leichnam aufgebahrt werden kann. Auf jeden Fall gehört zur Begräbnisfeier der Eröffnungsritus, der Wortgottesdienst und der Beisetzungsritus.

Die Beisetzung
Der Priester leitet die Beisetzung mit einem Gebet oder einem persönlichen Wort ein. Zum Einsenken des Sarges wird ein Schriftwort gesungen oder gesprochen.

Priester: Wir übergeben den Leib der Erde. Christus, der von den Toten auferstanden ist, wird auch unseren Bruder (unsere Schwester) zum Leben erwecken.

Der Priester sprengt Weihwasser auf den Sarg:
Im Wasser und im Heiligen Geist wurdest du getauft. Der Herr vollende an dir, was er in der Taufe begonnen hat.
[…]

Er wirft Erde auf den Sarg: Von der Erde bist du genommen und zur Erde kehrst du zurück. Der Herr wird dich auferwecken.

Der Priester steckt das Kreuz in die Erde oder macht ein Kreuzzeichen über das Grab:
Das Zeichen unserer Hoffnung, das Kreuz unseres Herrn Jesus Christus, sei aufgerichtet über deinem Grab.

Aus einem katholischen Gebet- und Gesangbuch

Alternative Bestattungsform eines modernen Münchner Begräbnisinstituts

Letzter Gruß an den Großvater

1 Wie wird in der katholischen Begräbnisfeier der Tod interpretiert?

2 Ermittelt die Bedeutung anderer Bräuche zu Tod und Begräbnis, z.B.:
– das Tragen schwarzer Kleidung,
– das Schmücken des Grabes mit Kränzen,
– der „Leichenschmaus".

3 Es ist nicht mehr selbstverständlich, dass die Menschen einer Religionsgemeinschaft angehören, die die Begräbnisfeier gestaltet.
Informiert euch, welche anderen Möglichkeiten es gibt und wie Begräbnisfeiern ohne religiösen Hintergrund verlaufen.

4 Findet heraus, wie Begräbnisfeiern in anderen Kulturkreisen üblicherweise gestaltet werden und berichtet euch gegenseitig darüber.

Feuerbestattung auf Bali, Indonesien

 Religionen kennen und achten, „Der Kreislauf des Daseins", S. 141

Verschiedene Erfahrungen mit Arbeit

Gereimtes und Ungereimtes zum Thema Arbeit

Es gibt kein besseres und heiligeres Brot als jenes, das sich der Mensch selbst verdient hat.
Koran

Arbeit, die man nicht gemacht hat, ist niemals vergebens.

Arbeit macht das Leben süß, –
dat maken de Rieken den Armen wies!
Ausspruch aus Wuppertal

Der Mensch ist zur Arbeit geboren wie der Vogel zum Fliegen.
Martin Luther

Wer die Arbeit kennt
und sich nicht drückt, –
der ist verrückt!

Arbeit = Kraft x Weg
Physikalische Definition

Erst die Arbeit, dann das Vergnügen!

1 Sammelt weitere Aussprüche zum Thema „Arbeit" und wählt dann denjenigen aus, der eurer eigenen Einstellung am nächsten kommt. Tauscht euch im Gespräch über eure Positionen aus.

2 Erfindet eine Geschichte, die auf einen der Aussprüche passt, und lasst eure Mitschüler herausfinden, welcher Ausspruch gemeint ist.

Was Menschen zum Stichwort „Arbeit" einfällt

„Mathematikarbeit, Lateinarbeit, Facharbeit, Hausarbeit, Abiturarbeit … Kaum kann man aufatmen, weil man die eine erledigt hat, kommt schon die nächste. Und in den Ferien geht es genauso weiter: Aushilfsarbeit, Erntearbeit, Gartenarbeit … Ehe man sich's versieht, ist das Leben vorbei und man hatte nichts als Arbeit."
Schüler, 17 Jahre

„Arbeit? Das heißt für mich: waschen, putzen, kochen. Ich habe bestimmt nichts dagegen, für meine Familie zu sorgen; mich ärgert nur, dass man von der Arbeit, die ich tue, nichts sieht. Ein Maurer, der ein Haus baut oder ein Autor, der ein Buch schreibt, kann hinterher ein Produkt vorweisen, während man bei Hausarbeit nie ein befriedigendes Ergebnis sieht."
Hausfrau, 45 Jahre

„Der Realschulabschluss ist was Solides, hab' ich gedacht und die Ausbildung in einem Maler- und Anstreicherbetrieb hat Spaß gemacht. Aber nach der Lehre bin ich entlassen worden und seitdem auf Arbeitsuche. Jeden Tag bloß so herumhängen, ohne Geld, ohne Arbeit und ohne Zukunft – das ist bitter!"

Arbeitsloser Jugendlicher, 20 Jahre

„Über meine Arbeit bekomme ich Selbstbestätigung und eine klare Rolle. Als Einkäuferin für unser Modezentrum trage ich Verantwortung, komme viel herum und treffe interessante Leute aus der Branche. Auch sind mein eigenes Aussehen und meine Ausstrahlung wichtig für meinen Erfolg. Und da es mir immer Spaß gemacht hat, mich chic anzuziehen, fühle ich mich bei der Ausübung meines Berufes rundum wohl."

Leitende Angestellte in der Modebranche, 30 Jahre

Arbeitslose Jugendliche zur Zeit der Weltwirtschaftskrise Anfang der 30er Jahre des 20. Jahrhunderts

1. Welche konkreten Aussagen zum Thema „Arbeit" werden in den vier Beiträgen gemacht? Findet je eine These zu
   – Sinn der Arbeit,
   – Bedeutung für die Person,
   – Definition der Arbeit.

2. Ergänzt die Aussagen durch eigenes Nachforschen.
   Teilt euch in Gruppen auf und macht Interviews zum Stichwort „Arbeit" mit
   – den Fahrgästen von U-Bahn, S-Bahn oder Stadtbus morgens zwischen 6 und 7 Uhr,
   – den Wartenden vor dem Arbeitsamt,
   – den Bediensteten eines Supermarktes, einer Bankfiliale, eines Kindergartens (nach Dienstschluss).

3. Wertet die Interviews aus, indem ihr ein Plakat zum Stichwort „Arbeit" erstellt.
   Notiert darauf, was ihr erfahren habt über
   – positive und negative Bewertung der Arbeit,
   – Beziehung zwischen Berufsrolle und Selbstverständnis,
   – Zukunftsperspektiven.
   Ergänzt euer Plakat durch passendes Bildmaterial aus Zeitschriften und berufsorientierenden Prospekten.

Einstieg ins Arbeitsleben

„Zielorientiert, stressresistent und dynamisch ...?" – Stellenanzeigen

Wir suchen Verstärkung!

Wir sind bundesweit eines der führenden Studios für Werbefotografie und suchen Sie zum frühestmöglichen Zeitpunkt zur Verstärkung unseres Bereiches

Vertrieb (Akquisition und Kundenbetreuung).

Sie verfügen über Durchsetzungsvermögen, haben klare Ziele und bringen idealerweise fotografische Grundkenntnisse mit. Sprach- und PC-Kenntnisse sind von Vorteil. Es erwartet Sie ein leistungsbezogenes Gehalt und ein junges, motiviertes Team. Frau Köhler freut sich auf Ihre Bewerbung.

ImageStudios GmbH * Königin-Luise-Allee 22 * 40222 Düsseldorf * Fon/Fax: 0211/987654-32 * www.image-studios.de

---

Junges PR- und Verlagsunternehmen mit dem Schwerpunkt „Fun und Freizeit" sucht engagierte und zuverlässige

Mitarbeiter/innen für den Standort Berlin.

Ihr Aufgabengebiet:
– Aufbau und Betreuung unserer Informationsdatenbank
– Kontaktpflege zu Veranstaltungsunternehmen und Presseabteilungen
– Recherche von relevanten Veranstaltungen im Großraum Berlin

Ihre Qualifikation:
– Sie arbeiten gern eigenverantwortlich in einem motivierten Team.
– Sie haben Spaß am Umgang mit Textverarbeitung und Internet.
– Sie sind selbstbewusst, kommunikativ und telefonieren gern und gewandt.
– Sie interessieren sich für unser Schwerpunktthema „Freizeit".
– Sie haben gute Englischkenntnisse.
– Sie gehen gern mit Zahlen und Daten um.

Reizt Sie die Arbeit in einem abwechslungsreichen und dynamischen Umfeld? Dann freuen wir uns auf Ihre aussagekräftige Bewerbung mit Angabe des schnellstmöglichen Eintrittstermins und Ihrer Gehaltswünsche.

InJoY Partnership & Publishing GmbH
Herrn Sebastian Aldenhövel
Beethovenplatz 99 · 11222 Berlin · Tel.: 030/12312345

Wir sind eine Unternehmensberatung im Zentrum Leipzigs.
Unser Schwerpunkt ist die Entwicklung strategischer Kommunikationskonzepte.
Zum schnellstmöglichen Termin suchen wir eine(n)

Team-Assistenten/Team-Assistentin.

Sie handeln zielorientiert und strukturiert? Sie sind engagiert und arbeiten gern in einem dynamischen, jungen Team? Sie organisieren gern und behalten auch in stressigen Situationen einen kühlen Kopf? Dann sind Sie bei uns richtig.

Gute Englischkenntnisse und den sicheren Umgang mit Textverarbeitungssystemen setzen wir voraus.

Wenn wir Ihr Interesse an dieser Position geweckt haben, schicken Sie uns bitte Ihre ausführlichen Bewerbungsunterlagen unter Angabe des frühestmöglichen Eintrittstermins und Ihrer Gehaltsvorstellung.

Steiner, Collins & Partner GmbH Personalabteilung
Martin-Luther-Str. 155b · 04101 Leipzig · Tel. und Fax: 0341/5778901

1 Würde eine der ausgeschriebenen Stellen euch reizen? Entscheidet und begründet.

2 Wählt ein Angebot aus, um euch darauf zu bewerben. Wie geht ihr bei der Bewerbung vor? Zu welchen Anforderungen des Angebotes solltet ihr euch äußern, um eure Chancen zu erhöhen?

3 Stellt zusammen, welche beruflichen und sozialen Kompetenzen auf dem heutigen Arbeitsmarkt von den Bewerbern erwartet werden.

4 Auf welche Weise können junge Menschen auf diese Kompetenz-Anforderungen vorbereitet werden?
Analysiert im Hinblick auf diese Erwartungen euren Schulalltag:
– Welche Fächer und welche Arbeitsformen sind für die Orientierung in der Arbeitswelt hilfreich, welche sind hinderlich?

5 Entwerft ein Schulkonzept (Raumgestaltung, Fächerkanon, Arbeits- und Sozialformen, Inhalts- und Stoffplanung), das optimal auf das Berufsleben vorbereiten könnte.

6 Welche „Fallstricke" sind unausgesprochen in die Stellenangebote eingebaut? D. h.: Wo müsstet ihr befürchten, Enttäuschungen zu erleben und warum?

 Mir selbst begegnen, Arbeitsanregung 4, S. 41

ARBEITEN UND SCHÖPFERISCH SEIN

Der Start in die Arbeitswelt –
Erste Erfahrungen auf einem Klassentreffen

„Klassentreffen", hieß es auf der Einladung, „sollten nach zehn Jahren stattfinden um
zu sehen, aus wem ‚etwas geworden' ist, nach zwanzig Jahren, um zu sehen, was der
Nachwuchs macht, und nach fünfzig Jahren, um zu sehen, wer noch am Leben ist … "
Die ehemalige 10e war vor zehn Jahren auseinandergegangen. Und nun war man
also wieder zusammengekommen, um zu sehen, „aus wem etwas geworden war".
Acht ehemalige Klassenkameraden diskutieren miteinander.

SELDA, FRISEURIN: Als ich vor zehn Jahren meine Ausbildung begonnen habe, dachte ich mir: Friseurinnen werden immer gebraucht, da hast du eine sichere Existenz. Ehrgeizig war ich eigentlich nicht. Inzwischen ist das anders: Weil ich eine
gute Prüfung gemacht habe und auf die Wünsche der Kundschaft eingehen kann,
hat meine Chefin mich nach der Ausbildung behalten. Wenn sie mal nicht da ist,
überträgt sie mir sogar die Leitung des Geschäfts. Und jetzt weiß ich, was ich will:
meinen eigenen Friseursalon!

CONNY, STUDENTIN: Du hast's gut, du stehst schon auf eigenen Beinen! Bis ich das
Abitur hatte, musste ich zu Hause um jeden Cent Taschengeld feilschen. Und jetzt
bin ich grade mal im 8. Semester, halte mich mit Ferienjobs über Wasser und
brauche bestimmt noch zwei, drei Jahre, ehe ich mit einem geregelten Einkommen rechnen kann.

MANDY, EBENFALLS STUDENTIN: Ein geregeltes Einkommen kannst du dein ganzes
Leben haben! Aber solange du studierst, bist du ungebunden und kannst etwas
erleben! Ich nehme an jeder Geografie-Exkursion teil: nach Griechenland, zum
Nordkap … und im nächsten Jahr sogar in die Anden!

INGO, REISEVERKEHRSKAUFMANN: Ich verdiene gutes Geld und komme trotzdem viel
herum. Wisst ihr noch, dass ich während der Schulzeit ein Betriebspraktikum im
Reisebüro gemacht habe? Seitdem wusste ich, dass das meine Zukunft sein würde. Ich habe eine feste Anstellung und wenn ein Reiseziel neu im Programm ist,
werde ich oft hingeschickt, um es zu testen. Zwei Wochen kostenloser Urlaub –
und zu Hause läuft sogar das Gehalt weiter.

MIRKO, GÄRTNER: Ich weiß gar nicht, wieso ihr's alle zu Hause nicht aushaltet. Ich
jedenfalls bin sehr zufrieden: Ich bin Gärtner geworden, das wollte ich schon seit
meiner Kindheit. Das Anlegen von Beeten, das Wachstum der Pflanzen, das He-
gen meiner ‚Schützlinge', – all das macht mir einen Riesenspaß!

SANDRA, KRANKENSCHWESTER: So hab' ich mir das auch mal vorgestellt, allerdings
nicht mit Pflanzen, sondern mit Menschen. Ich wollte helfen und etwas Sinnvolles tun, aber der Klinikalltag ist voller Routine, Hektik und Organisation …
und das Mitgefühl, das ich zur Grundlage meines Berufslebens machen wollte,
findet kaum noch Raum in meinem Dienstplan.

NADJA, PFERDEPFLEGERIN: Du hättest dir eben nicht so hohe Ziele setzen sollen. Ich
habe mein Hobby zum Beruf gemacht. Schon während der Schulzeit war ich ja
öfter auf dem Reiterhof als zu Hause anzutreffen. Inzwischen hatte ich erste
Erfolge als Dressurreiterin und vielleicht sogar eine hoffnungsvolle Karriere vor
mir.

CONNY: Wo ist denn eigentlich Steven? Der hat doch sonst nie eine Fete versäumt!

MIRKO: Er hat mir erst vor kurzem eine E-Mail geschickt. Er lebt jetzt in New York,
aber ich glaube, so gut geht's dem da nicht. Ihr wisst doch noch, wie stolz er

244

immer darauf war, auch die amerikanische Staatsbürgerschaft zu haben. Jedenfalls hat er im letzten Sommer sein letztes Geld zusammengekratzt und sich ein Flugticket nach New York gekauft. Er dachte, dass einem amerikanischen Staatsbürger dort alle Türen offen stünden. Aber jetzt arbeitet er tagsüber als Möbelpacker und abends ist er Animateur in einem Hotel. Er betreibt seit einiger Zeit eine kleine Bar auf der Dachterrasse und der Hotelbesitzer will ihn behalten, falls sich das etabliert. Aber manchmal ist Steven wohl vom Möbeltransportieren so müde, dass er bei seiner Nachtschicht im Hotel kaum die Augen offen halten kann – nach einer rosigen Zukunft hört sich das wohl eher nicht an.

MAREK, AUSHILFSARBEITER: Naja, die Arbeit ist ja auch nicht zum Vergnügen da.

MANDY: Immerhin muss man fast sein ganzes Leben damit verbringen. Da kann es doch nicht egal sein, wofür man sich entscheidet.

MAREK: Das sehe ich anders. Die Arbeit ist nur dazu da, dass man die nötigen Mittel hat, um zu leben und sich das Dasein zu gestalten. Mein Lebensinhalt ist die Arbeit jedenfalls nicht, den such' ich mir woanders. Und außerdem: Man kann heute nicht mehr davon ausgehen, ein ganzes Leben lang im selben Beruf zu arbeiten, dazu verändern sich die Dinge zu schnell. Vielleicht verdiene ich in zehn Jahren mein Geld in einem Job, den ich heute noch für eine Utopie halte. Und wie gesagt: Meine Erfüllung suche ich mir im Privatleben.

CONNY: Vorausgesetzt, du hast das Geld dazu! Diese Überlegungen zum Sinn von Arbeits- und Berufsleben sind ja schön und gut, aber wie gehen all die vielen jungen Leute damit um, die die besten Absichten haben und vielleicht sogar noch eine gute Ausbildung und trotzdem keinen Arbeitsplatz finden?

SELDA: Mit der richtigen Willenskraft ist es immer möglich, sich einen Platz in der Arbeitswelt zu verschaffen.

MANDY: Genau! Wie heißt es so schön: Wer Arbeit will, der findet auch welche.

MIRKO: Na, ich weiß ja nicht ...

SANDRA: Würd' ich auch nicht so seh'n.

INGO: Ach, lassen wir's doch einfach auf uns zukommen.

NADJA: Eben! Weiß ja sowieso keiner, was einen noch alles erwartet.

SELDA: Vielleicht sollten wir uns wirklich in zehn oder fünfundzwanzig Jahren noch mal zusammenfinden, – bis dahin wissen wir sicherlich mehr!

1 Schreibt in je einem Satz treffend auf: Welche Ansichten zum Berufsleben vertritt:
- Selda
- Mirko
- Mandy
- Nadja
- Conny
- Sandra
- Ingo
- Marek

Ergänzt zu jeder Position zusätzliche stützende Argumente.

2 Bezieht eine eigene Position und besprecht sie mit euren Mitschülern.

3 Setzt euch mit Mareks Meinung auseinander. Glaubt ihr auch, dass heutzutage das Erlernen eines einzigen Berufs nicht mehr für das ganze Leben ausreicht?

4 Entwickelt Ideen, wie das Berufs- und Arbeitsleben in zwanzig Jahren organisiert sein könnte. Stellt euch euren Wunschberuf vor. Entwerft (z.B. auf einem Plakat) die Tätigkeiten, Erwartungen und Befürchtungen, die ihr mit ihm verbindet, und versucht vorauszuplanen, wie sich dieses Berufsbild in den nächsten zehn bis fünfzehn Jahren verändern wird. Stellt eure Plakate aus und lasst die Entwürfe von euren Mitschülern kommentieren.

 Mir selbst begegnen, „Was wird mir morgen wichtig sein?", S. 46

Die Geschichte der Arbeit im Wandel der Zeit

Faustkeil und Höhlenmalerei

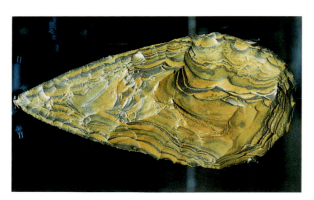

Der Faustkeil ist das älteste Zeugnis des gestaltenden Daseins des Menschen auf der Erde. Der hier abgebildete Faustkeil ist ca. 600 000 Jahre alt. Er stammt aus Südafrika, ist 23 x 11,5 Zentimeter groß und im McGregor-Museum in Kimberley (Südafrika) zu besichtigen. Wahrscheinlich kennt ihr Faustkeile (vielleicht sogar noch ältere!) aber auch aus Museen in eurer Umgebung.

Sicher ist es eine Eigenart des Menschen, dass er solche Werkzeuge *gebraucht*. Aber das kann auch bei Tieren vorkommen, zum Beispiel bei Affen, wenn sie ein Bambusrohr benutzen, um eine Banane vom Baum zu holen.

Wichtiger ist, dass Menschen auf den Gedanken kommen, einen Faustkeil überhaupt erst einmal zu *machen*. Dazu gehört Können: Ein Stein muss mit einem anderen Stein so bearbeitet werden, dass eine ganz bestimmte Form entsteht. Dazu gehört Wissen: über die Härte des einen und des anderen Steins, über die Art und Weise, wie er durch einen bestimmten Schlag sich spalten lässt. Versucht doch einmal selbst, ob ihr genug wisst, um ein solch einfaches Werkzeug machen zu können. Schließlich gehört dazu auch die Vorstellung in den Gedanken des Menschen, wie der Stein, wenn er bearbeitet ist, aussehen soll.

Der Mensch der frühesten Zeit kann bereits *gestalten*. In einem bestimmten Sinn kann man sagen, dass er schöpferisch ist: Er *erschafft* etwas, das es in der Natur um

ihn herum nicht gibt. Das gilt schon für den Faustkeil. Ganz besonders deutlich wird es dort, wo die freie Schöpfertätigkeit voll zu Tage tritt: in den ältesten Malereien, die in verschiedenen Höhlen, besonders in Frankreich und Spanien, entdeckt worden sind. Hier findet ihr als Beispiel einer solchen Höhlenmalerei ein Pferd; das Bild ist etwa 13 000 Jahre v.Chr. entstanden und befindet sich in der Höhle von Niaux in Frankreich.

Ihr wisst, dass Gestalten Freude macht. Man setzt sich dabei ganz ein, man ist auch ganz dabei, beim eigenen Werk. Wenn Arbeit etwas mit Gestalten zu tun hat, ist sie mit Zufriedenheit und Freude verbunden. Menschen fühlen sich durch sie bestätigt.

Das hört sich alles sehr schön an. Ganz anders aber sieht es aus, wenn wir darüber nachdenken, was Menschen empfinden, wenn sie mit dem Faustkeil umgehen. Auf dem Bild seht ihr zum Beispiel einen Ureinwohner Australiens, der mit einem Steinkeil ein Stück Baumrinde abschlägt, um daraus eine Wiege zu machen. Sicher wird er sich freuen, wenn er an das Kind denkt, das einmal in der Wiege liegen wird. Trotzdem ist die Arbeit mühsam. Endlos lang dauert es, bis endlich die Rinde abgetrennt ist, der Schweiß rinnt, er wird müde. Diese Erfahrung mit der Arbeit hat in der Bibel ihren Ausdruck gefunden: „Im Schweiße deines Angesichts sollst du dein Brot essen." Arbeit macht keinesfalls immer Freude; sie ist oft eher Mühe und Last.

Das Umgehen mit dem Faustkeil kann auch gefährlich sein und dem Menschen Angst bereiten. Denkt nur einmal daran, was alles passieren konnte, wenn die Männer auf Jagd gingen, um die lebensnotwendige Tierbeute nach Hause zu bringen. Der Mensch hat es sogar fertig gebracht, das selbst geschaffene Werkzeug gegen sich selbst einzusetzen, es zum Todeswerkzeug zu machen. Das Werkzeugverhalten des Menschen wird zum Gegenteil dessen, was es sein soll, zum Gegenteil des Schaffens und Gestaltens: zum Vernichten!

Die Anforderungen werden im Laufe der Jahre nicht geringer, sondern größer. Man hat nicht mehr so viel Schwung und Experimentierfreude – aber genau das wird erwartet. Die Distanz wird größer. Viele sind in ihrem Beruf mit fünfzig völlig „ausgebrannt".

1 Sammelt Fotografien der ältesten Werkzeuge und Malereien.

2 Lasst euch, z.B. vom Biologielehrer, genauer darüber informieren, was man heute über das Werkzeugverhalten der frühesten Menschen weiß und welche Bedeutung es für sie hatte.

3 Besprecht mit dem Religionslehrer – der ja sicher gerne auch einmal in den Ethikunterricht kommt –, was in den ersten Kapiteln der Bibel an Menschheitserfahrungen zum Thema Arbeit überliefert ist.

Arbeiten und schöpferisch sein

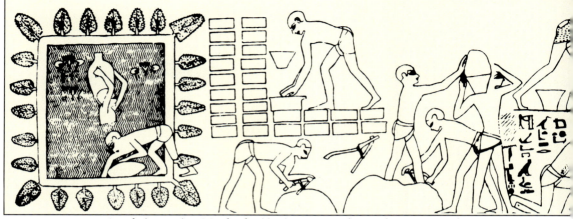

Ausschnitt aus einer Wandmalerei in einem ägyptischen Grab, um 1450 v. Chr.

Bruchstücke zu einer Geschichte der Arbeit in Bildern

Wie Menschen arbeiten, das hat sich in den Jahrmillionen, Jahrtausenden, vor allem in den letzten Jahrhunderten, besonders aber in den letzten Jahrzehnten, gewandelt. Von der Angst und Mühsal zur Freude am schöpferischen Tun? Vom Sklaven zum Kontrolleur? Die Bilder dieser und der nächsten Seite verweisen auf wichtige Etappen in der Entwicklung menschlicher Arbeit.

1 Welche Tätigkeiten üben die Menschen aus, die auf dem Wandbild dargestellt sind?

2 Was lässt sich aus dem Bild über die Beziehungen der dargestellten Personen zueinander und über Arbeitsverteilung und Organisation erkennen?

3 Was wisst ihr über den Pyramidenbau im alten Ägypten und über die Lebensbedingungen der an ihrem Bau arbeitenden Menschen?

Mittelalterliche Malerei

4 Mit welchen Gegenständen oder Geräten sind die einzelnen Personen auf dem Bild aus dem Mittelalter dargestellt?

5 Welche Funktionen üben sie aus, zum Beispiel die zweite Person von rechts?

6 Warum sind einige Personen groß, andere aber klein dargestellt?

7 Welche Aussagen macht das Bild über die soziale Lage und Stellung der gezeigten Personen?

ARBEITEN UND SCHÖPFERISCH SEIN

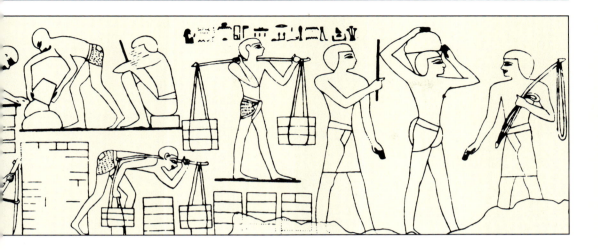

8 Was lässt sich dem mittelalterlichen Bild über die Bewertung verschiedener Formen von Arbeit entnehmen?

9 Gebt dem Bild zwei Überschriften: Die eine soll angeben, was gemacht wird, die andere soll sich auf das Verhältnis der Personen zueinander beziehen, die am gleichen Werk arbeiten.

Fabrikszene aus dem Jahre 1839

10 Könnt ihr herausfinden, an welcher Maschine auf dem Bild von 1839 gearbeitet wird?
Welche Tätigkeit führt der Mann hinten links an der Maschine aus, was macht die Frau in der Mitte links?

11 Überlegt: Wer sind die dunkel gekleideten Personen im Hintergrund?

12 Entwickelt eine Idee, was die Kinder in der Fabrik tun. Was macht der Junge, der unter der Maschine hervorkriecht? Warum umarmen sich die beiden anderen Jungen?

13 Wer sind wohl die zwei Personen rechts im Bild und was machen sie?

14 Welche Bedeutung hat wohl die Arbeit für die dargestellten Personen? Stellt Vermutungen an und begründet sie.

15 Könnt ihr euch auf eine zentrale Aussage des Bildes einigen?

ARBEITEN UND SCHÖPFERISCH SEIN

1 In was für einem Raum befindet sich der Mann auf dem Foto und womit ist er beschäftigt? Welchen Beruf könnte er haben?

2 Vergleicht dieses Bild mit dem aus dem 19. Jahrhundert. Auf welche Veränderungen der Arbeitsbedingungen kann ein Vergleich aufmerksam machen? Inwiefern kann man von sozialem Fortschritt sprechen?

3 Vergleicht das Bild des mit dem Faustkeil arbeitenden Australiers (S. 247) mit diesem Bild. Listet auch hier die Unterschiede auf. Ordnet die Merkmale der Arbeit des einen wie des anderen nach positiven und negativen Bewertungen.

4 Deuten sich auf dem Foto Probleme an, die für die moderne Arbeitssituation kennzeichnend sind?

5 In welchen geschichtlichen und gesellschaftlichen Situationen bzw. in welchen Berufen tritt der schöpferische Charakter menschlicher Arbeit besonders hervor?

Johann Wolfgang von Goethe

Tätigkeit

Die Tätigkeit ist, was den Menschen glücklich macht,
die, erst das Gute schaffend,
bald ein Übel selbst
durch göttlich wirkende Gewalt
in Gutes kehrt.
Drum auf beizeiten morgens!
Ja, und fändet ihr,
was gestern ihr gebaut,
schon wieder eingestürzt,
Ameisen gleich nur frisch die Trümmer aufgeräumt
und neuen Plan ersonnen,
Mittel neu erdacht!
So werdet ihr,
und wenn aus ihren Fugen selbst die Welt geschoben,
in sich selbst zertrümmerte,
sie wieder bauen,
einer Ewigkeit zur Lust!

Günter Eich

Weg zum Bahnhof

Noch schweigt die Fabrik,
verödet im Mondschein.
Das Frösteln des Morgens
wollt ich gewohnt sein!

Rechts in der Jacke
die Kaffeeflasche,
die frierende Hand
in der Hosentasche,

so ging ich halb schlafend
zum Sechsuhrzug,
mich griffe kein Trauern,
ich wär mir genug.

Nun aber rührt der warme Hauch
aus den Bäckerein
mein Herz an wie eine Zärtlichkeit,
und ich kann nicht gelassen sein.

Bertolt Brecht

Fragen eines lesenden Arbeiters

Wer baute das siebentorige Theben?
In den Büchern stehen die Namen von Königen.
Haben die Könige die Felsbrocken herbeigeschleppt?
Und das mehrmals zerstörte Babylon –
Wer baute es so viele Male auf? In welchen Häusern
Des goldstrahlenden Lima wohnten die Bauleute?
Wohin gingen an dem Abend, wo die Chinesische Mauer fertig war,
Die Maurer? Das große Rom
Ist voll von Triumphbögen. Wer errichtete sie? Über wen
Triumphierten die Cäsaren? Hatte das vielbesungene Byzanz
Nur Paläste für seine Bewohner? Selbst in dem sagenhaften Atlantis
Brüllten in der Nacht, wo das Meer es verschlang
Die Ersaufenden nach ihren Sklaven.

Der junge Alexander eroberte Indien.
Er allein?
Cäsar schlug die Gallier.
Hatte er nicht wenigstens einen Koch bei sich?
Philipp von Spanien weinte, als seine Flotte
Untergegangen war. Weinte sonst niemand?
Friedrich der Zweite siegte im Siebenjährigen Krieg. Wer
Siegte außer ihm?
Jede Seite ein Sieg.
Wer kochte den Siegesschmaus?
Alle zehn Jahre ein großer Mann.
Wer bezahlte die Spesen?

So viele Berichte.
So viele Fragen.

Dieter E. Zimmer

Stellenteil

Passen Sie, so wie Sie aussehen,
in ein gediegenes Unternehmen?
Verbreiten Sie keine Missdüfte
in einer gepflegten Arbeitsatmosphäre?
Sind Sie rücksichtslos zukunftsorientiert?
Sind Sie unbegrenzt durchsetzungsfähig?
Sind Sie von liebenswürdigem Wesen
und bis ins Letzte kostenbewusst?
Verbinden Sie charakterliche Festigkeit
mit ausdauernder Flexibilität?
Würden Sie sich mit einer gesunden Portion Aggressivität
in unsere harmonisierende Betriebsgemeinschaft einfügen?
Sind Sie unseren verschiedenen Sozialleistungen gewachsen?
Behalten Sie ein einnehmendes Erscheinungsbild
auch angesichts des Teams unserer Führungskräfte?
Sind Sie belastbar durch Fußtritte?
Können Sie Abschlusslisten zusammenstellen?
Geht Ihnen die Überzeugungskraft nicht aus,
wenn Sie selber angeschossen werden?
Sind Sie denn überhaupt leistungsbereit?
Möchten Sie etwa Ihrem Untergang zuvorkommen?
Nässt Sie der Regen?
Zerwühlt Ihnen der Sturm die Frisur?
Zerfrisst Ihnen das Salz nicht die Stiefel?
Knautscht Ihre Hose das Einwinkeln der Knie?
Kratzen Glasscherben Ihre Haut blutig?
Verfallen Sie mit den Jahren?
Werfen Epidemien Sie um?
Verformt sich Ihr Gesicht im freien Fall?

Wenn Sie unsern Ansprüchen zu genügen glauben,
dann bieten Sie sich uns an
und wir kaufen Sie uns.

1 Benennt in je ein bis zwei Sätzen die Hauptaussagen der Gedichte.

2 Ordnet die Gedichte dann nach folgenden Gesichtspunkten:
   – Welche Personen und Berufsgruppen kommen zur Sprache?
   – Handelt es sich eher um Lob als um Klage?
   – Zu welchen Gedichten passen Stichworte wie: Selbstbestätigung, Sinnerfüllung, Ausbeutung, Entfremdung?

3 Fertigt zu dem Gedicht, das euch am ehesten anspricht, eine Skizze an. Überlegt, sammelt und entwerft: Zeichnungen, Fotos, grafische Symbole ...

Arbeiten und schöpferisch sein

4 Versucht die Gedichte zeitlich einzuordnen (mithilfe einer Situationsanalyse oder der Lebensdaten der Dichter).
 – Was hat sich inzwischen verändert?
 – Beschreibt die Veränderungen in einem eigenen kleinen Text (z.B. Berufsverkehr auf der Autobahn, Montagmorgen in der Straßenbahn). Fangt dabei möglichst die Stimmung der Betroffenen ein.

Arbeit als Sinnerfüllung – Arbeit als Qual

Vom Sinn der Arbeit

1 Beschreibt die Bilder: Welchen Eindruck machen die dargestellten Menschen bei der Ausübung ihrer Tätigkeit?

2 Sammelt weitere Bilder und ordnet sie (z.B. auf einem Plakat) in zwei Gruppen. Die eine Seite zeigt „Arbeit als Sinnerfüllung", die andere Seite „Arbeit als Qual".

3 Erstellt eine Liste: Bei welchen Berufen wird man wohl Arbeit eher als „Sinnerfüllung" erleben, bei welchen eher als „Qual"?

4 Welche Qualitäten sollte Arbeit haben, damit sie als bereichernd empfunden werden kann? Fragt auch Berufstätige aus eurem Bekannten- und Verwandtenkreis.

ARBEITEN UND SCHÖPFERISCH SEIN

Arbeit und Verantwortung

Während der Arbeit unterhält sich ein 25-jähriger Automechaniker mit einem Kollegen über das bevorstehende Wochenende. Bei einem Wagen, an dem er die Winterreifen gegen die Sommerreifen gewechselt hat, zieht er währenddessen die Radmuttern nicht wieder fest an. Die Eigentümer, ein junges Ehepaar, holen den Wagen ab und begeben sich auf den Heimweg. Auf der Autobahn löst sich das rechte Vorderrad. Der Wagen überschlägt sich, beide Insassen sind auf der Stelle tot. Das Ehepaar hinterlässt zwei Kinder im Alter von zwei und vier Jahren.

Beim Nachbarschaftsfest der Hausgemeinschaft fließt reichlich Alkohol. Ein Bewohner – er ist Busfahrer bei den Stadtwerken – bedauert sich selbst, weil er am morgigen Sonntag zur Frühschicht ab 5 Uhr eingeteilt ist. Bevor er sich nach Mitternacht zum Schlafen zurückzieht, kann er kaum noch gerade auf den Beinen stehen.

Eine Patientin, bei der ein teures Medikament eine chronische Krankheit lindern soll, hat möglicherweise Antikörper gegen dieses Medikament entwickelt, sodass es unwirksam oder sogar schädlich für sie ist. Ein Bluttest wird gemacht, dessen Ergebnis sie nach Ablauf von drei Wochen erfragen soll. Auf ihren Anruf hin erfährt sie, dass der zuständige Arzt wegen eines Forschungsprojektes für vierzehn Tage in die USA gefahren ist und niemand etwas über ihren Test weiß. Nach Ablauf der vierzehn Tage teilt man ihr mit, dass der Arzt wegen eines Sportunfalls bis auf weiteres nicht zum Dienst kommt. Als sie wagt, sich über die lange Wartezeit zu beklagen, erhält sie von der Stationsschwester am Telefon die Antwort: „Glauben Sie vielleicht, Sie sind hier die einzige Patientin?"

Der 16-jährige Jens hat vor einem Jahr seinen Vater verloren. Seine Mutter führt seitdem das Lebensmittelgeschäft, das durch die Konkurrenz eines nahen Supermarktes bedroht ist, allein. Jens hilft ihr, so gut er kann, und hofft auf seinen baldigen Schulabschluss, um sich allein ganz dem Geschäft widmen zu können. Seine Leistungen in den „Lernfächern" leiden allerdings unter der häuslichen Belastung. Als der neue Geschichtslehrer ihm die zweite Sechs einträgt, kommentiert er: „Ich habe gesehen, dass du auch in Erdkunde und Englisch ‚unter dem Strich‘ bist; entweder du gibst deine Faulheit auf oder du kannst dir die mittlere Reife abschminken!"

Kai und Bülent haben einen Nachmittagsjob als Austräger von Werbeprospekten, die sie in einem Stadtviertel in die Hausbriefkästen stecken. Als ihnen das zu langweilig wird, werfen sie allerdings noch anderes in die Briefkästen: ein ausgelutschtes Kaugummi, einen alten Socken und einmal sogar eine tote Maus. Sie haben einen Heidenspaß dabei, sich die Reaktion der Leute vorzustellen.

1 Bildet eine Jury und beratet und beurteilt die dargestellten Fälle:
   – Wie gravierend sind die Verfehlungen im rechtlichen oder moralischen Sinn?
   – Was kann zur Verteidigung der Betroffenen angeführt werden?
   – Was sollten die Konsequenzen sein?
   – Entwerft Briefe an die „Missetäter", in denen ihr eure Überlegungen darstellt und eure Auffassung von Verantwortung im Beruf zum Ausdruck bringt.

2 Ist jede Arbeit mit dem gleichen Maß an Verantwortung gekoppelt? Denkt bei euren Überlegungen an Berufe wie diese:
   – eine Ärztin,
   – ein Fließbandarbeiter bei der Fahrradfertigung,
   – ein Bäckergeselle,
   – der Pilot einer Verkehrsmaschine,
   – eine Kindergärtnerin,
   – eine Bibliothekarin.

3 Wie viel Bedeutung hat bei eurer eigenen Berufswahl die Übernahme von Verantwortung? Möchtet ihr lieber in einem Beruf arbeiten, in dem ihr viel Verantwortung habt oder wenig?

 Das Gewissen bilden [...], „Das Beziehungsfeld der Verantwortung", S. 368

*Ferdinand Léger:
Die Bauarbeiter (1950)*

*Pendler auf dem Weg zur Arbeit
(U-Bahnhof, New York)*

4 Welche Gefühle lösen die beiden Bilder spontan in euch aus? Beschreibt eure Eindrücke.

5 Welche Art von Abbildungen würdet ihr selbst zum Thema „Arbeit" gestalten? Überlegt euch Motive, Farben und Darstellungsformen. Sucht Orte auf, an denen ihr mit „Arbeit" in Kontakt kommt (U-Bahnstation oder Bushaltestelle zu Beginn der

Arbeitszeit, eine Baustelle, die Cafeteria eines Bürohauses ...) und fangt die Atmosphäre durch Fotografieren, Texteschreiben, Zeichnen oder Malen ein.

6 Stellt eure Bilder im Klassenraum aus und lasst sie von euren Mitschülern kommentieren. Mögliche Betrachtungsaspekte könnten sein:
 – freundliche/unfreundliche Arbeitsatmosphäre,
 – Arbeit als Last/als Freude,
 – Vorrangstellung von Mensch oder Maschine/Technik.

 Die Natur bewahren [...], „Geschichte der Technik [...]", S. 91

Gina Ruck-Pauquèt
Arbeitslos

Stellenvermittlung während der Weltwirtschaftskrise 1930

Er ist mein Vater und ich mag ihn. Aber in der letzten Zeit ist es mit ihm schwierig geworden: Mein Vater ist arbeitslos. Zuerst war er verzweifelt und traurig. Und dann kam er nicht nach Hause, an diesem Freitagabend. „Wenn ich nicht immer in die verdammte Fabrik müsste!", hat er früher gesagt. Er ist im Morgengrauen aufgestanden und hat sich schimpfend rasiert. Er hat sich die Lippen am Tee verbrannt, bei der ersten Zigarette hat er gehustet und am Abend hat er gesagt, dass der Mensch ein Sklave ist. „Dein Vater ist müde", hieß es, wenn er mithelfen sollte, einen Drachen zu bauen. Oder wenn Maria ihm was vorlesen wollte. Seitdem Maria größer ist, arbeitet meine Mutter auch wieder. Sie geht in die Schokoladenfabrik. Geldsorgen haben wir nicht. Auch jetzt nicht, wo Vater arbeitslos ist. Meine Mutter verdient und mein Vater kriegt Arbeitslosenunterstützung, nicht mal wenig ist das. Er muss sie natürlich abholen. Das zwingt ihn, aus der Wohnung zu gehen. Er horcht an der Tür, ob auch niemand im Flur ist, dann huscht er los. Ja, er huscht. Mein Vater huscht durchs Haus wie einer, der was Böses getan hat. Weil sie ihn so anschauen, sagt er. Weil sie fragen: „Wie geht es denn?"

Es ist ein Makel, arbeitslos zu sein. Ich kapiere das nicht so recht. Aber für meinen Vater ist es ein Makel.

„Geh doch mal spazieren", hat meine Mutter gesagt. „Geh in den Park."

Es war so ein Herbsttag, an dem einem das Laub unter den Füßen raschelt. Als ich klein war, ist er mit mir durch die Blätter gerannt, das weiß ich noch. Jetzt ist er böse geworden. „Da kann ich mich ja gleich auf eine Parkbank setzen", hat er gesagt, „zu den Rentnern!"

An den ersten Tagen hat er noch eingekauft. Dann fing das an, dass er nur noch in der Wohnung hockte und nicht mehr raus wollte. „Kannst du meine Hausaufgaben nachsehen?", hat ihn Maria gefragt. Und er hat draufgestarrt, aber nichts gesehen, das hat man gemerkt. Kreuzworträtsel hat er gelöst. Stundenlang.

Einmal habe ich ihn gefragt: „Warum haben sie dich entlassen? Warum gerade dich?"

„Sie haben noch mehr entlassen als mich", hat er gesagt und ist sich mit der Hand übers Kinn gefahren. Es hat sich kratzig angehört, weil er sich damals schon nicht mehr jeden Tag rasiert hat. „Vielleicht, weil ich öfter krank war", hat er weiter überlegt, „wegen dem Rheuma."

Das Rheuma hat er gekriegt, weil es in der Fabrikhalle zugig gewesen ist. Jetzt ja nicht mehr. Da haben sich die Jungen beschwert und die Wände sind abgedichtet worden. Aber mein Vater hat sein Rheuma. Und die Entlassung hat er auch.

Ja, in der ersten Zeit hat er noch für uns gekocht, zum Beispiel Erbsensuppe und Spiegeleier. Dann haben sie gestritten, meine Mutter und er. Sie streiten wegen jedem Dreck neuerdings. Und dann hat er nicht mehr gekocht. Die Zeitung hat er gelesen, vor- und rückwärts. Wenn das Programm anfing, hat er den Fernseher angestellt.

Ich baue mir ein Moped zusammen. Noch darf ich ja nicht fahren. Aber wenn ich alt genug bin, ist der Feuerstuhl fertig. „Komm, ich zeige es dir", hab' ich zu meinem Vater gesagt. Es steht nämlich im Keller. Hat er so rumgebrummt: „Jetzt nicht. Morgen." Und dabei ist es dann geblieben. Ich glaube, er mag nicht mal in den Keller gehen. Da könnte ihn jemand sehen, einer von denen, die Arbeit haben. […]

Wie oft hat er früher gesagt, dass es eine …arbeit ist. Aber wenn es so eine Arbeit war, warum trauert er ihr nach? Manchmal denke ich, er hat sich hinter seiner Arbeit versteckt.

Eines Abends hat meine Mutter von einer Kollegin, der dicken Trude, erzählt. Die isst jeden Monat einmal so viel Schokolade, dass sie krank wird. Mutter hat es komisch erzählt und wir haben furchtbar gelacht. Da ist mein Vater rausgegangen. Er hat das Lachen nicht leiden können. Er ist dann überhaupt immer trauriger geworden. Ist dagesessen und hat nichts getan. Die Kreuzworträtsel hat er nur noch halb gelöst, ich hab's gesehen.

Das ist dein Vater, hab' ich mir gedacht und war enttäuscht. Aber ich hab' mir auch gedacht, dass da etwas nicht stimmt: Es kann doch nicht sein, dass sich ein Mensch in kurzer Zeit so verändert. Ist die Traurigkeit immer schon in ihm gewesen? Hat er sie nur mit Arbeit zugedeckt? Ich hab' auf einmal gewusst, dass ich nicht so abhängig werden will wie er. Ich will versuchen, aus eigener Kraft heraus zu leben. Das klingt überheblich, aber in Wirklichkeit hat mein Vater mir so verdammt leid getan, dass ich irgendwas hätte zerschlagen mögen.

Es muss schlimm in ihm ausgesehen haben in den letzten Tagen, bevor es passierte. Keiner konnte an ihn ran. Dann kam der Freitagabend und er war weg. Einfach weg.

Wir haben um den Tisch gesessen und gewartet. [...] So saßen wir da, die Mutter rauchte eine Zigarette nach der anderen und Maria sah furchtbar klein aus, weil sie so müde war.
Vielleicht betrank er sich. Aber das hatte er nie gemacht. Er konnte sich was angetan haben. Er konnte auch überfahren worden sein.
„Vielleicht ist er weggegangen von uns", sagte die Mutter. Sie saß da und weinte nicht.
„Wieso?", fragte Maria.
„Weil er allein leben will", sagte Mutter.
„Damit er sich nicht vor uns zu schämen braucht", sagte Maria. „Nicht wahr?"
„Unsinn!", sagte ich. „Was gibt es denn da zu schämen? Niemand braucht sich zu schämen, weil er arbeitslos ist."
Maria schaute mich an. „Aber er schämt sich doch", sagte sie.
Er kam nicht in dieser Nacht. Wir riefen die Polizei an, aber die Polizei konnte uns auch nicht helfen. Es war kalt draußen. Meine Mutter saß die ganze Nacht am Fenster. Ich wachte immer wieder auf. Dann war's wieder Tag, ein flauer, griesgrämiger Tag mit wenig Licht. Mein Vater war irgendwo, weggegangen von uns und allein. Vielleicht waren wir ihm schlechte Gefährten gewesen in seiner Traurigkeit. Meine Mutter blieb zu Hause. Gegen Mittag schlief sie auf dem Sofa ein und sprach im Traum.
Da klingelte es und mein Vater stand da, ganz grau im Gesicht. Er nahm sie in die Arme und sie weinte endlich und er versuchte ein Lächeln. Ich weiß nicht, wo er gewesen ist. Vielleicht hat er wirklich weglaufen wollen, vor uns und vor sich selbst. Er bemüht sich seitdem, seine Traurigkeit zu verbergen.
Manchmal geht er spazieren und die Kreuzworträtsel löst er wieder ganz. Ich weiß nicht, wie es weitergehen wird, aber es ist anzunehmen, dass er eines Tages Arbeit findet. Vielleicht morgen, übermorgen oder in einem Monat. Er wird wieder im Morgengrauen aufstehen und sich schimpfend rasieren. Er wird sich die Lippen am Tee verbrennen und bei der ersten Zigarette husten. Am Abend wird er sagen, dass der Mensch ein Sklave ist, und er wird zufrieden sein. Meine Eltern werden nicht mehr streiten und Maria wird das alles schon vergessen haben.
Ich aber habe meinen Vater gesehen, wie er wirklich ist. Ich habe ihn ohne die Tarnung der täglichen Fabrikstunden gesehen. Er ist mein Vater und ich mag ihn.

1 Gebt euren ersten Eindruck von der Geschichte wieder. Wen könnt ihr am besten verstehen: den Vater, den Sohn, die Mutter?

2 „Am Abend wird er sagen, dass der Mensch ein Sklave ist, und er wird zufrieden sein." Dieser Satz ist eigentlich ein Widerspruch. Könnt ihr ihn erklären?

3 Wo könnte der Vater allein gewesen sein? Malt euch seinen Weg durch die Nacht aus und beschreibt, was er erlebt und empfindet.

4 Der Vater glaubt, er sei entlassen worden, weil er – durch die Zugluft in der Fabrik – Rheuma bekommen hat und oft krank war. Entwerft einen Brief an den Betriebsrat, in dem ihr die Situation schildert und Vorschläge macht, solchen Fällen gerecht zu werden.

 Gerecht sein [...], „Der Traum vom Glück", S. 111 – Partnerschaftlich leben, „Zusammenleben", S. 286

Vom Fluch der Arbeit

Colum McCann

Der Himmel unter der Stadt

Als das Signal die Malocher zur Arbeit ruft, ziehen sie ein letztes Mal an ihren Zigaretten. Die roten Spitzen glimmen auf und fallen zu Boden, eine nach der anderen, als legten sich Schwärme von Glühwürmchen zur Ruhe.

Nathan Walker, der in der Mitte der Schlange steht, sieht die Männer der Nachtschicht aus dem Schacht herauskommen, von oben bis unten mit Schlamm bedeckt, erschöpft. […]

Walker widersteht dem Drang zu niesen. Er weiß, eine Erkältung bedeutet den Verlust eines Tageslohns – in der komprimierten Luft unter dem Fluss könnte Blut aus Nase und Ohren tropfen. Wenn der Vorarbeiter etwas von seiner Erkältung mitkriegt, wird er ihn aus der Kolonne nehmen. Also schluckt Walker sein Husten und Niesen hinunter. Er nimmt ein Amulett aus der Tasche, einen Stein, und rollt ihn zwischen den Fingern. Der Talisman fühlt sich eisig an.

Walker flüstert seinem Kumpel Con O'Leary zu.

„Wie steht's, Alter?"

„Krank wie die Pest. Hab ein' Riesenkater."

„Ich auch."

„Mein Gott, und kalt is' es", sagt O'Leary.

Noch mit den Hüten auf den Köpfen verlassen die Tunnelarbeiter die Schleuse und treten in den Druckluftbereich des Schildes ein. Es sind mehr als hundert, die da durch den Schlamm waten. Mineure, Schweißer, Zimmerleute und Mörtelpumper, Förderleute und Elektriker. Sie nehmen ihre Mützen und Hüte ab, ziehen in der Hitze ihre Mäntel aus. Einige haben Tätowierungen, andere Schwabbelbäuche, ein paar sind ausgemergelt, die meisten drahtig. Fast alle haben vorher schon als Bergleute unter Tage gearbeitet – in Colorado, Pennsylvania, New Jersey, Polen, Deutschland, England – und ihr Vermächtnis aus dieser Zeit sind Staublungen. […]

Es hat schon viele Todesfälle in den Tunneln gegeben, aber das ist ein Gesetz, das die Caissonarbeiter[1] akzeptieren: Du lebst so lange, bis du stirbst.

Am Kopf des Tunnels erreichen sie den Greathead Shield, den Vortriebsschild, als vorderste Sicherung, eine Riesenblechbüchse, die durch hydraulische Druckpressen unter den Fluss getrieben wird. Wenn etwas schief geht, wird der Schild wie der Deckel einer Blechdose den Schlamm zurückhalten. Aber die vier Männer müssen noch weiter. Sie holen tief Luft und bücken sich dann, um durch die Tür im Schild zu treten. Als würde man eine winzige Kammer am Ende der Welt betreten. Sieben Quadratmeter Finsternis, Feuchtigkeit und Gefahr. Hier wird das Flussbett durch lange Brustplatten und riesige Druckstempel gestützt. Über ihren Köpfen springt eine Zwischenbühne aus Stahl hervor, die sie vor herabstürzenden Felsen und rutschendem Schlamm schützen soll. Direkt vor ihnen hängt eine Glühbirne in einem Drahtgehäuse, die Berge von Schlamm und Pfützen dreckigen Wassers beleuchtet. […]

Am Ende des Tages wird der Dreck hinter der Ortsbrust verschwunden sein, hinausgekarrt auf dem schmalen Gleis, auf Waggons geladen und von keuchenden

---

[1] Caisson: Senkkasten für Bauarbeiten unter Wasser

Zugpferden zu einer Deponie in Brooklyn gezogen. Dann wird der Schildmantel ein weiteres Mal vorgeschoben. Schweigend nehmen die Männer die Herausforderung an, das Flussbett weiter denn je zu durchstoßen, vielleicht sogar vier Meter, wenn sie Glück haben. Sie bauen eine Zwischenbühne, auf der sie stehen können. [...] Die vier werden sich im Laufe des Tages abwechseln, schaufeln und aufladen, aufladen und schaufeln, ihre Schaufeln in den Boden jagen, die Metallkanten tief hineinstechen.

1 Der Roman „Der Himmel unter der Stadt" von Colum McCann beginnt mit der Schilderung des Tunnelbaus unter dem East River für die New Yorker U-Bahn im Jahre 1916. Stellt zusammen: Welche der im Text geschilderten Arbeitsbedingungen würdet ihr als unmenschlich bezeichnen?

2 Welche Möglichkeiten hatten die Arbeiter, damit umzugehen?

3 Auch heute werden neue unterirdische Tunnel für den Verkehr angelegt. Macht euch kundig, wie man sie baut (z.B. zur Erweiterung des U-Bahn-Netzes in der nächstgelegenen Großstadt). Wie sieht die Arbeit der Menschen dort aus?

4 Gibt es Berufe, die ihr unter keinen Umständen ausüben möchtet, weil sie euch menschenunwürdig erscheinen?
Tauscht eure Überlegungen miteinander aus.

 Menschenrechte achten, „Ausgenutzt: Der Rikscha-Kuli Sknaphi", S. 308 – „Versklavt: Schicksale [...]", S. 310

Die Redemptionisten

Es schien also wie im Märchen vom Schlaraffenland zu sein. [...] Da wird sich auch mancher auf die große Reise gemacht haben, dem die nötigen Mittel fehlten, um auch nur die einfachste Passage im Zwischendeck zu bezahlen. Für einen solchen Fall, der anfangs nur die Ausnahme gewesen sein mochte, dann aber immer häufiger vorkam, galt folgende Regelung: Dem mittellosen Auswanderer wurden vorläufig die Kosten der Überfahrt gestundet. Diese Forderung übernahm dann nach Ankunft im Zielhafen ein Farmer oder Unternehmer, der eine billige Arbeitskraft suchte. Bei diesem neuen Herren hatte nun der Ankömmling seine Schulden in einer Art Zwangsarbeitsverhältnis, meist über lange Jahre hin, abzudienen. [...]
Abgeleitet von dem englischen *redemption* (Rückkauf, Auslösung) bürgerte sich für die Betroffenen bald die Bezeichnung Redemptionisten ein. Gewöhnlich musste sich ein Erwachsener auf drei Jahre verdingen. [...] Da war es dann fast die Regel, dass

Kinder gleich nach der Ankunft von ihren Angehörigen getrennt wurden. Waren bei einer Familie auch alte Eltern, die nicht mehr arbeiten konnten, so wurden für die Abarbeitung ihrer Schulden deren Abkömmlinge verpflichtet. Auch bei während der Reise Verstorbenen hatte ein Angehöriger mit seiner Arbeitskraft für die offene Forderung einzustehen. [...]

Pastor Mühlenberg schildert [...], wie sich nach Ankunft eines Auswandererschiffes ein solcher Sklavenmarkt abspielt: „Ehe die Schiffe vor der Stadt Anker werfen, müssen sie erst nach hiesigem Gesetz von einem Doctore Medicinä visitiert werden, ob keine ansteckenden Seuchen darauf grassieren. Nächstdem werden die Neuankommer in Prozession zum Landes-Raths-Hause geführt, und müssen allda dem König von Großbrittanien huldigen, und dann werden sie wieder zurück aufs Schiff geführt. Darauf wird in den Zeitungen kund getan, das so und soviel deutsche Leute für ihre Fracht zu verkaufen sind [...] Das Schiff ist der Markt. Die Käufer suchen sich welche aus, accordieren mit ihnen auf Jahr und Tage, führen sie zum Kaufherren, bezahlen die Fracht und übrige Schulden, und lassen sie sich, vor der Obrigkeit durch ein schriftlich Instrument, auf die bestimmte Zeit als ihr Eigentum verbinden."[...]

So findet sich im Jahre 1766 im deutschsprachigen „Pennsylvania Staatsboten" folgende Anzeige: „Zu verkaufen einer deutschen Magd Dienstzeit. Sie ist ein starkes, frisches und gesundes Mensch. Hat noch fünf Jahre zu stehen. [...]"

In den Südstaaten war die Grenze zwischen derartigen Zwangsarbeitsverhältnissen und der hier üblichen Sklaverei fließend. [...]

Erst Anfang des 19. Jahrhunderts verlieren sich allmählich die Praktiken dieses Redemptionismus. Man mag geneigt sein, schnell den Stab über solche Missstände zu brechen. Wie so oft, hat die Sache jedoch auch eine Kehrseite. Niemand konnte schließlich verlangen, dass die Überfahrt völlig unentgeltlich gewährt würde, die Anerkennung einer Schuldverpflichtung war also unumgänglich. Was wäre da die Alternative gewesen? Der Einwanderer hätte sich als freier Mann selbst um Unterkunft und Arbeitsplatz kümmern müssen, um dann vom Lohn über lange Jahre hin die gestundete Überfahrt abzuzahlen. Eventuelle Krankheit oder Arbeitslosigkeit hätte allerdings seine Familie schnell verelenden lassen. Als Redemptionist hingegen war er vor solchen Fährnissen geschützt, schließlich musste sein Arbeitgeber das größte Interesse haben, sich die Arbeitskraft seines Schuldners zu erhalten. Dazu kam noch die Möglichkeit, während der Zwangsarbeit die Landessprache und oft auch ein Handwerk zu erlernen. War dann die Stunde der Freiheit gekommen, war man sicher besser für ein Leben in der neuen Heimat gerüstet. [...]

Heinrich Krohn

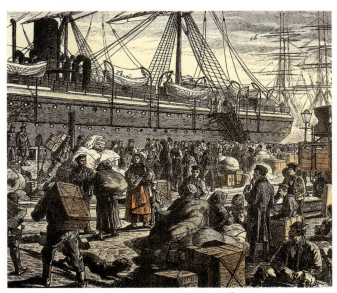

Europäische Auswanderer nach Übersee

1 Stellt die Vor- und Nachteile des Redemptionisten-Systems gegenüber.

2 Stellt mithilfe der Informationen aus dem Text die Marktszene auf dem Schiff nach.

3 Entwerft mögliche Lebensläufe für folgende Redemptionisten:
   – Janet, 18 Jahre, alleinstehend,
   – Olaf, 25 Jahre, Überfahrt mit seiner 60-jährigen Mutter,
   – Claire, 35 Jahre, ist auf der Überfahrt Witwe geworden, hat zwei Kinder im Alter
     von 8 und 10 Jahren.

4 Vergleicht die Problematik des Redemptionisten-Systems mit der, die heute durch
   Schlepper-Organisationen ausgelöst wird. Macht euch, z.B. mithilfe von Presse-
   berichten, kundig und zeigt die Probleme für die Betroffenen auf.

Arbeit als Berufung – Schaffensfreude und Kunst

„Stich-Worte" zum Thema Schöpfungskraft

Alle Menschen haben die Veranlagung,
schöpferisch tätig zu werden.
Nur merken es die meisten leider nie.

Truman Capote

Das ist's ja, was den Menschen
zieret, und dazu ward ihm
der Verstand, dass er im innern
Herzen spüret, was er erschafft mit
seiner Hand.

Friedrich Schiller

Ohne Begeisterung schlafen die besten
Kräfte unseres Gemütes.
Es ist ein Zunder in uns, der Funken
will.

Johann Gottfried von Herder

Lust und Liebe sind die Fittiche zu großen Taten.

Das Leben würde sich nicht lohnen, wenn man
nicht etwas Eigenes in sich trüge, das zur
Ausbildung drängt.

Johann Wolfgang von Goethe

Vier Tätigkeiten, acht Sichtweisen

Der junge Autor:
„Ich arbeite an einem
neuen Roman!"

Seine Mutter:
„Da sitzt er schon wieder und
spinnt sich Geschichten zusammen."

Der Kunstkritiker:
„Die neusten Arbeiten des Künstlers
sind beeindruckend!"

Ein Galeriebesucher:
„Und was soll das Geschmiere
darstellen?"

ARBEITEN UND SCHÖPFERISCH SEIN

Die Bewerberin für die Musikhochschule:
„Jeden Nachmittag arbeite ich am vollkommenen Spiel der ‚Vier Jahreszeiten' von Vivaldi."

Ein Nachbar:
„Die Katzenmusik ist nicht mehr zum Aushalten!"

Der Trainer:
„Du musst noch stärker an deiner Reaktionsschnelligkeit arbeiten."

Der Vater:
„Musst du jeden Nachmittag auf dem Fußballplatz herumhopsen?"

Anleitung zum Kreativsein

1 Die abgebildeten Bücher wollen bei der Ausübung eines kreativen Hobbys helfen. Wählt eines aus, dessen Thema euch interessieren würde, und schreibt auf, welche Anregungen ihr von einem solchen Buch erwarten würdet. Falls euch keines der Hobbys reizt, könnt ihr eine beliebige Freizeitbeschäftigung als Beispiel nehmen.

2 Zu welchen anderen kreativen Tätigkeiten gibt es Bücher? Besucht die Buchabteilung eines großen Kaufhauses, eine Buchhandlung oder geht in eine Bibliothek und notiert die Titel und Themen. Welche Tätigkeiten liegen momentan „im Trend"?

3 Habt ihr selbst ein Hobby, bei dem ein schöpferisches Produkt entsteht? Berichtet darüber und bringt Beispiele mit.
Warum habt ihr euch gerade diesem Hobby zugewandt?

Vom Beruf zur Berufung

Die amerikanischen Künstler Christo und Jeanne-Claude waren lange am Widerstand deutscher Politiker gescheitert, doch im Jahre 1995 verhüllten sie den Reichstag in Berlin mit riesigen Stoffbahnen. Damit wollte das Künstlerehepaar all die Probleme, die Symbole und die politischen Entscheidungen der Vergangenheit „einpacken", um sie nachher aus einer anderen Sichtweise zu betrachten. Das eingehüllte Gebäude sollte zum Nachdenken anregen und versuchen, einen neuen Anfang der deutschen Geschichte aufzuzeigen.

Der amerikanische Komiker Charlie Chaplin (1889–1977) war der Star zahlreicher Stummfilme, wie z. B. „Modern Times" („Moderne Zeiten"), „Der Tramp" und „Der große Diktator". Seine Filme schwanken zwischen Tragik und Komik.

Der jamaikanische Reggae-Musiker Bob Marley gründete mit 18 Jahren eine eigene Band. Klassiker wie „I Shot the Sheriff", „No Woman No Cry" oder „Revolution" machten ihn und The Wailers zur populärsten Band der 70er Jahre. In seinen Songs drückte er Inhalte seines Rastafari-Glaubens aus und setzte sich friedlich gegen die Unterdrückung der Schwarzen und für ihre Unabhängigkeit ein. Er starb 1981.

1 Informiert euch (z. B. mithilfe von Kunstbildbänden bzw. Biografien) über das Gesamtwerk der vier Künstler. Versucht herauszubekommen, welches Anliegen sie mit ihrer Kunst verfolg(t)en, und fasst es mit eigenen Worten zusammen.

2 Worin besteht die „schöpferische" Arbeit von Sängerinnen und Sängern, Sportlerinnen und Sportlern, Schauspielerinnen und Schauspielern?

3 Strebst du selbst einen künstlerischen Beruf an? Berichtet euch gegenseitig über eure Wahl oder erklärt, warum ein solcher Beruf für euch nicht infrage käme.

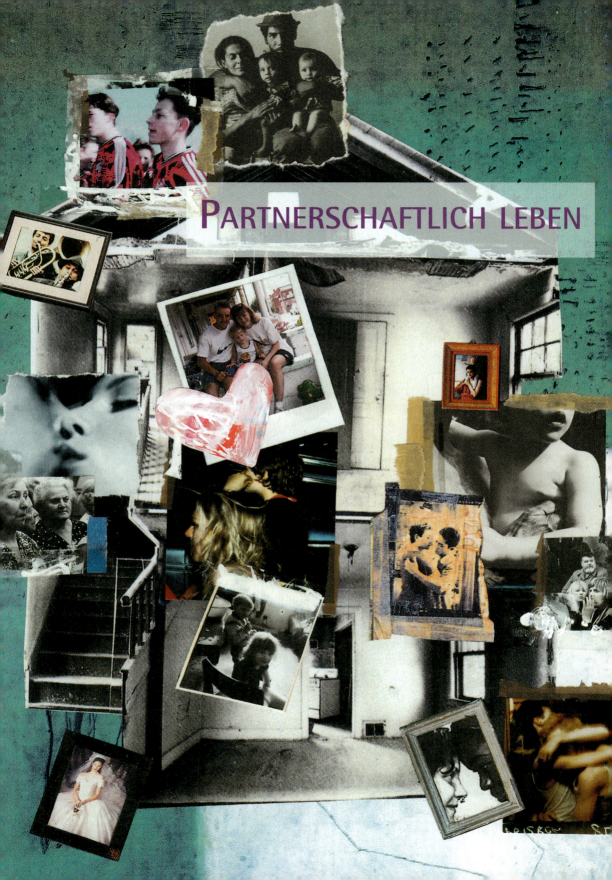
PARTNERSCHAFTLICH LEBEN

Freundschaft und Liebe

Warum man Freunde braucht

Phil Bosmans

Ein Freund

Du kannst alles aushalten und durchstehen, wenn ein Freund dir zur Seite ist und wenn er auch nichts weiter tun kann als ein Wort sagen oder eine Hand hinhalten.

Ein Freund in deinem Leben ist wie Brot und Wein – eine Wohltat. Ein Freund in deinem Leben ist der kräftigste Trost in aller Not. Ein Freund ist wahre menschliche Güte, in der du ein Zeichen göttlicher Güte spürst. Glaub mir, die Auskunft eines Sozialarbeiters, eines Psychiaters, eines Beamten, die bestgemeinte Hilfe einer offiziellen Organisation ist für einen Menschen in Not nicht so viel wie eine kleine Geste, ein herzliches Wort von einem Freund oder einer Freundin.

> Ein Freund ist ein Mensch, vor dem man laut denken kann.
> R.W. Emmerson

Warum telefonierte der Mann an einem Sonntag: „Ich bin verzweifelt. Ich will nicht mehr leben. Ich habe alles Ersparte dem Psychiater gegeben, dann dem Apotheker für Tabletten, und wenn die zu Ende sind, ist alles wieder wie vorher." Warum sagt die Frau an einem Donnerstag: „Sagen Sie nichts. Ich mache etwas Dummes. Ich habe vier Kinder. Ich habe alles, aber ich habe das Leben satt."

War denn keiner da, konnte keiner Freund oder Freundin sein, ihnen ein bisschen Geborgenheit geben in dieser Welt, in der alles ins Wanken geriet?

Die Psychiater kommen nicht mehr durch. Die Menschen werden Opfer psychischer Umweltverschmutzung. Mit Medikamenten ist es nicht zu schaffen. Ganz einfache menschliche Güte, darauf kommt es an, dass ein anderer Mensch hierin Geborgenheit findet.

Hans Wallhof
Brücke

Freundschaft ist eine Brücke.
Zwei getrennte Ufer
schließen Brücken zusammen.
Sie verbinden.
Sie überspannen
Schluchten und Tiefen
und machen den Lauf des Weges
einfach und unbeschwerlich.
Von Brücken lässt es sich leicht
auf das fließende Wasser
herabschauen.
Die Liebe zweier Freunde
ist eine Brücke.
Alles, was verbinden
und einen kann,
ist eine Brücke:

Das Verstehen. Das Dienen.
Der Humor. Das Lachen.
Die Gastfreundschaft. Der Gruß.
Das freundliche Wort.
Die Anerkennung. Das Verzeihen.
Das Opfer. Das Gebet.
Die Treue. Das Spiel.
Die Zärtlichkeit. Die Ekstase.
Mit dir, zwei Worte
schlagen
den Brückenbogen
vom Ich zum Du,
vom Du zum Ich,
und tragen
die lebendige Kraft
der Herzen.

1 Versetzt euch in die Situation des Mannes und der Frau, die in dem Text „Ein Freund" zu Wort kommen.
   Erfindet eine Vorgeschichte, die zu den Aussagen passt, und stellt sie im Rollenspiel dar. Besetzt auch die Rollen von Sozialarbeiter, Psychiater und einem guten Freund/einer guten Freundin. Versucht, zur Situation passende Gespräche zu führen.

2 Sucht weitere Bilder, die das Wesen der Freundschaft symbolisieren. Zwei Beispiele findet ihr oben. Fallen euch passende Titel für eure Bilder ein?

3 Setzt euch mit einem Partner/einer Partnerin zusammen und überlegt euch konkrete Situationen, in denen eines der im Gedicht vorkommenden Substantive zur Handlungsmaxime zwischen Freunden werden kann. (Beispiel: „Das Opfer": Vor einer Nachtwanderung wird einem Jungen in der Jugendherberge schlecht. Obwohl sein Freund sich sehr auf diese Wanderung gefreut hat, verzichtet er darauf, um dem kranken Jungen Gesellschaft zu leisten.)

Junge Liebe

Liebe bedeutet für mich ... – Aussagen junger Leute

„Liebe bedeutet für mich, für jemand anderen durchs Feuer zu gehen."

Lisa, 14 Jahre

„Liebe bedeutet für mich – wenn man sie erlebt – das Größte und Wichtigste auf der Welt. Doch wenn die Gefühle erloschen sind, kann man sein Verhalten und seine Handlungen oft nicht mehr nachvollziehen. Man kann es nur verstehen, wenn man die Liebe gerade erlebt."

Matthias, 18 Jahre

„Für mich gibt es unterschiedliche Arten von Liebe. Eine Art ist die in der Familie, d.h. zu und von Eltern, Geschwistern, Großeltern ... Diese Liebe ist mir sehr wichtig, denn sie gibt mir Geborgenheit und Halt.
Eine andere Art von Liebe ist die Liebe in der Beziehung. Ich finde diese Liebe auch sehr bedeutsam, aber es ist viel schwerer, sich darauf einzulassen, denn im Vergleich zu einem Partner kennt man seine Familie schon ein Leben lang. Der richtige Partner muss erst einmal gefunden werden."

Carolin, 18 Jahre

„Liebe bedeutet für mich, dass man miteinander das Leben besteht. Ich kann meinem Partner vertrauen, ich kann mich mit ihm austauschen und er gibt mir einen Teil von seinem Leben, was das meine unglaublich bereichert. Außerdem bedeutet Liebe für mich, dass ich mich fallen lassen kann (physisch wie psychisch), ohne dass ich Angst haben muss, hart aufzuschlagen. Liebe zwischen zwei Menschen hat für mich den Stellenwert von zwei Tänzern: Sie berühren sich kaum und sind doch eins in ihrer Bewegung."

Jan, 19 Jahre

„Liebe – für viele ein bedeutsames Wort. Für mich ist es allerdings, zumindest bis jetzt, nicht viel mehr als eine körperliche Anziehung, die auf biologischen Gründen beruht. Das könnte sich aber im Laufe der Zeit noch ändern. Zu Anfang ist es meist nur Neugier, später die Lust am Sex und im Laufe der Jahre wohl der Drang, nicht mehr alleine zu sein und eine Familie zu gründen. Dabei ist mir schon oft aufgefallen, dass Mädchen häufig stärker an einer Beziehung hängen als Jungen. In meinem Bekanntenkreis ist es so, dass die Beziehung öfter von dem Jungen beendet wird als von dem Mädchen. Dies passt auch zu dem Befund, dass Männer im Laufe ihres Lebens mehr Beziehungen haben als Frauen."

Henrik, 18 Jahre

„Die Liebe ist wie der Mensch, – sie vereint Gegensätze in sich. Sie ist zugleich: Friede und Krieg, Freude und Traurigkeit, Euphorie und Verzweiflung, Zuneigung und Hass."

Peter, 18 Jahre

1 Ordnet die Aussagen Jugendlicher zum Thema „Liebe" eurer eigenen Meinung entsprechend: Welche sagt euch am ehesten zu, welche weniger?

2 Versucht, einige der Aussagen zu illustrieren: mithilfe von Symbolen, Zeichnungen, Fotos ...

3 Schreibt eigene Texte: „Liebe ist für mich ..."

Große Liebe – tausend Tränen

Tausend Tränen

Ich will:
Mit dir reden, mit dir streiten.
Mit dir tanzen, mit dir träumen.
Mit dir raufen, dir was kaufen.
Für dich da sein, nichts versäumen.

Ich will:
Tausend Stunden mit dir lachen.
Tausend Tage voller Glück.
Tausend Sachen mit dir machen,
doch es führt kein Weg zurück.

Was mir bleibt, sind
tausend Tränen,
außer Kummer nichts gewesen?
Schülergedicht

Mascha Kaléko

Das letzte Mal

... Den Abend werde ich wohl nie vergessen,
Denn mein Gedächtnis ist oft sehr brutal.
Du riefst: „Auf Wiedersehn". Ich nickte stumm. – Indessen
Ich wusste: dieses war das letzte Mal.

Als ich hinaustrat, hingen ein paar Sterne
Wie tot am Himmel. Glanzlos kalt wie Blech.
Und eine unscheinbare Gaslaterne
Stach in die Augen unbekümmert frech.

Ich fühlte deinen Blick durch Fensterscheiben.
Er ging noch manche Straße mit mir mit.
– Jetzt gab es keine Möglichkeit zu bleiben.
Die Zahl ging auf. Wir waren beide quitt.

Da lebt man nun zu zweien so daneben ...
Was bleibt zurück? – Ein aufgewärmter Traum
Und außerdem ein unbewohnter Raum
In unserm so genannten Innenleben.

Das ist ein neuer Abschnitt nach drei Jahren,
– Hab ich erst kühl und sachlich überlegt.
Dann bin ich mit der Zwölf nach Haus gefahren
Und hab mich schweigend in mein Bett gelegt ...

Ich weiß, mir ging am 4. Januar
Ein ziemlich gut erhaltenes Herz verloren.
– Und dennoch: Würd ich noch einmal geboren,
Es käme alles wieder, wie es war ...

Oscar Hammerstein II

Ich lieb ihn nunmal

Mein Alter hat zwei linke Pfoten,
Und ein Nichtsnutz ist er auch –
Aber er ist nunmal mein Mann.
Wenn ich ihn brauche, ist er nie da.

... Ein Fisch gehört ins Wasser, ein Vogel in die Luft,
Und ich gehör, solang ich lebe, zu diesem Kerl.
Ich lieb ihn nunmal.
Sie könn'n sagen, er ist faul, ist schwer von Kapee,
Sie könn'n sagen, ich bin verrückt, vielleicht;
Ich lieb ihn nunmal.

... Wenn er mal weg ist,
Das ist kein Tag.
Und wenn er wiederkommt, das ist ein Fest –
Da scheint die Sonne!
Er kann so spät kommen, wie er will,
Ohne ihn ist das Haus kein Zuhause,
Ich lieb ihn nunmal!

1 Wählt ein Gedicht aus und schreibt eine dazu passende Liebesgeschichte.

2 Entscheidet in der Gruppe, welches die reizvollste Geschichte ist, und gestaltet sie als Fotoroman oder als Videofilm.

3 Schreibt selbst ein Gedicht, in dem eure bisher wichtigste Liebeserfahrung zum Ausdruck kommt.

PARTNERSCHAFTLICH LEBEN

„Was soll ich bloß tun?"

Briefe an eine Jugendzeitschrift

Verliebt in den Trainer

Seit ein paar Wochen nehme ich Tennisstunden. Mein Trainer ist supernett und sieht sehr gut aus. Obwohl er schon über 20 ist, habe ich mich wahnsinnig in ihn verliebt. Ich kann mich auf nichts mehr konzentrieren und gehe meinen Freunden schon richtig auf die Nerven, weil ich immer nur noch von ihm rede. Ich weiß, dass er eine Freundin hat und dass ich viel zu jung für ihn bin.
Aber was soll ich machen?
Ich liebe ihn halt!

Keine Schmetterlinge im Bauch

Also, ich weiß ja nicht, ob das normal ist: Da bin ich mit einem total netten und süßen Typen zusammen, nach dem ich richtig Sehnsucht habe, wenn er nicht da ist, aber wenn wir uns dann mal küssen, spüre ich überhaupt nichts!

Das kann doch nicht sein?!

Zum Ex zurück

Ein guter Kumpel von mir ist mit einem Mädchen aus meiner Klasse zusammen. Letzte Woche auf einer Party hat er mit ihr Schluss gemacht. Sie ist danach noch mit zu mir gekommen und hat sich bei mir ausgeheult. Wir haben eine traumhaft schöne Nacht miteinander verbracht und ich dachte, jetzt wäre sie mit mir zusammen. Aber gestern hat sie sich nochmal mit ihrem Ex ausgesprochen – und jetzt sind sie auf einmal wieder zusammen. Sie sagt, dass sie uns beide liebt. Ich bin darüber total unglücklich und außerdem auf meinen Kumpel sauer.

Wie soll ich mich denn jetzt verhalten?

Er hat eine andere!

Seit drei Monaten bin ich mit meinem Freund zusammen und total in ihn verliebt. Aber jetzt habe ich ihn schon zum zweiten Mal mit einem anderen Mädchen beim Knutschen erwischt. Meine Freundinnen sagen, ich muss unbedingt mit ihm reden, aber ich habe Angst, dass er mich verlässt, wenn ich ihm jetzt auch noch Stress deswegen mache. Ich möchte ihn aber unbedingt behalten.

Was soll ich denn bloß tun?

1 Bildet in Zweier- oder Dreier-Gruppen Redaktionsteams der Jugendzeitschrift, an die diese Briefe gerichtet wurden. Jedes Redaktionsteam wählt einen Brief aus und schreibt eine Antwort. Bei gleicher Wahl solltet ihr eure Antworten vergleichen.

2 Gibt es eine allgemeine oder persönliche Frage zum Thema Liebe, die euch schon länger – oder aber ganz aktuell – beschäftigt? Formuliert sie in einem Leserbrief (das könnt ihr auch anonym tun) und lasst euch von einem oder mehreren Redaktionsteams eine Antwort schreiben.

Eine Liebe und zwei Temperamente

Oliver hat zum dritten Mal eine Fünf in der Englischarbeit. „Und was soll nun werden?", fragt seine Freundin Susanne ängstlich, denn sie weiß, dass Oliver auch in Mathematik auf Fünf steht und als Wiederholer beim nochmaligen Sitzenbleiben die Schule verlassen müsste.

Oliver zuckt die Schultern und sagt: „In Mathe habe ich absolut keine Chance etwas zu ändern." – „Dann solltest du dich jetzt auf Englisch stürzen und etwas tun!" – „... etwas tun, etwas tun ...", äfft Oliver seine Freundin nach, „was soll ich denn noch tun? Die Holtenbrink kann mich nun mal nicht leiden. Aber der zeig' ich's: Wenn's sein muss, lasse ich es auf einen Prozess ankommen!"

Susanne ist entsetzt. Sie kennt Frau Holtenbrink und weiß, dass sie eine wirklich faire Lehrerin ist. Sie betrachtet ihren Freund ungläubig und hat das Gefühl, dem Größenwahn persönlich gegenüberzusitzen.

„Und wenn du dabei den Kürzeren ziehst?", fragt sie vorsichtig.

„Wieso zweifelst du an *mir?*", empört sich Oliver, „ich dachte, du liebst mich und hältst zu mir."

„Natürlich liebe ich dich und deshalb will ich dir helfen, eine Enttäuschung zu vermeiden. Könntest du nicht versuchen, auf andere Weise mit der Holtenbrink klarzukommen?"

„Da haben wir es mal wieder ...", höhnt Oliver, „Susanne, ‚das Duckmäuschen'! Aber ich bin nun mal nicht so einer, der immer nur das Maul hält."

Jetzt ist Susanne beleidigt. Schließlich hat *sie* keine Schulprobleme, sondern befasst sich aus reiner Sorge mit denen von Oliver.

„Du siehst doch wohl, dass ich mit meinem Verhalten bisher besser vorangekommen bin als du mit deinem. Und außerdem ist es nicht das erste Mal, dass du wegen deines großmäuligen Auftretens Ärger bekommst."

Oliver schickt einen betont gelangweilten Blick in Susannes Richtung. „Mit deinen guten Ratschlägen kann ich herzlich wenig anfangen. Du hast ja nur Angst, dass du blamiert dastehst mit einem Freund, der von der Schule geflogen ist."

Jetzt ist Susanne den Tränen nahe.

„Wenn ich mir deine Sorgen anhöre, kommt immer irgendwann der Punkt, wo du anfängst, auf mir herumzuhacken. Aber das war das letzte Mal – ich habe es satt mit dir!" Damit springt sie auf, schnappt ihre Tasche und lässt Oliver sitzen. Der saust hinter ihr her wie ein geölter Blitz.

„Susi – Liebes, so hab' ich's doch nicht gemeint. Bleib doch bitte hier!" – „Und wozu, bitteschön? Es ist immer dasselbe mit dir: In unseren Gesprächen sind immer nur deine Probleme das Thema."

Oliver blickt schuldbewusst zu Boden.

„Du hast ja recht, Kleines. Vielleicht mache ich das auch ganz anders mit der Holtenbrink. Ich könnte sie ja bitten, mir noch ein Referat zu geben."

Doch Susanne passt auch das nicht.

„So, so", sagt sie, „auf einmal! Aber wenn *ich* dir dazu geraten hätte, hättest du garantiert wieder gesagt, ich wäre ein Duckmäuschen!"

„Dir kann man aber auch gar nichts recht machen", beklagt sich Oliver. Susanne ist wirklich unberechenbar, denkt er und sagt gekränkt: „Immer wenn ich ein Problem habe, hast du schlechte Laune!"

„Das ist ja wohl das Allerletzte! Dann such dir doch eine Freundin, die bessere Launen hat", faucht Susanne und rennt davon.

1 Olivers Schulproblem ist nur der vordergründige Streitanlass. Beschreibt mit je drei Eigenschaftswörtern die unterschiedlichen Charaktere von Oliver und Susanne, die wahrscheinlich immer wieder Meinungsverschiedenheiten hervorrufen werden.

2 Beide Beteiligte hätten einige Dinge besser nicht gesagt. Sucht je drei Äußerungen von Oliver und von Susanne heraus, die unsachlich oder kränkend sind.

3 Entwerft eine neue Version der Geschichte, sodass sie versöhnlich enden kann. Stellt sie im Rollenspiel vor.

„Alte" Liebe

Restaurantschiff auf der Havel in Berlin

Irmela Brender

Anna liebt Jens, Katharina liebte Georg

Anna liebt Jens. Und Jens liebt Anna. Die Zeit bleibt stehen. Die Welt wird still. Noch nie hat es eine solche Liebe gegeben.
Anna kann nur von Jens noch reden. Oder von der Liebe. Aber wenn Anna die Großmutter besucht, soll sie die Großmutter reden lassen. Alte Leute erzählen gern. „Erzähl mir eine Liebesgeschichte, Großmutter. Die schönste, die du kennst."

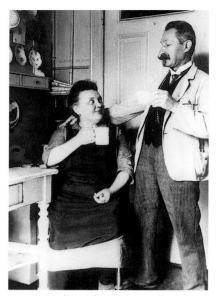
Berliner Ehepaar, um 1930

„Die schönste Liebesgeschichte, die ich kenne ... Das ist eine wahre Geschichte. Und sie ist schon lange her."

Anna lächelt. Früher kann es keine Liebesgeschichten gegeben haben. Nicht so wie heute. Nicht so wie diese. Jens liebt Anna und Anna liebt Jens.

„Katharina liebte Georg und Georg liebte Katharina. Sie war bei einer Herrschaft in Dienst und er handelte mit Geflügel. Wenn er frisch geschlachtete Hühner brachte, dann musste er mit ihr verhandeln. Sie sprachen darüber, wie alt die Hühner waren, wie schwer und wie fett und wie viel sie kosten sollten. Von Mal zu Mal sprachen sie länger darüber, die gnädige Frau musste Katharina warnen, nicht zu viel Zeit zu vertun mit diesem Georg, aber es half nichts. Und weil es damals Mädchen genug gab, die zu einer Herrschaft in Dienst wollten, sodass man auf eine bestimmte wie Katharina gar nicht angewiesen war, kündigte die gnädige Frau der Katharina, als es ihr zu bunt wurde. Als Georg das nächste Mal kam mit seinen Hühnern, weinte Katharina und sagte, sie brauche eine neue Stelle. Und Georg antwortete, statt eine Stelle zu suchen, solle sie doch ihn heiraten. Und da tat sie es."

„Aber, Großmutter! Das soll eine Liebesgeschichte sein?"

„Warte, Anna. Die Geschichte hat erst angefangen."

„Aber sie sind ja schon verheiratet! Und so, wie das früher war, können sie jetzt bloß noch Kinder kriegen und alt werden. Was wird da mit der Liebesgeschichte?"

„Die ging immer weiter, Katharina und Georg bekamen Kinder, acht, wie das damals so war, und sie wurden älter und die Liebe hörte nicht auf. Katharina freute sich über jeden Tag, weil es ein Tag mit Georg war, und Georg freute sich über jede Nacht, weil es eine Nacht mit Katharina war, und umgekehrt genauso. Natürlich hatten sie Sorgen wie alle Leute, aber die erschienen ihnen nicht so schlimm, wie sie hätten sein können, weil sie die allergrößte Sorge nicht hatten – ohne einander sein zu müssen. Liebe – kann man erklären, wie das ist?" Die Großmutter schaut auf ihre Hände und schüttelt den Kopf. „Katharina und Georg hätten es nicht erklären können. Sie konnten wohl überhaupt nicht gut erklären. Aber wer sie sah, der begriff alles an der Art, wie sie einander gern anschauten, einander gern zuhörten, einander gern berührten, auch wenn es nur flüchtig war, gern beieinander waren.

Nun, alles ging weiter, die Kinder wurden erwachsen und verließen das Haus, Enkel kamen, Katharina sorgte für sie, wenn es nötig war, zwei zog sie auf, weil die Väter starben, daneben kümmerte sie sich um den Haushalt, um das Geflügelgeschäft, das sie jetzt hatten, und war freundlich und geduldig mit jedem, der zu ihr kam. Damals lernte ich sie kennen, und es kam mir vor, als seien ihre Stunden und Minuten länger als die anderer Leute, weil sie immer Zeit für jeden hatte, und Zeit zum Freundlichsein.

Dann wurde Georg krank. Es war eine schlimme Krankheit mit großen Schmerzen. Magenkrebs, ich sage das Wort nicht gern. Man musste ihm extra kochen, ihn füttern, ihn pflegen. Er übergab sich oft. Die Kinder, die jetzt erwachsen waren, sagten

zu Katharina: Er muss ins Krankenhaus. Es ist zu viel für dich. Ein kranker alter Mann. Die Belastung ist zu groß für dich. Katharina schaute die an, die so redeten, und schien gar nicht zu verstehen, dass der kranke alte Mann, die Belastung, Georg sein sollte. Sie pflegte ihn mit Geduld und Liebe und Achtung. Ja, Achtung: oder Respekt. Wie man Respekt hat vor einem alten Mann, der sabbert und sich erbricht? Indem man ihn liebt."
Die Großmutter macht eine Pause, in der sie über diesen Satz nachzudenken scheint. Anna wagt nicht zu fragen, ob die Geschichte jetzt zu Ende ist. Dann spricht die Großmutter weiter.
„Liebesgeschichten – sind sie wahr? In Büchern wird da viel gestöhnt und geseufzt um Leute, die meinen, sie lieben sich, und nicht zusammenkommen können. Das sind Irrtumsgeschichten. Gerade so, als gäbe es keine Liebe. Aber die gibt es. Und wenn es um Liebe geht, dann endet die Geschichte nicht, weil einer den anderen enttäuscht oder sich von ihm entfernt. Wenn es um Liebe geht, dann wird sie immer größer, und wie sie endet, das weiß keiner, weil keiner weiß, was hinterher kommt."

Junges Paar, Ende der 90er Jahre

„Wann hinterher?", fragt Anna.
„Dann. Wie bei Katharina und Georg. Es kam nämlich ein Krieg. Und Soldaten vertrieben sie von da, wo sie wohnten. Katharina und Georg mussten fliehen, wie die anderen in Pferdewagen. Sie lagen auf Stroh, täglich einmal wurde angehalten, dann gab es Essen. Katharina ließ sich immer zwei Geschirre voll geben – eines für Georg und eines für sich. Als sie dann ankamen, dort, wo sie nun weiterleben sollten, und als ihre erwachsene Tochter ihnen heraushelfen wollte aus dem Wagen, da sah die Tochter, dass Georg tot war. Schon seit drei Tagen, erklärte Katharina. Und sie hatte niemandem etwas gesagt, weil sie nicht wollte, dass Georg irgendwo an der Straße verscharrt würde. Sie lag neben dem Toten, drei Tage und drei Nächte lang, weil sie jetzt nichts mehr für ihn tun konnte, als für ein richtiges Begräbnis zu sorgen, eben für das, was sie unter einem richtigen Begräbnis verstand.
Die Tochter sagte, es ist schlimm, aber es ist auch gut. Jetzt, Mutter, sagte die Tochter, bist du in Sicherheit, er hat seinen Frieden, und du lässt dich jetzt einmal im Leben verwöhnen, von uns. Katharina nickte dazu und wollte nur, dass man sich um ein Begräbnis kümmerte. Die Tochter tat das, und als Katharina wusste, dass am nächsten Tag das Begräbnis sein werde, auf einem richtigen Friedhof mit einem richtigen Grab und so, wie alles zu sein hatte, da legte sie sich ins Bett und starb."
„Selbstmord!", schreit Anna.
„Aber nein. Zu Ende gelebt. Katharina liebte Georg und lebte mit Georg und starb mit Georg. Und das ist eine wahre Liebesgeschichte von Anfang bis Ende, soweit man das Ende kennt."
„Und woher kennst du die Geschichte?"
„Katharina und Georg waren meine Großeltern."
Und meine Urgroßeltern, denkt Anna. Und es gibt kein Ende. Denn Anna liebt Jens.

1 Welche Vorstellung hat Anna zu Beginn von einer „Liebesgeschichte"?

2 Welche Vorstellung setzt die Großmutter dem entgegen?

3 Macht Interviews mit Paaren, die schon lange zusammen sind (z.B. Großeltern, Onkel und Tanten, Spaziergänger im Park, Rentnerehepaare im Supermarkt):
– Wie haben sie sich kennengelernt?
– Haben sich ihre Hoffnungen im Leben erfüllt?
– Wie fühlen sie sich heute?
– Haben sie vielleicht eine Art „Rezept" für eine längere erfüllte Partnerschaft?

4 Wer von euch gern Liebesgeschichten liest, hat sicher auch seine ganz spezielle Lieblingsgeschichte. Bringt diese Geschichten mit und lest sie euch gegenseitig vor. Begründet eure Wahl.
Stellt in der Klasse euer persönliches „Liebesgeschichtenbuch" zusammen. Darin können natürlich auch selbst geschriebene enthalten sein.

 Das Alter erleben, „Segen und Fluch des Alters [...]", S. 214

Liebe, Sex und Zärtlichkeit

Attraktiv für mich und andere

„Wer sind die Schönsten im ganzen Land?"

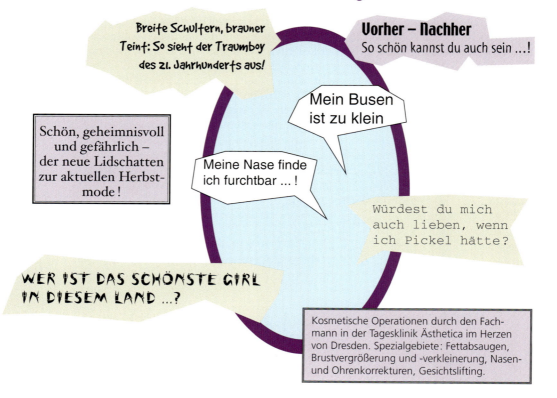

1 Welche körperlichen Idealvorstellungen werden in den Ausschnitten angesprochen? Ergänzt die Liste um weitere Schönheitsideale. Kristallisieren sich bestimmte Idealtypen heraus?

2 Wie beurteilt ihr den Vorwurf, in der heutigen Zeit würde man in übertriebenem Maße dem „Körperkult" huldigen? Inwiefern macht ihr selbst dabei mit?

3 Stellt konkrete Maßnahmen zusammen, mithilfe derer man einen Menschen unterstützen kann, der im Wettbewerb um den Körperkult nicht „mithalten" kann (z. B. wegen Entstellung durch Krankheit, Behinderung). Entwerft Gesprächsszenen.

Seit der letzten Fete mustert sich Thomas täglich im Spiegel. „Dein Äußeres kann allenfalls noch meine Oma reizen – hast du nicht ein paar tolle Klamotten?", hat ihm Klaus zur Begrüßung zugerufen. Klaus ist immer top gekleidet und als „Frauenaufreißer" bekannt.
Davon hat sich Thomas schon immer distanzieren wollen. Vor allem kann er nicht leiden, wenn Menschen zu „Konsumsklaven" der Modeindustrie werden. Aber sieht er das Ganze nicht doch etwas zu streng?

Muss ich, darf ich, will ich attraktiv sein – und wie wichtig ist dabei das Äußere?

Es ist nicht „egal", wie ich aussehe und wirke. Das Äußere spielt immer eine Rolle im täglichen Miteinander. Die Grübchen im Gesicht, die Farbe der Augen, der Klang der Stimme, die Form der Frisur, die Art, sich zu bewegen, sich zu kleiden – das alles kann wichtig sein, damit „es funkt". Gerade der Anfang einer Freundschaft hat etwas mit allen Sinnen zu tun. „Schönmachen" ist nichts Verwerfliches. Es kann ausdrücken, dass ich mich mag, und mir helfen, mich selbst attraktiv zu finden.

Sich selbst akzeptieren

Vieles kann bewundernswert, erotisch, einfach „stark" auf andere wirken; ebenso aber auch angeberisch, lächerlich oder unbeholfen. Es kann mit dem inneren Lebensgefühl übereinstimmen, wie ich mich „ausstatte", oder einfach nur Maske sein. Oft steckt der Wunsch dahinter, äußerlich so zu erscheinen, wie ich gerne sein möchte.

Oder gerade umgekehrt: Das innere Unbehagen mit mir selbst soll nicht nach außen dringen. Es kann das Bedürfnis sein, wichtigen Freunden zu gefallen, oder auch einfach die Freude am Ausprobieren auszudrücken.

Stephanie ist sauer, weil Angela ihr den Thomas ausgespannt hat. Wahrscheinlich war's ihre Figur, auf die er so geflogen ist – oder vielleicht ihr Schlafzimmerblick? Ist auch egal; jedenfalls ist es mal wieder danebengegangen. Was haben eigentlich andere Mädchen, was ich nicht habe?

(b. w.)

Probleme sind natürlich auch dabei:

- Zeitschriften, Werbung, Musik- und Filmwelt setzen Vorbilder. Sie laden ein zum Ausprobieren, sind bunt, sinnlich und vielfältig. Sie setzen aber auch Maßstäbe: Attraktiv ist, was jung, frisch, unkompliziert und neu ist. Meist ist es teuer, sich mit den angepriesenen Artikeln auszustatten, und oft halten sie nicht das, was sie versprechen.
- Wenn ich mich verliebe und dabei nur auf die „Verkleidung" hereinfalle, kann es sein, dass die Beziehung nach dem ersten Verknalltsein wieder platzt. Einen Freund und eine Freundin kann ich nicht wie einen Artikel aus dem Regal nehmen oder wie einen Star ansehen, der immer in Höchstform ist.
- Wenn ich nur an meinem Äußeren herummodelliere oder auf der Beliebtheits-Hitparade obenan stehen will, fällt es anderen schwer, etwas Besonderes an mir zu entdecken. Ich habe dann wenig, was mich von anderen unterscheidet, was aus dem Rahmen fällt und mich vielleicht gerade deshalb liebenswert macht.

Ein Mensch kann durch ungeheuer viele Dinge für andere liebenswert sein:

- durch sein Äußeres und durch sein Auftreten,
- durch Eigenschaften wie Hilfsbereitschaft, Mut, Ausdauer, Einfallsreichtum,
- durch Ehrlichkeit und Verlässlichkeit,
- durch Gewitztheit im Umgang mit Autoritäten,
- durch sein offensichtliches „Nicht-auf-die-Reihe-Kriegen" von Anspruch, Verstand, Gefühl und Verhalten,
- durch gemeinsam Erlebtes ...
- und auch durch viele Kleinigkeiten: das verschämte Lächeln, das Sich-daneben-Benehmen bei Tante Friedas Silberhochzeit und das selbst gebastelte Geburtstagsgeschenk für die Freundin.

Verschiedene Personen finden Unterschiedliches an mir liebenswert. Das hilft, nicht immer nur auf das zu starren, was ich selbst an mir nicht mag. Doch ich muss genau hinsehen und hinhören, was andere zu mir sagen.

Aus einer Broschüre der Bundeszentrale für gesundheitliche Aufklärung

---

1 Diskutiert das Thema „Konsumsklaven der Modeindustrie": Was reizt euch daran, eine Mode mitzumachen? Welche Gefahren können im Mitmachen liegen? Sammelt Argumente aus dem Text und ergänzt sie.

2 Am Ende des Textes sind einige Beispiele zusammengestellt für Verhalten, das einen Menschen liebenswert macht. Versucht, diese Beispiele durch erlebte oder erfundene Geschichten zu veranschaulichen.

3 Jeder schreibt seinen Namen auf eine Karteikarte. Lasst die Karten durch die Klasse wandern: Alle Mitschüler schreiben zu jedem Namen eine Eigenschaft oder eine Verhaltensweise auf, die diese Person besonders liebenswert macht.

Gut leben [...], „Man braucht nicht viel [...]", S. 58 – „Zwei Lebensweisen [...]", S. 64

PARTNERSCHAFTLICH LEBEN

Das „erste Mal"

Befürchtungen und Erwartungen junger Menschen

„Man liest so viel darüber und dann gibt es immer diese perfekten Szenen im Fernsehen und im Kino. Mir macht das Angst.
Wenn Männer über Frauen sprechen, fällt oft der Satz: „Die ist gut im Bett." Ich weiß nicht, was da erwartet wird. Das macht mir auch Angst. Mein ganzes Leben ist voll von Leistungsdruck. Bei der Liebe hatte ich mir das eigentlich anders vorgestellt. Ich finde es schlimm, dass man auch da nach Leistung gemessen wird."

Miriam, 15 Jahre

„Ich stelle mir das eigentlich ganz spannend vor. Man möchte sich doch selbst ausprobieren oder so. Allerdings scheint bei den meisten Mädchen mehr damit verbunden zu sein: Sie klammern gerne. Ich meine damit, sie denken dann gleich an zusammenbleiben, heiraten, miteinander alt werden und so.
Aber darüber kann ich doch jetzt noch gar nicht entscheiden. Also signalisiere ich : Bloß cool bleiben, alles andere wird sich finden."

Frank, 16 Jahre

„Ich habe in dieser Hinsicht weder konkrete Erwartungen noch Befürchtungen. Wann und mit wem für mich das „erste Mal" sein wird, möchte ich ganz spontan entscheiden. Man muss so vieles im Leben planen und überlegen, also mit dem Kopf entscheiden.
Bei der Liebe ist das anders: Da entscheide ich aus dem Bauch heraus und ich bin sicher, dass ich genau spüren werde, wann der richtige Moment dazu gekommen ist."

Tina, 14 Jahre

„Das „erste Mal?" Ich weiß nicht, was ich mir davon erwarte. Neugierig bin ich natürlich – und ein bisschen unsicher auch: Was ist, wenn ich mich blamiere? Die Mädchen sind heute sehr selbstbewusst und wissen genau, was sie wollen. Das Selbstbild von Jungen oder Männern ist in den letzten Jahren dagegen so richtig demontiert worden."

Sascha, 15 Jahre

1 Welche Erwartungen und Befürchtungen werden von den Jugendlichen geäußert? Wie steht ihr selbst zu den Aussagen?

2 Entwickelt mithilfe der vier Aussagen ein Rollenspiel: Ergänzt zunächst die Äußerungen durch weitere Argumente und Beispiele und überlegt dabei, welche Gründe hinter den Ängsten und Erwartungen stecken könnten. Bringt dann die vier Jugendlichen miteinander ins Gespräch.

3 Ermittelt ergänzend dazu anonym auf Zetteln eure eigenen Erwartungen und Befürchtungen. Wenn ihr wollt, können Jungen und Mädchen jeweils verschiedenfarbige Zettel benutzen.
– Welches sind die häufigsten Nennungen?
– Gibt es typische „Jungen-" und typische „Mädchenaussagen"? Wenn ja: Woran liegt das?

PARTNERSCHAFTLICH LEBEN

Noch Fragen?

Ist Onanieren gefährlich?

Ich bin 15 und hatte bisher noch keine Freundin. Aber ich onaniere ziemlich viel, ungefähr so zwei, dreimal am Tag. Ein Freund von mir meinte, vom Onanieren bekommt man Probleme, sich zu konzentrieren, und es sei überhaupt schädlich für die Gesundheit. Hat er damit recht?

Petting – was ist das denn überhaupt?

Wir sind in meiner Clique alle so um die 14. In letzter Zeit reden ein paar von uns immer wieder über Petting. Ehrlich gesagt weiß ich gar nicht genau, was man eigentlich darunter versteht. Meine Freunde kann ich jetzt aber nicht mehr fragen, denn ich habe die ganze Zeit so getan, als wüsste ich, was Petting ist.
Auch mein Freund hat mich schon ein paar Mal gefragt, ob ich nicht mit ihm Petting machen würde. Ich würde ihm gern den Gefallen tun, aber bisher habe ich immer nein gesagt, weil ich ja gar nicht wusste, was ich mir darunter eigentlich vorstellen soll. Ich komme mir inzwischen schon total dumm und unreif vor.

Wir sind enttäuscht vom „ersten Mal"!!!

Meine Freundin und ich haben vor ein paar Wochen zum ersten Mal miteinander geschlafen und fanden es ehrlich gesagt beide ziemlich enttäuschend. Wir hatten zwar eigentlich keine Probleme, es hat alles „geklappt" und sie hatte auch keine Schmerzen, aber irgendwie war es für uns beide überhaupt kein tolles Erlebnis. Wir haben hinterher auch darüber gesprochen und festgestellt, dass wir beide sehr hohe Erwartungen an das berühmte „erste Mal" gehabt hatten. Irgendwie ist seitdem bei uns „die Luft raus" und wir fragen uns auch, ob die anderen Paare alle nur so tun, als ob Sex das „Überding" wäre, oder ob wir vielleicht irgendwas dabei falsch gemacht haben.

1 Einige der Briefe könnt ihr sicher aus eurer eigenen Erfahrung heraus und aufgrund eurer Gefühle und Einstellungen beantworten. Gebt den Schreibern/Schreiberinnen per Antwortbrief euren Rat. – Falls ihr nicht sicher seid, wozu ihr raten sollt, informiert euch zuerst mithilfe von Biologiebuch oder Lexikonartikeln, oder ihr fragt eine Vertrauensperson.

2 Habt ihr selbst Fragen zur Sexualität? Verteilt Karteikarten und schreibt auf jede Karte nur eine Frage. Lasst den Kartenstapel in eurer Gruppe herumgehen. Jeder, der eine Antwort zu einer Frage hat, schreibt diese auf die Karte. Unbeantwortet gebliebene Fragen könnt ihr eurem Lehrer/eurer Lehrerin geben. Daraus ergeben sich neue Themenaspekte für die nächsten Ethikstunden.

Auch in der Liebe muss man planen

Verhütungsarten im Überblick

Der **Pearl-Index** bezieht sich auf die Sicherheit der Methode. Er gibt an, wie viele von 100 Frauen, die in einem Jahr mit der jeweiligen Methode verhütet haben, trotzdem schwanger wurden.

Kondom

Anwendung und Wirkung: Richtig über das Glied gestreift, verhindert ein Kondom, dass Spermien in die Scheide eindringen.
Pearl-Index: 2 bis 5
Nachteil: Das Überziehen eines Kondoms beeinträchtigt das Liebesleben, Fremdkörpergefühl.

Intrauterinpessar (Spirale)

Anwendung und Wirkung: Wird vom Arzt in die Gebärmutter eingesetzt und verhindert, dass ein Ei befruchtet wird bzw. sich ein befruchtetes Ei einnistet.
Pearl-Index: 2 bis 3
Nachteil: manchmal Unverträglichkeitsreaktionen wie Schmerzen, Entzündungen, stärkere Monatsblutungen; nicht geeignet für jüngere Frauen, die noch Kinder bekommen wollen.

Antibabypille

Anwendung und Wirkung: Die Einnahme von Hormonen (Gestagen-Östrogen-Kombination oder nur Gestagene) verhindert den Eisprung.
Pearl-Index: 0,3 bis 1; bei reiner Gestagenpille: 3 bis 10
Nachteil: bei einigen Frauen Thrombosegefahr, Migräne. Häufig ist nicht gleich nach dem Absetzen eine Schwangerschaft möglich (Zyklus muss sich erst wieder normalisieren).

Hormonspirale

Anwendung und Wirkung: Eine hormonhaltige Spirale wird in die Gebärmutter eingesetzt und gibt winzige Hormonmengen ab.
Pearl-Index: 0,14
Nachteil: Die Methode ist ziemlich neu, deshalb gibt es noch keine Langzeitbeobachtungen.

Scheidenzäpfchen oder –gel

Anwendung und Wirkung: Werden in die Scheide gegeben, lösen sich dort durch Wärme auf; enthalten Substanzen, die die Spermien abtöten.
Pearl-Index: 5 bis 35
Nachteil: Hautreizungen oder Allergien sind möglich.

Schleimstruktur-Bestimmung

Anwendung und Wirkung: Einige Tage vor dem Eisprung ändert sich der Schleim, der aus dem Muttermund austritt, und wird fester. Die Frau muss diesen Schleim täglich überprüfen und kann an der Veränderung die fruchtbaren Tage erkennen.
Pearl-Index: 15 bis 20
Nachteil: täglich genaue Untersuchung, nicht sehr sicher

Diaphragma und Portiokappe

Anwendung und Wirkung: Der Gummiring verschließt den oberen Teil der Scheide. Er soll ein Eindringen der Samenfäden in die Gebärmutter verhindern. Die Portiokappe funktioniert genauso (sitzt allerdings direkt über dem Muttermund, Anbringen deshalb schwieriger).
Pearl-Index: Diaphragma **6 bis 8**; Portiokappe **7 bis 8**; das neue Diaphragma Lea-Contrazeptivum (Mischung aus Diaphragma und Portiokappe): **2,5 bis 3,7**
Nachteil: Einsetzen direkt vor dem Geschlechtsverkehr kann als störend empfunden werden.

Basaltemperatur

Anwendung und Wirkung: Zur Zeit des Eisprungs steigt die Körpertemperatur leicht an. Durch genaue Temperaturmessungen über mehrere Monate bekommt man einen Überblick über den eigenen Zyklus und die fruchtbaren Tage.
Pearl-Index: 1 bis 5
Nachteil: Fieber, Schichtarbeit oder Reisestress können die Werte verändern; die Methode funktioniert nur bei weitgehend geregeltem Lebensrhythmus.

1 Stellt euer Wissen über Verhütungsmittel (Wirkungsweise, Sicherheit, Gefahren, Bezugsquellen, ...) mithilfe der Kurzübersicht und anderer Informationsquellen in ausführlicher Form zusammen. Ihr könnt auch kleine Expertengruppen bilden und eure Mitschüler detailliert über eine bestimmte Verhütungsart informieren.

Was hat das noch mit Liebe zu tun?

Erich Fromm

Ist Lieben eine Kunst?

Ist Lieben eine Kunst? Wenn es das ist, dann wird von dem, der diese Kunst beherrschen will, verlangt, dass er etwas weiß und dass er keine Mühe scheut. Oder ist die Liebe nur eine angenehme Empfindung, die man rein zufällig erfährt, etwas, was einem sozusagen „in den Schoß fällt", wenn man Glück hat? [...]

Nicht als ob man meinte, die Liebe sei nicht wichtig. Die Menschen hungern geradezu danach [...] – aber kaum einer nimmt an, dass man etwas tun muss, wenn man es lernen will zu lieben.

Diese merkwürdige Einstellung beruht auf verschiedenen Voraussetzungen, die einzeln oder auch gemeinsam dazu beitragen, dass sie sich am Leben halten kann. Die meisten Menschen sehen das Problem der Liebe in erster Linie als das Problem, *selbst geliebt zu werden*, statt *zu lieben* und lieben zu können. Daher geht es nur darum, wie man es erreicht, geliebt zu werden, wie man liebenswert wird. Um zu diesem Ziel zu gelangen, schlagen sie verschiedene Wege ein. Der eine, besonders von Männern verfolgte Weg ist der, so erfolgreich, so mächtig und reich zu sein, wie es die eigene gesellschaftliche Stellung möglich macht. Ein anderer, besonders von Frauen bevorzugter Weg ist der, durch Kosmetik, schöne Kleider und dergleichen möglichst attraktiv zu sein. [...] Tatsächlich verstehen ja die meisten Menschen unseres Kulturkreises unter Liebenswürdigkeit eine Mischung aus Beliebtheit und Sex-Appeal. [...]

In engem Zusammenhang hiermit steht ein weiterer charakteristischer Zug unserer heutigen Kultur. Unsere gesamte Kultur gründet sich auf die Lust am Kaufen, auf die Idee des für beide Seiten günstigen Tauschgeschäfts. Schaufenster anzusehen und sich alles, was man sich leisten kann, gegen bares Geld oder auf Raten kaufen zu können – in diesem Nervenkitzel liegt das Glück des modernen Menschen. Er (oder sie) sieht sich die Mitmenschen auf ähnliche Weise an. Der Mann ist hinter einem attraktiven jungen Mädchen und die Frau ist hinter einem attraktiven Mann her. Dabei wird unter „attraktiv" ein Bündel netter Eigenschaften verstanden, die gerade beliebt und auf dem Personalmarkt gefragt sind. [...] So verlieben sich zwei Menschen ineinander, wenn sie das Gefühl haben, das beste Objekt gefunden zu haben, das für sie in Anbetracht des eigenen Tauschwerts auf dem Markt erschwinglich ist. [...]

Der dritte Irrtum, der zu der Annahme führt, das Lieben müsste nicht gelernt werden, beruht darauf, dass man das Anfangserlebnis, „sich zu verlieben", mit dem permanenten Zustand „zu lieben" verwechselt. [...] Freilich ist diese Art Liebe ihrem Wesen nach nicht von Dauer. Die beiden Menschen lernen einander immer besser kennen und dabei verliert ihre Vertrautheit immer mehr den geheimnisvollen Charakter, bis ihr Streit, ihre Enttäuschungen, ihre gegenseitige Langeweile die anfängliche Begeisterung getötet haben. [...]

Es gibt kaum eine Aktivität, kaum ein Unterfangen, das mit so ungeheuren Hoffnungen und Erwartungen begonnen wird und das mit einer solchen Regelmäßigkeit fehlschlägt wie die Liebe. Wäre das auf irgendeinem anderen Gebiet der Fall, so würde man alles daransetzen, die Gründe für den Fehlschlag herauszufinden. [...] Da Letzteres im Falle der Liebe unmöglich ist, scheint es doch nur einen richtigen Weg zu geben, um ein Scheitern zu vermeiden: die Ursachen für dieses Scheitern

PARTNERSCHAFTLICH LEBEN

herauszufinden und außerdem zu untersuchen, was „lieben" eigentlich bedeutet. Der erste Schritt auf diesem Wege ist, sich klarzumachen, dass *Lieben eine Kunst ist*, genauso wie Leben eine Kunst ist; wenn wir lernen wollen zu lieben, müssen wir genauso vorgehen, wie wir das tun würden, wenn wir irgendeine andere Kunst, zum Beispiel Musik, Malerei, das Tischlerhandwerk oder die Kunst der Medizin oder der Technik lernen wollten.

1 Erich Fromm nennt in diesem Einleitungstext zu seinem Buch *Die Kunst des Liebens* drei Gründe dafür, warum Liebe in unserer Zeit so oft misslingt. Arbeitet diese Gründe heraus und überprüft ihre Stichhaltigkeit anhand eurer eigenen Einschätzung.

2 Erstellt einen Verhaltenskatalog:
Welche Fähigkeiten muss ein Mensch haben, wenn er die „Kunst des Liebens" beherrschen will?

3 Erich Fromm kritisiert in seinem Text den „Personalmarkt" der Liebe in der heutigen Zeit. Sammelt ergänzende Bilder zu den Stichworten „Vermarktung" und „Vergötterung" von Liebe und Sexualität. Tauscht miteinander aus, wie die Bilder auf euch wirken.

Sexueller Missbrauch und Kinderprostitution

Traumberuf Sekretärin

CHILE: Hilfe für misshandelte und vernachlässigte Kinder

Wenn sie über ihr Leben spricht, wird die 13-jährige Rossy schnell zornig. „Dann schlägt sie wie wild um sich", berichtet die Sozialarbeiterin Marcia. „Aber manchmal, wenn du mit ihr allein bist, dann öffnet sie sich und wirkt sehr zerbrechlich." Marcia arbeitet bei „Tierra Esperanza" (Land der Hoffnung), einer Nicht-Regierungsorganisation, die sich um misshandelte und vernachlässigte Kinder im chilenischen Lota kümmert. Der Kontakt zu Rossy kam vor zwei Jahren zustande: Sie war damals von einem Verwandten sexuell missbraucht worden. Dank der Unterstützung von „Tierra Esperanza" wurde der Täter zu einer Gefängnisstrafe verurteilt. Seither kommt Rossy regelmäßig vorbei, um mit den Sozialarbeitern und Psychologen des Projektes zu sprechen.
Ohne „Tierra Esperanza" wäre es Rossy

längst wie ihrer älteren Schwester ergangen, die als Prostituierte arbeitete und wegen verschiedener Delikte nun im Gefängnis sitzt. „Tante, wir haben nichts für den Kochtopf", hatte die Mutter geantwortet, als Marcia darauf drang, Rossy in die Schule gehen zu lassen. Die wirtschaftliche Misere ist in Lota oft eine Rechtfertigung für Kindesmissbrauch, denn Arbeitslosigkeit, Alkoholismus und Drogen prägen das Bild der ehemaligen Bergbaustadt im Süden Chiles. Bisher sind alle Versuche, eine feste Arbeit für Rossys Eltern zu finden, fehlgeschlagen. Die Mutter arbeitet gelegentlich auf dem Fischmarkt, der Vater stiehlt.

„Niemand darf dich berühren"

Marcia macht sich Sorgen, weil sie Rossy seit einiger Zeit nicht nur beim Betteln auf dem Fischmarkt trifft, sondern in späten Abendstunden auch im Zentrum von Lota, wo im Dämmerlicht Marihuana geraucht und Kokainpaste gehandelt wird. Rossy sei mit „zweifelhaften Typen" zusammen und trotz der Kälte spärlich bekleidet.

In den Therapiesitzungen versucht Marcia, Rossys Selbstbewusstsein zu stärken: „Niemand hat das Recht, dich zu berühren, ohne dass du es willst", wiederholt sie immer wieder. Auch das Sich-hübsch-Machen und Hygiene-Regeln wie Zähne putzen sind für Marcia wichtig: Früher sei Rossy immer sehr schmutzig herumgelaufen, heute achte sie auf ihr Äußeres. Neben den regelmäßigen Therapie-Sitzungen nimmt Rossy jeden Samstag an einem Literaturworkshop bei „Tierra Esperanza" teil. Auch das sei wichtig, sagt Marcia, um die seelischen Verletzungen zu verarbeiten. Jeden Mittwoch besucht sie die Familie, um nach dem Rechten zu sehen.

Rossys familiäres Umfeld mache es schwer, einen eigenen Weg zu finden, meinen die Team-Mitarbeiter. Der Verwandte, der das Kind missbraucht hatte, ist wieder frei und kommt oft zu Besuch. Aber nicht er, sondern der Vater wird nun des sexuellen Missbrauchs beschuldigt: Im Alkoholrausch hatte er versucht, sein Kind zu vergewaltigen. Rossy wehrte sich und schlug so lange auf ihn ein, bis er sie los ließ. „Tierra Esperanza" hat eine gerichtliche Anordnung erreicht, die dem Vater verbietet, nach Hause zu kommen. Doch der hält sich nicht daran. Die Mutter und Rossy wollen das auch gar nicht, weil er Geschenke bringt.

Das Team ist bereit, den Eltern notfalls per Gerichtsbeschluss das Kind wegnehmen zu lassen und bei einer Pflegefamilie unterzubringen. Die Mitarbeiter befürchten aber, dass die Eltern mit Rossy verschwinden, bevor es dazu kommt. Sie hätten schließlich ein Interesse, das Mädchen weiter auszubeuten.

Auch Rossy macht sich Gedanken über die Zukunft. Ihr größter Traum sei es, so berichtet Marcia, den Schulabschluss zu schaffen. „Das ist für sie wie eine andere Welt. Sie hofft, dass sie später als Sekretärin arbeiten kann und niemand sie mehr zum Betteln schickt. Vielleicht wird dieser Traum ja einmal wahr."

Peter Strack

1 Schildert den bisherigen Lebensweg der 13-jährigen Rossy in der Ich-Form.

2 Welche gesellschaftlichen und wirtschaftlichen Bedingungen begünstigen den sexuellen Missbrauch?

3 Was könnte Marcia noch tun, um Rossy bei der Verwirklichung ihres beruflichen Traumes zu helfen? Entwerft einen Maßnahmenplan.

Opfer sexuellen Missbrauchs leiden oft unter schweren seelischen Problemen.

Zusammenleben und auseinandergehen

Formen des Zusammenlebens

Beruf und/oder Familie?

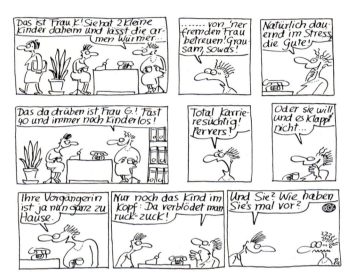

Renate Alf

1 Macht Partnerinterviews zum Thema Lebensplanung:
   – Welche Vorstellungen gibt es in eurer Klasse über die Ehe und zum Heiratszeitpunkt, zu Kinderwünschen? Kommen andere Formen des Zusammenlebens für euch in Frage?
   – Gibt es unterschiedliche Entwürfe bei Jungen und Mädchen? Könnt ihr im Vergleich Prioritäten erkennen?

Kurt Marti
Leichenrede

es war eine gute ehe
sie blieben sich treu
es war eine gute ehe
nicht das geringste geschah
es war eine gute ehe
die stark war wie stahl

es war eine gute ehe
die still war wie stein
es war eine gute ehe
nicht das geringste geschah
es war eine gute ehe
jetzt ist das gefängnis gesprengt

Roger McGough
Glück

an einem Wochentagmorgen im Bett
Herbst
und die Bäume
noch voller Laub.
Du bist eben aufgestanden
Tee Toast und das Fläschchen zu machen
warme Rekelwiesen
unter der Decke

der Kleine in seinem Bettchen
kräht lauter
als die Vögel draußen

Massig Honig im Schrank.
Schön.

1 Inwiefern war die geschilderte Ehe in Kurt Martis „Leichenrede" ein Gefängnis?

2 Welches Verständnis von „Glück" liegt dem gleichnamigen Gedicht zugrunde?

3 Stellt einen möglichst realistischen Erwartungskatalog zusammen:
  – Welche Merkmale sollte eine gute Lebensgemeinschaft haben?
  – Welche Erwartungen habe ich an meinen Partner, welche sollte ich selbst erfüllen?

4 Stelle nach eigenen Beobachtungen zusammen, welche häufigen „Reibungspunkte" es zwischen Paaren gibt (z.B. Freizeit, Verteilung der Hausarbeit oder des Geldes). Bildet Autorenteams und entwerft eine Spielszene zu einem solchen Problem. Stellt die Szene euren Mitschülern vor und lasst euch zu möglichen Lösungen beraten.

Zusammenleben

*Es gibt verschiedene Formen des Zusammenlebens zwischen
Erwachsenen und Kindern:*

 Moritz lebt mit seinen Eltern und mit seinem kleinen Bruder in einer Etagenwohnung. Früher hatte er ein eigenes Zimmer. Aber seit die Großmutter nach einem Schlaganfall gelähmt ist und nun bei der Familie lebt, muss Moritz sich ein Zimmer mit seinem Bruder teilen. Das gibt oft Streit. Die Mutter hat gar keine Zeit mehr, ihm zuzuhören, seit sie die Großmutter versorgen muss. Moritz gefällt es zu Hause gar nicht mehr.

 Mascha ist fünf Jahre und geht in den Kindergarten. Dort holt ihr Vater sie jeden Tag ab und bringt sie nach Hause in die gemeinsame Zwei-Zimmer-Wohnung. Maschas Vater kocht, wäscht und versorgt seine Tochter gut. Seine Frau ist vor drei Jahren an Krebs gestorben. Mascha erinnert sich nicht an ihre Mutter, aber wenn sie sieht, wie die anderen Kinder von ihren Müttern abgeholt werden, wird sie manchmal traurig.

Jasmin ist allein, wenn sie von der Schule nach Hause kommt. Ihre Mutter arbeitet bis abends und ihren Vater kennt sie nicht. Dafür kommt Rainer aber oft zu ihnen. Rainer ist der Freund von Jasmins Mutter und wenn er Zeit hat, unternehmen die drei viel zusammen: Sie gehen zum Beispiel ins Kino oder in den Zoo. Jasmin genießt das sehr.

 Sascha lebt in einem SOS-Kinderdorf. Zu seiner Gruppe gehören noch andere Kinder, die zusammen spielen und lernen. Eine Kinderdorf-Mutter kümmert sich um sie alle. Wenn sie frei hat oder Urlaub, kommt eine Vertretung. Sascha wünscht sich oft, dass er jemanden hätte, der nur für ihn alleine da ist.

Henry Moore: Familie (1944)

 Sven wohnt mit seiner Mutter in einem großen alten Bauernhaus. Dort wohnen außerdem seine Freunde Tim und Robin mit ihren Eltern und sein Onkel Klaus mit den zwei großen Hunden. Alle verstehen sich gut miteinander und es ist immer etwas los.

Familienfoto, Schlesien (1939)

1. Henry Moore schuf den Bronzeguss „Familie" 1944.
   Schreibt in einer kurzen Betrachtung auf, was der Künstler eurer Meinung nach mit seinem Werk aussagen will. Beachtet dabei besonders Sitzordnung und Haltung der Figuren zueinander.

2. Schreibt drei bis vier Aussagen auf, die die Familie auf der Fotografie von 1939 kennzeichnen. Was ist anders als bei der Bronzeplastik von Moore?

3. Sammelt Darstellungen von Familien aus Zeitschriften und Werbeprospekten. Klebt die Fotografien auf ein großes Plakat und notiert in wenigen Stichworten darunter, welche Eindrücke jeweils vermittelt werden sollen. Bewertet anschließend mithilfe von Klebepunkten (z.B. 3 Punkte = sehr treffend, 0 Punkte = überhaupt nicht treffend), für wie realistisch ihr die jeweilige Situation haltet.

4 Entscheidet, ob ihr die fünf beschriebenen Formen des Zusammenlebens für eine „Familie" haltet oder nicht. Begründet eure Auffassung, indem ihr das Positive und Negative der jeweiligen Lebensformen herausstellt.

5 Teilt euch in fünf Gruppen auf und spielt die verschiedenen Formen des Zusammenlebens. Achtet bei eurem Spiel besonders darauf, dass positive Seiten und auch Schwierigkeiten der Lebensformen deutlich werden.

6 Bestimmte Voraussetzungen sollten erfüllt sein, damit sich alle Mitglieder in ihrer Familie „zu Hause" fühlen (z. B. Geborgenheit, Freiraum). Schreibt solche Voraussetzungen auf und ermittelt die Prioritätenliste eurer Klasse.

Trennung, Scheidung und Sorgerecht

Trennung

Die Reaktion der Kinder auf die Trennung

„In der ersten Woche weinte sich meine Tochter jeden Abend in den Schlaf. Sie wollte nicht mehr in die Schule gehen, weil man es ihrem Gesicht ansah. Ich zwang sie in die Schule zu gehen. Ich zwang sie dazu, es durchzustehen. Und ich sprach mit ihren Lehrern, damit sie es wussten ... Und dann, als sie merkte, dass sich im Grunde nichts geändert hatte, wurde sie damit fertig. Ich veränderte mich nicht und sie konnte ihren Vater immer sehen.

Vielleicht sechs Wochen nach der Trennung brachte ich einen Stoß Bücher in die Bücherei zurück und eines handelte davon, was man einem Kind bei einer Scheidung sagen sollte. Meine Tochter las den Titel und sagte: ‚Mach dir keine Sorgen, Mutti, ich bin nun darüber hinweg.'

Mein Sohn ist älter, er geht ins Gymnasium. Er ist ganz anders als meine Tochter. Meine Tochter konnte ihren Gefühlen freien Lauf lassen. Mein Sohn ist sehr kühl. Er hatte manchmal Tränen in den Augen, aber er kämpfte dagegen an. Obwohl ich zu ihm sagte, dass er ruhig weinen sollte, wenn ihm danach zumute wäre, weinte er nicht. Er war also derjenige, um den ich mir Sorgen machte.

Ich glaube nicht, dass er es überwunden hat. Wir haben ein schreckliches Jahr hinter uns. Wir waren nicht gerade glücklich miteinander. Sie müssen wissen, er ist gerade dabei, erwachsen zu werden. Ich ging mit ihm zu einer Sozialarbeiterin, weil ich dachte, dass er Hilfe brauchte. Was sie sagte, war im Wesentlichen dies: Er habe gesehen, wie sein Vater mich behandelt hatte, und nun verhalte er sich genauso. Und ich reagierte auf ihn, wie ich auf seinen Vater reagiert hatte. Und das sei ein schlechtes Beziehungsmuster."

Frau, um die vierzig, zwei Kinder im Alter von vierzehn und neun Jahren

Es den Kindern sagen

Eltern teilen ihren Kindern auf alle möglichen Arten mit, dass sie sich trennen wollen. Viele geben sich große Mühe, ihren Kindern zu versichern, dass sie immer noch von beiden Eltern geliebt würden und dass der einzige Grund, weshalb sie sich trennen, der sei, dass „Mutti und Papa nicht glücklich miteinander sind". Sie versuchen, ihnen die Trennung verständlich zu machen, ohne ihre beiderseitige Beziehung zu den Kindern zu gefährden.

„Ich sage einfach: ‚Es hat nicht geklappt. Euer Vater war ein großartiger Vater‘, was ich auch wirklich glaube. ‚Aber mit ihm als Ehemann komme ich nicht zurecht. Als euer Vater kann er immer kommen, wenn er euch sehen will, aber er kann nicht hierher kommen und mein Mann sein.‘ Und das scheint meinen Kindern einzuleuchten.“

Frau, zwei Kinder in der Vorpubertät

Für viele Kinder ist die Nachricht, dass ihre Eltern sich trennen wollen, keine Überraschung. Sie haben vielleicht Auseinandersetzungen mitbekommen, in denen der eine mit Trennung drohte und der andere das als einzige Lösung akzeptierte. Oder sie mögen sogar handgreifliche Zusammenstöße miterlebt haben, nach denen sie sich fragten, warum sich ihre Eltern denn nicht trennten.

„Ich sprach mit meiner jüngsten Tochter. Sie hatte eine ganz schlimme Szene miterlebt. Ich fragte sie, was sie davon hielte, wenn wir uns trennen würden. Sie war offensichtlich der Auffassung, dass es, wenn es so weiterging, nicht gut war, wenn wir zusammenblieben.“

Frau, drei Kinder, das jüngste elf Jahre

Robert S. Weiss

1 Versetzt euch in die Rolle des Sohnes oder der Tochter aus dem ersten geschilderten Fall und beschreibt in Tagebucheinträgen das „schreckliche Jahr" aus der Sicht der jeweiligen Person.

2 Untersucht die übrigen Formen, mit denen die Eltern den Kindern ihre Trennung mitteilen: Welche haltet ihr für akzeptabel, welche nicht?

3 Was sollten Eltern beachten, die sich zu trennen beabsichtigen, damit der seelische Schaden für die Kinder möglichst gering bleibt?

Scheidung und Sorgerecht – Fallbeispiele

1 Als die Leopolds sich scheiden lassen, sind die Kinder Jan, Sandra und Michael 17, 15 und 9 Jahre alt. Sie bleiben bei der Mutter im ehemaligen Elternhaus. Der Vater geht mit seiner neuen Lebensgefährtin nach Norddeutschland, wo man ihm eine lukrative Stelle angeboten hat. Nach ein paar Monaten teilt er seiner Ex-Frau mit, er habe die Stelle wieder verloren und könne einstweilen den Unterhalt für die Kinder – zu dem er gerichtlich verpflichtet ist – nicht zahlen.

2 Seit der Scheidung ihrer Eltern lebt die 16-jährige Tanja mit ihrer Mutter allein. Der Vater ist freischaffender Künstler und die Familie hat zuletzt vor Jahren aus Berlin von ihm gehört. Nun stirbt überraschend Tanjas Mutter.

3 Der 13-jährige Tobias soll nach der Scheidung seiner Eltern bei der Mutter leben. Sie arbeitet als Krankenschwester im Schichtdienst und in ihrer Freizeit schreibt sie für einige Ärzte Krankenberichte ab, um etwas dazu zu verdienen. Tobias' Vater wird als Mechaniker seiner Fluggesellschaft nach Amerika gehen. Tobias möchte lieber bei ihm als bei der Mutter leben.

PARTNERSCHAFTLICH LEBEN

4 Die fast 18-jährige Kerstin möchte das Gymnasium verlassen und eine Schauspielschule besuchen. Ihr Vater, der nach der Scheidung von seiner Frau das Sorgerecht für Kerstin hat, gibt ihr dazu nicht die Erlaubnis. Kerstin reißt von zu Hause aus und fährt zu ihrer Mutter, die früher selbst Schauspielerin war. Die Mutter unterstützt Kerstins Wunsch, ist bereit, sie bei sich aufzunehmen und den Besuch der Schauspielschule zu finanzieren.

1 Bildet Gruppen und sucht euch eines der Fallbeispiele aus um es im Rollenspiel darzustellen.
Folgende Überlegungen können euch bei der Vorbereitung helfen:
– Mit wem würdet ihr Gespräche führen, welche Briefe würdet ihr schreiben?
– Welche weiteren Personen müssen eingeschaltet werden, um den Konflikt zu bearbeiten (z. B. Gerichtsbeamte, Fürsorge ...)?
– Welche rechtlichen Grundlagen sind zu beachten?
– Sammelt die Schwerpunkte der Rechte und der Interessen jeder beteiligten Partei, erarbeitet eine Lösung und stellt sie vor.

2 Bittet einen Juristen, der sich im Scheidungs- und Sorgerecht auskennt, euch im Unterricht zu besuchen.
Bereitet Fragen vor, die ihr ihm stellen möchtet (z. B.: Wie viel Mitspracherecht hat ein Kind bei der Klärung des Sorgerechts?) oder organisiert eine Podiumsdiskussion mit Vertretern der elterlichen Parteien und den von einer Scheidung betroffenen Kindern.

3 Häufig ist die Beziehung der Kinder zu Vater oder Mutter nach einer Scheidung empfindlich gestört. Was kann man tun, um diese Schäden zu begrenzen?
Stellt einen Forderungskatalog auf: Eltern sollten ... – Kinder sollten ...

4 Wo können „Scheidungswaisen" professionelle Hilfe finden und wie sieht sie aus?
Orientiert euch in eurer Stadt bei (z. B.)
– Psychologen,
– kirchlichen Angeboten,
– der Erziehungsberatung,
– der Volkshochschule,
– ...

MENSCHENRECHTE ACHTEN

Kinder haben Rechte!

Das Ballonspiel

Stell dir vor, dass du allein in einem Heißluftballon durch die Luft schwebst. An Bord hast du zehn Sandsäcke mit deinen Rechten. Jedes Recht hat ein Gewicht von zwei Kilo. Als der Ballon plötzlich an Höhe verliert, musst du ein Recht über Bord werfen, um den weiteren Abstieg zu verhindern. Tatsächlich fängt sich der Ballon wieder – allerdings verliert er nach einer gewissen Zeit erneut an Höhe. Noch ein Recht muss nun abgeworfen werden. Dies geht so lange so weiter, bis nur noch zwei Rechte an Bord verblieben sind ...

Und um diese zehn Rechte handelt es sich:

- Das Recht auf Erholung und Ferien
- Das Recht auf Schutz vor unmenschlicher Behandlung
- Das Recht mitzureden und mitbestimmen zu können
- Das Recht saubere Luft atmen zu können
- Das Recht auf Liebe und Zuneigung
- Das Recht auf Frieden
- Das Recht auf gutes Essen und Trinken
- Das Recht auf Taschengeld
- Das Recht auf Eigentum
- Das Recht auf mein eigenes Zimmer

nach Hans-Martin Große-Oetringhaus

1. Entscheide zunächst allein und ohne vorherige Diskussion, welche Rechte du in welcher Reihenfolge „über Bord werfen" würdest und welche beiden Rechte dir so wichtig sind, dass du sie auf jeden Fall bis zum Schluss behalten würdest.

2. Diskutiert nun in Kleingruppen über eure Entscheidungen und wiederholt anschließend das Spiel. Diesmal sollt ihr euch in der Gruppe auf eine gemeinsame Reihenfolge einigen.

3. Sprecht in der Klasse über eure Überlegungen bei der Einzelarbeit und über Probleme, die möglicherweise bei der Gruppenarbeit entstanden sind. War es schwierig, sich auf die Rechte zu einigen, die „abgeworfen" werden? Wie konntet ihr euch einigen?

MENSCHENRECHTE ACHTEN

Welche Rechte haben Kinder?

Aus der UN-Konvention über die Rechte des Kindes (1989)

Jedes Kind hat das Recht auf einen Namen und eine Nationalität.
Alle Kinder haben den gleichen menschlichen Wert.
Du darfst nicht wegen deines Geschlechts, deines Aussehens, deiner Hautfarbe, deiner Sprache, deiner Religion, deiner Meinung usw. benachteiligt werden. [...]

Alle Kinder haben das Recht, ihre Gedanken frei zu äußern. [...]
Deine Meinung muss bei allen Dingen, die dich direkt betreffen, beachtet werden, zu Hause, in der Schule, bei Ämtern und bei Gerichten.

Alle Kinder haben das Recht, zur Schule zu gehen und zu lernen, was wichtig ist, zum Beispiel Achtung vor den Menschenrechten und anderen Kulturen. [...]

Wenn du krank bist, hast du das Recht, die Hilfe und Versorgung zu erhalten, die du brauchst. [...]
Wenn du behindert bist, hast du das Recht auf zusätzliche Unterstützung und Hilfe.

Die Gedanken und der Glaube jedes Kindes sollen geachtet werden.
Wenn du einer Minderheit angehörst, hast du das Recht, deine eigene Sprache zu sprechen und deine eigene Kultur und Religion zu pflegen.

Ein Kind, das aus seinem Land flüchten muss, hat dieselben Rechte wie alle Kinder in dem neuen Land.
Wenn du ohne Begleitung kommst, hast du das Recht auf besonderen Schutz und Unterstützung. [...]

Alle Kinder haben das Recht zu spielen und in einer gesunden Umgebung zu leben.

Alle Kinder haben das Recht, Informationen aus allen Teilen der Welt durchs Radio und Fernsehen, durch Zeitungen und Bücher zu bekommen. [...]

Jedes Kind hat das Recht auf sein Privatleben. Daher darf niemand ohne deine Erlaubnis deine Briefe oder dein Tagebuch lesen.

Alle Kinder haben das Recht, mit ihrer Mutter und mit ihrem Vater zusammenzuleben, auch wenn diese nicht zusammenwohnen.
Deine beiden Eltern haben gemeinsame Verantwortung für dich.
Eltern haben das Recht, Unterstützung und Entlastung zu bekommen.

Kein Kind soll schlecht behandelt, ausgebeutet oder vernachlässigt werden.
Kein Kind soll zu schädlicher Arbeit gezwungen werden.
Kein Kind soll misshandelt werden.
Wenn du schlecht behandelt wirst, sollst du Schutz und Hilfe bekommen. [...]

MENSCHENRECHTE ACHTEN

Welche Rechte der Kinder werden hier verletzt?

1. Am 20. November 1989 hat die UNO-Vollversammlung die Konvention über die Rechte von Kindern beschlossen. Einige dieser Rechte sind auf Seite 293 zusammengestellt worden. Informiert euch über den vollständigen Text.
Bestellt ihn schriftlich bei:
Broschürenstelle des Bundesministeriums für
Familie, Senioren, Frauen und Jugend
Alexanderstr. 3
10178 Berlin

2. Welche Rechte, die ihr für besonders wichtig haltet, vermisst ihr in der UN-Konvention?

3. Welche Rechte der Kinder werden bei uns genau beachtet? Welche werden nicht so ernst genommen? Welche werden kaum oder gar nicht berücksichtigt? Fertigt dazu eine Übersichtstabelle an.

4. Plant eine Aktion zur Verbesserung eurer Rechtssituation, z.B. an eurer Schule, und präsentiert sie einem breiteren Publikum (Mitschülern, Eltern, ...).

Gemeinsam für Kinderrechte

Die vier großen Kinderverbände, *Deutsches Kinderhilfswerk, Deutscher Kinderschutzbund, terre des hommes* und das Welt-Kinderhilfswerk UNICEF, haben sich zum Aktionsbündnis Kinderrechte zusammengeschlossen. Das Aktionsbündnis will die UN-Konvention über die Rechte der Kinder in Deutschland bekannt machen und dafür sorgen, dass sie beachtet wird.

UNICEF wurde 1946 durch die Vollversammlung der Vereinten Nationen ins Leben gerufen. UNICEF führt in 160 Ländern der Welt Entwicklungsprojekte für Kinder durch. Dabei geht es um die Verbesserung der Ernährung, darum, dass es überall sauberes Wasser gibt, Kinder gegen die wichtigsten Krankheiten geimpft werden und sie überall zur Schule gehen können. UNICEF kümmert sich auch um Kinder in Krisen- und Kriegsgebieten und führt eine Kampagne gegen Landminen durch, weil durch diese besonders Kinder bedroht sind.

Deutsches Komitee für UNICEF e.V.
Höninger Weg 104
50969 Köln
Telefon 0221/93 65 00

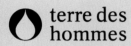

terre des hommes Bundesrepublik Deutschland e.V
Ruppenkampstraße 11 a
49084 Osnabrück
Telefon 0541/71 010

terre des hommes bedeutet übersetzt „Erde der Menschlichkeit". Das zu erreichen ist auch das Ziel dieses Verbandes, der in vielen Ländern aktiv ist. *terre des hommes* fördert Gesundheitsstationen und Bildungsprojekte, Ernährungsprogramme, Hilfen für kranke und kriegsverletzte Kinder, Bewässerungsprojekte und Produktionsgemeinschaften. Besonders setzt sich die Organisation für Frauen und Mädchen ein, da sie von den Folgen materieller Not am härtesten betroffen sind.

Das *Deutsche Kinderhilfswerk* arbeitet in der Bundesrepublik und fordert hier die Berücksichtigung der Interessen, Bedürfnisse und Rechte der Kinder in allen Lebensbereichen – insbesondere bei der Stadtplanung und in der Politik. Es fördert Projekte von freien Trägern und Kommunen in der Kinderkulturarbeit. Es setzt sich für die Schaffung kommunaler Einrichtungen, z. B. Kinderbeauftragter, Kinderbüros, Kinderanwälte und Kinderkommissionen ein.

Deutsches Kinderhilfswerk e.V.
Leipziger Str. 116-118
10117 Berlin
Telefon 030/30 86 93-0

Deutscher Kinderschutzbund Bundesverband e.V.
Hinüberstr. 8
30175 Hannover
Telefon 0511/30 485-0

Der *Deutsche Kinderschutzbund* hat seine Arbeit ebenfalls auf Deutschland konzentriert. Er betreibt eine Vielzahl von Einrichtungen in über 400 Städten. Armut von Kindern, Gewalt gegen Kinder und die Beteiligung von Kindern an Entscheidungsprozessen gehören zu seinen Hauptaufgabenfeldern. Zu seinen Angeboten gehören u.a.: Kinder- und Jugendtelefone, Kinderhäuser, Hausaufgabenhilfe und Spielstuben, Mittagstische und Beratungsstellen.

aus der Broschüre „Meine Rechte"

Die Rechte der Kinder und die Wirklichkeit

Zur Situation der Kinder in der Welt

Im Folgenden findet ihr Fragen und einige statistische Aussagen, die mit den Rechten der Kinder zu tun haben.

Versucht, Antworten auf die Fragen zu finden[1], und diskutiert anschließend in der Klasse: Wart ihr nahe an der richtigen Prozentzahl? Weit entfernt davon? Seid ihr erstaunt über die richtigen Antworten? Warum? Warum nicht?

Schlafender Straßenjunge in Brasilien

1. UNICEF setzt sich zum Ziel, bei Kindern in Entwicklungsländern die Impfrate auf 80% zu erhöhen, um die wichtigsten Krankheiten (Malaria, Masern, Keuchhusten usw.) einzudämmen.
   a) Wie viel Prozent der Kinder in Bangladesch sind heute gegen Masern geimpft?
   b) Und wie viel in Brasilien?

2. In Syrien hatten 1960 39% der Mädchen Zugang zum Primarschulunterricht. Wie viel Prozent der Mädchen in Syrien haben heute Zugang zum Primarschulunterricht?

3. In Deutschland und Ungarn leben etwa 11% der Kinder in Armut. In Schweden, Finnland und Norwegen sind es weniger als 5%. Wie viel Prozent der Kinder leben in den USA in Armut?

Das Recht auf Gleichbehandlung: Mädchen in Entwicklungsländern

In den meisten Gesellschaften unserer Erde werden Mädchen benachteiligt. Kommt ein Mädchen zur Welt, dann straft die gedämpfte Freude mancher Eltern über die Geburt einer Tochter die Neugeborene mit Geringschätzung. In ländlichen Gegenden Ägyptens wird beispielsweise die Geburt eines Sohnes in vier Zeremonien zusammen mit Verwandten und Freunden gefeiert. Der Vater vergräbt dabei die Nabelschnur des Sohnes auf seinem Feld oder unter der Schwelle der Moschee. Schenkt die Mutter hingegen einer Tochter das Leben, so findet keine Feier statt und

---

[1] Die Lösungen stehen auf S. 314.

ihre Nabelschnur wird in einer kleinen Schachtel im Haus aufbewahrt oder unter der Haustürschwelle vergraben.

Die Benachteiligung von Mädchen in Entwicklungsländern setzt sich in allen Lebensphasen fort. Mädchen bekommen weniger zu essen als ihre Brüder, dürfen seltener zur Schule gehen, werden medizinisch schlechter versorgt und müssen früher und intensiver im Haushalt mitarbeiten.

Bei Hausbesuchen in Pakistan trafen Ärzte dreimal mehr ernsthaft kranke Mädchen als Jungen an. Jungen wird dort bereits in einem frühen Krankheitsstadium eine medizinische Behandlung zuteil, während Mädchen erst in letzter Minute oder überhaupt nicht zum Arzt oder zur Gesundheitsstation gebracht werden.

Unter den 100 Millionen Kindern auf der Welt, die nicht in die Grundschule gehen können, sind zwei Drittel Mädchen. Die Benachteiligung im Bildungswesen verschließt Mädchen viele gesellschaftliche Handlungsfelder. Wer nicht lesen, schreiben oder rechnen gelernt hat, bekommt als Erwachsener keinerlei Kredite, kann Behördenbriefe nicht lesen und beantworten und hat nicht einmal theoretisch Zugang zu den „besseren" Jobs.

Die alltägliche Benachteiligung der Mädchen schlägt vielfach in direkte Gewalt, sexuellen Missbrauch und wirtschaftliche Ausbeutung um. Es gibt heute über zwei Millionen minderjährige Prostituierte. Rund eine Million Mädchenprostituierte leben in Asien, ca. 300 000 in den USA. Die Dunkelziffer sexuell missbrauchter Dienstmädchen ist nicht zu schätzen.

Christian Salazar-Volkmann

Zehnjährige Inderin, die in einem Steinbruch arbeitet

1 Überprüft anhand der Fragen zur Lage der Kinder in der Welt, wie ihr aufgrund eurer bisherigen Kenntnisse die Menschenrechtssituation von Kindern einschätzt.

2 Lasst euch von den genannten großen Kinderverbänden (siehe S. 295) Unterlagen über die Menschenrechtslage von Kindern zusenden. Informiert euch aufgrund dieser Materialien genauer darüber, inwieweit die Menschenrechte der Kinder in den verschiedenen Regionen der Welt, besonders auch in der Bundesrepublik Deutschland, beachtet werden.

3 Sammelt weitere aktuelle Berichte aus verschiedenen Informationsquellen über die Beachtung der Menschenrechte von Kindern und Jugendlichen.

4 Welche Fälle kennt ihr, in denen das Recht der Mädchen und der heranwachsenden Frauen auf Gleichbehandlung nicht beachtet wird?

5 Gibt es Situationen, in denen Mädchen oder junge Frauen anders behandelt werden *sollten* als Jungen oder heranwachsende Männer?

6 Schreibt für einen bestimmten Tag auf, wie er abgelaufen ist – angefangen vom Klingeln des Weckers bis zum Schlafengehen. Notiert für die einzelnen Tagesabschnitte, wann ihr die Rechte anderer beachtet habt, auch wenn damit Einschränkungen eurer Freiheit verbunden waren. Wann hättest du auf Rechte anderer achten sollen und hast es nicht getan?

Die Telefonnummer der Kinder- und Jugendberatung findet ihr übrigens auf den ersten Seiten des Telefonbuchs.

 Partnerschaftlich leben, „Sexueller Missbrauch [...]", S. 283

MENSCHENRECHTE ACHTEN

„Die Menschenwürde ist unantastbar."

„Sind Sie in Ihrer Menschenwürde schon einmal verletzt worden?"

Aus einer Umfrage unter Schülern

„Ich bin in meiner Menschenwürde nicht so leicht zu verletzen."
Sebastian, 15 Jahre

„Ich wurde einmal nicht in eine Diskothek reingelassen, weil ich meine Aufenthaltsgenehmigung nicht dabei hatte. Das fand ich nicht so toll."
Kahan, 19 Jahre

„In Deutschland bin ich eine Russin. In Russland bin ich eine Deutsche. Ich werde nirgendwo angenommen."
Natalie, 21 Jahre

„Ich glaube, es ist ziemlich schwer, in einem Streit die Menschenwürde eines anderen nicht zu verletzen."
Andrea, 17 Jahre

„Die Würde eines Menschen wird bereits verletzt, wenn zum Beispiel Klassenkameraden einen Mitschüler psychisch angreifen. Dies geschieht täglich und wird von den Anstiftern und Mitläufern kaum als Verletzung der Menschenwürde angesehen."
Angela, 16 Jahre

1 Führt die Befragung „Bist du in deiner Menschenwürde schon einmal verletzt worden?" in eurer Klasse oder auch in anderen Klassen durch. Achtet darauf, dass die Antworten anonym bleiben, und teilt dies den Befragten vorher mit. Wertet die Antworten aus und diskutiert die Ergebnisse.

2 Welche praktischen Folgerungen könnt ihr aus den Ergebnissen der Umfrage ziehen?

Artikel 1 des Grundgesetzes der Bundesrepublik Deutschland

Menschenwürde; Grundrechtsbindung der staatlichen Gewalt

(1) Die Würde des Menschen ist unantastbar. Sie zu achten und zu schützen ist Verpflichtung aller staatlichen Gewalt.

(2) Das Deutsche Volk bekennt sich darum zu unverletzlichen und unveräußerlichen Menschenrechten als Grundlage jeder menschlichen Gemeinschaft, des Friedens und der Gerechtigkeit in der Welt.

(3) Die nachfolgenden Grundrechte binden Gesetzgebung, vollziehende Gewalt und Rechtsprechung als unmittelbar geltendes Recht.

In Artikel 79,3 des Grundgesetzes wird bestimmt, dass eine Änderung der in Artikel 1 „niedergelegten Grundsätze" unzulässig ist.

299

Erläuterungen

Der Parlamentarische Rat hat am 23. Mai 1949 in Bonn das Grundgesetz der Bundesrepublik Deutschland verkündet und seine Veröffentlichung im Bundesgesetzblatt angeordnet. Damit war es rechtskräftig. Seit dem Einigungsvertrag vom 23. September 1990 gilt das Grundgesetz – wie die Präambel es ausdrückt – „für das gesamte deutsche Volk", also nicht mehr nur in den „alten", sondern auch in den „neuen" Bundesländern.

Das Grundgesetz musste von den Mitgliedern des Parlamentarischen Rates erarbeitet werden, nachdem 1945 das verbrecherische System des Nationalsozialismus durch den Einsatz der Alliierten beendet worden war. In keiner Epoche der deutschen Geschichte war die Würde der Menschen so brutal und zugleich perfekt organisiert missachtet und zerstört worden wie in der Zeit der nationalsozialistischen Herrschaft. Dieser Erfahrung, die viele am eigenen Leib und mit der eigenen Seele gemacht hatten, setzen die Parlamentarierinnen und Parlamentarier den Satz entgegen, der nun unveränderbar die Zukunft eines besseren Deutschlands bestimmen sollte: „Die Würde des Menschen ist unantastbar." Der Satz war die Absage an die Barbarei und Protest gegen sie. Nie wieder sollte geschehen können, was im Eroberungs- und Vernichtungskrieg, in den Konzentrationslagern und Gefängnissen, in den nationalsozialistischen Organisationen und „Ordensburgen", in den Versammlungssälen, auf den Straßen und bis in die Familien hinein geschehen war.

Vor dem Hintergrund der menschenverachtenden Grausamkeiten zeichnete sich für die Parlamentarier ab, wie die menschliche Würde zu garantieren sei: durch die Achtung vor der menschlichen Person, durch den Schutz der Menschen in ihrer extremen Verletzlichkeit, weil sie körperlich und seelisch durch andere gequält werden können, durch die Absicherung ihres Rechts auf Leben. Weil sie wussten, wie schrecklich die Verirrung war, als man von einer besonderen „Würde der Deutschen" redete, schrieben sie dem erhofften besseren Deutschland ins Stammbuch, dass es nur eine Menschenwürde gebe, die allen Menschen in der Welt in gleicher Weise zukomme.

1 Sammelt Schrift- und Bilddokumente aus der Zeit des „Dritten Reiches" zum Thema „Die Menschenwürde wird angetastet." Legt dabei besonderen Wert auf Informationen aus eurer Gemeinde, Stadt oder Region.

2 Stellt nach diesen Recherchen Interviewfragen zusammen, nehmt Kontakt mit Zeitzeugen auf und legt ihnen eure Fragen vor.

3 Wertet die Ergebnisse eurer Nachforschungen aus, indem ihr einen kurzen „Bericht zur Lage der Menschenwürde im Nationalsozialismus" verfasst.

4 Welche Bedeutung haben diese historischen Erfahrungen für die Achtung der Menschenwürde in der Gegenwart?

Menschenwürde:
Verstaubt? Vergessen? Kein Thema mehr?

Ein paar Gedanken und Stichworte zur Würde

Die Würde des Menschen ist unantastbar. Warum fällt mir dieser Satz ein, wenn ich die alte Frau sehe, die die Mülltonnen in der Fußgängerzone nach etwas Brauchbarem durchsucht? Liegt es daran, dass sie ähnlich „verstaubt" und unmodern wirkt wie das Wort „Würde", das aus dem täglichen Sprachgebrauch immer mehr verschwindet – genau wie diese Frau, die von den Passanten kaum noch wahrgenommen wird? Oder erinnert mich diese alltägliche Szene daran, dass auch die Würde dieser Frau dem Grundgesetz nach unantastbar ist?

Die Würde des Menschen ist unantastbar. Was ist denn das, diese *Würde*? Wir haben schon von *Hoch-* und *Ehrwürden* und von *Würdenträgern* gehört, die uns im Alltag fern und fremd sind. Es gibt *denkwürdige* Ereignisse in *würdigem* Rahmen, bei denen wir nicht unbedingt spontan an Lebensfreude und Spaß denken. Etwas, was *merkwürdig* ist, ist uns nicht ganz geheuer – und was genau versteht man unter *menschenwürdigen* Lebensbedingungen?

Die Werbeanzeige eines Altenheimes

In Würde alt werden im
Altenpflegeheim Eichenhof

◆ qualifizierte Vollzeit- und Kurzzeitpflege
◆ vorwiegend geräumige, gemütliche Einzelzimmer
◆ reichhaltiges, gesundes Frühstücksbuffet
◆ abwechslungsreiche Menüauswahl (auch Schonkost)
◆ täglich Kaffee und Kuchen
◆ Beschäftigungs- und Bewegungstherapieangebote
◆ ständig wechselndes Unterhaltungs- und
  Fortbildungsprogramm
◆ modernste technische Ausstattung
◆ Pflegekassenzulassung

1 Entwerft Beispielsituationen für Fälle von verletzter Würde und stellt sie im Rollenspiel dar.

2 Schreibt selbst einen kurzen Text zum Thema „Die Würde des Menschen" oder zeichnet zu der Anzeige „In Würde alt werden" Skizzen, die sich auf das Leben älterer Menschen beziehen.

3 Könnt ihr euch Anzeigen wie „In Würde jung sein", „In Würde Azubi sein", „In Würde studieren" oder „In Würde Eigenheimbesitzer werden" vorstellen?
 – Wenn ja, skizziert solche Anzeigen.
 – Wenn nein, begründet, warum ihr sie euch nicht vorstellen könnt. Was ergibt sich daraus für euer Verständnis von Menschenwürde?

Fritz Stern

Die „Warum"-Frage und die menschliche Würde

Aus seiner Rede zur Verleihung des Friedenspreises des Deutschen Buchhandels[1] 1999

Unvermeidlich, dass Auschwitz für alle Zeiten als Ort deutscher Unmenschlichkeit, des unvorstellbar Bösen bleiben wird. Primo Levis[2] *Ist das ein Mensch?*, verfasst als Warnung, dass, was einmal passiert ist, auch in Zukunft passieren könnte, schildert den grauenvollen Transport im Viehwagen mit quälendem Durst und fährt fort: „Durstig, wie ich bin, sehe ich vorm Fenster in Reichweite einen schönen Eiszapfen hängen. Ich öffne das Fenster und mache den Eiszapfen ab, doch gleich kommt ein großer und kräftiger Kerl, der draußen herumging, und reißt ihn mit Gewalt aus der Hand. ‚Warum?', frage ich in meinem beschränkten Deutsch. ‚Hier gibt es kein Warum', gibt er mir zur Antwort und treibt mich mit einem Stock zurück."

Dieses „Hier gibt es kein Warum" ist die Verachtung alles Menschlichen, die verbale Vernichtung. Das „Warum" ist die existenzielle Frage, die jeder Mensch an seinen Gott oder an sein Schicksal richtet. Verbietet man die Frage, verweigert man die Antwort – dann bescheinigt man dem Menschen sein Nicht-Sein, seine absolute Rechtlosigkeit. [...]

Das „Warum" ist nicht nur die existenzielle Urfrage, sondern auch die Grundlage jeglichen Rechtssystems; es erzeugt den Anfang des Denkens, den Anstoß zur Wissenschaft, zum fruchtbaren Argument. [...]

Nehmen wir die Verpflichtung des „Warum" ernst genug, als Recht der Mündigkeit, als Grundanspruch menschlicher Würde?

---

[1] Der Friedenspreis des Deutschen Buchhandels wird seit 1951 jährlich in Frankfurt am Main an Schriftsteller vergeben, die durch ihr Werk und ihr menschliches Verhalten einen Beitrag zum Frieden geleistet haben.
[2] Primo Levi, geb. 1919 in Turin, wurde 1944 als Mitglied der Resistenzia verhaftet und nach Auschwitz deportiert. Im Oktober 1945 kehrte er nach Italien zurück, 1987 starb er in Turin.

1 Könnt ihr euch noch an die ersten „Warum"-Fragen erinnern, die ihr gestellt habt? An wen habt ihr sie gerichtet? Habt ihr Antworten bekommen?

2 Habt ihr Situationen erlebt, in denen euch das Fragen verboten worden ist? Schreibt diese Situationen auf und berichtet, was ihr in ihnen gedacht und gefühlt habt.

3 Welche „Warum"-Fragen sind an euch gestellt worden? Habt ihr sie immer gern beantwortet? In welchen Fällen habt ihr nicht geantwortet?

4 Sammelt in einem Brainstorming möglichst viele „Warum"-Fragen. Erarbeitet eine Einteilung, nach der ihr die Fragen ordnen könnt.

5 Diskutiert die Aussagen von Fritz Stern über die Bedeutung der „Warum"-Frage und ihren Zusammenhang mit der Achtung der Menschenwürde.

Menschenrechte und Grundrechte

Menschenwürde, Menschenrechte, Grundrechte, Bürgerrechte

Zwischen der Menschenwürde und den Menschenrechten besteht ein doppelter Zusammenhang: Weil Menschen eine Würde haben, kommen ihnen Rechte zu; die Menschenwürde ist die Grundlage der Menschenrechte. Weil die Menschenwürde antastbar ist, müssen Rechte sie schützen; ohne garantierte Menschenrechte ist die Menschenwürde in Gefahr.

Menschen haben Bedürfnisse. An erster Stelle stehen die Grundbedürfnisse, ohne die ein menschliches Leben nicht möglich ist. Dazu gehören die Überlebens-Bedürfnisse wie das Bedürfnis nach körperlicher Unversehrtheit. Es kommen hinzu die Wohlergehens-Bedürfnisse wie ausreichende Kleidung, gesunde Nahrung und eine angemessene Wohnung. Schließlich sind die Freiheits-Bedürfnisse zu nennen: Zu ihnen gehören die Bedürfnisse nach Selbstbestimmung, Selbstentfaltung und Mitbestimmung.

Der Umfang der Grundbedürfnisse ist von vielen Faktoren abhängig: vom Alter, von der gesellschaftlichen und kulturellen Entwicklung eines Landes oder von klimatischen Bedingungen. Neben den Grundbedürfnissen gibt es viele andere Bedürfnisse (z. B. ein Mehrgang-Fahrrad zu besitzen oder einen PC zu haben), die das Leben einfacher oder angenehmer machen, wenn sie erfüllt werden. Es kann auch Bedürfnisse geben, deren Verwirklichung für andere Nachteile mit sich bringt oder der Umwelt schadet.

Menschen haben ein Recht darauf, dass ihre Grundbedürfnisse ernst genommen werden. Die Menschenrechte wollen dies sicherstellen. Sie sind vor allem in drei Dokumenten der Vereinten Nationen zusammengefasst: in der Allgemeinen Erklärung der Menschenrechte, im Weltpakt für wirtschaftliche, soziale und kulturelle Rechte sowie im Weltpakt für bürgerliche und politische Rechte.
Eine Reihe von Menschenrechten sind in die Verfassungen von Staaten aufgenommen worden. Damit sind sie in den betreffenden Staaten rechtsverbindlich und einklagbar geworden. In diesem Fall sprechen wir von Grundrechten.

MENSCHENRECHTE ACHTEN

1 Legt eine Tabelle an, in deren Spalten ihr die vier Bedürfnisarten eintragt. Sammelt für jede Spalte fünf bis zehn Beispiele. Tauscht eure Ergebnisse aus und diskutiert Zuordnungen, bei denen ihr euch nicht einig seid.

2 Stellt zunächst eine Liste eurer Bedürfnisse auf (z.B. ein eigenes Zimmer, eine Urlaubsreise oder die Möglichkeit, einen bestimmten Beruf zu ergreifen). Fertigt dann zu jedem Bedürfnis eine eigene Bildkarte an, indem ihr das Bedürfnis skizziert und benennt. Notiert auf einer zweiten Liste Menschenrechte und legt dazu ebenfalls Karten mit Symbolen oder Skizzen zu den jeweiligen Rechten an. Ordnet die Bedürfnisse und die Rechte in der Reihenfolge ihrer Wichtigkeit. Ordnet Bedürfnisse und Rechte einander zu.

3 Welche der von euch dargestellten Bedürfnisse und Rechte werden beachtet, welche nicht?

4 Sucht eines der Rechte, die nicht geachtet werden, aus und überlegt, was man tun könnte, um die Situation zu verbessern.

Sternstunden der Menschenrechte

760 v.Chr.	Der Prophet Amos protestiert gegen das Unrecht, das die Mächtigen, Reichen und Großgrundbesitzer den armen und kleinen Leuten antun.
30 n.Chr.	Jesus von Nazareth erklärt, dass das Menschenrecht auf unversehrtes Leben über starre religiöse Gesetze geht, und handelt entsprechend.
60	Der Philosoph Seneca setzt sich für die Rechte der Sklaven ein. Sie sind Menschen und Hausgenossen, Freunde niederen Standes. „Gehe so mit den Niederen um, wie du wünschest, dass der Höhere mit dir umgehe."
1215	Die aufständischen englischen Barone zwingen dem König Johann ohne Land die „Magna Charta libertatum" (Magna Charta der Freiheiten) ab. Der König wird an das Recht gebunden; er kann zu dessen Beachtung gezwungen werden. Obwohl den Interessen des Adels und Ritterstandes dienend, gilt der „große Freiheitsbrief" als das erste „Grundgesetz" in Europa.
1679	Die „Habeas-Corpus-Akte"[1] schützt die persönliche Freiheit und sichert vor willkürlicher Verhaftung.
1776	Die Erklärung der Rechte von Virginia in den Vereinigten Staaten von Amerika ist die erste Menschenrechtserklärung im neuzeitlichen Sinn und Vorbild für viele Verfassungen. Sie erklärt u.a., „dass alle Menschen von Natur aus frei und unabhängig sind", dass sie „das Recht auf den Genuss des Lebens und der Freiheit, auf die Mittel zum Erwerb und Besitz von Eigentum, das Streben nach Glück und Sicherheit und das Erlangen beider" haben.

[1] Ein Habeas-Corpus-Schriftstück ist in der englischen Rechtssprache der Befehl eines Gerichts, in dem derjenige, der einen anderen verhaftet hat, aufgefordert wird, den Gefangenen unverzüglich vor Gericht zu bringen.

1789 Die Erklärung der Menschen- und Bürgerrechte durch die französische Nationalversammlung betont, dass die Menschen „von Geburt an frei und gleich an Rechten" sind. Das Ziel jeder politischen Vereinigung wird „in der Erhaltung der natürlichen und unantastbaren Menschenrechte" gesehen. „Diese Rechte sind Freiheit, Sicherheit und Widerstand gegen Unterdrückung." „Die Nation bildet den hauptsächlichen Ursprung jeder Souveränität. – Die Freiheit besteht darin, alles tun zu können, was dem anderen nicht schadet."

C. A. Lill: Verfassunggebende deutsche Nationalversammlung in der Paulskirche zu Frankfurt a. M. (1848)

1848 Die Nationalversammlung verabschiedet in der Frankfurter Paulskirche die Verfassung des Deutschen Reichs. In Abschnitt VI werden die „Grundrechte des deutschen Volkes" zusammengefasst: kein Unterschied der Stände, Gleichheit vor dem Gesetz, Freiheit der Person, Unverletzlichkeit der Wohnung, Briefgeheimnis, Recht auf freie Meinungsäußerung, Pressefreiheit, Glaubens- und Gewissensfreiheit, Freiheit von Wissenschaft und Lehre, Versammlungs- und Vereinigungsfreiheit, Recht auf Eigentum.

1948 Die Generalversammlung der Vereinten Nationen verkündet am 10. Dezember die Allgemeine Erklärung der Menschenrechte (siehe S. 307).

1949 Nach der totalitären Herrschaft im Dritten Reich, nach den Schrecken eines fürchterlichen Krieges, nach millionenfachem Mord und einem totalen Zusammenbruch wird am 23. Mai im Sitzungssaal des Parlamentarischen Rates in Bonn das Grundgesetz der Bundesrepublik Deutschland verkündet.
Im Artikel 1 bekennt es sich zur Menschenwürde und zu den Menschenrechten.

1950 Am 4. November wird die Europäische Konvention zum Schutz der Menschenrechte und Grundfreiheiten unterzeichnet. Auf der Grundlage der Allgemeinen Erklärung der Menschenrechte macht diese Konvention die Menschenrechte für europäische Verhältnisse anwendbar und sichert sie rechtlich ab. In der Folge wird 1959 der Europäische Gerichtshof für Menschenrechte gebildet.

1966 Die Vereinten Nationen verabschieden am 19. Dezember den Internationalen Pakt über wirtschaftliche, soziale und kulturelle Rechte und den Internationalen Pakt über bürgerliche und politische Rechte.

(b. w.)

1975 Die Vertreter der Teilnehmerstaaten unterzeichnen am 1. August in Helsinki die Schlussakte der Konferenz über Sicherheit und Zusammenarbeit in Europa (KSZE, 1995 in OSZE umbenannt). Darin verpflichten sich die Vertragsstaaten, menschliche Kontakte, den Austausch von Informationen, die Zusammenarbeit in den Bereichen Kultur und Bildung zwischen den Ländern Europas zu fördern.

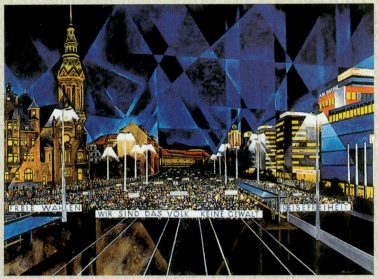

Gerhard Schröter: Demo Leipzig '89 (1991)

1993 Nelson Mandela, der Führer des African National Congress (ANC), und Frederic Willem de Klerc, Präsident der Republik Südafrika, erhalten gemeinsam den Friedensnobelpreis für ihre Bemühungen um ein Ende der Apartheid.

2000 Der europäische Konvent legt einen Entwurf der „Charta der Grundrechte der Europäischen Union" vor. Diese Charta formuliert den Entschluss der europäischen Völker, sich auf der Grundlage gemeinsamer Werte zu einer immer engeren Union zu verbinden.

•••

1 Ergänzt die Aufstellung der „Sternstunden der Menschenrechte" mithilfe euch zugänglicher Informationsquellen um weitere wichtige Daten.

2 Macht eine Gegenaufstellung von „Menschenrechtsfinsternissen" (z. B. Sklaverei im Altertum, Hexenverbrennungen im Mittelalter, Menschenhandel zu Beginn der Neuzeit, Rassentrennung in neuester Zeit).

3 Meint ihr, dass es im Lauf der Geschichte einen Fortschritt in der Erkenntnis und in der Beachtung der Menschenrechte gegeben hat? Begründet eure Einschätzung.

4 Fertigt ein Poster zu den „Sternstunden" und „Finsternissen", das ihr in der Klasse oder in der Pausenhalle ausstellt.

Allgemeine Erklärung der Menschenrechte

Bürgerliche und politische Rechte

1) Menschen sind frei und gleich geboren;
2) universeller Anspruch auf Menschenrechte, Verbot der Diskriminierung nach Rasse, Geschlecht, Religion, politischer Überzeugung usw.;
3) Recht auf Leben, Freiheit und Sicherheit;
4) Verbot von Sklaverei;
5) Verbot von Folter und grausamer Behandlung;
6) Anerkennung des Einzelnen als Rechtsperson;
7) Gleichheit vor dem Gesetz;
8) Anspruch auf Rechtsschutz;
9) Schutz vor willkürlicher Verhaftung und Ausweisung;
10) Anspruch auf unparteiisches Gerichtsverfahren;
11) Unschuldsvermutung bis zu rechtskräftiger Verurteilung, Verbot der Rückwirkung von Strafgesetzen;
12) Schutz der Freiheitssphäre (Privatleben, Post ...) des Einzelnen;
13) Freizügigkeit und Auswanderungsfreiheit;
14) Asylrecht;
15) Recht auf Staatsangehörigkeit;
16) Freiheit der Eheschließung, Schutz der Familie;
17) Recht auf individuelles oder gemeinschaftliches Eigentum;
18) Gedanken-, Gewissens- und Religionsfreiheit;
19) Meinungs- und Informationsfreiheit;
20) Versammlungs- und Vereinsfreiheit;
21) Allgemeines gleiches Wahlrecht.

Wirtschaftliche, soziale und kulturelle Rechte

22) Recht auf soziale Sicherheit, Anspruch auf wirtschaftliche, soziale und kulturelle Rechte;
23) Recht auf Arbeit, freie Berufswahl, befriedigende Arbeitsbedingungen; Schutz vor Arbeitslosigkeit; Recht auf gleichen Lohn für gleiche Arbeit, angemessene Entlohnung, Berufsvereinigungen;
24) Anspruch auf Erholung, Freizeit und Urlaub;
25) Anspruch auf ausreichende Lebenshaltung, Gesundheit und Wohlbefinden, einschließlich Nahrung, Wohnung, ärztliche Betreuung und soziale Fürsorge;
26) Recht auf Bildung, Elternrecht; Entfaltung der Persönlichkeit, Achtung der Menschenrechte und Freundschaft zwischen den Nationen als Bildungsziele;
27) Recht auf Teilnahme am Kulturleben;
28) Recht auf eine soziale und internationale Ordnung, die die Rechte verwirklicht;
29) Pflichten gegenüber der Gemeinschaft, Beschränkungen mit Rücksicht auf Rechte anderer;
30) absoluter Schutz der in diesen Menschenrechten angeführten Rechte.

(kurze Zusammenfassung)

1 Besorgt euch den vollständigen Text der Allgemeinen Erklärung der Menschenrechte – des Weltpakts für wirtschaftliche, soziale und kulturelle Rechte – des Weltpakts für bürgerliche und politische Rechte – der EU-Charta der Grundrechte.

2 Fertigt ein Poster an, auf dem ihr die Aussagen der vier Dokumente übersichtlich darstellt, sodass deutlich wird, worin sie übereinstimmen und worin sie sich unterscheiden und ergänzen.

Verletzte Rechte

Ausgenutzt: Der Rikscha-Kuli Sknaphi

„Klong, klong, klong" schlägt Sknaphi sein blechernes Glöckchen gegen den hölzernen Holm. „Klong, klong" versucht er Fußgänger zu scheuchen, Lastenträger, Taxis und Busse. Auf nackten Schwielenfüßen stemmt er sich gegen heißen Asphalt.

Mit angewinkelten Armen das Gleichgewicht balancieren; mit aller Kraft durch ein Schlagloch, keuchend nach vorne gebeugt; den Schwung nutzen; nie mit dem hohen Speichenrad in Schienen geraten.

„Klong, klong, klong" scheppert sein Glöckchen wie hilflos gegen das Quietschen der Straßenbahn an, gegen das Hupen der Taxifahrer und das Geschrei der Händler. Sknaphi versucht, sich eine Schneise zu schlagen durch das Gewimmel von Blechkarossen und Karrenrädern.

Inzwischen 55 Jahre alt – vor zwei Jahrzehnten aus Bihar, dem indischen Hungerhaus, nach Kalkutta geflohen –, fristet Sknaphi sein Dasein als Rikscha-Kuli in der Millionenstadt. Er ist ein Gejagter im dieselschwangeren Großstadtverkehr, eingezwängt in die Doppeldeichsel seines Gespanns, ausgegrenzt von der Gesellschaft: Als Bihari ist er ein Fremder in Bengalen und als Muslim ist er der Hindu-Mehrheit ein Dorn im Auge.

Auf Vollgummi-Felgen rumpelt Sknaphis Mietfahrzeug mit der amtlichen

Registriernummer 4846 auf eine große Kreuzung zu. Seine Passagiere: ein stämmiger Mann und eine Ziege. Das Ziel: ein Restaurant in der Innenstadt, wo Ziegenfleisch auf dem Speiseplan steht.

Plötzlich stoppt der hagere Bihari mit dem ewig traurigen Blick. Unruhe hat ihn gepackt. Schweiß tritt aus allen Poren. Hupkonzerte und wilde Flüche. Sknaphi versucht eine Kehrtwendung mitten auf der fünfspurigen Piste. „Hier muss ich weg!", zischt er zwi-

MENSCHENRECHTE ACHTEN

schen den Zähnen hervor. Auf der Kreuzung hat der Kuli einen weißen Polizeihelm blinken gesehen. Wenn Sknaphi hier mit seiner Rikscha erwischt wird, kostet das 100 Rupien, einen ganzen Tagesverdienst. Seine Familie müsste dann wieder hungern. Nass vor Angstschweiß schafft er die Wende und trabt als „Geisterfahrer" davon. [...]

Obwohl eben noch die Sonne aus heiterem Himmel lachte, gießt es plötzlich wie aus Kübeln über Kalkutta. Durch Gossen und Gassen schießen Bäche; über einem Rasen schwimmen Enten; und auf Straßen spülen knietiefe Strudel den Müll der vergangenen Tage davon. Das Unwetter ist ein Segen für Sknaphi: Vornehme Kinder steigen ein, um trockenen Fußes in die Schule zu kommen. Angestellte lassen sich durch die braunen Fluten in ihre Büros bugsieren. Und feine Damen umklammern – hoch thronend auf der Rikscha-Bank – ihre Neuerwerbungen vom „New Market".

„Wenn es keine Rikschas mehr gibt", weiß Sknaphi, „dann braucht Kalkutta noch mehr Taxis und Busse, das bedeutet noch mehr Benzindunst und Staus und niemand kann so billig fahren wie mit uns."

Mittags macht der Kuli an einer Garküche halt. Zehn Minuten Pause für einen Teller Reis mit Currysauce. In Vorfreude lässt sich der magere Schwerarbeiter auf einem Holzgestell nieder, streicht über seinen grauen Schnurrbart, trinkt ein Glas Wasser vom Straßenbrunnen und isst dann, nach Landessitte, mit der rechten Hand. Gerne erzählt er von zu Hause. Seine Kinder sind zwischen fünf und neun Jahre alt. In Bihar, in seinem Heimat-

dorf, hat er noch Verwandte. Überleben könnte er dort aber nicht. „Wir haben kein Land und kein Eigentum."

Die Rikscha ist sein einziger Halt. Angst hat er vor den „Saubermännern in der Politik" und vor der Polizei. „Immer wieder beschlagnahmen die Polizisten unsere Gefährte. Mit Schmiergeld müssen wir sie auslösen." Auch die Eigentümer der Rikschas wollen sich ihr Geschäft nicht verderben lassen: Au Teel, 45, dem Sknaphi täglich 25 Rupien Miete hinblättern muss, befürchtet, „dass in einigen Wochen keine Rikschas mehr auf den Straßen sind". Aber dagegen werde man protestieren!

„Die Eigentümer werden ihre Kulis zum Protestmarsch schicken. Sie legen die Stadt lahm und dann rollt hoffentlich wieder unser Wahrzeichen für Kalkutta."

Während Sknaphi sich nach dem Essen Wasser über die Rechte gießt, spricht er von seinem „größten Traum": „Ich möchte einfach weiterarbeiten, gesund bleiben und für meine Familie sorgen."

Keine Rede davon, dass er sich jeden Tag satt essen möchte. Und kein Wort über den Wunsch, einmal eine eigene Rikscha zu besitzen. Solche Träume liegen außerhalb der Vorstellungskraft: Für eine Rikscha, mit der dazugehörigen Lizenz, müsste er 500 Euro berappen.

Behände greift der Mann im Lendentuch wieder nach seinem Glöckchen, steigt zwischen die Holme der Rikscha und macht sich auf die Suche nach dem nächsten Kunden. „Klong, klong, klong" taucht er unter im Dieseldunst, im Quietschen und Schreien der Stadt.

Toni Görtz

Versklavt: Schicksale zwischen Asien, Afrika, Amerika und Europa

Moddrige, dicke Luft steht in dem steinernen Verlies. Durch drei Mauerschlitze unterhalb der Decke fällt fahles Licht. „Hier warteten manchmal bis zu sechzig Sklaven wochenlang auf ihren Abtransport in ferne Länder", sagt der Führer. „Wer hier landete, musste für immer Abschied nehmen. Von hier gab's keinen Weg zurück in die Freiheit."
Stumm und sichtlich betroffen haben die Jungen und Mädchen der Pfadfindergruppe aus Tema der „Rückblende ins düsterste Kapitel ghanaischer Geschichte" gelauscht. Erst als alle wieder im geräumigen Innenhof der ehemaligen Sklavenfestung Elmina sind, entspannen sich die Gesichter. [...]
Auf ihrem Rundgang durch die alte, zwei Autostunden von Ghanas Hauptstadt Accra entfernten Sklavenfestung Elmina, deren Außenmauern dieser Tage mit leuchtendem Weiß übertüncht werden, erfahren Patrik Adji und seine Pfadfinder, dass es vom Senegal bis hinunter nach Angola weit über 50 solcher „Elminas des Menschenhandels" gegeben hat.
„Hoffentlich bleibt die Sklaverei für immer Vergangenheit", meint Patrick Adji, als wir uns unter dem kleinen Eingangstor der Festung von der Gruppe aus Tema verabschieden.
Rund 200 Millionen Menschen, die derzeit weltweit unter sklavenähnlichen Bedingungen leben und arbeiten müssen, können vorerst nur davon träumen, dass sich der fromme Wunsch des jungen ghanaischen Bankangestellten irgendwann einmal erfüllt.
Obwohl zum Beispiel die Sklaverei in der westafrikanischen Wüstenre-

Unterirdische Verliese waren doppelt gesichert.

publik Mauretanien von der französischen Kolonialregierung bereits 1905 verboten und nach der Unabhängigkeit 1961 erneut für abgeschafft erklärt worden war, schätzen Menschenrechtsorganisationen die Zahl der Leibeigenen dort auf 230 000 – fast zehn Prozent der Bevölkerung. Die als „Haritans" bekannten Sklaven schwarzafrikanischen Ursprungs arbeiten ohne Lohn und haben keinen Zugang zu Schulen und Ausbildungsplätzen. [...]
Überall in der Welt schlagen inzwischen skrupellose Geschäftsleute aus der Not ihrer Mitbürger kräftig Kapital. Als Transportunternehmen getarnte Vermittlerfirmen karren aus dem von Dürrekatastrophen geplag-

ten Nordosten Brasiliens jedes Jahr mehr als 350 000 Arbeit suchende Landbewohner in die Städte oder auf Großfarmen in den Bundesstaaten São Paulo, Mato Grosso und Minas Gerais, wo ihnen statt eines Arbeitsvertrages nicht selten erst mal ein Gewehrlauf vor die Nase gehalten wird. Unter massiver Androhung von Gewalt, ja sogar von Hinrichtung, müssen dann Männer, Frauen und Kinder gegen Hungerlöhne ihren stets überwachten Dienst auf dem Strich, auf Zuckerrohrplantagen oder in Textilfabriken antreten.

Während die auf einheimischen „Sklavenmärkten" verscherbelten Menschen immer noch die Chance haben, aus einer „Zwangsehe" zu entfliehen oder aus kontrollierten Arbeitskolonien Reißaus zu nehmen, sitzen die ins Ausland vermittelten Männer, Frauen und Kinder oft jahrelang in der Falle. So gibt es für die kleinen Pakistanis und Bengalis, die im zarten Alter aus ihren Heimatländern entführt und in den Vereinigten Emiraten wegen ihres Federgewichts als Jockeys bei Kamelrennen bevorzugt werden, kaum je ein Wiedersehen mit ihren Eltern.

Bitter wird alsdann auch für viele asiatische Frauen und Männer die Reise nach Hongkong, Singapur, Saudi-Arabien oder Europa, wo sie die künftigen Ehepartner oder Arbeitgeber kennenlernen sollen. Zwischen 4 000 und 10 000 Euro verlangen die Vermittler von ihnen, ohne ihnen freilich für ihr gutes Geld auch gute Behandlung im Gastland zu garantieren. Dort werden ihnen häufig schon bei der Ankunft von „Kontaktpersonen" der Vermittlerbüros Pässe und Rückflugtickets abgenommen, um einer vorzeitigen Flucht aus der Sklaverei vorzubeugen.

Ähnlich wie ihre asiatischen Leidensgenossen machen jedes Jahr über 100 000 Haitianer die bittere Erfahrung, dass sie beim Sprung übers Meer vom Regen in die Traufe gekommen sind. In der Dominikanischen Republik werden sie nämlich auf Zuckerrohrplantagen eingesperrt und wie Arbeitssklaven gehalten. Bei jedem Ausbruchsversuch riskieren sie Folter und Tod.

Empörung über den Menschenhandel, der seit „Elmina" ständig zunahm, gab es zu allen Zeiten. Nicht immer aus moralischen Gründen. Denn so wie in England das Sklaverei-Verbot erst dann gefordert wurde, als man die billigen Arbeitskräfte in den Kolonien nicht mehr benötigte, so klagen heute europäische Unternehmer über die „50 Millionen Kinder zwischen Bombay und Kalkutta, die mit ihren niedrigen Löhnen Arbeitsplätze bei uns zerstören."

Für die eingefangenen Sklaven gab es keinen Weg zurück in die Freiheit: Eisenkugeln wurden ihnen an die Füße gebunden.

Horst Hohmann
(b.w.)

Sklaverei gestern und heute

Arabische Geschäftsleute haben seit dem 7. Jahrhundert Afrikaner versklavt und über die so genannte Transsahara-Route rund 26 Millionen Männer, Frauen und Kinder an ostafrikanische und asiatische Kunden verkauft.

Später dann, zu Beginn des 16. Jahrhunderts, erschließen sich für die Sklavenjäger neue Märkte in Süd-, Mittel- und Nordamerika. Schätzungsweise 15 Millionen Menschen werden über die Transatlantik-Route in die „Neue Welt" gebracht. Mindestens 45 Millionen sterben qualvoll während der Überfahrten.

Obwohl Sklaverei und Zwangsarbeit weltweit verboten und auch immer wieder durch Sondererlasse von Regierungen geächtet wurden, gingen sie ununterbrochen weiter. Niemals lebten und arbeiteten mehr Menschen unter sklavenähnlichen Bedingungen als in unseren Tagen.

Zu den traditionellen Formen der Sklaverei sind neue gekommen:

Internationale Frauenhändler erzielen jährlich einen Umsatz von 60 Milliarden Euro. Allein in den EU-Ländern werden jedes Jahr rund 500 000 Mädchen und Frauen in die Prostitution gezwungen.

Weltweit befinden sich mehr als 160 Millionen Frauen, Männer und Kinder in Schuldknechtschaft. Sie müssen in Fabriken, Steinbrüchen und Farmen mit ihrer Muskelkraft Kredite „abbezahlen"; sehen dabei jedoch nie Licht am Ende des Tunnels.

Rund zehn Millionen politische Häftlinge müssen in chinesischen Strafkolonien und Umerziehungslagern Zwangsarbeit verrichten. Auch in Birma werden jährlich über 200 000 Bürger von der Militärregierung zu unbezahlter Fronarbeit im Straßen- und Schienenbau gezwungen. Deserteuren drohen Gefängnisstrafen.

Hingerichtet: Ken Saro-Wiwa

„Shell: Der schmutzige Krieg im Ogoni Land", „30 Jahre Ölausbeutung kontra Umweltschutz", „Todesurteil gegen Ken Saro-Wiwa" – so oder ähnlich lauteten die Schlagzeilen, als im Oktober 1995 in den Medien über einen Strafprozess in Nigeria berichtet wurde, in dessen Verlauf neun Angeklagte, darunter der bekannte Autor und Bürgerrechtler Ken Saro-Wiwa, von einem Sondergericht zum Tode verurteilt worden waren und die Todesstrafe – trotz weltweiter Proteste – umgehend vollstreckt wurde.[1]

Ken Saro-Wiwa war führendes Mitglied einer Anfang der neunziger Jahre im Niger-Delta entstandenen „Bewegung für das Überleben der Ogoni" (Movement for the Survival of the Ogoni People – MOSOP), eines Zusammenschlusses von Intellektuellen und Ogoni-Dorfbevölkerung mit dem Ziel politischer Autonomie und gerechter Verteilung der Einnahmen aus der Ölförderung. Das Gebiet der Ogoni, ca. 1 000 km² groß und von ca. 500 000 Menschen bewohnt, ist nur ein kleiner Teil des Niger-Deltas und eines der ersten Förderge-

---

[1] Aus Gründen der besseren Lesbarkeit wurden in diesem Auszug die Quellenangaben (Damler/Brunner, 1996 bzw. Shell, 1995) nicht mit abgedruckt.

Ken Saro-Wiwa am 5. Januar 1993 bei der Ogoni Day-Demonstration in Nigeria

biete der Firma Shell-Niger, welche die Ölförderung dort bereits seit 1958 betreibt und die 14% ihrer gesamten weltweit organisierten Ölproduktion aus dem Niger-Delta bezieht. Die durch die Ölausbeutung im Niger-Delta verursachten Umweltschäden sind massiv und vielfältig: Permanente und zeitweilig auftretende Ölaustritte bewirken die Verschmutzung/Kontaminierung von Böden, Flüssen und schließlich des Trinkwassers, die Ölschicht auf Wasser und Land entzündete sich an manchen Stellen und brannte, ohne dass die Verantwortlichen bei Shell dagegen einschritten. [...]

Ein umweltverträgliches Konzept für die Müllentsorgung fehlt: Der bei den Bohrungen zu Tage geförderte – teilweise kontaminierte – Schlamm wird meist in die nahen Flussläufe gekippt oder im Land vergraben, darin enthaltene Salze, Chemikalien etc. geraten ebenfalls ins Wasser. Auch anderer Müll wird vergraben, verbrannt oder in Flüsse und Sümpfe entsorgt. Es ist nur folgerichtig, wenn 80% der gemeldeten Krankheiten auf verunreinigtes Trinkwasser zurückgeführt worden sind. Andere Folgeprobleme der Ölproduktion sind z.B. die Landnahme, die seitens Shell und anderer Ölgesellschaften (z.B. Chevron, Mobil etc.) ohne Weiteres erfolgt, seit durch das Landnutzungsdekret der nigerianischen Regierung im Jahre 1978 sämtliches Land einschließlich der darunter liegenden Rohstoffe – aller bisherigen Tradition zuwider – zu staatlichem Eigentum deklariert worden war.

Nachdem im Januar 1993 etwa 300 000 Menschen an einem von der MOSOP initiierten Protestmarsch gegen die Umweltzerstörung teilgenommen hatten, wurden die Organisation und ihre Anliegen in weiten Teilen Nigerias und international bekannt und damit eine wachsende Gefahr für die Militärregierung, der es bislang gelungen war, etwaige Proteste mit militärischen Mitteln im Keim zu ersticken.

Nachdem Ken Saro-Wiwa als führender Oppositioneller seine Kandidatur für die Constitutional Conference erklärt und MOSOP zuvor Shell zur Zahlung von Gewinnanteilen und von Schadenersatz für die vergangenen 30 Jahre Ölförderung aufgefordert hatte, wurden Ken Saro-Wiwa und einige Mitstreiter unter dem Vorwurf der Anstiftung zum Mord an Gegnern der MOSOP verhaftet. Der Vorwurf gegen Ken Saro-Wiwa war insbesondere deshalb absurd, weil er sich zur Tatzeit nachweisbar nicht an Ort und Stelle aufgehalten hatte. Gegen die Todesurteile, die gegen Ken Saro-Wiwa und acht weitere Angeklagte ausgesprochen wurden, gab es keine Rechtsmittel, vielmehr wurden sie alsbald vom Obersten Militärrat bestätigt und am 10.11.1995 vollstreckt.

Barbara Dietrich

MENSCHENRECHTE ACHTEN

1 Analysiert die beschriebenen Menschenschicksale und Situationen. Welche Menschenrechte werden in den einzelnen Fällen nicht beachtet oder verletzt? Welches sind die Ursachen dafür, dass die Menschenrechte nicht berücksichtigt oder übertreten werden?

2 Forscht nach, welche Entwicklungen es inzwischen bei den angeführten Beispielen gegeben hat. Wie könnte (oder konnte bereits) in den einzelnen Situationen den Menschenrechten zu mehr Geltung verholfen werden? Welche Möglichkeiten zur Selbsthilfe gibt es? Welche Unterstützung von außen ist möglich?

3 Informiert euch bei *amnesty international* und bei der *Deutschen Gesellschaft für Menschenrechte* über Initiativen zur Verbesserung der Menschenrechtssituation.

4 Startet eine Aktion „Menschenrechts-Reporter/innen". Macht euch – in Zweier- oder Dreiergruppen oder auch einzeln – auf die Suche nach Beispielen für vorbildliche Verwirklichung von Menschenrechten, aber auch für deren Vernachlässigung oder Missachtung in eurer Gemeinde, Stadt und Region. Berichtet darüber in Text, Bild und Ton.
Dokumentiert die Ergebnisse eurer Recherchen, z.B. auf Stellwänden in der Pausenhalle. Ladet Vertreter der lokalen Presse zur Präsentation eurer Untersuchungen ein.

Antworten zu den Schätzaufgaben auf Seite 296:
1a) 62%; 1b) 96%; 2) 95%; 3) 26,3%
Die Angaben beziehen sich auf das Jahr 1999.

Aggression und Streit – Eskalation oder Schlichtung?

Zwei Fabeln

Die Spatzen und die Nachtigall

Eine Nachtigall wurde krank und konnte nicht mehr singen. Da sagten die Spatzen: „Die ist nicht krank, die ist nur faul." Das verletzte die Nachtigall und sie begann wieder zu singen. „Hatten wir nicht recht?", fragten die Spatzen. Die Nachtigall aber fiel vom Baum und war tot; das Singen kostete sie zu viel Kraft. Da sagten die Spatzen: „Warum muss sie auch singen, wenn sie krank ist?"

Der Wolf und das Schaf

Ein Wolf steht am Bach und trinkt. Ein Schaf, das den Wolf nicht sieht, trinkt ein paar Meter weiter unten. „Geh sofort weg, du trübst mir das Wasser!", sprach der Wolf. „Wie soll ich dir das Wasser trüben, wenn es von dir zu mir fließt?", erwidert das Schaf. Darauf der Wolf: „Aber vor 2 Jahren hast du es mir schon einmal getrübt, an derselben Stelle, ich weiß es noch genau!" „Vor 2 Jahren war ich noch gar nicht auf der Welt", lachte das Schaf. „Dann war es dein Vater", schrie der Wolf, stürzte sich auf das Schaf und fraß es.

1 Warum stirbt die Nachtigall? Weil sie sang, obwohl sie krank war? Weil die Spatzen sie mit ihrem Gerede verletzten?

2 Warum wird das Schaf gefressen? Weil der Wolf von anderen Tieren lebt? Weil das Schaf zu gutgläubig ist und die Gefahr nicht erkennt?

3 Worin besteht die Aggression in dem einen und im anderen Fall?

4 Was könnten oder sollten die Tiere in den beiden Geschichten anders machen?

5 Erfindet – angeregt durch eine der beiden Fabeln – eine Geschichte, die davon erzählt, wie aggressives Verhalten zwischen Menschen entsteht.

6 Was versteht man unter „Aggression"? Wie entsteht Aggression? Informiert euch darüber (z.B. in einem Lexikon der Psychologie und einem Lexikon der Ethik).

Gerhard Zwerenz

Nicht alles gefallen lassen

Wir wohnten im dritten Stock mitten in der Stadt und haben uns nie etwas zuschulden kommen lassen, auch mit Dörfelts von gegenüber verband uns eine jahrelange Freundschaft, bis die Frau sich kurz vor dem Fest unsre Bratpfanne auslieh und nicht zurückbrachte.
Als meine Mutter dreimal vergeblich gemahnt hatte, riss ihr eines Tages die Geduld, und sie sagte auf der Treppe zu Frau Muschg, die im vierten Stock wohnt, Frau Dörfelt sei eine Schlampe.
Irgendwer muss das den Dörfelts hinterbracht haben, denn am nächsten Tag über-

fielen Klaus und Achim unsern Jüngsten, den Hans, und prügelten ihn windelweich.

Ich stand grad im Hausflur, als Hans ankam und heulte. In diesem Moment trat Frau Dörfelt drüben aus der Haustür, ich lief über die Straße, packte ihre Einkaufstasche und stülpte sie ihr über den Kopf. Sie schrie aufgeregt um Hilfe, als sei sonst was los, dabei drückten sie nur die Glasscherben etwas auf den Kopf, weil sie ein paar Milchflaschen in der Tasche gehabt hatte.

Vielleicht wäre die Sache noch gut ausgegangen, aber es war just um die Mittagszeit und da kam Herr Dörfelt mit dem Wagen angefahren.

Ich zog mich sofort zurück, doch Elli, meine Schwester, die mittags zum Essen heimkommt, fiel Herrn Dörfelt in

Karl-Henning Seemann: Auseinandersetzung (Bronzeplastik in der Düsseldorfer Altstadt; aufgestellt 1980)

die Hände. Er schlug ihr ins Gesicht und zerriss dabei ihren Rock. Das Geschrei lockte unsre Mutter ans Fenster und als sie sah, wie Herr Dörfelt mit Elli umging, warf unsre Mutter mit Blumentöpfen nach ihm. Von Stund an herrschte erbitterte Feindschaft zwischen den Familien.

Weil wir nun Dörfelts nicht über den Weg trauen, installierte Herbert, mein ältester Bruder, der bei einem Optiker in die Lehre geht, ein Scherenfernrohr am Küchenfenster.

Da konnte unsre Mutter, waren wir andern alle unterwegs, die Dörfelts beobachten.

Augenscheinlich verfügten diese über ein ähnliches Instrument, denn eines Tages schossen sie von drüben mit einem Luftgewehr herüber. Ich erledigte das feindliche Fernrohr dafür mit einer Kleinkaliberbüchse, an diesem Abend ging unser Volkswagen unten im Hof in die Luft.

Unser Vater, der als Oberkellner im hoch renommierten Café Imperial arbeitete, nicht schlecht verdiente und immer für den Ausgleich eintrat, meinte, wir sollten uns jetzt an die Polizei wenden.

Aber unserer Mutter passte das nicht, denn Frau Dörfelt verbreitete in der ganzen Straße, wir, das heißt, unsre gesamte Familie, seien derart schmutzig, dass wir mindestens zweimal jede Woche badeten und für das hohe Wassergeld, das die Mieter zu gleichen Teilen zahlen müssen, verantwortlich wären.

Wir beschlossen also, den Kampf aus eigner Kraft in aller Härte aufzunehmen, auch konnten wir nicht mehr zurück, verfolgte doch die gesamte Nachbarschaft gebannt den Fortgang des Streites.

Am nächsten Morgen schon wurde die Straße durch ein mörderisches Geschrei geweckt.

Wir lachten uns halbtot, Herr Dörfelt, der früh als Erster das Haus verließ, war in eine tiefe Grube gefallen, die sich vor der Haustür erstreckte.

Er zappelte ganz schön in dem Stacheldraht, den wir gezogen hatten, nur mit dem linken Bein zappelte er nicht, das hielt er fein still, das hatte er sich gebrochen.

Bei alledem konnte der Mann noch von Glück sagen – denn für den Fall, dass er die Grube bemerkt und umgangen hätte, war der Zünder einer Plastikbombe mit dem Anlasser seines Wagens verbunden. Damit ging kurze Zeit später Klunker-Paul, ein Untermieter von Dörfelts, hoch, der den Arzt holen wollte.

Es ist bekannt, dass die Dörfelts leicht übel nehmen. So gegen zehn Uhr begannen sie unsere Hausfront mit einem Flakgeschütz zu bestreichen. Sie mussten sich erst einschießen, die Einschläge befanden sich nicht alle in der Nähe unserer Fenster.

Das konnte uns nur recht sein, denn jetzt fühlten sich auch die anderen Hausbewohner geärgert und Herr Lehmann, der Hausbesitzer, begann um den Putz zu fürchten. Eine Weile sah er sich die Sache noch an, als aber zwei Granaten in seiner guten Stube krepierten, wurde er nervös und übergab uns den Schlüssel zum Boden.

Wir robbten sofort hinauf und rissen die Tarnung von der Atomkanone.

Es lief alles wie am Schnürchen, wir hatten den Einsatz oft genug geübt, die werden sich jetzt ganz schön wundern, triumphierte unsre Mutter und kniff als Richtkanonier das rechte Auge fachmännisch zusammen.

Als wir das Rohr genau auf Dörfelts Küche eingestellt hatten, sah ich drüben gegenüber im Bodenfenster ein gleiches Rohr blinzeln, das hatte freilich keine Chance mehr, Elli, unsere Schwester, die den Verlust ihres Rockes nicht verschmerzen konnte, hatte zornroten Gesichts das Kommando „Feuer!" erteilt.

Mit einem unvergesslichen Fauchen verließ die Atomgranate das Rohr, zugleich fauchte es auch auf der Gegenseite. Die beiden Geschosse trafen sich genau in der Straßenmitte.

Natürlich sind wir nun alle tot, die Straße ist hin und wo unsre Stadt früher stand, breitet sich jetzt ein graubrauner Fleck aus.

Aber eins muss man sagen, wir haben das Unsre getan, schließlich kann man sich nicht alles gefallen lassen.

Die Nachbarn tanzen einem sonst auf der Nase herum.

1 Erklärt, was in der Erzählung von Gerhard Zwerenz den Streit zwischen den beiden Familien auslöst.
Warum steigert er sich bis zur gegenseitigen Vernichtung?

2 Wie beurteilt ihr Aussagen wie die folgenden:
– „Wir haben uns nie etwas zuschulden kommen lassen."
– „Uns verband eine jahrelange Freundschaft."
– „Unser Vater trat immer für den Ausgleich ein."?

3 Was ist überhaupt ein Konflikt? Sichtet dazu entsprechende Artikel in den Lexika und in anderen euch zugänglichen Informationsquellen.

Stufen der Konflikt-Eskalation

Konfliktforscher haben herausgefunden, dass es typische Abläufe gibt, die zu einer Eskalation, d.h. zur Verschärfung der Konfliktsituation, führen.

1. Verhärtung:	Die Standpunkte verhärten sich und prallen aufeinander. Das Bewusstsein bevorstehender Spannungen führt zu Verkrampfungen. Trotzdem besteht noch die Überzeugung, dass die Spannungen durch Gespräche lösbar sind. Noch keine starren Parteien oder Lager.
2. Debatte:	Es findet eine Polarisation im Denken, Fühlen und Wollen statt. Es entsteht ein Schwarz-Weiß-Denken und eine Sichtweise von Überlegenheit und Unterlegenheit.
3. Aktionen:	Die Überzeugung, dass „Reden nichts mehr hilft", gewinnt an Bedeutung und man verfolgt eine Strategie der vollendeten Tatsachen. Die Empathie mit dem „anderen" geht verloren, die Gefahr von Fehlinterpretationen wächst.
4. Images/ Koalitionen:	Die „Gerüchte-Küche" kocht, Stereotypen und Klischees werden aufgebaut. Die Parteien manövrieren sich gegenseitig in negative Rollen und bekämpfen sich. Es findet eine Werbung um Anhänger statt.
5. Gesichtsverlust:	Es kommt zu öffentlichen und direkten (verbotenen) Angriffen, die auf den Gesichtsverlust des Gegners zielen.
6. Drohstrategien:	Drohungen und Gegendrohungen nehmen zu. Durch das Aufstellen von Ultimaten wird die Konflikteskalation beschleunigt.
7. Begrenzte Vernichtungsschläge:	Der Gegner wird nicht mehr als Mensch gesehen. Begrenzte Vernichtungsschläge werden als „passende" Antwort durchgeführt. Umkehrung der Werte: Ein relativ kleiner eigener Schaden wird bereits als Gewinn bewertet.
8. Zersplitterung:	Die Zerstörung und Auflösung des feindlichen Systems wird als Ziel intensiv verfolgt.
9. Gemeinsam in den Abgrund:	Es kommt zur totalen Konfrontation ohne einen Weg zurück. Die Vernichtung des Gegners zum Preis der Selbstvernichtung wird in Kauf genommen.

nach Uli Jäger

1 Analysiert die Erzählung von Gerhard Zwerenz anhand der neun Stufen der Konflikt-Eskalation.

2 Beratet: Wie wäre in der Anfangsphase eine Streitschlichtung denkbar, die von einer der beiden streitenden Parteien ausgeht?
Wie könnten Nachbarn streitschlichtend eingreifen?

3 Schreibt die Eskalationsgeschichte in eine Streitschlichtungsgeschichte um.

4 Diskutiert darüber, ob es einen Zusammenhang von Streit zwischen einzelnen Menschen oder Familien und Krieg gibt.

Vier Formen, mit Konflikten umzugehen

1. Buch Mose, Kap. 4, Verse 23–24

Lamech, ein Nachkomme Kains, sagte [...]: „Einen Mann erschlug ich für meine Wunde und einen Jüngling für meine Beule. Kain soll siebenmal gerächt werden, aber Lamech siebenundsiebzigmal."

2. Buch Mose, Kap. 21, Verse 23–25

Aus den Rechtsordnungen, die Mose im Auftrag Gottes dem Volk vorlegte: „Entsteht ein dauernder Schaden, so sollst du geben Leben um Leben, Auge um Auge, Zahn um Zahn, Hand um Hand, Fuß um Fuß, Brandmal um Brandmal, Beule um Beule, Wunde um Wunde."

Matthäus-Evangelium, Kap. 18, Verse 21–22

Petrus wandte sich an Jesus: „Herr, wie oft darf mein Bruder mir Unrecht tun, bis ich ihm nicht mehr zu verzeihen brauche? Ist siebenmal genug?"
„Ich sage dir", antwortete Jesus, „nicht siebenmal, sondern siebzigmal siebenmal."

Lukas-Evangelium, Kap. 6, Vers 27–31

„Euch, die ihr zuhört, sage ich:
Liebt eure Feinde; tut Gutes denen, die euch hassen; segnet, die euch fluchen; betet für die, die euch bedrängen.
Wer dich auf die eine Backe schlägt, dem halte auch die andere hin; und wer dir deinen Mantel nimmt, dem verweigere auch das Hemd nicht!
Gib jedem, der dich bittet, und wer dir das Deine nimmt, von dem fordere es nicht zurück.
Und so, wie ihr wollt, dass euch die Menschen tun sollen, genau so tut ihr auch ihnen."

1 Beschreibt, was sich in den vier Situationen bezüglich des Umgangs mit Konflikten verändert hat.

2 Könnt ihr darin eine Veränderung zum Besseren – einen Fortschritt in der Moralentwicklung – sehen?

3 Teilt euch in Gruppen auf und führt ein Streitgespräch: Die eine Partei vertritt die Auffassung, nachgeben sei unrealistisch, etwas für Schwache und führe zur Niederlage. Die andere Gruppe plädiert mit den angeführten Beispielen für die Feindesliebe, weil sie den Gegner überrasche, ihn zum Nachdenken über die eigenen Reaktionen bringe und weil sie den intelligenteren Umgang mit Konflikten bedeute.

Konflikte lösen – Konflikte aushalten

Konflikte im Alltag

Peter Härtling

Wie Bernd und Frieder miteinander reden

BERND: Geh mir mal aus dem Weg!
FRIEDER: Warum?
BERND: Weil du mir im Weg stehst.
FRIEDER: Aber du kannst doch an mir vorbeigehn. Da ist eine Menge Platz.
BERND: Das kann ich nicht.
FRIEDER: Warum?
BERND: Weil ich geradeaus gehn will.
FRIEDER: Warum?
BERND: Weil ich das will. Weil du jetzt mein Feind bist.
FRIEDER: Warum?
BERND: Weil du mir im Weg stehst.
FRIEDER: Darum bin ich jetzt dein Feind.
BERND: Ja. Darum.
FRIEDER: Und wenn ich dir aus dem Weg gehe, bin ich dann auch noch dein Feind?
BERND: Ja. Weil du dann ein Feigling bist.
FRIEDER: Was soll ich denn machen?
BERND: Am besten, wir verkloppen uns.
FRIEDER: Und wenn wir uns verkloppt haben, bin ich dann auch noch dein Feind?
BERND: Ich weiß nicht. Kann sein.
FRIEDER: Dann geh ich dir lieber aus dem Weg und bin ein Feigling.
BERND: Ich hab gewusst, dass du ein Feigling bist. Von Anfang an hab ich das gewusst.
FRIEDER: Wenn du es schon vorher gewusst hast, warum bist du dann nicht an mir vorbeigegangen?

1 Wer ist der Überlegene in dem „Gespräch" zwischen Bernd und Frieder?

2 Nehmt an, Frieder würde sich mit Bernd prügeln. Könnte es danach doch zu einem Gespräch kommen? Setzt den Dialog fort.

3 Tragt aus eurer eigenen Erfahrung und aus Zeitungen Berichte über Konflikte, z.B. auf der Straße, in der S-Bahn, in der Disco oder im Stadion, zusammen und analysiert sie anhand der folgenden Fragen:
Wer hat sich mit wem gestritten? – Worum ging es bei dem Streit? – Wer hat den Streit begonnen? – Wie ist er verlaufen? – Hat der Streit das Problem gelöst? – Gab es Versuche, den Streit zu schlichten? – Von wem gingen sie aus? – Was haben sie gebracht?

4 Welche anderen Verhaltensmöglichkeiten seht ihr, falls ihr selbst in eine vergleichbare Situation kommt?

Der Streit

Zeichnungen: Marlene Pohle

1 Skizziert auf einem extra Blatt die sechs Szenen, schneidet sie aus und bringt sie in eine sinnvolle Reihenfolge. Erzählt dann den anderen „eure" Geschichte.

2 Verändert den Ablauf des Geschehens, indem ihr die sechs Szenenbilder ganz anders anordnet, als ihr es zunächst getan habt.

3 Diskutiert über die verschieden ablaufenden Konfliktsituationen und über die unterschiedlichen Lösungsmöglichkeiten.

4 Denkt euch selber eine Konfliktsituation aus, die sich ebenfalls in wenigen Szenenbildern darstellen ließe, und präsentiert sie eurem Kurs.

Fernsehalltag

Viele in meiner Klasse beneiden mich, weil ich mit meiner Familie auf einem Bauernhof lebe und sogar ein Pferd habe, aber wenn ich ihnen erzähle, wie es ist mit nur einem Fernseher im Haus, verzichten sie lieber auf das Pferd!
Es geht schon damit los, dass ich am Nachmittag gar nicht fernsehen kann, weil das Gerät im Wohnzimmer steht, wo mein Vater nachmittags arbeitet, außerdem kann er Talkshows nicht leiden. „Ach, Tom", sagt er immer, „die reden stundenlang über Probleme, die kein Mensch hat." *Mein* Problem ist aber, dass in der Schule alle über diese Sendungen sprechen und ich nicht mitreden kann!
Zwischen 18 und 19 Uhr habe ich Glück, da kann ich eine Stunde lang schauen, was mir Spaß macht. Gottseidank mag meine Schwester die gleichen Sendungen wie ich, sonst würden wir uns auch noch fetzen, aber abends geht es dann weiter. Mein Vater will Unterhaltungsshows sehen, meine Mutter steht auf Nachrichtenmagazine, beide lieben diese alten deutschen Spielfilme, aber MTV oder VIVA wollen beide nicht gucken. „Wenn du Musik hören willst, kannst du doch das Radio anmachen", meinen sie. Und je nachdem, welche Filme laufen, fällt mir auch noch

meine Schwester in den Rücken und verbündet sich mit meinen Eltern. Dann kriegen wir alle Krach und schauen manchmal vor lauter Streiten überhaupt nichts oder mein Vater verkündet, er werde die Kiste jetzt aus dem Fenster werfen, dann sei endlich Ruhe.

Das alles änderte sich plötzlich vor drei Wochen, als meine Cousine mit ihren Eltern zu Besuch kam ...

1 Erfindet verschiedene Szenarien, wie sich die Situation in der „Fernsehgeschichte" durch den Besuch der Cousine verändern könnte. Was könnte sie ihrem Cousin Tom und seiner Familie vorschlagen?

2 Entwickelt selbst eine Konfliktlösungsstrategie zum Thema Fernsehen.

Ertappte Sprayer

Karin, Robert und Bernd sind nicht nur dicke Freunde, sondern auch leidenschaftliche Sprayer. Ihr Handwerk haben sie in der Kunst-AG ihrer Schule gelernt. Gemeinsam mit ihrer Kunstlehrerin haben sie eine langweilige und hässliche Wand in der Unterführung des Bahnhofs – mit Zustimmung des Eigentümers – gestaltet. Die Lokalpresse war voll des Lobes.

Einmal auf den Geschmack gekommen, suchten sie sich nun selbst geeignete Flächen an öffentlichen Gebäuden für ihre kreativen Spray-Übungen aus – allerdings ohne nach der Einwilligung der Eigner zu fragen. Für ihre Aktionen wählten sie deshalb auch fortan den Schutz der Dunkelheit.

Nicht alle Mitbürger brachten Verständnis für die Kunstwerke auf, im Gegenteil: Viele waren empört und reagierten ihren Ärger nicht nur beim Frisör oder am Stammtisch ab, sondern sie mobilisierten die Gemeindeverwaltung und die Polizei.

Als die drei Künstler wieder einmal nach vollbrachter Arbeit zufrieden mit sich selbst und ihren Schöpfungen auf dem Weg nach Hause waren, hielten drei Streifenwagen neben ihnen an. Die Polizisten hatten sie auf ihrem ganzen Weg verfolgt und ihre Arbeit mit Nachtsichtkameras aufgenommen. Sie forderten die drei auf, getrennt in die drei Wagen einzusteigen. So wurden sie schnell nach Hause gefahren, wo die Polizeibeamten den Durchsuchungsbefehl vorlegten und unverzüglich mit der Hausdurchsuchung begannen. In allen drei Wohnungen wurden die Polizisten fündig. Sie nahmen Farbe, Pinsel und vor allem auch Skizzen als Beweisstücke mit. Besonders viele Skizzen fanden sie in Karins Zimmer. Ihr und ihren Eltern machte einer der Beamten deutlich, dass es anhand dieser Beweisstücke möglich sein müsste, Karin und ihre Freunde als die Urheber auch früherer Schmierereien und damit Sachbeschädigungen zu überführen. Das könnte sehr teuer werden! Auf jeden Fall werde Anzeige erstattet.

In den drei Familien kam es zu heftigen Auseinandersetzungen ...

Johann Peter Hebel

Die Ohrfeige

Ein Büblein klagte seiner Mutter: „Der Vater hat mir eine Ohrfeige gegeben." Der Vater aber kam dazu und sagte: „Lügst du wieder? Willst du noch eine?"

1 Spekuliert (z. B. in einem Rollenspiel), wie es in den drei Familien weiterging, nachdem die Polizisten gegangen waren: in der Nacht, am nächsten Tag, am Tag vor dem ersten Prozesstermin, ... Nehmt dabei an, die Familien seien recht unterschiedlich, z. B. hinsichtlich ihrer Eigentumsverhältnisse, Berufe oder ihrer Charaktereigenschaften.

Thomas Gordon

Alle sind zufrieden

Ein Vater berichtet: „Rob, dreizehneinhalb Jahre alt, durfte sich ein Moped kaufen.[1] Ein Nachbar beschwerte sich, weil Rob mit dem Moped auf der Straße fährt, was gegen die Verordnung ist. Ein anderer Nachbar beschwerte sich, dass Rob auf sein Grundstück gefahren ist, die Räder durchdrehen ließ und den Rasen aufgewühlt hat. Auch die Blumenbeete seiner Mutter hat er verwüstet. Wir machten uns an das Problemlösen und fanden mehrere mögliche Lösungen:

> 1. Kein Mopedfahren außer auf Campingausflügen.
> 2. Kein Mopedfahren außer auf unserem Grundstück.
> 3. Kein Hindernisfahren über Mutters Blumenbeete.
> 4. Mammi transportiert Rob und sein Moped jede Woche für ein paar Stunden mit dem Auto in den Park.
> 5. Rob darf durch die Felder fahren, wenn er das Moped bis dorthin schiebt.
> 6. Rob darf sich eine Hindernisbahn auf dem Nachbargrundstück bauen.
> 7. Auf dem Rasen anderer Leute darf nicht gefahren werden.
> 8. Keine Radstützen auf Mutters Rasen aufstellen.
> 9. Das Moped wird verkauft.

---

[1] In Deutschland darf man in diesem Alter noch nicht Moped fahren. Diese Geschichte stammt aus den USA.

Wir strichen die Lösungen 1, 2, 4 und 9. Aber wir einigten uns auf alle anderen. Zwei Wochen danach: Alle sind zufrieden."

1 Warum wurden gerade die Punkte 1, 2, 4 und 9 gestrichen? Begründet, warum alle Familienmitglieder mit den restlichen Punkten zufrieden sein konnten.

2 Stellt ähnliche Regeln für die Konfliktbearbeitung und Streitschlichtung in Familien anhand eines typischen Beispiels auf.

Konflikte in der Schule

Von wegen „Mädchen machen sowas nicht"!

Vierzehnjährige auf dem Schulweg geschlagen

„Auf dem Heimweg von der Schule haben mich die Mädchen fast bis vor die Haustür verfolgt", erzählt Jessica (14), noch immer deutlich unter Schock.

„Zu dritt waren sie und haben mich geschlagen und getreten." Zum Glück gelang es Jessica, ihren Peinigern zu entkommen und nach Hause zu laufen.

Seit diesem Vorfall ist die Realschülerin verunsichert und hat Angst vor dem täglichen Schulweg. Schon im Frühjahr wurde sie von zwei Mädchen aus der Parallelklasse bedroht und geschlagen. „Meine Mitschüler", so berichtet Jessica, der noch heute das Entsetzen anzumerken ist, „standen dabei, ohne zu helfen." Manche haben die Schlägerinnen sogar noch angefeuert und Jessicas Freundinnen am Eingreifen gehindert. Nachher stellte ein Arzt Prellungen, blaue Flecke und blutige Kratzer fest. Eines der Mädchen, das damals am heftigsten zugeschlagen hatte, wurde inzwischen der Schule verwiesen. Auch sie ist nicht älter als fünfzehn Jahre.

Jessica leidet noch immer sehr unter den Übergriffen. Sie traut sich nicht mehr allein zur Schule, lässt sich morgens von Mitschülern abholen oder – obwohl es ihr peinlich ist – von den Eltern in die Schule fahren.

„So kann das nicht weitergehen!", beschwert sich ihr Vater ein wenig ratlos.

1 Die Überschrift der Zeitungsmeldung könnte so verstanden werden, als gebe es zwischen Mädchen und Jungen keinen Unterschied, wenn es um die Bereitschaft geht, Konflikte gewalttätig auszutragen. Deutet ihr die Überschrift genauso?

2 Welche Meinung habt ihr aufgrund eurer Kenntnisse und Erfahrungen: Sind Mädchen und Jungen in gleicher Weise gewaltbereit? Oder bevorzugen Mädchen andere Formen der Konfliktaustragung? Wenn ja, welche?

3 Sammelt in einem Brainstorming Stichworte zu folgenden Fragen:
   - Welches sind typische Schulkonflikte?
   - Wer sind die wichtigsten Akteure bei Schulkonflikten?
   - Welches sind die häufigsten Konfliktursachen?
   - Wer kann die Konfliktbearbeitung und die Konfliktregelung übernehmen?

4 Wählt einen Konfliktfall an eurer Schule oder in eurer Klasse aus und analysiert ihn anhand der folgenden Fragen:
   - Wer hat sich mit wem gestritten?
   - Worum ging es bei dem Streit?
   - Wer hat den Streit begonnen?
   - Wie ist er verlaufen?
   - Hat der Streit das Problem gelöst?
   - Gab es Versuche, den Streit zu schlichten?
   - Von wem gingen sie aus? Was haben sie gebracht?
   - Welche Lösungsvorschläge hättet ihr, falls ihr selbst in eine vergleichbare Situation kämt?

Die Kummerlöser

Im August 1988 wurde die Integrierte Gesamtschule Kastellstraße gegründet. Die Suche nach demokratischen Strukturen führte neben der Einrichtung anderer Mitbestimmungsgremien auch zur Gründung eines Konfliktausschusses, der sich formal am Schulverfassungsgesetz des Landes Berlin orientierte. Die Schüler(innen)vertretung (SV) wählte aus ihrer Mitte drei Jugendliche und die Gesamtkonferenz ernannte eine Lehrkraft. So konnte sich der Ausschuss gegen Ende des Schuljahres 1989/90 konstituieren. [...]

Im Sommer 1990 erfand die SV den Namen „Kummerlöser"; bald darauf war die Satzung fertig und konnte von der Gesamtkonferenz und der SV verabschiedet werden. [...]

Der Gruppe gehören heute bis zu zehn Schüler(innen), ein Lehrer und eine Lehrerin an. Die Schüler(innen) werden über die SV gewählt, wobei darauf geachtet wird, dass mindestens ein Schüler nichtdeutscher Herkunft ist. Die Lehrkräfte werden über die Gesamtkonferenz gewählt. Sind zur Lösung eines Konfliktes weitere Personen wichtig, so werden diese zusätzlich eingeladen.

Die Kummerlöser bieten jede Woche eine ein- bis zweistündige Sprechstunde in einem dafür reservierten Raum an. Neben diesem Raum ist ein Kasten für vertrauliche Nachrichten angebracht. Liegen dringende Probleme an, dann werden diese vorrangig behandelt, auch wenn deswegen Unterricht ausfallen muss. […]

Die Arbeit der Kummerlöser wird in jeder fünften Klasse vorgestellt. Dabei sehen die Schüler(innen) einen Film, der ihnen zeigt, wie die Gruppe bei Konflikten, die nicht im Klassenrat gelöst werden, aktiv wird.

Die Kummerlöser nehmen ihre Arbeit auf Antrag eines/r Betroffenen auf, sofern keine personalrechtlichen Angelegenheiten berührt und alle Betroffenen (auch die Klassenlehrer/innen) in Kenntnis gesetzt sind. Zu den Gesprächen wird offiziell eingeladen.

Voraussetzung ist, dass der Konflikt zunächst im Klassenrat besprochen worden ist. Erst wenn es hier zu keiner Lösung kommt, werden die Kummerlöser aktiv. Durch diese Regelung wollen wir erreichen, dass zunächst im Rahmen der Klasse selbstständig nach Lösungen gesucht wird. Gleichzeitig ist dies aber auch ein „Filter", der den Ausschuss davor bewahren soll, in der Vielzahl der Konflikte zu „ertrinken".

Eine Ausnahme von dieser Regel machen wir bei persönlichen Konflikten. Beziehungsprobleme, Konflikte mit Eltern und Erziehern, aber auch Liebeskummer können direkt im Ausschuss besprochen werden.

Betrifft ein Konflikt den Unterricht, dann versuchen wir, durch Unterrichtsbeobachtungen ein Bild von der Situation zu bekommen. Nach einer ausschussinternen Auswertung werden die Konfliktparteien nacheinander eingeladen, um ihre „Sichtweise" zu vertreten. Schon zu diesem Zeitpunkt werden Ideen zur Problemlösung gesammelt. Dabei versuchen wir, das Augenmerk auf die positiven Eigenschaften der anderen Partei zu richten, um ein „Agreement" anzubahnen. In der nachfolgenden gemeinsamen Sitzung mit den Kontrahenten werden dann die Punkte herausgearbeitet, die zur Änderung des Verhaltens führen sollen. Diese Punkte werden in einem Vertrag festgehalten; gleichzeitig wird eine Vereinbarung über die Laufzeit des Vertrags getroffen. Werden die Vereinbarungen eingehalten, dann wird dies besonders gewürdigt, zum Beispiel durch ein Fest oder eine Feier. […]

nach Peter Held

Projekt: „Zum Streit bereit – aber HALT bei Gewalt!"

Ziel des Präventionsprojekts „Zum Streit bereit – aber HALT bei Gewalt!" ist es, an Schulen eine Streitkultur zu entwickeln, sodass Konflikte mit konstruktiven Mitteln ausgetragen werden.

[…] Zum Selbstverständnis von „Zum Streit bereit – aber HALT bei Gewalt!" gehört zum einen ein positives Konfliktverständnis: Konflikte ermöglichen konstruktive Prozesse, weshalb Konfliktbearbeitung statt Konfliktvermeidung/-verdrängung im Vordergrund stehen. Zum anderen gehört zum Selbstverständnis ein positives Menschenbild: Kein Mensch ist an sich aggressiv, Aggressionen können zwar zu aggressivem Handeln führen, aber vielmehr geht es um einen verantwortungsvollen Umgang mit Aggressionen statt ihrer Auslöschung. Aus dem Selbstverständnis, dass Menschen von sich aus die Möglichkeit zu eigenständigem, verantwortlichem und konstruktivem Umgang mit Konflikten haben, ergibt sich die zentrale Aufgabe, die Befähigung hierfür zu fördern, auszubauen und zu erweitern.

> DAS ENTGEGENGESETZTE PASST ZUSAMMEN,
> AUS DEM VERSCHIEDENEN ERGIBT SICH DIE SCHÖNSTE HARMONIE,
> UND ALLES ENTSTEHT AUF DEM WEGE DES STREITES.
>
> *Heraklit von Ephesus*

Zu dem Themenbereich von „Zum Streit bereit – aber HALT bei Gewalt!" gehören:
- eigenständige, verantwortliche Konflikthandhabung (eigenes Streitverhalten),
- gewaltfreies Eingreifen (in der Position einer Drittpartei),
- Streitschlichtung (Schulmediation durch Konfliktlotsen).

Eigenes Streitverhalten: Die SchülerInnen spielen eine aktuelle Konfliktsituation nach, um Alternativen zu gewohnten Verhaltensweisen auszuprobieren. Für jede Situation gibt es mehrere Möglichkeiten und viele verschiedene Ergebnisse. Manche von ihnen verschärfen den Konflikt, manche führen zu Lösungen, die von beiden Seiten akzeptiert werden können. Diese werden herausgearbeitet und spielerisch umgesetzt, damit die SchülerInnen Bilder von den Lösungsansätzen haben, an die sie sich später erinnern können.

Gewaltfreies Eingreifen: Gemeinsam mit den Schülerinnen und Schülern werden Möglichkeiten erarbeitet, wie sie in heiklen Streitsituationen eingreifen und zur Deeskalation mit beitragen können. Das Ziel ist, Mut zu entwickeln, unabhängig ob die eingreifende Person als FreundIn eines der Streithähne parteiisch ist oder „neutral". Und Mut kann gestärkt werden, wenn Möglichkeiten eingeübt werden, die niemanden zusätzlich gefährden, Opfer und TäterInnen das „Gesicht wahren lassen" und trotzdem den Gewaltknoten entwirren.

Streitschlichtung: Nach der heißen Streitphase werden offen stehende Streitpunkte im gegenseitigen Einverständnis versucht zu klären. Dazu werden SchülerInnen als „Konfliktlotsen" befähigt, solch einen Schlichtungsprozess zielorientiert begleiten zu können.

Aus dem Rundbrief einer Begegnungsstätte für gewaltfreie Aktion in Wustrow

1 Die „Kummerlöser" und das Projekt „Zum Streit bereit – aber HALT bei Gewalt!" geben Anregungen, wie an Schulen mit Konflikten umgegangen werden kann. Was könnt ihr daraus auf eure Schul- und Klassensituation anwenden?

Kriegerische Auseinandersetzungen

Ein Rückblick ins 20. Jahrhundert

*Vietnam 1964. Der amerikanische Colonel Markey hält
die Hand der wenige Sekunden zuvor verstorbenen
Le Thia-lan (kleine Orchidee). Das dreizehnjährige Mädchen
war bei einem Bombenanschlag der Vietcong in My-Tho tödlich
verletzt worden.*

Seit 1954 war Vietnam durch eine Demarkationslinie am 17. Breitengrad in das kommunistisch beherrschte Nord-Vietnam und das westlich orientierte Süd-Vietnam, dessen Regierung von den USA gestützt wurde, geteilt.

Der nordvietnamesische Vietcong und die „Nationale Befreiungsarmee von Süd-Vietnam" verstärkten seit 1957 ihre Guerillatätigkeit mit dem Ziel der Vereinigung der beiden Staaten. Unter Präsident J.F. Kennedy erhöhten die USA die Zahl ihrer Militärberater in Süd-Vietnam, bis sie schließlich mit einer starken Armee – im Jahre 1969 waren es 540 000 amerikanische Soldaten – in die Kämpfe eingriffen und sie mit äußerster Härte führten. In den USA bildete sich eine starke Opposition gegen diesen Krieg. Anfang 1973 kam es zu einem Waffenstillstandsabkommen und dem vollständigen Rückzug des US-amerikanischen Militärs.

Un-Sinn und Vollmacht

Die Szene am Totenbett symbolisiert für Katja Riemann*
die Absurdität des Krieges

L'Orchidée ... nein, sie schläft nicht ... Schlafes Bruder ist der Tod – oder ist es der Schnitter[1], der so heißt?!

Es ist Krieg. Ein Krieg gegen die Schwachen, denn diese werden getötet. Was haben sie getan, dass man sie so hasst? Ein Krieg gegen Kinder, die Kriege zu keiner Zeit, an keinem Ort der Welt wollten, ungefragt blieben, mit Fragen auf den Lippen starben.

Immer wieder. Immer noch. Immer fort.

„Gebt den Kindern das Kommando", sagt Grönemeyer. Aber nicht mehr jene Könige haben das Kommando, die vorneweg ritten in roter Robe oder vorneweg liefen wie William Wallace „Braveheart"[2], selber kämpfend, selbst bereit zu sterben für ihren eigenen Krieg. Die heutigen Könige sind Feiglinge in Bunkern, die andere für sich sterben lassen.

Und der amerikanische Militärarzt an der Hand der kleinen Orchidee?! Ist der Ausdruck seines Gesichts nicht Abbild unglaublicher Fassungslosigkeit über den UN-SINN und die VOLLMACHT des Krieges? Und kann es sein, dass an einem anderen Bett ein vietnamesischer Krieger an der Hand eines toten amerikanischen Mädchens steht?! Mit gleichem Ausdruck, gleichen Gedanken?

„I hope the Russians love their children, too", sagt Sting.

Und Büchner[3] lässt Lucille sagen:

„... Sterben, sterben ... Die Erde müsste eine Wunde bekommen von dem Streich. Es regt sich Alles, die Uhren gehen, die Glocken schlagen, das Wasser rinnt ... Ich will mich auf den Boden setzen und schreien, dass erschrocken Alles stehn bleibt, Alles stockt, sich nichts mehr regt ..."

Ich schreie mit ...

Aber wohin verhallen unsere Schreie? Wer hört zu? Kann man auch das Echo eines Schreis erschießen?

---

* Katja Riemann ist eine der bekanntesten deutschen Schauspielerinnen. Ihr Honorar für diesen Artikel spendete sie der deutschen Sektion von „Reporters sans frontières".

---

1 Findet eine Überschrift für die Vietnam-Fotografie auf der vorangegangenen Seite.

2 Nehmt an, der amerikanische Colonel habe ein „Kriegstagebuch" geführt. Notiert, was er am Abend dieses Tages niedergeschrieben haben könnte.

3 Stellt euch vor, der Colonel habe abends einen Brief an seine sechzehnjährige Tochter geschrieben oder an seinen achtzehnjährigen Sohn, der seine Einberufung erwartete. Entwerft selbst solche Briefe.

4 Lest die Tagebucheintragungen bzw. die Briefe in der Klasse vor und sprecht über eure Eindrücke beim Schreiben und Zuhören.

---

[1] Schnitter: veraltet für Mäher; „Sensenmann"
[2] William Wallace „Braveheart": berühmter schottischer Freiheitskämpfer; 1305 hingerichtet
[3] Büchner/Lucille: Lucille ist eine Dramenfigur in *Dantons Tod (1835)* von Georg Büchner

KONFLIKTE REGELN

Das 20. Jahrhundert:
Jahrhundert der Kriege und der Friedenspolitik

Einige Daten und Fakten:

1914–1918:	1. Weltkrieg
1936–1939:	Spanischer Bürgerkrieg
1939–1945:	2. Weltkrieg
1947–49, 1965/66:	Indien – Pakistan
1964–1972:	Vietnam-Krieg
1967:	6-Tage-Krieg in Israel
1975–1991:	Libanon
1979–1988:	Afghanistan
1982:	Falkland-Krieg
1990–1991:	Golf-Krieg
1990–1995:	Ruanda

• • •

Die Gründung des Völkerbundes führt 1920 zu Vereinbarungen, die die Grausamkeit des Krieges eingrenzen sollen.

1946 werden die Vereinten Nationen (UN) zur Sicherung und zur Förderung der internationalen Zusammenarbeit gegründet. (Deutschland wird 1973 in die UN aufgenommen.)

1972 unterzeichnen die USA und die UdSSR das SALT-Abkommen zur Begrenzung strategischer Waffen.

Die USA, Großbritannien, die UdSSR und 75 andere Staaten unterzeichnen 1972 eine Konvention über das Verbot bakteriologischer Waffen.

Die Konferenz für Sicherheit und Zusammenarbeit in Europa (KSZE), an der sich 33 europäische Staaten beteiligen, tritt 1973 in Helsinki zusammen. 1975 wird die Schlussakte von Helsinki unterzeichnet, in der sich diese Staaten auf friedenspolitische Grundsätze und auf Achtung der Menschenrechte einigen.

In einem Urteil des Internationalen Gerichtshofs in Den Haag werden 1996 Atomwaffen für völkerrechtswidrig erklärt.

1997 verpflichten sich 100 Staaten bei der Ottawa-Konferenz, alle Anti-Personenminen abzuschaffen. Den Trägern der Landminen-Kampagne wird der Friedensnobelpreis verliehen.

• • •

1 Die Übersicht „Jahrhundert der Kriege und der Friedenspolitik" ist nicht vollständig. Ergänzt sie um Angaben – auch aktuellere –, die ihr für unverzichtbar haltet.

2 Erstellt eine ergänzende Übersicht mit zwei weiteren Spalten: „Menschen für Frieden und Gewaltfreiheit" – „Initiativen für Frieden und Gewaltfreiheit". Bei der Zusammenstellung könnt ihr z.B. diejenigen berücksichtigen, die den Friedensnobelpreis, den alternativen Friedensnobelpreis oder den Friedenspreis des deutschen Buchhandels erhalten haben. Sucht aber auch nach Friedensstiftern, die nicht so bekannt geworden sind.

3 Unter denen, die sich für den Frieden eingesetzt haben und einsetzen, gibt es solche, die von Anfang an und konsequent die Gewaltfreiheit vertreten haben, und andere, die aus der Erfahrung des bewaffneten Kampfes zum Einsatz für die friedlichen Lösungen kamen. Untersucht die entsprechenden Lebenswege genauer. Könnte in bestimmten geschichtlichen und gesellschaftlichen Zusammenhängen der bewaffnete Kampf ein notwendiger Schritt zum Frieden sein?

4 Organisiert eine Podiumsdiskussion, die sich mit dieser Frage an einem konkreten Beispiel – z.B. der Konflikt im Nahen Osten, der Kosovo-Krieg oder ein aktuellerer Fall – auseinandersetzt.
Wollt ihr eure Beschäftigung mit dem Thema zu einem Projekt ausweiten? Dann könntet ihr z.B. in eurer Schule eine Ausstellung „Menschen und Initiativen für Gewaltfreiheit und Frieden" vorbereiten.

Zwei Stimmen zum Krieg

Gebet des deutschen Wehrmanns

Herr Gott im Himmel droben!
Der Krieg ist wohl ein schlimmes Ding,
Und wenn's nach deinem Willen ging,
Könnt ich den Frieden loben.

Nun aber fuhr der Böse
Ringsum in all die falsche Welt,
Die uns mit geiler Wut umstellt,
Und macht ein arg Getöse.

Ich habe Weib und Kinder
Und wollte meinen Acker baun.
Jetzt starre ich in Waffen traun
Als wie ein Leuteschinder.

Ja, liebe deine Feinde! –
Mein Herrgott, diesmal kann ich's nicht,
Und wenn's der Heiland selber spricht
Zur ganzen Menschgemeinde.

Sie woll'n an unser Leben!
Was deutsch ist, das soll niedrig sein!
Mein Vaterland soll Gnade schrein? –
Du musst die Wut vergeben.

Mir rast das Blut im Kreise,
Die Fäuste schüttl' ich in den Wind,
Ich will dahin, wo Feinde sind,
Dass ich sie Wege weise.

Wenn wir sie dann getrieben
Ins allertiefste Kellerloch,
Wenn sich der letzte Hund verkroch, –
Will ich sie wieder lieben

Und will den Frieden loben.
Denn Krieg ist wohl ein arges Ding.
Ja, wenn's nach unserm Willen ging,
Herr Gott im Himmel droben –!

Hans Schmidt-Kestner; gefallen

Wolfgang Borchert

Draußen vor der Tür

Aus dem Krieg, aus der Kälte, mit einer kaputten Kniescheibe, kommt Beckmann nach
langer Zeit zurück nach Deutschland. Er sieht aus wie eine Vogelscheuche. Er geht
nach Hause zu seiner Frau. Ein anderer hat seinen Platz eingenommen. Er geht zu sei-
nem Oberst. Er erinnert den Oberst an Stalingrad. Dann erzählt er ihm einen Traum.

BECKMANN *(schlaftrunken, traumhaft):* Hören Sie, Herr Oberst? Dann ist es gut.
Wenn Sie hören, Herr Oberst. Ich will Ihnen nämlich meinen Traum erzählen,
Herr Oberst. Den Traum träume ich jede Nacht. Dann wache ich auf, weil
jemand so grauenhaft schreit. Und wissen Sie, wer das ist, der da schreit? Ich
selbst, Herr Oberst, ich selbst. Ulkig, nicht, Herr Oberst? [...] Der Traum ist
nämlich ganz seltsam, müssen Sie wissen. Ich will ihn mal erzählen. Sie hören
doch, Herr Oberst, ja? Da steht ein Mann und spielt Xylophon. Er spielt einen
rasenden Rhythmus. Und dabei schwitzt er, der Mann, denn er ist außerge-
wöhnlich fett. Und er spielt auf einem Riesenxylophon. Und weil es so groß ist,
muss er bei jedem Schlag vor dem Xylophon hin und her sausen. Und dabei
schwitzt er, denn er ist tatsächlich sehr fett. Aber er schwitzt gar keinen Schweiß,
das ist das Sonderbare. Er schwitzt Blut, dampfendes, dunkles Blut. Und das Blut
läuft in zwei breiten roten Streifen an seiner Hose runter, dass er von weitem
aussieht wie ein General. Wie ein General! Ein fetter, blutiger General. Es muss
ein alter schlachtenerprobter General sein, denn er hat beide Arme verloren. Ja,
er spielt mit langen dünnen Prothesen, die wie Handgranatenstiele aussehen,
hölzern und mit einem Metallring. Es muss ein ganz fremdartiger Musiker sein,
der General, denn die Hölzer seines riesigen Xylophons sind gar nicht aus Holz.
Nein, glauben Sie mir, Herr Oberst, glauben Sie mir, sie sind aus Knochen.
Glauben Sie mir das, Herr Oberst, aus Knochen!
OBERST *(leise):* Ja, ich glaube. Aus Knochen. [...]
BECKMANN: Also, der General steht vor dem Riesenxylophon aus Menschen-
knochen und trommelt mit seinen Prothesen einen Marsch. Preußens Gloria
oder den Badenweiler. Aber meistens spielt er den Einzug der Gladiatoren und
die Alten Kameraden. Meistens spielt er die. Die kennen Sie doch, Herr Oberst,
die Alten Kameraden? *(summt)*
OBERST: Ja, ja. Natürlich. *(summt ebenfalls)*
BECKMANN: Und dann kommen sie. Dann ziehen sie ein, die Gladiatoren, die alten
Kameraden. [...] Eine furchtbare Flut kommen sie angeschwemmt, unübersehbar an Zahl, unübersehbar an Qual! Das furchtbare unübersehbare Meer der
Toten tritt über die Ufer seiner Gräber und wälzt sich breit, breiig, bresthaft und
blutig über die Welt. Und dann sagt der General mit den Blutstreifen zu mir:
Unteroffizier Beckmann, Sie übernehmen die Verantwortung. Lassen Sie ab-
zählen. Und dann stehe ich da, vor den Millionen hohl grinsender Skelette, vor
den Fragmenten, den Knochentrümmern, mit meiner Verantwortung, und lasse
abzählen. Aber die Brüder zählen nicht. [...] sie rotten sich zusammen, die
Verrotteten, und bilden Sprechchöre. Donnernde, drohende, dumpfe Sprechchöre. Und wissen Sie, was sie brüllen, Herr Oberst?
OBERST *(flüstert):* Nein.
BECKMANN: Beckmann, brüllen sie. Unteroffizier Beckmann. Immer Unteroffizier
Beckmann. Und das Brüllen wächst. [...] Und das Brüllen wird dann so groß,

so erwürgend groß, dass ich keine Luft mehr kriege. Und dann schreie ich, dann schreie ich los in der Nacht. Dann muss ich schreien, so furchtbar, furchtbar schreien. Und davon werde ich dann immer wach. Jede Nacht. Jede Nacht das Konzert auf dem Knochenxylophon, und jede Nacht die Sprechchöre, und jede Nacht der furchtbare Schrei. Und dann kann ich nicht wieder einschlafen, weil ich doch die Verantwortung hatte. Ich hatte doch die Verantwortung. Ja, ich hatte die Verantwortung. Und deswegen komme ich nun zu Ihnen, Herr Oberst, denn ich will endlich mal wieder schlafen. […]

OBERST: Was wollen Sie denn von mir?

BECKMANN: Ich bringe sie Ihnen zurück.

OBERST: Wen?

BECKMANN *(beinah naiv)*: Die Verantwortung. Ich bringe Ihnen die Verantwortung zurück. Haben Sie das ganz vergessen, Herr Oberst? Den 14. Februar? Bei Gorodok. Es waren 42 Grad Kälte. Da kamen Sie doch in unsere Stellung, Herr Oberst, und sagten: […] Unteroffizier Beckmann, ich übergebe Ihnen die Verantwortung für die zwanzig Mann. Sie erkunden den Wald östlich Gorodok und machen nach Möglichkeit ein paar Gefangene, klar? Jawohl, Herr Oberst, habe ich da gesagt. Und dann sind wir losgezogen und haben erkundet. Und ich – ich hatte die Verantwortung. Dann haben wir die ganze Nacht erkundet, und dann wurde geschossen, und als wir wieder in der Stellung waren, da fehlten elf Mann. Und ich hatte die Verantwortung. Ja, das ist alles, Herr Oberst. Aber nun ist der Krieg aus, nun will ich pennen, nun gebe ich Ihnen die Verantwortung zurück, Herr Oberst, ich will sie nicht mehr, ich gebe sie Ihnen zurück, Herr Oberst.

OBERST: Aber mein lieber Beckmann, Sie erregen sich unnötig. So war es doch nicht gemeint.

BECKMANN *(ohne Erregung, aber ungeheuer ernsthaft)*: Doch. Doch, Herr Oberst. So muss das gemeint sein. Verantwortung ist doch nicht nur ein Wort, eine chemische Formel, nach der helles Menschenfleisch in dunkle Erde verwandelt wird. Man kann doch Menschen nicht für ein leeres Wort sterben lassen. Irgendwo müssen wir doch hin mit unserer Verantwortung. Die Toten – antworten nicht. Gott – antwortet nicht. Aber die Lebenden, die fragen. Die fragen jede Nacht, Herr Oberst. Wenn ich dann wach liege, dann kommen sie und fragen. Frauen,

Titelbild der Erstausgabe

Pablo Picasso: Guernica (1937)

Herr Oberst, traurige, trauernde Frauen. […] Kinder, Herr Oberst, Kinder, viele kleine Kinder. Und die flüstern dann aus der Dunkelheit: Unteroffizier Beckmann, wo ist mein Vater, Unteroffizier Beckmann? Unteroffizier Beckmann, wo ist mein Sohn, wo ist mein Bruder, Unteroffizier Beckmann, wo ist mein Verlobter, Unteroffizier Beckmann? Unteroffizier Beckmann, wo? wo? wo? So flüstern sie, bis es hell wird. Es sind nur elf Frauen, Herr Oberst, bei mir sind es nur elf. Wie viel sind es bei Ihnen, Herr Oberst? Tausend? Zweitausend? Schlafen Sie gut, Herr Oberst? Dann macht es Ihnen wohl nichts aus, wenn ich Ihnen zu den zweitausend noch die Verantwortung für meine elf dazugebe. […] dann kann ich wohl nun endlich pennen – wenn Sie so nett sind und sie wieder zurücknehmen, die Verantwortung. Dann kann ich wohl nun endlich in aller Seelenruhe pennen. […]

OBERST *(ihm bleibt doch die Luft weg. Aber dann lacht er seine Beklemmung fort, aber nicht gehässig, eher jovial und raubeinig, gutmütig, sagt sehr unsicher):* Junger Mann, junger Mann! Ich weiß nicht recht, ich weiß nicht recht. Sind Sie nun ein heimlicher Pazifist, wie? So ein bisschen destruktiv, ja? Aber – *(er lacht zuerst verlegen, dann aber siegt sein gesundes Preußentum, und er lacht aus voller Kehle)* mein Lieber, mein Lieber! Ich glaube beinahe, Sie sind ein kleiner Schelm, wie? […] Ich hatte ja im ersten Moment gar nicht begriffen, dass Sie so eine komische Nummer bringen wollten. Ich dachte wahrhaftig, Sie hätten so eine leichte Verwirrung im Kopf. Hab doch nicht geahnt, was Sie für ein Komiker sind. Nein, also, mein Lieber, Sie haben uns wirklich so einen reizenden Abend bereitet – das ist eine Gegenleistung wert. Wissen Sie was? Gehen Sie runter zu meinem Chauffeur, nehmen Sie sich warm Wasser, waschen Sie sich, nehmen Sie sich den Bart ab. Machen Sie sich menschlich. Und dann lassen Sie sich vom Chauffeur einen von meinen alten Anzügen geben. Ja, das ist mein Ernst! Schmeißen Sie Ihre

zerrissenen Klamotten weg, ziehen Sie sich einen alten Anzug von mir an, doch, das dürfen Sie ruhig annehmen, und dann werden Sie erst mal wieder ein Mensch, mein lieber Junge! Werden Sie erst mal wieder ein Mensch!!!

BECKMANN *(wacht auf und wacht auch zum ersten Mal aus seiner Apathie auf)*: Ein Mensch? Werden? Ich soll erstmal wieder ein Mensch werden? *(schreit)* Ich soll ein Mensch werden? Ja, was seid ihr denn? Menschen? Menschen? Wie? Was? Ja? Seid ihr Menschen? Ja?!?

Der Krieg ist „das größte Hindernis des Moralischen"
und der „Zerstörer alles Guten".
Immanuel Kant

1 Untersucht das „Gebet des deutschen Wehrmanns".
   – Welche Stimmung im Deutschland zu Beginn des Ersten Weltkriegs wird hier beschrieben?
   – Wie geht der Verfasser mit den Verhaltensnormen seines christlichen Glaubens um?
   – Wie werden die Feinde beschrieben?
   – Auf welcher Seite wird Gott gesehen?
   – Wie wird begründet, warum der Krieg notwendig ist?
   – Wie geht das „Gebet" mit dem Gebot der Feindesliebe um?

2 Deutet den Traum des Unteroffiziers Beckmann in dem Textauszug von Wolfgang Borchert. Wie ist Beckmann bisher mit seinen Erlebnissen umgegangen? Warum spricht er im Traum zu dem Oberst?

3 Diskutiert die Frage: Entziehen sich beide der Verantwortung, der Oberst, indem er sie überhaupt nicht sieht, Beckmann, indem er sie dem Oberst zurückgeben will?

4 Wie beurteilt ihr die Aussage des Oberst, Beckmann solle erst wieder einmal ein Mensch werden, und dessen Gegenfrage: „Seid ihr Menschen?"?

5 Vergleicht das „Gebet" mit dem Auszug aus „Draußen vor der Tür". Stellt euch vor, der Verfasser des „Gebets" hätte das Ende des Ersten Weltkrieges erlebt: Hätte er möglicherweise sein Gedicht umgeschrieben? Wenn ja, wie?

6 Beschreibt und deutet das Gemälde „Guernica" von Pablo Picasso. Gebt ihm eine Überschrift, die sich auf die Aussage des Bildes bezieht.

7 Sammelt Kriegs- und Friedenslieder und vergleicht sie hinsichtlich ihrer sprachlichen und musikalischen Form und vor allem im Hinblick auf ihre Aussagen.

8 Schreibt selbst ein Gedicht, einen Dialog oder einen kurzen Essay zum Krieg.

9 Führt eine moderierte Rollendiskussion durch, bei der jeweils eine/r von euch die Position von Hans Schmidt-Kestner, Wolfgang Borchert und Immanuel Kant vertreten soll. Die Moderatorin oder der Moderator soll nur dann vermittelnd ergreifen, wenn der Konflikt heftiger wird.

Massenvernichtungswaffen, Landminen, Waffenhandel

Atomwaffen sind völkerrechtswidrig

Das Rechtsgutachten des Internationalen Gerichtshofs in Den Haag vom 8. Juli 1996 kommt zu folgenden Ergebnissen:
1. Weder im Gewohnheitsrecht noch im konventionellen Völkerrecht findet sich eine spezielle Erlaubnis für die Bedrohung durch oder die Anwendung von Atomwaffen.
2. Die Bedrohung durch oder die Anwendung von Atomwaffen steht generell im Widerspruch zu den in einem bewaffneten Konflikt verbindlichen Regeln des internationalen Rechts und insbesondere den Prinzipien und Regeln des humanitären Völkerrechts.
3. In der gegenwärtigen Situation kann der Gerichtshof nicht definitiv entscheiden, ob die Bedrohung durch oder die Anwendung von Atomwaffen in einer extremen Notsituation, in der das reine Überleben eines Staates auf dem Spiel stehen würde, rechtmäßig oder unrechtmäßig sein würde.
4. Es gibt eine Verpflichtung, Verhandlungen in gutem Glauben fortzusetzen und abzuschließen, die zu atomarer Abrüstung in all ihren Aspekten unter strikter und effektiver internationaler Kontrolle führen.

Drei Regeln des Kriegsvölkerrechts sind verbindlich:
1. Das Verbot des Einsatzes von Waffen, die unterschiedslos Soldaten und die Zivilbevölkerung treffen;
2. das Gebot, unnötiges Leid zu vermeiden;
3. das Gebot der Verhältnismäßigkeit.

1 Informiert euch über die Bedeutung und die Aufgaben des Internationalen Gerichtshofs in Den Haag. Welche Rolle spielt er für die internationale Friedenspolitik?

2 Erkundigt euch bei der Pressestelle des Auswärtigen Amtes und des Verteidigungsministeriums über die Haltung der Bundesrepublik Deutschland zur atomaren Bewaffnung und zur atomaren Strategie der NATO. Vergleicht die Stellungnahmen mit dem Gutachten des Internationalen Gerichtshofs.

Eine Erfolgsstory: Der Ottawa-Vertrag gegen die Minenplage

Die harten Fakten hinter dem Landminenproblem

Das Ausmaß der Landminenplage übersteigt bei weitem unser Vorstellungsvermögen: 119 Millionen Minen sind bisher weltweit in rund 70 Staaten verlegt worden und werden dort zu einem tödlichen Relikt schon lange beigelegter Konflikte. Ebenso viele Landminen waren bis 1996 in den Lagern der Armeen vorhanden. [...]

Zwei Brüder im orthopädischen Zentrum des ICRC in Battambang (Kambodscha); beide Opfer von Landminen; 1996

Das Internationale Komitee vom Roten Kreuz (ICRC) schätzt die Zahl der Todesopfer pro Monat auf 800 Menschen, 1 200 werden von Minen verkrüppelt. Zivilisten sind auch Jahre, nachdem die bewaffneten Konflikte in ihren Ländern beendet wurden, durch verminte Areale gefährdet – Landminen zerstören ihre Lebensgrundlage. Die Landminenplage verursacht in Ländern wie Angola, Afghanistan, Kambodscha oder Somalia schwerwiegende soziale und wirtschaftliche Probleme. Die betroffenen Menschen müssen nach einem solchen Unfall ein Leben als Krüppel fristen, können sich selbst oder ihre Angehörigen nicht mehr versorgen. Die landwirtschaftlichen Flächen ganzer Dörfer sind oftmals durch Anti-Personenminen unbrauchbar gemacht – viele Einwohner nehmen die Risiken auf sich und betreten die verminten Felder, um sie zu bestellen, weil sie sonst hungern müssten. [...] Kinder haben unter den Folgen des Landmineneinsatzes besonders zu leiden: Laut UNICEF sind 30 bis 40 Prozent aller Minenopfer jünger als 15 Jahre.

Das Landminenproblem hat sich in den neunziger Jahren deutlich verschärft. In zahlreichen innerstaatlichen Konflikten sind Anti-Personenminen massiv eingesetzt worden. Diese Konflikte zeigten, wie sehr sich die Einsatzweise von Minen verändert hat. Ursprünglich als taktisch-defensive „Schlachtfeld-Waffe" entwickelt, die den Vormarsch der feindlichen Infanterie behindern sollte, werden Anti-Personenminen heutzutage von rivalisierenden Gruppierungen in innerstaatlichen Konflikten gezielt als strategisch-offensive Waffen benutzt. APMs werden gegen Flüchtlingsströme eingesetzt oder gegen Zivilisten, um deren Leben oder ihren Lebensraum zu vernichten.

Der richtige Weg zur Lösung des Anti-Personenminenproblems

Die Internationale Kampagne zum Verbot von Landminen (ICBL), in der sich mehr als 1000 Nicht-Regierungsorganisationen zusammengeschlossen haben, hat Geschichte geschrieben. Ihrer Überzeugungsarbeit ist es zu verdanken, dass rund 100 Staaten im Jahr 1997 endlich einen effektiven Vertrag verhandelten und im Dezember unterzeichneten. Am 1. März 1998 trat der Vertrag in Kraft, nachdem ihn mehr als 140 Staaten unterzeichnet und 40 Staaten ratifiziert hatten.
Der Ottawa-Vertrag verbietet den Einsatz, die Produktion, die Lagerung und den Export von Anti-Personenminen und setzt neue Standards, indem er Bestimmungen des humanitären Völkerrechts mit denen der Rüstungskontrolle und Abrüstung verknüpft. Neben den Verbotsbestimmungen sind in dem neuen Vertrag auch Regelungen enthalten, mit deren Hilfe das größte Problem – die bereits verlegten Anti-Personenminen – angegangen werden soll.

nach Simone Wisotzki

Landminenopfer im orthopädischen Zentrum des ICRC in Kabul (Afghanistan); 1996

1 Beschafft euch weitere Informationen über das Minenproblem, insbesondere auch über die Gefahren für Kinder.

2 Überlegt euch, wie eine Initiative zur Unterstützung von Minenopfern organisiert werden könnte.

Die Kampagne

„Produzieren für das Leben – Rüstungsexporte stoppen!"

Seit 1983 arbeiten 12 christliche Organisationen in der Kampagne „Produzieren für das Leben – Rüstungsexporte stoppen!" zusammen. Die Kampagne will dazu beitragen, dass die Bundesrepublik Deutschland jeglichen Export von Waffen und rüstungstechnischem „Know-how" verbindlich einstellt und gesetzliche Regelungen für den Export von zivil und militärisch nutzbaren Gütern („dual use") erlässt, die einen Export nur bei sichergestellter ziviler Verwendung ermöglichen. Gleichzeitig tritt die Kampagne für die Umstellung der Rüstungsproduktion auf die Fertigung sozial und ökologisch nützlicher Güter ein.

Wir fordern:
- ein vollständiges Werbeverbot für Rüstungsgüter;
- die Aufstellung eines umfassenden Plans zur Umstellung der Rüstungsindustrie auf die Fertigung ziviler Güter und Dienstleistungen;
- die Umwidmung aller rüstungsrelevanten Forschungs- und Entwicklungsmittel des Bundes für die Entwicklung ökologisch verträglicher Verkehrs- und Energiesysteme;
- die Aufnahme eines Rüstungsexportverbots in die Verfassung. [...]
- Wir erläutern die komplexen Zusammenhänge von Rüstungsproduktion und -forschung, deutscher Exportpraxis, wirtschaftlichen und politischen Interessen und den Auswirkungen auf die Menschen in den Empfängerländern mit Broschüren, Faltblättern und Veranstaltungen. Zusammen mit anderen Initiativen entwickeln wir konkrete Handlungsmöglichkeiten. Es ist uns gelungen, den Schleier der Geheimhaltung über dem Thema Rüstungsexport zu lüften und Protest zu organisieren.

Die ausführliche Materialliste und Informationen über die Mitgliedschaft im Trägerverein der Kampagne (Verein zur Förderung von Frieden und Gerechtigkeit e.V.) erhalten Sie im Büro der Kampagne „Produzieren für das Leben – Rüstungsexporte stoppen!", Bismarckring 3 · 65183 Wiesbaden, Tel.: 0611/9102350 · Fax: 0611/371838.

1 Entwerft zwei Briefe an die Initiatoren der Kampagne „Produzieren für das Leben – Rüstungsexporte stoppen!". Der eine Brief soll die Kampagne unterstützen und möglichst viele Gründe für die Beendigung der Rüstungsexporte zusammentragen. Der andere Brief listet die Bedenken auf (z. B. die Sorge um Arbeitsplätze in der Rüstungsindustrie oder die Notwendigkeit, dass demokratische Regierungen sich gegen Umsturzversuche wehren können). Versucht euch anschließend auf einen Brieftext zu einigen, den ihr abschicken könntet.

Gewalt überwinden – Frieden fördern

Erich Fried

Die Gewalt

Die Gewalt fängt nicht an
wenn einer einen erwürgt
Sie fängt an
wenn einer sagt:
„Ich liebe dich:
Du gehörst mir!"

Die Gewalt fängt nicht an
wenn Kranke getötet werden
Sie fängt an
wenn einer sagt:
„Du bist krank:
Du musst tun was ich sage"

Die Gewalt fängt an
wenn Eltern
ihre folgsamen Kinder beherrschen
und wenn Päpste und Lehrer und Eltern
Selbstbeherrschung verlangen

Die Gewalt herrscht dort
wo der Staat sagt:
„Um die Gewalt zu bekämpfen
darf es keine Gewalt mehr geben
außer *meiner* Gewalt"

Die Gewalt herrscht
wo irgendwer
oder irgendetwas
zu hoch ist
oder zu heilig
um noch kritisiert zu werden

oder wo die Kritik nichts *tun* darf
sondern nur reden
und die Heiligen oder die Hohen
mehr tun dürfen als reden

Die Gewalt herrscht dort wo es heißt:
„Du darfst Gewalt anwenden"
aber oft auch dort wo es heißt:
„Du darfst *keine* Gewalt anwenden"

Die Gewalt herrscht dort
wo sie ihre Gegner einsperrt
und sie verleumdet
als Anstifter zur Gewalt

Das Grundgesetz der Gewalt
lautet: „Recht ist, was *wir* tun.
Und was die *anderen* tun
das ist Gewalt"

Die Gewalt kann man vielleicht nie
mit Gewalt überwinden
aber vielleicht auch nicht immer
ohne Gewalt

Ein Veto gegen den Krieg

Nun spricht die moralisch-praktische Vernunft in uns
ihr unwiderstehliches Veto aus:

Es soll kein Krieg sein,

weder der, welcher zwischen mir und dir im Naturzustande,
noch zwischen uns als Staaten [...];
denn das ist nicht die Art, wie jedermann sein Recht suchen soll.
Also ist nicht mehr die Frage:
Ob der ewige Friede ein Ding oder Unding sei, [...]
sondern wir müssen so handeln,
als ob das Ding sei, was vielleicht nicht ist, [...]
um ihn herbeizuführen
und dem heillosen Kriegführen [...] ein Ende zu machen.

Immanuel Kant

Käthe Kollwitz:
Nie wieder Krieg (1924)

1 Lest die einzelnen Verse des Gedichts von Erich Fried vor. Führt nach jedem Vers eine Abstimmung „Ich stimme weitgehend zu" – „Ich stimme eher nicht zu" durch und notiert die Ergebnisse.
Diskutiert dann zunächst über die Aussagen, zu denen eure Meinungen auseinander gingen.
Benennt anschließend die Gründe für euer eher einmütiges Votum zu anderen Versen. Diskutiert die Begründungen.

2 Besteht ein Widerspruch zwischen Erich Frieds Aussage im letzten Vers und Immanuel Kants Veto gegen den Krieg und für die Friedensstiftung?

Das Gewissen

1 Die Collage auf der vorherigen Seite enthält zum Thema „Verantwortung" und „Gewissen" Elemente, die euch schon bei anderen Kapitel-Einstiegsseiten begegnet sind. Bildet Arbeitsgruppen und findet heraus,
– wo ein bestimmtes Element/eine bestimmte Figur (oder Figurengruppe) schon einmal aufgetaucht ist und
– inwiefern das Element, das ihr euch ausgesucht habt, sowohl zum Thema „Verantwortung" passt als auch zu dem Thema, bei dem es erstmals zu sehen war.

2 Stellt einen Zusammenhang zwischen dem Thema „Verantwortung" und der von euch ausgewählten Figur her, indem ihr z. B. eine „Verantwortungsgeschichte" schreibt. Die folgenden Fragen können euch dabei helfen:
– Wer muss sich vor wem verantworten und wofür?
– Wer hat für wen Verantwortung?
– Wer ruft wen zur Verantwortung?

3 Sammelt aus Zeitschriften und Illustrierten Fotografien, die eine Beziehung zum Thema „Verantwortung" haben. Berichtet euren Mitschülern über die Ereignisse, die hinter den Fotografien stehen. Erklärt, welche Verantwortungsfragen die Ereignisse aufwerfen.

4 Stellt eine – vorläufige – Liste von „Formen der Verantwortung" zusammen. Ihr könnt sie im Laufe der Beschäftigung mit diesem Kapitel immer wieder ergänzen und verändern.

DAS GEWISSEN BILDEN UND VERANTWORTLICH ENTSCHEIDEN

Am Ende entscheidet allein das Gewissen

Anne Frank fragt nach dem Gewissen

Donnerstag, 6. Juli 1944

Liebe Kitty!

Mir wird bange ums Herz, wenn Peter[1] davon spricht, dass er später vielleicht Verbrecher wird oder Spekulant. Es ist zwar witzig gemeint, aber ich habe das Gefühl, dass er selbst Angst hat vor seiner Charakterschwäche. Immer wieder höre ich, sowohl von Margot[2] als von Peter: „Ja, wenn ich so stark und mutig wäre wie du, wenn ich so meinen Willen durchsetzen könnte, wenn ich solche Ausdauer hätte, ja, dann ...!" Ist es wirklich eine gute Eigenschaft, dass ich mich nicht beeinflussen lasse? Ist es richtig, dass ich fast ausschließlich dem Weg meines Gewissens folge? Ehrlich gesagt, kann ich mir nicht gut vorstellen, wie jemand sagen kann: „Ich bin schwach!", und dann noch so schwach bleibt. Wenn man so etwas weiß, warum dann nicht dagegen angehen und den Charakter stählen? Die Antwort war: „Weil es so viel bequemer ist." Diese Antwort hat mich ein bisschen missmutig gemacht. Bequem! Bedeutet ein faules und selbstbetrügerisches Leben auch, dass es bequem ist? O nein, das kann nicht so sein, das darf nicht wahr sein, dass Schlappheit und ... Geld jemanden so schnell verführen können. Ich habe lange darüber nachgedacht, was ich wohl für eine Antwort geben muss, wie ich Peet[3] dazu bringen kann, an sich selbst zu glauben, und vor allem sich zu bessern. Ob es Erfolg haben wird, weiß ich nicht.

1 Setzt euch mit Anne Franks Frage auseinander, ob es richtig ist, ausschließlich dem Weg des eigenen Gewissens zu folgen.

2 Lest weitere Abschnitte aus dem Tagebuch der Anne Frank, in denen sie schreibt über
– die eigene Verantwortung,
– das Verhältnis zu den Eltern,
– die eigene Stärke und
– den inneren Zwiespalt, also über die Frage des Gewissens.
Schaut euch hierzu z. B. Annes Eintragungen vom 27. September 1942, 28. September 1942, 7. November 1942, 28. November 1942, 30. Januar 1943, 2. April 1943, 11. Juli 1943, 2. Januar 1944, 22. Januar 1944, 7. März 1944, 17. März 1944 oder 15. April 1944 an.

3 Nehmt persönlich Stellung zu der Aussage, dass am Ende allein das Gewissen entscheidet.

---

[1] Sohn des Ehepaars van Daan, das sich gemeinsam mit der Familie Frank vor den Nazis versteckt hält
[2] Annes ältere Schwester
[3] Spitzname Annes für Peter

Martin Luther beruft sich auf sein Gewissen

Am 17. und 18. April 1521 stand die Stadt Worms im Mittelpunkt des kirchlichen und internationalen Interesses. Der Reichstag hatte sich versammelt. Kaiser Karl V. war anwesend. Martin Luther, der Reformator, war vorgeladen.

Die erste Verhandlung mit Martin Luther fand am 17. April statt. Dr. Johannnes Eck, der Vorsitzende des kirchlichen Gerichts des Erzbischofs von Trier, stellt Luther zwei Fragen: Erstens, ob er sich als der Verfasser der vor ihm liegenden Bücher bekenne, zweitens, ob er bereit sei, sie ganz oder teilweise zu widerrufen. Martin Luther bejahte die erste Frage; bezüglich der zweiten erbat er Bedenkzeit. Sie wurde bis zum nächsten Tag gewährt.

Am folgenden Tag ging Luther ausführlich auf die zweite Frage ein. Er teilte seine Schriften in drei Gruppen ein: erbauliche Schriften, Schriften gegen das Papsttum, Streitschriften gegen Einzelne. An einem Widerruf der ersten Gruppe könne niemand gelegen sein. Aber auch seine Schriften gegen die Tyrannei des Papsttums könne er nicht zurücknehmen. Dasselbe gelte für die dritte Gruppe. Er sei aber bereit, sich aus der Heiligen Schrift belehren zu lassen, worin und warum er sich im Irrtum befinde, und bitte darum. Nur so könne die Spaltung, die man ihm vorwerfe, abgewehrt werden.

Luther hatte die Fürsten, die jetzt zu einer Sonderberatung zusammentraten, in eine schwierige Situation gebracht. Sie konnten seine Aufforderung, ihn aus der Schrift eines Besseren zu belehren, nicht einfach übergehen, wollten aber auch in keine Diskussion mit Luther eintreten. So fassten sie den Kompromissbeschluss, ihn noch einmal zu befragen.

In der Versammlung richtete Dr. Eck also erneut die Frage an Luther, ob er zu widerrufen bereit sei. Darauf gab der Reformator die berühmte Antwort: „Wenn ich nicht durch Zeugnisse der Schrift und klare Vernunftgründe überzeugt werde – denn ich glaube weder dem Papst noch den Konzilien allein, da es am Tage ist, dass sie des Öfteren geirrt und sich selbst widersprochen haben –, so bin ich durch die Stellen der Heiligen Schrift, die ich angeführt habe, überwunden in meinem Gewissen und gefangen in dem Worte Gottes. Daher kann und will ich nichts widerrufen, weil wider das Gewissen etwas zu tun weder sicher noch heilsam ist. Gott helf mir, Amen."

nach Hans Lilje

Grundgesetz, Artikel 4

(1) Die Freiheit des Glaubens, des Gewissens und die Freiheit des religiösen und weltanschaulichen Bekenntnisses sind unverletzlich.

(2) Die ungestörte Religionsausübung wird gewährleistet.

(3) Niemand darf gegen sein Gewissen zum Kriegsdienst mit der Waffe gezwungen werden.

---

1 Die Freiheit des Gewissens ist in der Bundesrepublik Deutschland durch die Verfassung geschützt. Informiert euch über die Geschichte der Gewissensfreiheit, insbesondere über die Situation zur Zeit Martin Luthers. Benutzt dazu ein allgemeines, ein philosophisches und ein theologisches Lexikon.

2 Welche Instanzen nennt Martin Luther, die seine Gewissensentscheidung bestimmen? Stehen diese Instanzen *über* dem Gewissen oder ist das Gewissen für Luther die letzte Entscheidungsinstanz?

Arbeitsgericht erkennt Gewissensentscheidung an

Erst im Zusammenhang mit dem Golf-krieg presseöffentlich wurde der Fall einer Sachbearbeiterin in einer Stahlhandelsfirma, die sich Anfang 1989 geweigert hatte, Aufträge für den Irak abzuwickeln. Begründet hatte die Sachbearbeiterin ihre Weigerung mit Gewissensnöten. Zum einen sei sie jüdischer Abstammung. Sodann sei ihr aus der Arbeit bekannt, dass die Stahllieferungen auch militärischen Zwecken dienen könnten. Der Irak, so hat-te sie weiter ausgeführt, errichte eine riesige Kriegsmaschine, habe an den Kurden Genozid verübt und bedrohe Israel. Betrieblich bestehe im Übrigen keine Notwendigkeit, gerade sie mit den Lieferungen für den Irak zu beschäftigen. Die Arbeitgeberin sah in diesem Verhalten eine Arbeitsverweigerung und mahnte die Betroffene ab. Diese klagte dagegen erfolgreich vor dem Arbeitsgericht[1].

FAZ, 08. Februar 1991

1 Beschafft euch genauere Informationen über den zweiten Golfkrieg, insbesondere auch über die Rüstungspolitik des Irak und die Bedrohung Israels durch den Irak Ende der 80er Jahre des letzten Jahrhunderts.

2 Diskutiert die Gründe, die die Sachbearbeiterin für ihre Gewissensentscheidung anführt. Würdet ihr – ähnlich wie das Arbeitsgericht – die genannten Argumente als Gründe anerkennen, die das Gewissen verpflichten, diese Art von Arbeit zu verweigern?

3 Stellt euch Gewissenskonflikte vor, die in eurem schulischen und familiären Lebensbereich entstehen könnten. Schreibt entsprechende Fallgeschichten auf und diskutiert darüber.

Ignazio Silone

Ein Stück Brot

Eines Abends – immer gerade dann, wenn es die armen Leute am allerwenigsten erwarten – brachte es das Schicksal mit sich, dass ein Gendarm ins Dorf kam und die amtliche Mitteilung überbrachte, es sei ein neuer Krieg ausgebrochen, alle Wehrfähigen müssten einrücken. […]
Für die alte Caterina war es nun selbstverständlich, dass sie die Arbeit ihres Sohnes im Steinbruch übernahm, auch wenn das niemals eine Arbeit für Frauenhände gewesen sein mochte. Aber sie konnte sich nicht mit dem Gedanken abfinden, dass die bescheidene Sparquelle für die Heirat ihres Sohnes nun plötzlich versiegen sollte, und sie stritt sich so lange und hartnäckig mit ihrem Bruder, bis er schließlich einwilligte.

---

[1] Die Originalfußnote an dieser Stelle lautet: ArbG Köln vom 18.4.1989 NZA 1991, S. 276; FAZ vom 8. 2. 1991.

Katharina Fritsch: Tischgesellschaft (1988)

Es war wirklich sonderbar, wie ihr Dasein das erste Mal zur Kenntnis der Behörde kam. Caterina und Cosima saßen an der Türschwelle mit der Schüssel auf den Knien und löffelten ihre Suppe, die übliche Abendmahlzeit, als ein Gendarm erschien.

„Da hast du dir was Schönes eingebrockt", sagte er ohne Umschweife. „Als du heute Nachmittag durch den Wald gingst, kam ein Fremder auf dich zu."

„Ja, das stimmt. Warum soll ich das denn abstreiten?", meinte Caterina. „Ist das verboten?"

„Und weiter. Du hast ihm ein Stück Brot gegeben", fuhr der Gendarm fort.

„Na, das ist doch keine Sünde, soviel ich weiß", erklärte die Frau ganz erstaunt.

„Hast du denn nicht gemerkt", fuhr der Gendarm fort, „dass der Mann ein feindlicher Soldat war?"

„Ein Feind? Was meint er denn damit?", fragte die Frau ihren Bruder mit wachsender Neugier. „Entschuldige einmal", wandte sie sich an den Gendarmen. „Wessen Feind soll er denn sein?"

„Na, unser Feind", erwiderte der Gendarm, der anfing, zornig zu werden. „Auch dein Feind."

„Mein Feind?", sagte die Frau ganz verwirrt. „Bis auf den heutigen Tag habe ich den armen Jungen niemals gesehen und ich werde ihn wahrscheinlich auch niemals wieder zu sehen kriegen. Und außerdem, weißt du, ich habe gar keine Zeit für Feinde."

„Ich will eine Antwort", entgegnete der Gendarm mit erhobener Stimme. „Warum hast du dem Mann dein Brot gegeben?"

„Weil er Hunger hatte", sagte die Frau und wandte sich ihrem Bruder zu. „Und auch er", sagte sie weiter zu dem Gendarmen, „ist der Sohn einer Mutter, genauso gut wie du. Hättest du bloß gesehen, wie hungrig er war, als er in das armselige Stück Brot hineinbiss."

„Mit anderen Worten, du gibst also die Tat zu", schloss der Gendarm verdrossen.

„Das Einzige, was ich fest glaube", sagte die Frau, „ist: Tue nichts Böses und du brauchst nichts zu befürchten." [...]

Der Gendarm dachte einen Augenblick nach und sagte dann: „Es tut mir leid, aber die Sache ist nun einmal geschehen und ich muss darüber einen Bericht schreiben."

Letzten Endes kann der Gendarm kein schlechter Kerl gewesen sein, denn eine ganze Zeit lang ließ er sich nicht wieder blicken. Aber ein paar Monate später – und zwar auch gerade, als Caterina mit ihrem Bruder auf der Türschwelle ihres Häuschens saß und die Abendsuppe löffelte – tauchte der Gendarm wieder auf.

„Weißt du", sagte er mit einem Lachen zu Caterina, „in der Zwischenzeit haben sich einige Dinge geändert und die Sache, die man dir vorgeworfen hatte, ist kein strafbares Vergehen mehr – ganz im Gegenteil."

„Was ist denn anders geworden?", brauste der Bruder auf. „Nichts, überhaupt nichts. Die Steine sind immer noch hart und der Regen ist immer noch nass." [...]

„Die Dinge sind anders geworden", wiederholte der Gendarm mit Nachdruck. „Die früher unsere Feinde waren, sind jetzt unsere Verbündeten. Und die unsere

Verbündeten waren, sind jetzt unsere Feinde. Was also noch vor ein paar Monaten eine strafbare Handlung war – ist jetzt ..."

„Entschuldige einmal", unterbrach ihn Caterina. „Meinst du wirklich, dass es sich lohnt, noch von dem armseligen Stück Brot zu sprechen? Warum willst du denn durchaus meinen Seelenfrieden wegen einer so gewöhnlichen Sache stören und mich durcheinander bringen?"

„Entschuldige einmal – ganz im Gegenteil", erwiderte der Gendarm. „Du verdienst eine Belohnung, ein Diplom, eine Medaille. Ich rate dir, mach ein Gesuch bei der obersten Behörde. Ich kann dir nur immer wiederholen – die Dinge haben sich inzwischen geändert und der Unterschied zwischen Gut und Böse hat sich auch geändert."

„Mein Gott", sagte Caterina mitleidsvoll, „meinst du wirklich, dass sich Gutes und Böses ändern können?"

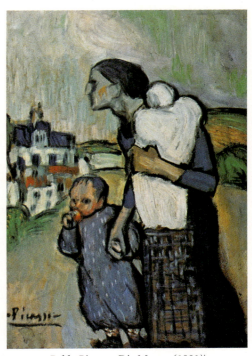

Pablo Picasso: Die Mutter (1901)[1]

1 Woher nimmt Caterina ihre Entscheidungssicherheit? Kennt sie möglicherweise nur die eine Art von Moral, die sich an Fürsorge und Liebe orientiert? Blendet sie die gesellschaftlichen Zusammenhänge aus?

2 Hätte Caterina anders handeln sollen, wenn sie den Fremden als Feind wahrgenommen hätte?

3 Vergleicht Caterinas Gewissenssicherheit mit Anne Franks Unsicherheiten. Ist Anne unsicher, weil sie noch jung ist und nicht so viel Erfahrung hat wie Caterina?

4 Hätte Anne Frank den deutschen Polizisten, von denen sie 1944 in einem Amsterdamer Hinterhaus entdeckt wurde, zur Begrüßung ein Stück Brot reichen sollen? Hat Nächstenliebe Grenzen? Wenn ja, wo liegen sie?

 Gerecht sein [...], „Freundschaft oder Gerechtigkeit?", S.108

---

[1] Warum taucht wohl ein Bild von einer Mutter in einem Kapitel zur Verantwortung auf?

Gewissenhaft – gewissenlos?

Edward de Bono

Eine List?

Vor langer Zeit, da jemand, der Geld schuldig war, noch ins Gefängnis geworfen werden konnte, hatte ein Londoner Kaufmann das Unglück, bei einem Wucherer mit einer hohen Summe in der Kreide zu stehen. Der Geldverleiher, der alt und hässlich war, hatte es auf die junge schöne Tochter des Kaufmanns abgesehen. Also schlug er einen Handel vor: Er sagte, er würde dem Kaufmann die Schuld erlassen, wenn er stattdessen das Mädchen bekäme.

Vater und Tochter waren entsetzt über diesen Antrag. Daraufhin riet der schlaue Wucherer, das Schicksal entscheiden zu lassen. Er erklärte den beiden, er würde einen schwarzen und einen weißen Kiesel in eine leere Geldkatze stecken, und dann müsse das Mädchen einen der Steine herausholen. Erwische sie den schwarzen Kiesel, würde sie seine Frau und ihrem Vater sei die Schuld erlassen. Gerate ihr der weiße Kiesel in die Finger, bliebe sie bei ihrem Vater und dieser brauche trotzdem nichts zurückzubezahlen. Weigere sie sich aber einen Stein aus dem Beutel zu nehmen, so wandere ihr Vater ins Gefängnis und sie würde verhungern.

Widerstrebend gab der Kaufmann seine Einwilligung. Sie standen, während sie dies besprachen, in seinem Garten auf einem kiesbestreuten Weg. Der Geldverleiher bückte sich, um die zwei Steine aufzuheben. Das Mädchen, das die Angst scharfsichtig gemacht hatte, bemerkte jedoch, dass er zwei schwarze Kiesel nahm und in die Geldkatze steckte. Und nun forderte sie der Wucherer auf jenen Stein herauszuholen, der über ihr Los und das ihres Vaters bestimmen sollte ...

Das Mädchen aus der Kieselgeschichte steckte die Hand in die Geldkatze und zog einen Stein heraus. Ohne ihn anzusehen, stellte sie sich ungeschickt und ließ ihn zu Boden fallen, wo er sich sofort unter all den anderen verlor.

„Oh, ich Tolpatsch", sagte sie. „Aber es macht ja nichts. Wenn Ihr in den Beutel seht, könnt Ihr an der Farbe des anderen Steins feststellen, welchen ich genommen habe."

---

1 Diskutiert das Verhalten des Wucherers. Listet die moralischen Regeln auf, gegen die er verstößt.

2 Durfte der Vater des Mädchens überhaupt seine Zustimmung zum Vorschlag des Wucherers geben?

3 Wie verhält sich die Tochter in ihrer Zwangslage? Handelt sie klug, um dem Guten zu seinem Recht zu verhelfen? Oder gebraucht sie eine List um sich unbeschadet aus der Notlage zu befreien? Oder betrügt sie?

4 Könntet ihr sagen: Sie hat sich gewissenhaft verhalten? Oder würdet ihr urteilen: Sie war gewissenlos? Denkt auch über die veränderte Bedeutung des Wortes „gewissenhaft" in unserem heutigen Sprachgebrauch nach.

Hannah Arendt

Das Gesetz, der Befehl und das Gewissen

Die 1933 in die USA emigrierte Jüdin Hannah Arendt war 1961 Prozessbeobachterin bei den Gerichtsverhandlungen gegen Adolf Eichmann, einen der Hauptverantwortlichen für die „Endlösung" der Judenfrage. Sie schreibt in einem ihrer Berichte:

Eichmann hatte [...] reichlich Gelegenheit, sich wie Pontius Pilatus „bar jeder Schuld" zu fühlen und wie die Monate und Jahre verstrichen, schwand sein Bedürfnis nach Gefühlen überhaupt. So und nicht anders waren die Dinge eben, erheischte es das Gesetz des Landes, gegründet auf den Befehl des Führers. Was er getan hatte, hatte er seinem eigenen Bewusstsein nach als gesetzestreuer Bürger getan. Er habe seine *Pflicht* getan, wie er im Polizeiverhör und vor Gericht unermüdlich versicherte, er habe nicht nur Befehlen gehorcht, er habe auch das Gesetz befolgt. [...]

Ein erstes Anzeichen von Eichmanns vager Vorstellung, dass in dieser ganzen Angelegenheit mehr zur Diskussion stehen könnte als die Frage, ob der Soldat auch Befehlen gehorchen müsse, die ihrer Natur und ihrer Absicht nach eindeutig verbrecherisch sind, ergab sich während des Polizeiverhörs, als er plötzlich mit großem Nachdruck beteuerte, sein Leben lang den Moralvorschriften Kants gefolgt zu sein, und vor allem im Sinne des kantischen Pflichtbegriffs gehandelt zu haben. Das klang zunächst nur empörend und obendrein unverständlich, da Kants Morallehre so eng mit der menschlichen Fähigkeit zu urteilen, also dem Gegenteil von blindem Gehorsam, verbunden ist. Der verhörende Offizier hatte sich darauf nicht weiter eingelassen, doch Richter Raveh, ob nun aus Neugier oder aus Entrüstung über Eichmanns Versuch, im Zusammenhang mit seinen Untaten sich auf Kant zu berufen, entschloss sich, den Angeklagten hierüber zu befragen. Und zu jedermanns Überraschung konnte Eichmann eine ziemlich genaue Definition des kategorischen Imperativs vortragen: „Da verstand ich darunter, dass das Prinzip meines Strebens so sein muss, dass es jederzeit zum Prinzip einer allgemeinen Gesetzgebung erhoben werden könnte", was auf Diebstahl oder Mord z. B. nicht gut anzuwenden ist, da der Dieb oder Mörder unmöglich in einem Rechtssystem leben wollen kann, das anderen das Recht gibt, ihn zu bestehlen oder zu ermorden. Auf weitere Befragung fügte er hinzu, dass er Kants Kritik der praktischen Vernunft gelesen habe. Weiter erklärte er, dass er in dem Augenblick, als er mit den Maßnahmen zur „Endlösung" beauftragt wurde, aufgehört habe, nach kantischen Prinzipien zu leben, er habe das gewusst und habe sich mit den Gedanken getröstet, nicht länger „Herr über mich selbst" gewesen zu sein – „ändern konnte ich nichts". Was er dem Gericht darzulegen unterließ, war, dass er in jener „Zeit ... der von Staats wegen legalisierten Verbrechen", wie er sie jetzt selber nannte, die Kantische Formel nicht einfach als überholt beiseite getan hat, sondern dass er sie sich vielmehr so zurechtbog, bis sie ihm im Sinne von Hans Franks[1] Neuformulierung „des kategorischen Imperativs im Dritten Reich", die Eichmann gekannt haben mag, befahl: „Handle so, dass der

---

[1] Hans Frank: Jurist und NS-Politiker, ab 1939 als Generalgouverneur von Polen verantwortlich für die brutale Besatzungspolitik, als Hauptkriegsverbrecher angeklagt und 1946 hingerichtet

Führer, wenn er von deinem Handeln Kenntnis hätte, dieses Handeln billigen würde" (*Die Technik des Staates*, 1942, S. 15 f.). [...]

Wie immer man Kants Einfluss auf die Entstehung der Mentalität „des kleinen Mannes" in Deutschland beurteilen mag, in einer Beziehung hat sich Eichmann ganz zweifellos wirklich an Kants Vorschrift gehalten: Gesetz war Gesetz, Ausnahmen durfte es nicht geben. In Jerusalem gab er zu, in zwei Fällen Ausnahmen gemacht zu haben – er hatte einer halbjüdischen Kusine geholfen und einem jüdischen Ehepaar aus Wien, für das sich sein Onkel verwendet hatte –, aber diese Inkonsequenz war ihm auch jetzt noch peinlich und bei der Befragung im Kreuzverhör klang seine Erklärung, er habe diese Dinge seinen Vorgesetzten „erzählt, oder besser gesagt, gebeichtet", unverhohlen apologetisch[2]. Diese kompromisslose Haltung bei der Verrichtung seiner mörderischen Pflichten belastete ihn natürlich in den Augen des Gerichts mehr als alles andere, vor sich selbst aber fühlte er sich gerade durch sie gerechtfertigt und es ist kein Zweifel, dass das Bewusstsein, Ausnahmen nicht geduldet zu haben, in ihm, was immer an Gewissen bei ihm noch übrig geblieben sein mochte, zum Schweigen brachte. Keine Ausnahmen, keine Kompromisse – das war der Beweis dafür, dass er stets gegen die „Neigung" – Gefühle oder Interessen – der Pflicht gefolgt war. [...]

Prozess gegen Eichmann vor einem Sondergericht in Jerusalem, 11.4. – 15.12.1961. Todesurteil.

1 Informiert euch genauer über die Person Adolf Eichmanns und seine Rolle bei der Judenvernichtung.

2 Vergleicht den kategorischen Imperativ Kants (siehe S. 359) mit dem „kategorischen Imperativ im Dritten Reich". Arbeitet den Widerspruch zu Kants Verständnis des kategorischen Imperativs heraus und diskutiert über die nationalsozialistische Neuformulierung.

3 Würdet ihr bei Eichmann von einem irrenden oder einem fehlgeleiteten Gewissen sprechen? Oder würdet ihr sagen, dass er gar kein Gewissen hatte?

---

[2] apologetisch: entschuldigend

Das Gewissen bilden und verantwortlich entscheiden

Was ist das Gewissen?

Ein Philosoph antwortet

Der Philosoph Immanuel Kant

Das Bewusstsein eines *inneren Gerichtshofes* im Menschen („vor welchem sich seine Gedanken einander verklagen oder entschuldigen") ist das Gewissen. Jeder Mensch hat Gewissen und findet sich durch einen inneren Richter beobachtet, bedroht und überhaupt in Respekt (mit Furcht verbundener Achtung) gehalten und diese über die Gesetze in ihm wachsende Gewalt ist *nicht etwas, was er sich selbst (willkürlich) macht, sondern es ist seinem Wesen einverleibt. Es folgt ihm wie sein Schatten, wenn er zu entfliehen gedenkt.* Er kann sich zwar durch Lüste und Zerstreuungen betäuben oder in Schlaf bringen, aber nicht vermeiden, dann und wann zu sich selbst zu kommen oder zu erwachen, wo er alsbald die furchtbare Stimme desselben vernimmt. Er kann es in seiner äußersten Verworfenheit allenfalls dahin bringen, sich daran nicht mehr zu kehren, aber *sie zu hören, kann er nicht vermeiden.*

Eine christliche Antwort

Im Innern seines Gewissens entdeckt der Mensch ein Gesetz, das er sich nicht selbst gibt, sondern dem er gehorchen muss und dessen Stimme ihn immer zur Liebe und zum Tun des Guten und zur Unterlassung des Bösen aufruft und, wo nötig, in den Ohren des Herzens tönt: Tu dies, meide jenes. Denn der Mensch hat ein Gesetz, das von Gott seinem Herzen eingeschrieben ist, dem zu gehorchen eben seine Würde ist und gemäß dem er gerichtet werden wird. Das Gewissen ist die verborgenste Mitte und das Heiligtum im Menschen, wo er allein ist mit Gott, dessen Stimme in diesem seinem Innersten zu hören ist. Im Gewissen erkennt man in wunderbarer Weise jenes Gesetz, das in der Liebe zu Gott und dem Nächsten seine Erfüllung hat.

Text des Zweiten Vatikanischen Konzils

Ein Ausweg

Ein Mensch, der spürt, wenn auch verschwommen,
er müsste sich, genau genommen,
im Grunde seines Herzens schämen,
zieht vor, es nicht genau zu nehmen.

Eugen Roth

1 Vergleicht die Aussagen über das Gewissen bei Immanuel Kant mit denen im Text des Zweiten Vatikanischen Konzils, indem ihr eine dreispaltige Tabelle anlegt:
- Schreibt in die erste Tabellenspalte die wichtigen Begriffe hinein, die in den Texten zur Beschreibung des Gewissens gebraucht werden.
- Notiert in der zweiten Spalte die Wörter zum Thema „Gewissen", die nur bei Kant vorkommen.
- Haltet schließlich in der dritten und letzten Spalte die entsprechenden Begriffe fest, die ihr nur in dem christlichen Text findet.

2 Diskutiert die Ergebnisse, die bei der Erstellung der Tabelle herausgekommen sind.

3 Hat Eugen Roths „Mensch" möglicherweise in bestimmten Fällen Recht, wenn er es mit dem schlechten Gewissen nicht zu genau nehmen will?

4 Was würde wohl Immanuel Kant zu Roths „Mensch" sagen? Antwortet wie Eugen Roth – gereimt oder ungereimt – in einem Vierzeiler.

5 Wie erlebst du dein eigenes Gewissen:
- vor einer Handlung,
- nach einer Handlung?
Als gutes oder öfter als schlechtes Gewissen? Eher ängstlich oder eher „großzügig"?

6 Wie weit soll man über sein eigenes Gewissen mit anderen sprechen? Gibt es Menschen, die ein Recht darauf haben, dass du ihnen deine Gewissensregungen und Überlegungen mitteilst? Gibt es Menschen, die auf keinen Fall ein solches Recht haben?

Plädoyer für das persönliche Gewissen

Probleme mit dem Gewissen

„Das Gewissen ist die Stimme Gottes in uns." – „Das Gewissen ist ein innerer Kompass." – „Das Gewissen sagt uns, was gut ist und was böse. Es sagt es uns mit Sicherheit." Ist das wirklich so?

Das Gewissen sagt offensichtlich nicht jedem dasselbe: Dem Bruder eines erschlagenen Nomaden befiehlt sein Gewissen, Blutrache zu üben. Nur wenn er den Bruder gerächt hat, ist er wieder mit sich im Reinen, ist seine eigene Ehre auch vor der Sippe wiederhergestellt.

Unser Gewissen dagegen meldet sich anders. Sicher spüren auch wir in uns den Wunsch, dem anderen Gleiches mit Gleichem zu vergelten. Aber unser Gewissen – oder unsere Gesetze – hindern uns daran. Wir haben gelernt, das Richten den Gerichten zu überlassen und uns selbst im Vergeben zu üben.

Das Gewissen scheint in der einen Kultur dies, in der anderen jenes anzuraten: Blutrache in der einen, Verzicht auf Selbstjustiz und Vergebung in der anderen; Vielehe in der einen, Einehe in der anderen; Ehrfurcht vor der Heiligkeit der Natur in der einen, Beherrschung der Natur in der anderen.

Wir brauchen aber nicht nur Kulturen miteinander zu vergleichen: Es gibt in unseren eigenen Gesellschaften Vorgänge, die über das Gewissen nachdenklich machen. Vor mehr als 50 Jahren ging der Nationalsozialismus mit seinen Konzentrationslagern zu Ende; in ihnen taten die Mitglieder der Hitler'schen Schutzstaffeln (SS) ihren Dienst. In Eugen Kogons Buch *Der SS-Staat* ist nachzulesen, dass „Bunkerwärter, die jede Grausamkeit verübten, Scharführer, die in Blut wateten" anschließend „nach Hause gingen, um brav und bieder mit ihren ahnungslosen Kindern zu spielen". Und wenn sich doch in ihnen etwas gegen Grausamkeiten regte, dann nannten sie es den „inneren Schweinehund", den man überwinden müsse. „Notwendige Härte gegen andere" war erforderlich, Mitleid galt als „Humanitätsduselei" – eben als eine Regung des „inneren Schweinehundes", die unterdrückt werden musste. Gehorsam war für viele oberste Gewissensnorm.

Ist es nicht verständlich, wenn der Philosoph Max Horkheimer fragt: „Gibt es auch nur *eine* Schandtat, die nicht schon einmal mit gutem Gewissen begangen worden wäre?" Was ist also das Gewissen?

Vom autoritären zum persönlichen Gewissen

Das Gewissen ist beim einzelnen Menschen nicht von Anfang an da. Der gerade geborene Säugling ist weit davon entfernt, ein Gewissen zu haben. Er hat auch noch kein Ich-Bewusstsein. Aber er hat Empfindungen, zum Beispiel Bedürfnisse: dass Hunger und Durst gestillt werden, dass er sich warm und geborgen fühlt. Wird ein Bedürfnis nicht befriedigt, meldet er sich schreiend. Das Kleinstkind ist an seinen Bedürfnissen orientiert; es ist *trieborientiert*.

Bald aber setzt ein Lernprozess ein. Das Kind nimmt seine Bezugspersonen wahr. Es bemerkt, dass sie lächeln und ernst aussehen können, dass sie belohnen können und strafen. Weil Strafe unangenehm, Belohnung aber angenehm ist, hält sich das Kleinkind an bestimmte Regeln. Zur Trieborientierung kommt die *Orientierung an Strafe und Belohnung*.

In der weiteren Entwicklung wird es für das Kind wichtig, sich im Einklang mit seiner Familie, seiner Gruppe, seinen Volksangehörigen zu befinden. Es möchte ihre Erwartungen erfüllen, um von ihnen

Paul Klee: Hauptweg und Nebenwege (1929)

akzeptiert zu sein. Zunächst ist diese Einstellung ganz auf Personen bezogen. Das Kind sucht für sich die Zustimmung des Vaters, der Mutter, der Lehrerin zu gewinnen. Der Psychologe Lawrence Kohlberg spricht hier von der *guter Junge – nettes Mädchen-Orientierung*. Später werden die Regeln, an die sich die Erwachsenen halten und die sie den Kindern beibringen, für die Kinder selbst wichtig. Die Regeln werden für das eigene Ich übernommen. Das Kind orientiert sich an *Recht und Ordnung*. Jetzt hat es ein Gewissen. Es ist ein *autoritäres* Gewissen.

Wenn die Entwicklung des Bewusstseins auf dieser Stufe stehen bleibt, kann es von großem Nachteil für die Heranwachsenden sein. Sie können ängstlich werden, weil sie nicht immer alles erfüllen können, was die Gebote in ihnen fordern. Sie können hilflos werden, wenn sie in ganz neue Situationen kommen, auf die sich ihr starres Gewissen nicht einstellen kann. Vor allem sind sie nicht in der Lage, selbst zu beurteilen, ob eine Regel, ein Gesetz, eine Autorität nicht nur rechtmäßig, sondern auch gerecht und gut ist.

An Gestalten wie Martin Luther King wird deutlich, dass die Entwicklung des Gewissens weitergehen kann. Er hatte gelernt, dass Gesetze falsch sein können, weil er überzeugt war, dass er sie an Grundsätzen wie „Gerechtigkeit für alle" oder am Gebot der Liebe messen dürfe und müsse. Er konnte gegen Gesetze, die er als ungerecht erkannt hatte, protestieren und gewaltlosen Widerstand leisten. Er orientierte sich an einem Gewissen, das nicht mehr Autoritäts- oder Gesetzesgewissen, sondern sein *persönliches Gewissen* war. Für dieses Gewissen und seine Entscheidungen war er allein verantwortlich. Das ist das Ziel der Entwicklung des Gewissens: zu einem persönlichen, autonomen Gewissen zu kommen.

1 Lasst euch im Zusammenhang mit diesem Text die Bedeutung der Begriffe „Ich", „Es" und „Über-Ich" bei Sigmund Freud genauer erklären.

2 Besorgt euch eine kurze Darstellung der Entwicklungsstufen des moralischen Bewusstseins nach Kohlberg und diskutiert sie.

3 Versucht – jede und jeder für sich – eine Selbsteinschätzung vorzunehmen:
– Auf welcher Stufe befinde ich mich?
– Über- oder unterschätze ich mich?
– Was kann ich tun, um weiterzukommen?
– Mit wem könnte ich mich darüber austauschen?
– Wer könnte mich beraten?

4 Beschreibt mit euren eigenen Worten, was ihr unter einem Autoritätsgewissen, einem Gesetzesgewissen und unter einem persönlichen Gewissen versteht.

5 Besteht zwischen dem persönlichen Gewissen und dem Autoritäts- oder Gesetzesgewissen ein Gegensatz? Welche Entscheidungs- und Handlungsbereiche gibt es, in denen es vernünftig ist, sich nach Gesetzen oder Autoritäten zu richten?

DAS GEWISSEN BILDEN UND VERANTWORTLICH ENTSCHEIDEN

„Stich-Worte" zum Thema Gewissen

Das gute Gewissen
ist eine Erfindung des Teufels.

Albert Schweitzer

Das Gewissen ist die veränderlichste
aller Normen.

Marquis de Vauvenargues

Ein gutes Gewissen
ist ein sanftes Ruhe-
kissen.

Sprichwort

Kleine Trommel.

Ausdruck aus Sumatra

Ein Gottesspruch,
der in jedem Körper ist.

Altägyptischer Ausdruck

Das Gewissen ist
die tiefste Erkrankung des Menschen;
deshalb weg
mit dem Wahn von Schuld und Gewissen.

Friedrich Nietzsche

1 Welche Sicht von Gewissen wird jeweils deutlich? Welcher stimmt ihr zu, welcher nicht?

2 Sammelt weitere Aussprüche oder Redensarten zum Thema „Gewissen".

3 Versucht selbst in einem Satz zu sagen, was Gewissen für euch ist.

Orientierung für das Gewissen? – Einige Grundregeln

**Die ältesten Bestimmungen aus den Zehn Geboten
(2. Buch Mose 20, 2–17; 5. Buch Mose 5, 6–21)**

Du sollst nicht töten.	Recht des Nächsten auf sein Leben
Du sollst nicht ehebrechen.	Recht des Nächsten auf seine Frau
Du sollst nicht [Menschen] stehlen.	Recht des Nächsten auf seine Freiheit
Du sollst kein falsches Zeugnis geben wider deinen Nächsten.	Recht des Nächsten auf seine Ehre
Du sollst nicht trachten nach deines Nachbarn Haus.	Recht des Nächsten auf sein Eigentum

Die „Gebote" des Koran (aus der 17. Sure)

1. Keinen anderen Göttern neben Allah dienen.
2. Ehrfurcht und Barmherzigkeit zeigen für die Eltern.
3. Den Armen geben.
4. Keine Vergeudung, sondern Mäßigkeit halten im Geben.
5. Keine neugeborenen Kinder aus Armut töten.
6. Keinen Ehebruch treiben.
7. Nicht ungerecht töten.
8. Nicht den Besitz von Waisen verbrauchen.
9. Keinen Betrug im Handel.
10. Keinen (falschen) Gerüchten glauben.
11. Nicht anmaßend sein.

 Religionen kennen und achten, „Allah und sein Prophet", S. 186

Die goldene Regel

Alles nun, was ihr wollt, dass es euch die Menschen tun, das sollt auch ihr ihnen tun; denn darin besteht das Gesetz und die Propheten.

Matthäus 7,12

„Gibt es ein Wort", fragte ihn Dse Gung, „nach dem man das ganze Leben hindurch handeln kann?"
„Nächstenliebe", antwortete Konfuzius. „Was du dir selbst nicht wünschest, tue nicht andern an."

Lun-Yü, Gespräche des Konfuzius

Das Gebot der Nächstenliebe in der hebräischen Bibel

> Halte lieb deinen Genossen,
> dir gleich.
>
> *3. Buch Mose 19,18*
> *(in der Übersetzung von Martin Buber)*

Kategorischer Imperativ

als Regel der Verallgemeinerung:
– Handle nur nach derjenigen Maxime, von der du zugleich wollen kannst, dass sie ein allgemeines Gesetz werde;
als Menschheitsprinzip:
– Handle so, dass du die Menschheit, sowohl in deiner Person als in der Person eines jeden anderen, jederzeit zugleich als Zweck, niemals bloß als Mittel brauchst.

Immanuel Kant

Mit anderen Worten:
Mache niemanden zum Mittel für deine Zwecke.
Lasse dich nicht zum Mittel für die Zwecke anderer machen.

Die utilitaristische (Nutzen-)Regel

Handlungen sind insoweit und in dem Maße
moralisch richtig,
als sie die Tendenz haben,
Glück* zu befördern,
und insoweit moralisch falsch,
als sie die Tendenz haben,
das Gegenteil von Glück zu bewirken.

nach John Stuart Mill

* Bei Glück ist an das Glück der Allgemeinheit gedacht. Es geht auch nicht nur um Glück als Trieb-befriedigung, sondern um Glück aus der Betätigung der „höheren Fähigkeiten" der Menschen.

Mitleid als Grundmotiv

Es ist das alltägliche Phänomen des Mitleids, d. h. der ganz unmittelbaren, von allen anderweitigen Rücksichten unabhängigen Teilnahme zunächst am Leiden eines anderen und dadurch an der Verhinderung oder Aufhebung dieses Leidens, als worin zuletzt alle Befriedigung und alles Wohlsein und Glück besteht. Dieses Mitleid ganz allein ist die wirkliche Basis aller freien Gerechtigkeit und aller echten Menschenliebe. Nur sofern eine Handlung aus ihm entsprungen ist, hat sie moralischen Wert.

Arthur Schopenhauer

1 Sucht nach weiteren Grundregeln, indem ihr überlegt, nach welchen Leitmotiven Menschen mit Vorbildcharakter sich verhalten haben oder verhalten, indem ihr euch mit solchen Regeln in anderen Kulturen oder Religionen oder bei Philosophen beschäftigt.

2 Schließen die Grundregeln sich zum Teil gegenseitig aus? Ergänzen sie sich?

3 Versucht euch auf eine Liste von drei Grundregeln zu einigen, die ihr für besonders wichtig haltet. Fertigt dazu ein Poster an, das ihr im Klassenraum aufhängt.

Schuld, Sühne und Strafe

Was ist Schuld? Was ist Sühne?

Albert Camus

Zu spät, zu weit weg ...

In einer Nacht im November, [...] kehrte ich über den Pont Royal aufs linke Seine-Ufer nach Hause zurück. Es war eine Stunde über Mitternacht; ein feiner Regen fiel, ein Nieseln vielmehr, das die einzelnen Fußgänger verscheuchte. [...] Auf der Brücke erblickte ich eine Gestalt, die sich über das Geländer neigte und den Fluss zu betrachten schien. Beim Näherkommen gewahrte ich, dass es eine schlanke, schwarz gekleidete junge Frau war. Zwischen dem dunklen Haar und dem Mantelkragen war ein frischer, regennasser Nacken sichtbar, der mich nicht gleichgültig ließ. Eine Sekunde lang zögerte ich, dann setzte ich meinen Weg fort. Auf dem anderen Ufer schlug ich die Richtung zum Platz Saint-Michel ein, wo ich wohnte. Ich hatte schon etwa fünfzig Meter zurückgelegt, als ich das Aufklatschen eines Körpers auf dem Wasser hörte; in der nächtlichen Stille kam mir das Geräusch trotz der Entfernung ungeheuerlich laut vor. Ich blieb jäh stehen, wandte mich jedoch nicht um. Beinahe gleichzeitig vernahm ich einen mehrfach wiederholten

Auguste Rodin: Der Denker (1880)

Schrei, der flussabwärts trieb und dann plötzlich verstummte. In der unvermittelt erstarrten Nacht erschien mir die zurückgekehrte Stille endlos. Ich wollte laufen und rührte mich nicht. Ich glaube, dass ich vor Kälte und Fassungslosigkeit zitterte. Ich sagte mir, dass Eile Not tat, und fühlte, wie eine unwiderstehliche Schwäche meinen Körper überfiel. Ich habe vergessen, was ich in jenem Augenblick dachte. „Zu spät, zu weit weg ..." oder etwas Derartiges. Regungslos lauschte ich immer noch. Dann entfernte ich mich zögernden Schrittes im Regen. Ich benachrichtigte niemand.

Drei Jahre nach dieser Begebenheit befand er sich wieder auf einer Seine-Brücke, um den Fluss zu betrachten. Zweimal vermeinte er hinter seinem Rücken ein Lachen zu hören, zuletzt „in etwas größerer Entfernung, als treibe es den Fluss hinunter". Er konnte aber, trotz allen Bemühens, nichts erblicken.

Allmählich verklang das Lachen; indessen vernahm ich es noch deutlich hinter mir, es kam aus dem Nichts oder vielleicht aus dem Wasser. Gleichzeitig wurde mir das heftige Klopfen meines Herzens bewusst. Verstehen Sie mich recht: Das Lachen hatte nichts Geheimnisvolles an sich: Es war ein herzliches, natürliches, beinahe freundliches Lachen, das alle Dinge an ihren Platz rückte. Übrigens hörte ich bald nichts mehr.

Ein paar Tage lang dachte er noch an das Lachen, dann vergaß er es. Manchmal meinte er, er höre es in seinem Inneren. „Aber zumeist gelang es mir mühelos, an andere Dinge zu denken." In Zukunft allerdings mied er das Ufer der Seine.

Was ist eine gerechte Strafe?

Jean Piaget

Zwei Geschichten mit dreierlei Strafe

Geschichte 1. Ein Junge hat die Rechenaufgabe nicht gemacht, die er für die Schule zu machen hatte. Am nächsten Tag erzählt er der Lehrerin, er habe die Aufgabe nicht machen können, weil er krank war. Da er aber schöne rote Wangen hatte, sagte ihm die Lehrerin, das sei gelogen, und erzählte es den Eltern des Kleinen. Da will der Vater den Jungen bestrafen, schwankt aber zwischen drei Strafen.
Erste Strafe: Ein Gedicht fünfzig Mal abschreiben.
Zweite Strafe: Der Vater sagt zum Jungen: „Du sagst, dass du krank bist. Nun gut, man wird dich pflegen. Du wirst einen ganzen Tag im Bett liegen und man wird dir ein Abführmittel geben, um dich zu heilen."
Dritte Strafe: „Du hast gelogen, also kann ich dir nicht mehr glauben, und wenn du auch die Wahrheit sagst, werde ich kein Vertrauen mehr zu dir haben können." Am nächsten Tag hat der Junge eine gute Note in der Schule. Wenn er eine gute Note hat, gibt der Vater ihm immer zehn Rappen für die Sparkasse. Als er indessen an diesem Tage sagt, er habe eine gute Note gehabt, erwidert ihm der Vater: „Lieber Freund, das ist vielleicht wahr, aber da du gestern gelogen hast, kann ich dir nicht mehr glauben, ich werde dir heute keinen Rappen geben, weil ich nicht weiß, ob das, was du mir erzählst, wahr ist. Wenn du mehrere Tage nicht gelogen hast, werde ich dir wieder glauben, und alles wird wieder gut sein."

Max Ernst: Die Jungfrau züchtigt das Jesuskind vor drei Zeugen (1926)

Geschichte 2. Der Führer einer Räuberbande stirbt. Zwei Prätendenten[1] bewerben sich: Karl und Leo. Karl wird gewählt. Leo ist wütend und zeigt ihn in einem anonymen Brief bei der Polizei an, dass er eines Diebstahls, an dem die ganze Bande beteiligt gewesen ist, schuldig sei. Er zeigt an, wo und wann man Karl finden kann, der verhaftet wird. Die Räuber beschließen Leo zu bestrafen. Wie soll man es anstellen?
1. Ihm einen Monat lang kein Geld geben?
2. Leo aus der Bande ausschließen?
3. Ihn gleichfalls in einem anonymen Brief des Diebstahls beschuldigen?

1 Welche von den drei vorgeschlagenen Strafen ist die gerechteste für den Jungen und welche für den Räuber Leo? Antwortet spontan.

2 Welcher Zusammenhang zwischen Tat und Strafe besteht jeweils bei den drei Vorschlägen?

3 Welche Ziele verfolgen die unterschiedlichen Strafvorschläge?

---
[1] Prätendent: jemand, der Ansprüche auf etwas hat

4 Sammelt aus der Tageszeitung Berichte über Prozesse vor dem Jugendgericht und die Urteile. Lässt sich aus den Begründungen der Urteile erkennen, was die Richter mit der Strafe erreichen wollen? Welche Urteile haltet ihr für gerecht, welche für ungerecht? Warum?

5 Stellt eine Liste der Merkmale für gerechte bzw. ungerechte Urteile auf.

Uwe Britten

Alltag im Knast

Jürgen hat Mist gebaut und wird wegen schwerer Körperverletzung zu 16 Monaten Jugendstrafvollzug verurteilt. Seine Zukunft ist ein einziges großes Fragezeichen. Die Lehrstelle ist futsch. Seine Freundin wird ihn bestimmt fallen lassen, denn wer will schon mit einem Knacki gehen? Und seine Eltern? Halten sie zu ihm?

Jürgen [...] geht zwischen Fenster und Tür hin und her. Er zählt die Schritte: Es sind sieben. Als er das Stück achtmal gegangen ist, schätzt er die Dauer auf rund eine Minute. Das wären 56 Schritte. Wenn er zehn Minuten geht, sind das 560 Schritte. Er schätzt zwei Schritte als einen Meter ein, also hätte er nach zehn Minuten rund 280 Meter gemacht. Wenn er einen Kilometer schaffen will, müsste er demnach rund vierzig Minuten gehen. Vierzig Minuten lang sieben Schritte hin und wieder zurück. Hin und wieder zurück. Hin und wieder zurück. [...]

Schließlich nimmt er nach und nach all die Gegenstände vom Bett und verteilt sie in das Regal und in den Spind. Dann spannt er das Laken über die Matratze und bezieht Decke und Kissen. Er legt sich hin. Plötzlich schreckt er auf und springt vom Bett: Die quadratische Klappe in der Tür wird geöffnet und zwei Gesichter sehen herein, er weiß nicht, wo er ist, hat die Augen weit aufgerissen, steht verloren in der Zellenmitte.

„Hey, Alter, alles klar? Brot und Wurst? Klar, wa, was sonst? Dann bring mal deinen Napf her und den Becher."

Jürgen tritt ans Regal und nimmt Teller und Becher. Er geht zur Klappe und der Jugendliche füllt ihm den Teller mit einem Haufen Brot, außerdem bekommt er einen Becher Margarine, ein Stück Fleischwurst und eine Blechschale mit Marmelade. Der andere Junge füllt den Becher mit Früchtetee und reicht ihn wieder rein.
„Haste mal 'n Koffer[1] da?" – „Was? Hab' keinen Koffer." – „Zigaretten?" – „Ja."
„Gib mal zwei." – „Wieso?"
„Wieso nicht? – Junge, pass auf, am besten ist, wenn du dich hier von Anfang an korrekt verhältst. Klar? Weil: Ab morgen hast du Hofgang und dann ist es besser, man kommt mit allen aus. Verstehste, hier wäscht eine Hand die andere. Und wir zwei brauchen gerade mal 'ne Zigarette. Ist doch eigentlich ganz einfach."

---

[1] Koffer (mit Henkel): Päckchen Tabak (mit Blättchen)

Jürgen geht zurück und kramt die Zigarettenschachtel hervor. „Ich hab' nur noch zwei."
„Das reicht uns doch." Der Junge lacht nach hinten zu dem anderen und sieht dann wieder nach vorne. „Okay, arme Sau, gib uns eine." Er reicht den Teller herein. „Haste auch 'n Feuerzeug?"
Jürgen kramt in der Hosentasche und gibt es ihm. „Okay, kriegste morgen wieder. Schönen Tag noch." Er schließt die Klappe, auf die Jürgen jetzt verdutzt starrt. [...] Jetzt kann er nicht mal seine letzte Zigarette rauchen. „Schönen Tag noch", spricht er vor sich hin, „Arschloch. – Hier gibt's nur Schweine."[...]
Die meiste Zeit des Abends verbringt er auf seinem Bett, unterbrochen vom Hinundhergehen zwischen Fenster und Tür. Es passiert nichts mehr. Er ist jetzt einfach eingesperrt. Hier. Hier muss er jetzt bleiben. Es gibt keine Chance. Hier: im Knast. [...]
Er geht vor zum Fenster, von wo noch ein bisschen Helligkeit in die Zelle dringt. Das Licht kommt von einem riesigen Strahler, der draußen an der Mauer angebracht ist. Den Himmel, die Mauer und das Gras sieht er nur noch als graue Flächen. Die Welt hat ihre Farben verloren. [...]

Eine Zelle im Jugendgefängnis

Was wird Simone von ihm denken? Wahrscheinlich wird sie nichts mehr von ihm wissen wollen. Jürgen der Knacki, werden sie ihn nennen. Sie werden es „Jürgenderknacki" aussprechen. Er mag Mo sehr gern. Sie sieht gut aus, findet er, und man kann gut mit ihr quatschen. Außerdem ist sie witzig und auch ein bisschen frech. Seit Wochen hat er sich die Frage gestellt, ob sie mit ihm gehen würde. Aber das ist jetzt ja auch erledigt. [...]
Er legt beide aufgeschürften Handflächen an die Stahltür. Sie ist eiskalt. Er drückt die Stirn dagegen. Warum kommt denn keiner? Warum sagen sie nichts? Sie können mich doch hier nicht ewig alleine lassen. Warum erklärt mir keiner, was jetzt passiert? Bin ich denn kein Mensch? Sein Herz schlägt heftig. Er schnauft durch die Nase. Hundert Menschen, zweihundert Menschen. Alle lebendig begraben. Nur, dass sie noch gefüttert werden. [...] Jeden Tag ab morgens 6 Uhr 30 freut sich Jürgen auf den Aufschluss, der aber wie im Flug vergeht – und dann kommt der lange Abend und erst recht die Nacht. Wenn um 22 Uhr das Licht ausgeht, ist es inzwischen auch draußen stockdunkel.
Am schlimmsten aber sind die Samstage und Sonntage, an denen es wegen des eingeschränkten Dienstes keinen Aufschluss gibt.
Dann kommt die Weihnachtszeit. Zwei Tage vor dem Heiligen Abend erhält er ein kleines Päckchen mit einem langen Brief von seinen Eltern. Sie wünschen ihm auch ein gutes neues Jahr. Er solle daran denken, dass er das nächste Weihnachten schon wieder zu Hause verbringen werde. Er müsse jetzt stark sein. Sie haben ihm einen kleinen Taschenkalender zum Thema Tischtennis beigelegt.
Auch von Simone kommt eine Karte. Sie wünscht ihm „da drinnen" nicht allzu viel „Ödnis" über die Feiertage. Hoffentlich sei die Zelle nicht allzu klein. Sie selbst freue sich auf die Ferien.[...]
Am zweiten Feiertag sitzt er vor dem leeren Paketkarton und dem Packpapier, blättert in dem Kalender und lässt, die Beine auf dem Tisch, seinen Blick durch die

Zelle schweifen. Auf die vorletzte Umschlagseite des Kalenders ist ein Zenti-
metermaß mit dreizehn Zentimetern gedruckt. Jürgen [...] kniet sich hin. Er drückt
die Kalenderseite auf den Boden, legt den linken Zeigefinger an die Markierung des
dreizehnten Zentimeters und rückt den Kalender weiter, dann legt er wieder den
Finger an die Dreizehn und so rutscht er Stück für Stück auf den Knien bis zur Tür:
fünfundzwanzigmal plus ... er knickt das Umschlagblatt leicht: sechs Zentimeter. Er
geht zum Tisch zurück und rechnet. Seine Zelle ist drei Meter zweiunddreißig lang.
Erneut kniet er sich hin, misst die Breite aus und setzt sich wieder an den Tisch, wo
er die Maße auf ein Blatt Papier schreibt. [...]
Als am nächsten Tag wieder Aufschluss ist, geht Jürgen sofort zu Heiner. „Alter, haste ’ne Ahnung, ob einer hier auf dem Flur ’ne Schere hat?"
„’ne Schere? Nee, glaub ich nicht. Ist nicht so einfach, hier ’ne Schere zu kriegen."
„Ist mir klar."
„Wenn ich ’ne Schere bräuchte, würde ich Tommy fragen."

*Tommy besorgt ihm eine Schere – für zwei Koffer mit Henkel und Feuerzeug. Wann im-
mer er kann, bastelt er jetzt an seiner Nachbildung der Zelle aus Pappe: genauestens
und maßstabgetreu.*

1 Beschreibt Jürgens Knasterfahrungen. Welche Bedeutung hat es für ihn, dass er sich
die Zeit damit vertreibt, seine Zelle in verkleinertem Maßstab nachzubauen?

2 Stellt euch vor, ihr würdet mit Jürgen einen Briefwechsel beginnen, um euch genauer
über seine Erfahrungen zu informieren. Entwerft einen „Brief in den Knast".

3 Setzt euch mit der Leitung eines Gefängnisses in Verbindung, um genauere Informationen über den Strafvollzug zu erhalten, – zum Beispiel durch einen Sozialarbeiter, durch einen Anstaltspsychologen oder einen Anstaltspfarrer.

Sinn und Zweck der Strafe

*Drei Antworten werden heute auf die Frage nach Sinn und Zweck
der Strafe gegeben:*

1. Die Strafe ist die gerechte Vergeltung für ein begangenes Unrecht. Die Aufmerksamkeit richtet sich auf eine Tat, die bereits geschehen ist: Die Person A hat der Person B aus Hass eine schwere körperliche Verletzung zugefügt. Mit dieser Tat ist ein
Recht – das Recht auf Leben und körperliche Unversehrtheit – verletzt worden. Der
Sinn der Strafe besteht darin, die Gerechtigkeit wiederherzustellen. Dies soll dadurch geschehen, dass dem Täter eine Strafe auferlegt wird, die der Tat angemessen
ist und durch die sie wiedergutgemacht werden kann.
In einem Satz: Es wird gestraft, *weil* ein Unrecht begangen worden ist.

2. Die Androhung einer Strafe soll verhindern, dass die Rechtsordnung, ohne die
Menschen nicht friedlich zusammenleben können, gestört wird. Die Aufmerksamkeit richtet sich auf die Zukunft der Gesellschaft; Taten, die die einzelnen Mitglieder oder die Gesellschaft schädigen, sollen weitgehend unmöglich gemacht werden,

indem solche Taten mit Sanktionen – Zwangsmaßnahmen wie Geldbußen oder Freiheitsentzug – belegt werden.
In einem Satz: Es wird gestraft, *damit* kein Unrecht begangen wird.

3. Mit der Strafe soll erreicht werden, dass ein Straftäter in Zukunft keine weiteren Straftaten mehr begeht. Die Aufmerksamkeit richtet sich in erster Linie auf den Täter und seine Zukunft, in zweiter Linie auch auf das geordnete Zusammenleben der Gemeinschaft. Der Straftäter soll die Chance erhalten, wieder ein förderliches Mitglied der Gesellschaft sein zu können und zu wollen. Er soll resozialisiert werden.
In einem Satz: Es wird gestraft, *damit* der Einzelne, der straffällig geworden ist, kein Unrecht mehr begeht.

Am 30. März 2000 hat eine zwölfköpfige Kommission namhafter Juristen ihren Bericht zur Reform des Strafvollzugs der Bundesjustizministerin vorgelegt.

Strafen mit Fantasie.

Eine Experten-Kommission empfiehlt gemeinnützige Arbeit und Fahrverbote statt Geldbuße und Gefängnis. Die ZEIT stellt den Bericht vor.

[...] Was raten die Experten? Sie empfehlen eine Ausweitung der gemeinnützigen Arbeit und des Fahrverbots. Sie schreiben, dass für viele Opfer die Wiedergutmachung des Schadens und die Entschuldigung des Täters wichtiger seien als seine Bestrafung. Und sie haben sich Gedanken darüber gemacht, wie man auch kleine Ladendiebe und Schwarzfahrer schneller beim Schlafittchen packt. Ihr Fazit: Die Strafen müssen auch für Erwachsene vielfältiger werden, Geld- und Freiheitsstrafe allein bieten zu wenig Möglichkeiten. [...]
Höchste Zeit also, über eine Alternative nachzudenken.
Zwei Beispiele:
Gemeinnützige Arbeit: Sie kann, weil Zwangsarbeit verboten ist, nur mit Einwilligung des Verurteilten verhängt werden. Wo dies geschieht, hat man gute Erfahrungen gemacht: etwa mit jugendlichen Straftätern, die in Deutschland schon seit langem voll geschmierte Eisenbahnwaggons putzen und Freizeitheimen einen neuen Anstrich verpassen. Das Risiko, erneut straffällig zu werden – das zeigen Untersuchungen in einigen Nachbarländern –, ist bei Arbeitsstrafen besonders gering. In Holland verurteilt man darum immer öfter auch Erwachsene zum Reinigen von Wäldern oder Autobahnparkplätzen. Dort werden Jahr für Jahr etwa 25 000 Geld- und Freiheitsstrafen verhängt – und bereits 18 000 Arbeitsstrafen. Anders in Deutschland: Hier muss man zahlen oder einsitzen. Selbst wer will, darf nicht stattdessen arbeiten. Einzige Ausnahme: Wer die Geldstrafe nicht zahlt, kann die drohende „Ersatzfreiheitsstrafe" durch gemeinnützige Arbeit abwenden. „Schwitzen statt Sitzen", sagt man dazu im Volksmund. Nur wird von dieser Möglichkeit selten Gebrauch gemacht.
Fahrverbot: Bisher wird es nur als Nebenstrafe für Delikte verhängt, die etwas mit dem Autofahren zu tun haben. Auch das soll nach dem Willen der Kommission anders werden. Ihre Empfehlung: das Fahrverbot als Hauptstrafe, also als Alternative zur Geld- oder Freiheitsstrafe – allerdings weiterhin nur für Taten, „die im Zusammenhang mit dem Führen von Kraftfahrzeugen begangen sind".

(b. w.)

Ihre Begründung: Sonst würde „der inhaltliche Zusammenhang zwischen Tat und Strafe aufgehoben".

So argumentiert auch der ADAC. Ein Fahrverbot, sagt er, sei keine Antwort auf eine Schlägerei, einen Diebstahl oder eine Urkundenfälschung. Außerdem schaffe es große Ungerechtigkeiten zwischen Fahrern und Nichtfahrern, Berufs- und Freizeitfahrern, Land- und Stadtbewohnern. Welche Sanktion aber, möchte man zurückfragen, trifft alle Täter gleich? Der eine zahlt die Geldstrafe aus der Portokasse, den anderen erdrückt die Schuldenlast. Gibt es darum nicht unterschiedliche Tagessätze? Unter einer Gefängnisstrafe leidet ein Obdachloser weniger als einer, der Familie und Arbeit hat. Strafe soll auch wehtun. Das Fahrverbot schränkt die Freiheit ein und trifft viele Menschen an ihrer empfindlichsten Stelle: in ihrer Liebe zum Auto und in dem Bedürfnis, immer auf Achse zu sein.

Martin Klingst

1 Welcher Antwort auf die Frage nach dem Sinn und dem Zweck der Strafe würdet ihr den Vorrang geben? Warum?

2 Reicht überhaupt eine der drei Antworten für sich allein aus? Müssen nicht vielmehr alle drei Antworten bei der Zumessung von Strafen berücksichtigt werden?

3 Bildet zwei Arbeitsgruppen und diskutiert in ihnen jeweils einen der beiden Vorschläge der Expertenkommission.

4 Welchen Antworten auf die Frage nach dem Zweck der Strafe entsprechen die beiden Vorschläge am ehesten?

Dialog über die Todesstrafe

JUSTUS: Hast du gestern die Nachrichten gesehen? Die Katrin aus meiner Schule, die seit drei Wochen vermisst wird, ist ganz übel zugerichtet und ermordet beim Waldparkplatz Sonnenheide gefunden worden. Die Polizei vermutet, dass sie einem Sexualverbrecher zum Opfer gefallen ist. Diese Typen sollte man auf den elektrischen Stuhl setzen.

CONSTANZE: Natürlich hab' ich's gehört. Sie war ja eine Freundin von mir. Ich habe die ganze Zeit Angst um sie gehabt. Gestern Abend habe ich gleich bei ihrer Familie angerufen. Du kannst dir gar nicht vorstellen, in welcher Verfassung ihre Eltern sind. Vor allem aber Michael, ihr älterer Bruder, ist ganz außer sich. Seine Eltern sagen, er läuft wie ein Tiger im Käfig in der Wohnung hin und her und schreit: „Ich suche ihn. Ich werde ihn finden. Ich bringe ihn um!"

JUSTUS: Der Michael hat ja recht: Wer so etwas tut, muss aus der Welt verschwinden. Das Schlimme ist nur: Wenn Michael es selbst in die Hand nimmt, landet er dafür im Knast. Tut er es nicht und wird dem Verbrecher der Prozess gemacht, kann der auf jeden Fall weiter leben. Deshalb meine ich: Hier hilft nur die Todesstrafe. Dann könntest du Michael auch am ehesten von seinem Plan abbringen.

CONSTANZE: Das seh' ich aber ganz anders. Wir mögen ja eine ganz gute Rechtsprechung haben, vollkommen ist sie aber nicht und schon gar nicht unfehlbar. Ein Todesurteil ist endgültig, es setzt dem Leben eines Menschen ein absolutes

Ende. Willst du, dass ein Gericht, das auf polizeiliche Untersuchungsergebnisse, auf Zeugenaussagen, auf Gutachten und auf Indizien angewiesen ist, so viel Macht hat?

JUSTUS: Ja, das will ich! Die Fakten bei diesen Sexualmördern sind meistens eindeutig. Es sind die Fakten, die sie richten. Das Gericht stellt nur diese Fakten fest und zieht die Konsequenzen daraus.

CONSTANZE: Sind die Fakten immer so eindeutig? Meinst du, die Richter könnten ganz und gar unparteiisch handeln? Sie stehen zwischen zwei Feuern: dem Staatsanwalt, der die Anklage vertritt, und dem Verteidiger, der alles aufbietet, um den Angeklagten herauszuhauen. Beide versuchen, den Richter oder die Geschworenen zu beeinflussen, mit überzeugenden Argumenten, mit Appellen an die Gefühle. Dazu kommt die Reaktion der Medien. Welcher Richter steht denn auf einem so entrückten, geradezu göttlichen Standpunkt, um von alldem unberührt zu bleiben? Ich bin ja froh, dass unsere Gerichte einigermaßen gut funktionieren. Aber die endgültige Verfügungsgewalt über ein Menschenleben gehört nicht in ihre Hand.

JUSTUS: Constanze, du bist eine Idealistin. Die Sex- und Folterbestien gehören geköpft. Dafür nehme ich dann auch einmal ein Fehlurteil in Kauf.

CONSTANZE: Ich weigere mich, einen Menschen – was immer er auch getan haben mag – eine „Bestie" zu nennen. Bestien haben weder Verstand noch freien Willen noch Verantwortung. Machst du es dir nicht zu einfach, wenn du so redest? Das Erschreckende ist ja gerade, dass Menschen in der Lage sind, so fürchterliche Taten zu begehen. Deswegen sollen sie nicht geköpft, sondern zur Verantwortung gezogen werden; sie sollen lernen, sich ihrer Tat zu stellen.

JUSTUS: Ich will nichts anderes als Gerechtigkeit, und die ganz konsequent: Wer einen anderen Menschen brutal umbringt, der hat selbst sein Recht auf Leben verspielt. Für die entsprechenden Konsequenzen muss der Staat sorgen.

CONSTANZE: Ich will aber in einem Staat leben, der ganz konsequent das Leben schützt. Das tut er nicht, wenn er sich das Recht herausnimmt, die Todesstrafe zu verhängen.

JUSTUS: Die Welt ist nicht so ideal, wie du sie haben möchtest, – und weil sie nicht so ideal ist, brauchen wir die Todesstrafe, – sozusagen als das kleinere Übel.

---

1 Stellt die Argumente für und wider die Todesstrafe aus dem Gespräch zwischen Constanze und Justus in einer zweispaltigen Tabelle zusammen: Spalte 1 für Justus' Argumente pro Todesstrafe, Spalte 2: Constanzes Kontra.

2 Sammelt Zeitungsberichte aus Ländern, in denen Todesurteile gefällt und vollstreckt werden.

3 Analysiert, welche Gründe für die Todesstrafe und welche entsprechenden Gegengründe in diesen Berichten genannt werden.

4 Ergänzt die Pro- und Kontra-Tabelle aus Aufgabe 1 um bisher noch nicht erwähnte Argumente.

5 Warum schließt das Grundgesetz der Bundesrepublik Deutschland (Art. 102) die Todesstrafe aus?

6 Um eure Beschäftigung mit dem Thema zu vertiefen, könnt ihr bei *amnesty international* ausführliche Materialien zur Todesstrafe anfordern.

Was ist Verantwortung?

Harold Pinter

Das Beziehungsfeld der Verantwortung

1) Die Verantwortung geht von einer Beziehung aus.

Die grundlegende Erfahrung ist die der Beziehung zwischen Eltern und Kind. Es ist die Erfahrung des natürlichen Austauschs, der persönlichen Zuwendung und der einseitigen Übernahme der Verantwortung seitens der Eltern. Diese Erfahrung begründet das „Urvertrauen" im Heranwachsenden und ist die Voraussetzung für die Bereitschaft, selbst Verantwortung zu übernehmen.
Eine zweite Erfahrung ist die aus den Begegnungen miteinander. Es sind die Erfahrungen des fairen und frohen Spiels, des Aufeinanderzugehens und Helfens, der wechselseitigen Anerkennung und Achtung, des „freundlichen Zusammenlebens" (Bertolt Brecht). Die „Antwort" auf diese Erfahrung ist die wechselseitige Verantwortung füreinander.
Eine dritte Erfahrung ist die des eigenen Körpers und des Austauschs mit der Natur. Diese Erfahrungen führen zu der Sorge um die natürlichen Lebenszusammenhänge als einer besonderen Form von Verantwortung.
In allen drei Erfahrungsbereichen gibt es negative Kontrasterfahrungen: die gestörten Beziehungen der Eltern zu ihren Kindern; die Erfahrung, dass Menschen

sich gleichgültig und desinteressiert verhalten; die Erfahrung der extremen Verletzung von Personen durch Personen und durch die Gewalt- und Unrechtverhältnisse in der Gesellschaft und die Erfahrung der Zerstörung der natürlichen Lebenszusammenhänge. Diese Erfahrungen können Menschen in ihrer Person beschädigen und im Extremfall vernichten. Sie können aber auch in Menschen Widerstandskräfte wecken, die zu neuen Formen von Verantwortung – zum Beispiel zu kollektiver Verantwortungsübernahme – führen.

2) Die Verantwortung geht von einem Geschehnis aus.

Ereignisse sind Naturvorgänge, die sich von Menschen (noch) nicht beeinflussen lassen. Geschehnisse stehen hingegen im Zusammenhang mit menschlichen Möglichkeiten: Sie geschehen, weil Menschen handeln oder auch nicht handeln. Sie geschehen, weil Menschen einen Zweck verfolgen. Sie geschehen, weil Menschen einen Zweck verfolgten, aber die (unerwünschten) Folgen nicht sahen oder nicht beachteten.
Man kann an vielfältigen Situationen zeigen, wie ein Geschehnis die Frage nach dem verantwortlichen Verursacher auslöst oder auch solche in die Verantwortung zwingt, die das Geschehnis gar nicht verursacht haben. Ein Beispiel:
Nachts auf einer kaum befahrenen Landstraße sieht ein Autofahrer einen Fahrradfahrer, der unsicher fährt, von der Straße abkommt, stürzt und in einer Wiese liegen bleibt. Der Fahrer ist in Eile, denkt sich, dass der Radfahrer wohl betrunken ist und dass der Sturz in eine Wiese nicht gefährlich sein kann, und fährt weiter. Tatsächlich aber hat der Mann einen Herzinfarkt erlitten. Bis er schließlich gefunden wird und der Notarztwagen eintrifft, vergeht viel wertvolle Zeit. Der Mann kann nicht mehr gerettet werden. Wer ist für seinen Tod verantwortlich?

Welche Verantwortlichkeiten werden hier eingefordert?

3) Die Verantwortung geht von mir selbst aus.

Ich übernehme Verantwortung
– für eine Sache,
– für die Zusammenhänge der Sachen,
– für eine Aufgabe,

– für die Zusammenhänge der Aufgaben,
– für einen Menschen,
– für das Zusammenleben in der Gesellschaft,
– für alle Menschen.

Ich bin verantwortlich
– vor mir selbst,
– vor Freunden, Eltern, Lehrern,
– vor dem Nächsten,
– vor allen Menschen,
– vor dem Gewissen,
– vor Gott.

Ich bin verantwortlich
– für vergangene Taten und Unterlassungen,
– für gegenwärtiges Handeln oder Nichthandeln,
– für die Handlungsfolgen und die Gestaltung der Zukunft.

1 Sammelt Beispiele für die Sätze:
Ich bin verantwortlich für eine Sache. – Ich bin verantwortlich für einen Menschen.

2 Könnt ihr dem Satz zustimmen: „Ich bin verantwortlich für alle Menschen"?

3 Nach einem besonders schweren Unglück – z. B. nach der Reaktorkatastrophe von Tschernobyl 1986, dem ICE-Unglück von Eschede 1998, dem Seilbahnbrand im österreichischen Kaprun 2000 – erscheinen nach einiger Zeit Berichte, in denen auch der Frage nach den Verantwortlichen nachgegegangen wird.
– Besorgt euch einen solchen Bericht[1] und analysiert ihn unter dem Aspekt, welche Verantwortlichkeiten festgestellt wurden und welche noch ungeklärt sind.
– Stellt das Beziehungsfeld der Verantwortung grafisch dar.

4 Sammelt Berichte über Geschehnisse in eurer Umgebung (z.B.: eine Schülerin wird unfair behandelt, ein Ausländer wird beschimpft, eine neue Straße wird geplant ...). Wie beziehen solche Geschehnisse euch in die Verantwortung ein?

5 Gestaltet ein Poster, auf dem ihr die Verantwortungsbeziehungen in eurer Klasse und in eurem Umfeld als Grafik oder Bild darstellt.

Jede Entscheidung stellt Weichen für die Zukunft.

---

[1] Z. B. Lothar Hahn: Fakten und Legenden. Zu Ablauf und Ursache der Reaktorkatastrophe von Tschernobyl am 26. April 1986. In: Wolfgang Liebert/Friedemann Schmithals (Hrsg.): Tschernobyl und kein Ende? Münster (agenda) 1997, S. 17–30 bzw. Klaus Brinkbäumer/Udo Ludwig/Georg Mascolo: Die deutsche Titanic. Aus: DER SPIEGEL 21/1999 (siehe Spiegel-Archiv!).

Textquellenverzeichnis

Hier nicht aufgeführte Texte sind Originalbeiträge der Verfasser/innen.
Die Rechtschreibung der Fremdtexte ist der neuen Rechtschreibung angepasst. Bei Texten, die in der bisherigen Rechtschreibung abgedruckt sind und deren Schreibung nicht bedingt ist durch die Entstehungszeit oder schöpferische Eigentümlichkeiten, haben die Rechteinhaber einer Umstellung nicht zugestimmt. Original eingescannte Cartoons und Grafiken konnten aus technischen Gründen nicht immer rechtschreibreformiert werden.
Trotz entsprechender Bemühungen ist es nicht in allen Fällen gelungen, den Rechteinhaber ausfindig zu machen. Gegen Nachweis der Rechte zahlt der Verlag die für die Abdruckerlaubnis angemessene Vergütung.

Die mit * gekennzeichneten Überschriften stammen nicht vom Autor des entsprechenden Textes, sondern sind von den Verfassern aus didaktischen Gründen geändert oder neu hinzugefügt worden.

Wirklichkeit wahrnehmen

S. 8: Irma E. Webber, So sieht's aus. Ein Buch über Gesichtspunkte. Übers. und hrsg. v. Günther Schwarz. Darmstadt: Schwarz & Co. 1977, S. 7-15, 32 f., 34 f., 49-61

S. 9: Christian Fürchtegott Gellert, Das Land der Hinkenden. In: Deutsche Fabeln des 18. Jahrhunderts. Hrsg. v. Manfred Windfuhr. Stuttgart: Reclam 1980, S. 27 f.

S. 10: Arnold Gehlen, Wahrnehmung und Deutung der Wirklichkeit.* In: ders., Der Mensch. Seine Natur und seine Stellung in der Welt. Frankfurt/M.: Athenaion 1974, S. 9

S. 11: Don DeLillo, Schieflage - Eine schadenfrohe Geschichte. In: ders., Joghurt und Weizenkeime. In: Weißes Rauschen. Übers. v. Helga Pfetsch. Köln: Kiepenheuer & Witsch 1987; zit. nach.: Das minimale Missgeschick. Hrsg. v. Jens Johler. Köln: Kiepenheuer & Witsch 1995, S. 177 ff.

S. 13: Paul Watzlawick, Die zerkratzten Windschutzscheiben. In: ders., Wie wirklich ist die Wirklichkeit? Wahn, Täuschung, Verstehen. München/Zürich: Piper 1999, S. 84 f.

S. 16: Heinrich Böll, Die verlorene Ehre der Katharina Blum. Köln: Kiepenheuer & Witsch 1998, S. 36 f., 42

S. 20: Tahar Ben Jelloun, Papa, was ist ein Fremder? Gespräch mit meiner Tochter. Übers. v. Christiane Kayser. Berlin: Rowohlt 1999, S. 9-11, 21 f., 54-57

S. 22: Erich Fried, Die nicht an El Salvador denken. In: ders., Gesammelte Werke. Berlin: Klaus Wagenbach 1993

S. 23: Antoine de Saint-Exupéry, Der Kleine Prinz und der Säufer. Übers. v. Grete u. Josef Leitgeb. In: ders., Der Kleine Prinz. Düsseldorf: Karl Rauch 1975, S. 33

S. 25: Werbung gehört zur freien Marktwirtschaft. Nach: Karl Schiller, Hildesheimer Allgemeine Zeitung (30.09.1969)

S. 25: Ulrich Eicke, Werbung ist gefährlich für Kinder. In: ders., Die Werbelawine. Angriff auf unser Bewusstsein. München: Knesebeck & Schuler 1991, S. 56

S. 27: Jostein Gaarder, Das Höhlengleichnis des Philosophen Plato.* Übers. v. Gabriele Haefs. In: ders., Sofies Welt. München: Hanser 1993, S. 110 f.

Mir selbst begegnen

S. 31: Christine Nöstlinger, Spiegel lügen nicht. In: dies., Stundenplan. Weinheim/Basel: Beltz & Gelberg 1976

S. 32: Sylvia Plath, Ich bin ich. Übers. v. Iris Wagner. In: Briefe nach Hause. Hrsg. v. Aurelia Schober-Plath. München: Hanser 1979

S. 39: Frank Ennen, Mir geht es sowieso zu gut? In: Zeitmagazin Nr. 14 (02.04.1993)

S. 42: Cat Stevens, Father and Son, © by Sony Music Publishing London. Übers. v. Petra Klüners

S. 43: Eugen Roth, Weltlauf. In: ders., Sämtliche Menschen. München: Hanser 1983, S. 184

S. 44: Emma Gündel, Elke, der Schlingel. Stuttgart: Boje-Verlag 1968

S. 49: Dietrich Bonhoeffer, Wer bin ich? In: ders., Widerstand und Ergebung. Hrsg. v. Eberhard Bethge. München: Chr. Kaiser Verlag 1977, S. 14 f.

Gut leben statt viel haben

Der Titel dieses Kapitels geht zurück auf die Publikation: Zukunftsfähiges Deutschland. Ein Beitrag zu einer global nachhaltigen Entwicklung. Hrsg. v. BUND/Misereor. Basel: Birkhäuser 1996

S. 54: Fragebogen, mehr oder weniger frei nach Max Frisch.* In: Max Frisch, Tagebuch 1966-1971. Frankfurt/M.: Suhrkamp 1972, S. 258-262, 403-405

S. 55: Kathryn Forbes, Mamas Bankkonto. In: dies., Mamas Bankkonto. Übers. v. Hansi Bochow-Blüthgen. Berlin: Ullstein/Kindler 1946

S. 63: Mit Leib und Seele Mensch sein.* Nach: Dietrich Bonhoeffer, Ethik. München: Chr. Kaiser Verlag 1975, S. 77

S. 64: Zwei Lebensweisen: Haben und Sein.* Übers. v. Brigitte Stein. Nach: Erich Fromm, Haben oder sein? Die seelischen Grundlagen einer neuen Gesellschaft. Stuttgart: Deutsche Verlags-Anstalt 1979, S. 27-31, 35, 37

S. 64: Alfred Lord Tennyson, Blume ...; zit. nach: Erich Fromm, Haben oder sein? a.a.O.

S. 64: Basho, Wenn ich ... zit. nach: Erich Fromm, Haben oder sein? a.a.O.

S. 65: Johann Wolfgang von Goethe, Gefunden; zit. nach: Erich Fromm, Haben oder sein? a.a.O.

S. 70: Lk. 12, 13-21. In: Die Bibel. Einheitsübersetzung der Heiligen Schrift. Gesamtausgabe. Stuttgart: Katholische Bibelanstalt/Deutsche Bibelgesellschaft 1980

TEXTQUELLENVERZEICHNIS

S. 71: Seines Schicksals Herr.* Vorwort von Richard Kirn zu: Cefischer, Oskar, der Familienvater. Frankfurt/M.: Societäts-Verlag 1979, S. 14

S. 72: Christopher Reeve: Immer noch ich. Mein zweites Leben. Übers. v. Katharina Ganslandt. München: Schneekluth 1999, S. 46, 69 f., 167 f., 178 f., 186

Die Natur bewahren, die Technik nutzen

S. 77: Das „schönste Ding der Welt"*; zit. nach.: Luciano DeCrescenzo, Geschichte der griechischen Philosophie. Die Vorsokratiker. Übers. v. Linde Birk. Zürich: Diogenes 1985, S. 37 (Thales), 47 f. (Anaximenes); Johannes Hirschberger, Geschichte der Philosophie. Altertum und Mittelalter. Freiburg: Herder 1974, S. 22 (Anaximenes), 27 f. (Heraklit), 45 (Demokrit)

S. 79: Aus dem Sonnengesang des Pharaos Echnaton. Übers. v. Hermann Junker. In: Lyrik des Ostens. Hrsg. v. Wilhelm Gundert/Annemarie Schimmel/Walter Schubring. München: Hanser 1965

S. 81: Martin Buber, Ich betrachte einen Baum. In: ders., Das dialogische Prinzip. Heidelberg: Lambert Schneider 1973, S. 10-12

S. 83: Bericht zur Lage von Mensch und Natur in der Risikogesellschaft.* Nach: Ulrich Beck, Risikogesellschaft. Auf dem Weg in eine andere Moderne. Frankfurt/M.: Suhrkamp 1986, S. 1-11, 25-31, 98 f.; Zitat am Textende: ders., Erfindung des Politischen. Frankfurt/M.: Suhrkamp 1993, S. 33

S. 83: Kurt Marti, unser garten. In: Hirschberg Nr. 6/7, Jg. 51 (1998), S. 446

S. 84: Jeremy Bentham, Die entscheidende Frage: Können sie leiden?* Übers. v. Jean Claude Wolf; zit. nach.: Peter Singer, Praktische Ethik. Stuttgart: Reclam 1984, S. 72

S. 85: Albert Schweitzer, Ehrfurcht vor dem Leben. In: ders., Kultur und Ethik. München: Beck 1960, S. 330 f.

S. 85: Carl Friedrich von Weizsäcker, Es gibt keinen haltbaren Frieden ...* In: ders., Die Zeit drängt. Eine Weltversammlung der Christen für Gerechtigkeit, Frieden und die Bewahrung der Schöpfung. München: Hanser 1986, S. 51

S. 87: Eine Wende-Szene: Nutzen statt besitzen. In: Zukunftsfähiges Deutschland. Ein Beitrag zu einer global nachhaltigen Entwicklung. Hrsg. v. BUND/Misereor. Basel: Birkhäuser 1996, S. 218 f.

S. 90: Gesundheitswesen der Zukunft. In: Hariolf Grupp, Der Delphi-Report. Innovationen für unsere Zukunft. Stuttgart: Deutsche Verlags-Anstalt 1995, S. 117

S. 91: Geschichte der Technik: Hilfen für unsere Hände.* Nach: Hans-Werner Niemann, Vom Faustkeil zum Computer. Technikgeschichte – Kulturgeschichte – Wirtschaftsgeschichte. Stuttgart: Klett 1985; Geschichte der Technik in Schlaglichtern. Hrsg. v. Walter Conrad. Mannheim: Bibliographisches Institut 1997; Klaus Tuchel, Herausforderung der Technik. Gesellschaftliche Voraussetzungen und Wirkungen der technischen Entwicklung. Bremen: Carl Schünemann 1967

S. 93: Friedrich Dessauer, Lob der Technik.* In: ders., Technische Kultur (1908); zit. nach.: Klaus Tuchel, a.a.O.

S. 94: Zweifel an der Technik*; zit. nach.: Sokrates. In: Platon, Sämtliche Werke. Bd. 4. Phaidros. Übers. v. Friedrich Schleiermacher. Hamburg: Rowohlt 1958, S. 54 f.

S. 96: Menschenrechte und Sonnenenergie.* Nach Hermann Scheer, Sonnen-Strategie. Politik ohne Alternative. München: Piper 1993, S. 17 f., 281-284

S. 97: Energie zum Leben: Es geht nicht ohne Kernenergie.* Nach Hermann Hensen, Energie zum Leben. Die Nutzung der Kernkraft als ethische Frage. München/Landsberg a. L.: Bonn aktuell 1993, S. 35, 165, 175, 178-190

S. 99: Hannahs Tagesablauf.* Übers. v. Friedrich Griese/Hainer Kober. In: Bill Gates, Der Weg nach vorn. Die Zukunft der Informationsgesellschaft. München: Heyne 1997, S. 313 f. © Hamburg: Hoffmann und Campe Verlag 1995

S. 102: Menschliche Computer.* Nach: Klaus Haefner, Die neue Bildungskrise. Reinbek: Rowohlt 1985, S. 101 ff. © Birkhäuser-Verlag AG, Basel

Gerecht sein und Gerechtigkeit fördern

S. 105: Gerechtigkeit ist ... Übers. v. Wolfgang Bender. Nach: Thomas von Aquin, Theologische Summe, 2. Teil, Bd. 2, Frage 58, Artikel 1

S. 105: Sind Noten gerecht?* Nach: Reinhold Miller, „Schmidt, schon wieder 'ne Fünf!". In: Pädagogik heute (1999) H. 7-8, S. 57-60 (veränd. und bearb.)

S. 108: Daniel im Dilemma.* Nach: Rolf Salomon, Über Vorurteile. Wissenschaftliche Hausarbeit. Darmstadt: Institut für Theologie und Sozialethik 1978, S. 125 f.

S. 109: Josef Pieper, Gerecht sein heißt: ... In: ders., Über die Gerechtigkeit. München: Kösel 1960, S. 33

S. 110: Karl-Heinz Baum, Sieben Millionen Menschen in der Bundesrepublik sind arm. In: Frankfurter Rundschau (22.10.1999), S. 1

S. 111: B., Verkäufer mit der Nummer 394, „Der Traum vom Glück". In: „Straßenzeitung" (1999). H. Okt./Nov. Berlin, S. 9

S. 113: Phil Collins, Another day in paradise. CD: But seriously, WEA 229 256 984-4 (1990), © by EMI Music Publishing London

S. 117: „Stich-Worte" und „Wider-Sprüche"; zit. nach.: Johannes John, Reclams Zitatenlexikon. Stuttgart: Reclam 1992, S. 157, 158, 168 (Kaiser Ferdinand I., Johann Gottfried Seume, Marquis de Vauvenargues); Karl Peltzer u. a., Das treffende Zitat. Thun: Ott 1994, S. 216 f., 240, 591, 592 (alle anderen)

S. 118: Das Gleichnis von den Arbeitern im Weinberg: Ist der Hausherr ungerecht oder gut?* In: Das Neue Testament. Mat. 20, 1-16. Übers. u. komm. v. Ulrich Wilckens. Gütersloh: Gütersloher Verlagshaus 1991

S. 119: Gleiche Freiheit für alle: Zwei Grundsätze der Gerechtigkeit.* Nach: John Rawls, Eine Theorie der Gerechtigkeit. Übers. v. Hermann Vetter. Frankfurt/M.: Suhrkamp 1979, S. 336

S. 121: „Der Fremde soll euch wie ein Einheimischer gelten". In: „.... und der Fremdling, der in deinen Toren ist." Gemeinsames Wort der Kirchen zu den Herausforderungen durch Migration und Flucht. Hrsg. v. Kirchenamt der Evangelischen Kirche in Deutschland und dem Sekretariat der Deutschen Bischofskonferenz in Zusammenarbeit mit der Arbeitsgemeinschaft Christlicher Kirchen in Deutschland. Gemeinsame Texte (1997) Nr. 12. Bonn/Frankfurt/Hannover

S. 123: Grenzen der Toleranz? Zum Kopftuch-Streit.* „Die 25-jährige Referendarin ...". In: Die Tageszeitung (14.07.1998), S. 1; Reinhard Voss, „Die Düsseldorfer ..." In: Frankfurter Rundschau (17.09.1998), S. 4; Monika Kappus, „In Niedersachsen ...". In: Frankfurter Rundschau (11.09.1999), S. 4

TEXTQUELLENVERZEICHNIS

S. 124: Aussagen zum Kopftuch. *Hidayet:* Yasemin Karakasoglu-Aydin: Kopftuch, Koedukation und Sexualkundeunterricht. Wer definiert die Grenzen der Toleranz? Eigendruck J. W. Goethe-Universität, FB Erziehungswissenschaften, Themenbereich Migration & Minderheiten. S. 27; *Dilek:* Die Zeit (23.07.1998), S. 11; *Ayse:* Frankfurter Neue Presse (22.02.1999); *Barbara N.:* Frankfurter Rundschau (03.08.1998), S. 11; *Muslimische Studentin:* Die Zeit (23.07.1998) (z. T. bearb. und veränd.)

S. 126: Bartholomäus Grill, Zwei Hände – ein hoffnungsloser Fall?* In: Die Zeit (21.10.1999), S. 11

S. 129: Helder Camara, Egoismus.* In: ders., Die Wüste ist fruchtbar. Übers. v. Willy Schreckenberg. Graz/Wien/Köln: Styria 1972, S. 50 f.

S. 130: wal (Kürzel), „Dritte-Welt"-Produkte: Sozial-Siegel klärt Verbraucher auf. In: Frankfurter Rundschau (04.11.1999), S. 14

S. 131: Leo Lionni, Die Fabel von Swimmy.* In: ders., Swimmy. Übers. v. James Krüss. Köln: Middelhauve 1963

S. 132: Claus Bremer, Immer schön in der Reihe bleiben. In: ders., Texte und Kommentare. Steinbach: Anabas-Verlag 1968

S. 135: Marietta Peitz, Vater für 1000 Kids. In: missio aktuell (1998) Nr. 3, S. 30-34

S. 137: Die Grundformen der Gerechtigkeit.* Nach: Josef Pieper, Über die Gerechtigkeit. München: Kösel 1960, S. 148

Religionen kennen und achten

S. 142: Martin Christof-Füchsle, Ziele und Erlösungswege.* In: ders., Hoffnung im Hinduismus. In: Was aber bleibt, stiften die Hoffenden. Hrsg. v. Karin Finsterbusch/Helmut A. Müller. Stuttgart: Quell-Verlag 1997, S. 102, 105 ff.

S. 145: Raymond Hammer, Götterverehrung.* In: Handbuch Weltreligionen. Hrsg. v. Wulf Metz. Wuppertal: Brockhaus Verlag 1988, S. 185 ff.

S. 146: Swami Vivekananda, Ātman – Das Göttliche in allen Lebewesen; zit. nach: Große fremde Religionen. Hrsg. v. Peter Freimark u. a. Hannover: Schroedel Verlag 1977

S. 148: Eine Philosophie des „Kung-Fu". Übers. v. Monica Mutzbauer. Nach: David Carradine, Spirit of Shaolin. A Kung Fu Philosophy. Boston: Charles E. Tuttle Company 1995

S. 149: Siddhārta Gautama und seine Lehre. In: Gerhard J. Bellinger, Der große Religionsführer. München: Droemersche Verlagsanstalt 1986, S. 64 ff.

S. 152: Selbsterlösung braucht keine Götter.* In: Gerhard J. Bellinger, Der große Religionsführer. München: Droemersche Verlagsanstalt 1986, S. 76 ff.

S. 154: Li Wu/Jiao Fenè, Harmonie zwischen Körper und Geist: Tai Chi.* In: dies., Gesund und ausgeglichen mit Tai Ji und Qi Gong. Augsburg: Midena Verlag 1998, S. 18 ff. © Augsburg: Weltbild Verlag

S. 155: Buddhistische Weisheit. Übers. v. Monica Mutzbauer. Nach Herbie J. Pilato, The Kung Fu Book of Wisdom. Boston: Charles E. Tuttle Company 1995, S. XXXI, 7, 16, 21, 27, 54, 65, 73, 93, 74; „Durch Trauer um ..."; zit. nach: Karl Schmied, Hoffnung im Buddhismus? In: Was aber bleibt, stiften die Hoffenden. Hrsg. v. Karin Finsterbusch/Helmut A. Müller. Stuttgart: Quell-Verlag 1997, S. 37 ff.

S. 158: Altchinesische Lebensweisheiten (Taoismus). In: Ernst Schwarz (Hrsg. u. Übers.), So sprach der Meister. Altchinesische Lebensweisheiten. München: Kösel Verlag 1994, S. 127, 129, 130, 131

S. 159: Altchinesische Lebensweisheiten (Konfuzianismus). In: Ebd., S. 67, 62, 74, 71, 61

S. 161: Der Gott der Väter – Jüdischer Glaube und seine Geschichte.* Nach: Sachkunde Religion. Hrsg. v. Gert Otto unter Mitarb. v. Hans Joachim Dröger u.a. Hamburg: Furche Verlag 1975, S. 15 ff.

S. 163: Jüdischer Glaube im Alltag. Nach: David Harley. In: Wulf Metz (Hrsg., Übers. u. Bearb. d. dt. Ausg.), Handbuch Weltreligionen. Wuppertal: Brockhaus Verlag 1988, S. 303 f.

S. 164: Basistexte „Judentum": 5. Mose 6, 4-9; 3. Mose 19,3-4, 9-10, 11-18; Psalm 19,1-15. In: Die Bibel. Einheitsübersetzung der Heiligen Schrift. Gesamtausgabe. Stuttgart: Katholisches Bibelwerk/Deutsche Bibelgesellschaft 1980

S. 167: Das verstreute Gottesvolk.* Nach: dtv-Lexikon. Ein Konversationslexikon in 20 Bänden. Bd. 9. [Erarb. nach Unterlagen d. Lexikon-Red. d. Verl. Brockhaus, Wiesbaden] München: Deutscher Taschenbuch Verlag 1980, S. 281 ff.

S. 169: Etty Hillesum, Das denkende Herz der Baracke. Tagebücher 1941-1943. Hrsg. v. J. G. Gaarlandt. Übers. v. Maria Csollány. Freiburg: Kerle Verlag 1983, S. 137-161 (in Auszügen)

S. 173: Günther Bornkamm, Jesu Christus als Gottes Versöhnung mit den Menschen. In: Günther Bornkamm, Bibel. Das Neue Testament. Stuttgart und Berlin: Kreuz Verlag 1971, S. 17-24 (in Auszügen)

S. 175: Basistexte „Christentum": Lk. 11,1-4; Lk. 6, 20-26; Gal. 5, 13-15, 19-26; 1. Kor. 15, 1-5. In: Die Bibel. Einheitsübersetzung der Heiligen Schrift. Gesamtausgabe. Stuttgart: Katholisches Bibelwerk/Deutsche Bibelgesellschaft 1980

S. 176: Streifzüge durch 2000 Jahre Christentum.* Nach: 1.) Sachkunde Religion, S. 127 ff., a.a.O. 2.) Gerhard J. Bellinger, Der große Religionsführer. München: Droemersche Verlagsanstalt 1986, S. 137 ff.

S. 182: Hans Grewel, Christliche Positionen heute.* In: ders., Recht auf Leben. Drängende Fragen christlicher Ethik. Göttingen: Vandenhoeck und Ruprecht 1990, S. 9-15 (in Auszügen)

S. 186: Montgomery Watt, Allah und sein Prophet. In: Wulf Metz, S. 307 ff., a.a.O.

S. 190: Kurban Said, Ali und Nino. Eine kaukasische Liebesgeschichte. Bern/München/Wien: Scherz Verlag 1973, S. 10-17 (in Auszügen)

S. 193: Betty Mahmoody, Nicht ohne meine Tochter. Übers. v. Herlind Grau/Klara D. Klein. Bergisch-Gladbach: Bastei-Lübbe 1990, S. 40-42, 46-48 (in Auszügen)

S. 195: Wissenschaft, Kultur und Kunst im Austausch. In: Wulf Metz, S. 327 ff., a.a.O.

S. 203: Helmuth von Glasenapp, Das Gleichnis von den Blinden und dem Elefanten. In: ders., Die fünf Weltreligionen. München: Eugen Diederichs Verlag 1996, S. 439 ff.

S. 204: Helmuth von Glasenapp, Toleranz in den Weltreligionen. In: ebd., S. 444 ff.

S. 206: Die Verbreitung der Weltreligionen. In: Britannica Book of the Year 1999, Encyclopaedia Britannica Inc., Chicago

Das Alter erleben, den Tod erfahren

S. 208: Hermann Hesse, Stufen. In: ders., Gesammelte Dichtungen. Frankfurt/M.: Suhrkamp 1952

S. 209: Josef Weinheber, Am Ziele. In: ders., Sämtliche Werke. Salzburg: Otto Müller 1953-56

TEXTQUELLENVERZEICHNIS

S. 209: Nur eine Spanne Zeit. In: Stimmen der Dichtung. Hrsg. v. Ludwig Dumser. München: Bayerischer Schulbuch Verlag 1967, S. 91

S. 213: Udo Jürgens, Mit 66 Jahren. Text: Wolfgang Hofer. Melodie der Welt, J. Michel KG Musikverlag: Frankfurt/Main

S. 217: Hans Grewel, Macht uns das Alter zu Wegwerfmenschen?* In: ders., Recht auf Leben. Drängende Fragen christlicher Ethik. Göttingen: Vandenhoeck und Ruprecht 1990, S. 97-108 (in Auszügen)

S. 220: Rolf Krenzer, Wenn einer übrig bleibt. In: Kurze Geschichten zum Vorlesen und Nacherzählen im Religionsunterricht. Bd. 2. Hrsg. v. Rolf Krenzer. Lahr: Kaufmann/München: Kösel 1981(gekürzt) © Rolf Krenzer, Dillenburg

S. 222: Theodor Fontane, Ausgang. In: ders., Werke, Schriften und Briefe. Hrsg. v. W. Keitel und H. Nürnberger. München: Hanser 1973

S. 222: Theodor Storm, Beginn des Endes. In: ders., Sämtliche Werke. Nach dem Text der ersten Gesamtausgabe 1868/89. Bd. 2. München: Winkler

S. 223: Ina Seidel, Trost. In: dies., Gesammelte Werke. Stuttgart: Deutsche Verlags-Anstalt 1937

S. 223: Eugen Roth, Einsicht. In: ders., Sämtliche Menschen. München: Hanser 1983, S. 214

S. 225: Daten der Trauer: von 1972 bis 1996. In: 50 Jahre Springer – 50 Jahre Zeitzeuge. Das waren Zeiten. 46-96. Hrsg. v. Peter Boenisch. Hamburg: Springer 1996 (in Auszügen)

S. 230: „Der Tod ist die größte Herausforderung". In: Bunte (1999) H. 14

S. 231: Raymond A. Moody, Erfahrungen mit dem „Leben nach dem Tod".* In: ders., Leben nach dem Tod. Übers. v. Hermann Gieselbusch u. Lieselotte Mietzner. Reinbek: Rowohlt 1977, S. 24, 41 f., 43, 63, 70 f.

S. 235: Petra Pascal, Wie das Glas in meiner Hand. Text: Trad./Bearb. Gisela Zimber. München: Leitz music 1972

S. 237: Die Begräbnisfeier. In: Gotteslob. Katholisches Gebet- und Gesangbuch für das Bistum Speyer. 1992, S. 172-180 (in Auszügen)

Arbeiten und schöpferisch sein

S. 250: Johann Wolfgang von Goethe, Tätigkeit. In: Goethes Werke. Sophien-Ausgabe. Weimar: Böhlau 1887-1919

S. 251: Günter Eich, Weg zum Bahnhof. In: ders., Ausgewählte Gedichte. Frankfurt/M.: Suhrkamp 1960

S. 251: Bertolt Brecht, Fragen eines lesenden Arbeiters. In: Die Gedichte von Bertolt Brecht in einem Band. Frankfurt/M.: Suhrkamp 1981

S. 252: Dieter E. Zimmer, Stellenteil. In: Claassen Jahrbuch der Lyrik I. Hrsg. v. Christoph Buchwald/H. Hartung. Düsseldorf: Claassen 1979

S. 256: Gina Ruck-Pauquèt, Arbeitslos. In: Leseladen. Orte innen und außen. Hrsg. v. Irmela Brender/Hans Joachim Gelberg. Weinheim: Beltz und Gelberg 1977

S. 259: Colum McCann, Der Himmel unter der Stadt. Übers. v. Matthias Müller. Reinbek: Rowohlt 1998, S. 14-18

S. 260: Heinrich Krohn, Die Redemptionisten.* In: ders., Und warum habt ihr denn Deutschland verlassen? 300 Jahre Auswanderung nach Amerika. Bergisch Gladbach: Bastei-Lübbe 1992, S. 43-45

Partnerschaftlich leben

S. 266: Phil Bosmans, Ein Freund. In: ders., Vergiss die Freude nicht. Übers. v. Ulrich Schütz. Freiburg/Basel/Wien: Herder 1976, S. 42 f.

S. 267: Hans Wallhof, Brücke. In: ders., Bei dir zuhause. Lob der Freundschaft. Olten: Walter 1976, S. 32

S. 269: Erich Fried, Was es ist. In: ders., Gesammelte Werke. Berlin: Klaus Wagenbach 1993

S. 270: Mascha Kaléko, Das letzte Mal. In: dies., Das lyrische Stenogrammheft. Reinbek: Rowohlt 1973, S. 42

S. 270: Oscar Hammerstein II, Ich lieb ihn nunmal. Bielefeld: Univers, o.J.

S. 273: Irmela Brender, Anna liebt Jens, Katharina liebte Georg. In: dies., Schweigend mit Murmeln spielen. Geschichten von Tag zu Tag. München: Edition Pestum 1988, © Franz Schneider Verlag, S. 54

S. 277: Muss ich, darf ich, will ich attraktiv sein ...? In: Über den Umgang mit Liebe, Sexualität, Verhütung und Schwangerschaft. Eine Broschüre für Jugendliche. Hrsg. v. der Bundeszentrale für gesundheitliche Aufklärung. Köln 1995, S. 7-10

S. 281: Verhütungsarten im Überblick. In: vital extra (9/1999), S. 20 f.

S. 282: Erich Fromm, Ist Lieben eine Kunst? In: ders., Die Kunst des Liebens. Übers. v. Günter Eichel. Frankfurt/Wien: Ullstein 1980, S. 11-15 (gekürzt)

S. 283: Peter Strack, Traumberuf Sekretärin. Chile: Hilfe für misshandelte und vernachlässigte Kinder. In: Die Zeitung. Terre des hommes. Deutschland e.V. September 1999

S. 285: Kurt Marti, Leichenrede. In: ders., Werkauswahl in fünf Bänden; zit. nach.: Namenszug mit Mond, Gedichte. © 1996 Verlag Nagel & Kimche AG, Zürich

S. 286: Roger McGough, Glück. Übers. v. Helmut Theodor Heinrich. In: Helen Exley, Ehe. Der Weg zu zweit. Bielefeld: Univers 1983

S. 288: Robert S. Weiss, Trennung. In: ders., Trennung vom Ehepartner. Übers. v. Sylvia Schomburg-Scherff u. Thomas Schadow. Stuttgart: Klett-Cotta 1980, S. 327-330

Menschenrechte achten

S. 292: Das Ballonspiel. Nach: Hans-Martin Große-Oetringhaus, Kinder haben Rechte überall. Ein Aktions- und Informationsbuch. Ein „terre des hommes-Buch". Berlin: Elefanten Press 1993

S. 293: Welche Rechte haben Kinder? In: „Meine Rechte (9-12)". Hrsg. und © Deutscher Kinderschutzbund, Bundesverband e.V., DKSB Hannover 1997

S. 295: Gemeinsam für Kinderrechte. In: „Meine Rechte (9-12)". Hrsg. und © Deutscher Kinderschutzbund, Bundesverband e.V., DKSB Hannover 1997

S. 296: Zur Situation der Kinder in der Welt. Nach: Susan Foutin, It's Only Right! A Practical Guide to Learning about the Convention on the Rights of the Child. UNICEF 1993. Übers. v. Elsbeth Müller

TEXTQUELLENVERZEICHNIS

S. 296: Das Recht auf Gleichbehandlung: Mädchen in Entwicklungsländern. In: Christian Salazar-Volkmann, „Kinder haben Rechte". Ein Leitfaden zum Verständnis der Konvention über die Rechte des Kindes. UNICEF 1996, S. 6 (gekürzt)

S. 299: „Die Menschenwürde ist unantastbar." In: PZ (1998) Nr. 96, S. 33

S. 302: Fritz Stern, Die „Warum"-Frage und die menschliche Würde.* Aus der Rede zur Verleihung des Friedenspreises des deutschen Buchhandels 1999. © Fritz Stern

S. 307: Allgemeine Erklärung der Menschenrechte. In: Wissenschaft und Frieden (4/98) 16. Jg., Dossier Nr. 30. 50 Jahre Allgemeine Erklärung der Menschenrechte, S. 20

S. 308: Toni Görtz, Ausgenutzt: Der Rikscha-Kuli Sknaphi.* In: missio aktuell (1998) Nr. 4, S. 13 f.

S. 310: Horst Hohmann, Versklavt: Schicksale zwischen Asien, Afrika, Amerika und Europa.* In: missio aktuell (1997) Nr. 3, S. 32 ff.

S. 312: Barbara Dietrich, Hingerichtet: Ken Saro-Wiwa.* In: Wissenschaft und Frieden (3/98) 16. Jg., Dossier Nr. 29

Konflikte regeln

S. 316: Die Spatzen und die Nachtigall, Der Wolf und das Schaf. In: Hajo Buecken, Das Fremde überwinden. Vom Umgang mit sich und anderen. Offenbach: Burckhardthaus-Laetere 1991, S. 54 (Nachtigall), 56 (Schaf)

S. 316: Gerhard Zwerenz, Nicht alles gefallen lassen. In: ders., Gesänge auf dem Markt. Köln: Kiepenheuer & Witsch 1962

S. 319: Stufen der Konflikt-Eskalation. Friedrich Glasl, Konfliktmanagement. Stuttgart: Freies Geistesleben 1992; zit. nach: Uli - Jäger, Gemeinsam in den Abgrund? Anregungen zur Konfliktanalyse in Schule und Bildungsarbeit. In: Pädagogik (1997) H. 11, S.42 f.

S. 320: Vier Formen mit Konflikten umzugehen. In: Die Bibel oder die ganze Heilige Schrift des Alten und Neuen Testaments nach der Übersetzung Martin Luthers. Revidierter Text von 1964. Stuttgart: Württembergische Bibelanstalt 1964, S. 16 (1. Mose, 4, 23-24, 2. Mose 21, 23-25); Das Neue Testament. Übertragen v. Jörg Zink. Stuttgart: Kreuz 1969, S. 51 (Mat. 18, 21-22); In: Das Neue Testament. Übers. und komm. v. Ulrich Wilckens. Hamburg: Furche, Köln/Zürich: Benzinger, Zürich: Theologischer Verlag 1970, S. 227 (Lk. 6, 27-31)

S. 321: Peter Härtling, Wie Bernd und Frieder miteinander reden. In: ders., Geschichten für Kinder. Weinheim: Beltz & Gelberg 1998, S. 79 f.

S. 323: Johann Peter Hebel, Die Ohrfeige. In: ders., Werke. Bd. 3. Karlsruhe: Müller 1847, S. 150

S. 324: Thomas Gordon, Alle sind zufrieden. In: ders., Familienkonferenz. Übers. v. Maren Organ. Hamburg: Hoffmann und Campe 1972, S. 191

S. 326: Die Kummerlöser. Nach: Peter Held, Erfahrungen mit einem Konfliktausschuss. In: Pädagogik (1997) H. 10, S. 16-18

S. 327: Projekt: „Zum Streit bereit – aber HALT bei Gewalt!". In: KURVE Wustrow, Bildungs- und Begegnungsstätte für gewaltfreie Aktion e.V. Rundbrief 36/Nov. 1998, S. 6-9 (Kirchstr. 14, 29462 Wustrow)

S. 330: Un-Sinn und Vollmacht. Die Szene am Totenbett symbolisiert für Katja Riemann die Absurdität des Krieges. In: Zeitmagazin (1998) Nr. 50, S. 8

S. 332: Hans Schmidt-Kestner, Gebet des deutschen Wehrmanns. In: 1914. Der deutsche Krieg im deutschen Gedicht. Bd. 1. Umgearbeitete Gesamtausgabe von Heft 1-6 der Sammlung. Ausgewählt v. Julius Bab. Berlin: Verlag Morawe und Scheffelt, S. 35 f.

S. 333: Wolfgang Borchert, Draußen vor der Tür. In: ders., Das Gesamtwerk. Hamburg: Rowohlt 1959, S. 119-128

S. 337: Eine Erfolgsstory: Der Ottawa-Vertrag gegen die Minenplage.* Nach: Simone Wisotzki u. Harald Müller. In: Friedensgutachten 1999. Münster LIT 1999, S. 257-260

S. 340: Die Kampagne „Produzieren für das Leben – Rüstungsexporte stoppen!". Hrsg. v. der Kampagne „Produzieren für das Leben – Rüstungsexporte stoppen!", Wiesbaden, o.J.

S. 341: Erich Fried, Die Gewalt. In: ders., Gründe. Gedichte. Eine Auswahl aus dem Gesamtwerk. Berlin: Klaus Wagenbach 1996, S. 130 f.

S. 342: Immanuel Kant, Es soll kein Krieg sein, ... In: ders., Die Metaphysik der Sitten. Werke. Bd. 7. Darmstadt: Wissenschaftliche Buchgesellschaft 1983, S. 478

Das Gewissen bilden und verantwortlich entscheiden

S. 345: Anne Frank fragt nach dem Gewissen.* In: Das Tagebuch der Anne Frank. 12.6.1941 – 1.8.1944. Einzig autorisierte und ergänzte Fassung Otto H. Frank und Mirjam Pressler. © 1991 by ANNE-FRANK-Fonds, Basel. Alle Rechte vorbehalten S. Fischer Verlag, Frankfurt am Main

S. 346: Martin Luther beruft sich auf sein Gewissen.* Nach: Hans Lilje, Martin Luther in Selbstzeugnissen und Bilddokumenten. Reinbek: Rowohlt 1965, S. 82-85

S. 347: Arbeitsgericht erkennt Gewissensentscheidung an. In: Frankfurter Allgemeine Zeitung (08.02.1991)

S. 347: Ignazio Silone, Ein Stück Brot.* In: Europa heute. Prosa und Poesie seit 1945. Bd. 2. Hrsg. v. Hermann Kesten. München: Kindler 1963, S. 522-526

S. 350: Edward de Bono, Eine List? In: ders., Das spielerische Denken. Übers. v. Maria Steininger. Bern: Scherz 1970, S. 9-11 (gekürzt)

S. 351: Hannah Arendt, Das Gesetz, der Befehl und das Gewissen.* In: dies., Eichmann in Jerusalem. Ein Bericht von der Banalität des Bösen. München: Piper 1995, S. 173-189 (gekürzt)

S. 353: Ein Philosoph antwortet.* In: Immanuel Kant, Metaphysik der Sitten. Hamburg: Meiner 1966, S. 289 f.

S. 353: Eine christliche Antwort.* Text des Zweiten Vatikanischen Konzils: Pastoralkonstitution über die Kirche in der Welt von heute. In: Lexikon für Theologie und Kirche. Das Zweite Vatikanische Konzil. Dokumente und Kommentare. Teil III. Hrsg. v. Heinrich Suso Brechter u. a. Freiburg: Herder 1968, S. 329

S. 353: Eugen Roth, Ein Ausweg. In: ders., Ein Mensch. Heitere Verse. München: Hanser 1932, S. 22

S. 358: Lun-Yü, Gespräche des Konfuzius 15, 23; zit. nach: Pierre Do-Dinh, Konfuzius in Selbstzeugnissen und Bilddokumenten. Übers. v. Reinhold Grimm. Reinbek: Rowohlt 1960, S. 88

S. 359: Kategorischer Imperativ. In: Immanuel Kant, Grundlegung zur Metaphysik der Sitten. Werke. Bd. 6. Schriften zur Ethik und Religionsphilosophie. Darmstadt: Wissenschaftliche Buchgesellschaft 1983, S. 61

S. 359: Die utilitaristische (Nutzen-)Regel.* Nach: John Stuart Mill, Der Utilitarismus. Übers. v. Dieter Birnbacher. Stuttgart: Reclam 1976, S. 11-45

S. 359: Arthur Schopenhauer, Mitleid als Grundmotiv.* In: ders., Welt und Mensch. Eine Auswahl aus dem Gesamtwerk von Arthur Hübscher. Stuttgart: Reclam 1974, S. 106 f.

S. 360: Albert Camus, Zu spät, zu weit weg ...* Übers. v. Guido G. Meister. In: ders., Der Fall. In: Gesammelte Erzählungen. Reinbek: Rowohlt 1966, S. 52 f., 32-34 (gekürzt)

S. 361: Jean Piaget, Zwei Geschichten mit dreierlei Strafe.* Übers. v. Lucien Goldmann. In: ders., Das moralische Urteil beim Kinde. Frankfurt/M.: Suhrkamp 1973, S. 229-231

S. 362: Uwe Britten, Alltag im Knast.* In: ders., Ab in den Knast. Stuttgart: Thienemann 1999, S. 30-34, 93 f.

S. 365: Martin Klingst, Strafen mit Fantasie. In: Die Zeit (19.04.2000), S. 4

Bildquellenverzeichnis

action-press, Hamburg: 230 (Thomas Grabka) — Agentur Butter, Düsseldorf: 369 — allOver Bildarchiv, Kleve: 96, 370 (Stephan Pietzko) — Archäologische Staatssammlung, München: 91 — Archiv für Kunst u. Geschichte, Berlin: 78.2, 80, 150, 215, 246.1, 261, 264.2, 352, 360 — Artothek, Peissenberg: 335.1 — Aspect Picture Library, London: 126 (Mike Wells) — Associated Press, Frankfurt: 226 — Augustinermuseum, Freiburg i.Br.: 129 — Baumgart Carmen, München: 275 — Baumgartl Claudia, München: 34.1 — Bavaria Bildagentur, Gauting: 76 (Images) — Berger Elisabeth, München: 238.1+2 — BfdW, Stuttgart: 297 — Bildarchiv Jürgens, Berlin: 87.1 — Bilderberg Archiv, Hamburg: 264.1 Christo and Jeanne-Claude, Wrapped Reichstag, Berlin 1971-1995, W. Volz — Birnböck Daniela, München: 180.2, 181.1 — Blumkowski Volker, Stuttgart/Paris: 10.1, 14 — BzgA, Köln: 277 — CCC, München: 285.1 — Christoph & Friends, Das Fotoarchiv, Essen: 153 (M. Sasse), 250 (J. Meyer), 253.2 (H. Christoph), 253.3 (Knut Müller) — CMA, Bonn-Bad-Godesberg: 47 — Corbis Stock Market, Düsseldorf: 156 (Tibor Bognar), 219 (Paul Barton), 253.1 (Barton) — dpa, Frankfurt: 53.1, 72, 92, 113, 224, 313 — Deutsches Historisches Museum, Berlin: 306 — Dobridan Arpad, Düsseldorf: 125 — Documenta Archiv, Kassel: Umschlag (Jonathan Borofsky) — epd-Bild, Frankfurt: 198 (Thomas Lohnes) — Filser Dr. K., Augsburg: 332 — Focus, Hamburg: 41 (Doisneau/Rapho), 183 (Science Photo/Colin Cuthbert), 188 (Abbas-Magnum) — Globus-Infografik, Hamburg: 127 — Grafik Werkstatt Bielefeld: 266, 269, 344, 368 (Reinhard Becker) — Hansen Kommunikation, Köln: 124 — Hirmer Verlag, München: 95 — Historisches Museum, Frankfurt a. M.: 305 — images.de, Berlin: 255.2 (Jose Giribas) — ICRC, Genève: 338, 339 (Till Mayer) — Jilka Johann, Altenstadt: 64, 284 — Keystone Pressedienst, Hamburg: 98, 264.3 — Klüners Petra, München: 115.1, 218, 229, 267.2, 287.2 — laif Agentur, Köln: 296 (Revelli/REA) — Ludwig Forum, Aachen: 59 — Luftbild W. Klammet, Ohlstadt: 180.1 — Marunde Wolf-Rüdiger, Hamburg: 43 — Mauritius Bildagentur, Mittenwald: 34.2 (Ley), 142 (D. Dickins), 211.2 (Ridder), 211.3 (age), 211.4 (Coll), 211.5 (Pöhlmann), 233 (Wesche) — Metzlaff Jörg, Düsseldorf: 267.1, 285.2 — MEV Verlag, Augsburg: 53.2, 60.2+4, 181.2, 196, 292 — Misereor e.V., Aachen: 291 Mitte (Aktionsplakat 2000 "Jetzt ist die Zeit – Gemeinsam anders handeln") — Missio, Aachen: 133, 135, 136, 308 (K.H. Melters) — Museum für Moderne Kunst, Frankfurt: 112.1 (Foto: R. Nagel) — Museum Ostdeutsche Galerie, Regensburg: 122 — Mutzbauer Monica, Mainz: 171 — Peterkainhof N. Mayr, Petting: 60.3 — Photo Press, Krailing: 197 (Bott) — Picture Press, Hamburg: 260 (Corbis) — Piel Patrick, Hamburg: 87.2 — Pohle Marlene, Stuttgart: 322 — Premium, Düsseldorf: 147 (Janek) — Preußischer Kulturbesitz, Berlin: 145, 246.2, 329 (Hilmar Pabel) — pwe Verlag, Das Kinoarchiv, Hamburg: 73, 208, 210, 234.4 — Reissner L., Lauingen: 185 — Ricci F.M. Editore, Mailand: 33.2. — Rival André, Berlin: 115.2 — RMN, Paris: 255.1 (Gérard Blot) — Rowohlt Verlag, Reinbek: 334 — Schäferhoff Rolf, München: 211.1, 238.3, 324 — Schauer Dorothea, Unterföhring: 274 — Schmidt Erich Verlag, Berlin: 140 — Schmidt-Thomé Johannes, München: 67 — Schnetzer Marlies, München: 362, 363 — Seidel Jürgen, Köln: 99 — Societäts Verlag, Frankfurt: 71 — Stadtarchiv, Düsseldorf: 317 (Hans Günter Eßer) — Stark Friedrich, Dortmund: 310, 311 — Steiger Ivan, München: 131.2 — Süddeutscher Verlag, München: 144, 163, 168, 241 — Superbild Eric Bach, Grünwald: 202 (Ina Günther) — The Body Shop Deutschland, Neuss: 31 — The Walt Disney Company GmbH, Eschborn: 53.3 — Tony Stone, München: 161 (Ed Honowitz) — Ullstein-Bild, Berlin: 94, 256, 353 — Verlagsgruppe Lübbe GmbH & Co. KG, Bergisch Gladbach: 194 — VG Bild-Kunst, Bonn 2009: 10.2, 19, 28, 33, 40, 59, 108, 112.2, 167, 220, 255, 317, 335.1, 342, 348, 349, 355 (Paul Klee: Hauptweg und Nebenwege, 1929, 90 (R10), 83x67 cm. Ölfarbe auf Leinwand auf Keilrahmen. Museum Ludwig, Köln), 361 — WDV Wirtschaftsdienst, Bad Homburg: 34.3 — Weber Werner, Rothenburg: 30 — WuYuan-Wushu-Qigong-Schule, München: 155 — Zefa, Düsseldorf: 34.4 (Buicker), 34.5 (Peisl), 60.1 + 61 (H.P. Merten), 162 (Kohlhas) — Zwick Bernhard, Hohenwarth: 40.1, 48, 325, 326

Seite 8: aus: Irma E. Webber. So sieht's aus. Ein Buch über Gesichtspunkte. Darmstätter Blätter, Verlag Schwarz & Co., 1977 — Seite 17: aus: Manfred Limmroth: Karikaturen zeichnen — Mittel, Formen und Spielregeln des Cartoons. Ravensburg, Otto Maier 1970, Zeichner Siné — Seite 21: aus: Christine Nöstlinger/Jutta Bauer: Ein Jahrbuch, 1992, Illustration Jutta Bauer. Beltz u. Gelberg Verlag, Weinheim — Seite 40.2: aus: Horst Schiffer/ Rolf Winkeler: Tausend Jahre Schule. Belser Verlag Stuttgart/Zürich 1985 — Seite 45: aus: Emmy v. Rhoden/Else Wildhagen/Suse Lachapelle-Roobol. Der Trotzkopf. Umschlag Johannes Schlicker. Tosa Verlag Wien 1962 — Seite 89: aus: die Heidelberger Fensterentwürfe von Johannes Schreiter. Verlag Das Wunderhorn, Heidelberg 1987 — Seite 131.1: aus: Leo Lionni. Swimmy. Gertraud Middelhauve Verlag, Köln 1963 — Seite 157/159: aus: Wulf Metz. Handbuch Weltreligionen, Wuppertal 1988 — Seite 173/178: aus: Gerhard J. Bellinger. Knaurs großer Religionsführer, Weltbild 1999 — Seite 179: aus: Geiger/Kiefer/Rittgen. Kirchengeschichte im Überblick. Freiburg o.J., Christopherus Verlag — Seite 216: aus: Frau aktuell, 17.05.2000, Nr. 21, Verlag WZV, Düsseldorf — Seite 248/249: aus: A. Eggebrecht. Geschichte der Arbeit. Kiepenheuer & Witsch Verlag — Seite 287: aus: Friedrich E. Frhr. von Gagen. Eheliche Partnerschaft. Manz Verlag München

Trotz entsprechender Bemühungen ist es nicht in allen Fällen gelungen, den Rechteinhaber ausfindig zu machen. Gegen Nachweis der Rechte zahlt der Verlag für die Abdruckerlaubnis die gesetzlich geschuldete Vergütung.